Analysis of Mineral Resource Supply and Demand and Mining Investment in China

中国矿产资源供需及矿业投资分析

刘慧芳　王俊◎编著

中国经济出版社
CHINA ECONOMIC PUBLISHING HOUSE
北 京

图书在版编目（CIP）数据

中国矿产资源供需及矿业投资分析 / 刘慧芳，王俊编著．--北京：中国经济出版社，2023.12
ISBN 978-7-5136-7484-3

Ⅰ．①中… Ⅱ．①刘… ②王… Ⅲ．①矿产资源-供需形势-研究-中国 ②矿业投资-投资分析-研究-中国 Ⅳ．①F426.1

中国国家版本馆 CIP 数据核字（2023）第 184079 号

责任编辑 丁 楠
责任印制 马小宾
封面设计 久品轩

出版发行 中国经济出版社
印 刷 者 北京富泰印刷有限责任公司
经 销 者 各地新华书店
开 本 710mm×1000mm 1/16
印 张 18.75
字 数 338 千字
版 次 2023 年 12 月第 1 版
印 次 2023 年 12 月第 1 次
定 价 88.00 元
广告经营许可证 京西工商广字第 8179 号

中国经济出版社 网址 www.economyph.com 社址 北京市东城区安定门外大街 58 号 邮编 100011
本版图书如存在印装质量问题，请与本社销售中心联系调换（联系电话：010-57512564）

PREFACE ▶ 前　言

世界正处于百年未有之大变局，伴随着世界政治经济形势的变化，矿产资源的国际竞争日益激烈。矿产资源是国民经济增长、科学技术进步、国防建设和经济社会发展不可或缺的基础材料和重要的战略物资，21 世纪以来，矿产资源问题已成为影响世界经济可持续发展的全球性问题之一。在世界主要经济体中，我国经济长期保持稳定增长，在国际社会的影响力越来越大。过去十几年间，我国一直是推动世界经济增长的最大引擎。作为仅次于美国的全球第二大经济体，我国将在世界经济增长中继续发挥重要作用。经济总量的增长必然伴随着矿产资源需求量和消耗量的持续增长，在今后相当长的时期内，同世界各国一样，我国依然需要矿产资源的稳定供给以保障社会经济的可持续发展以及国家安全。

我国是世界上重要的矿业大国，既是生产大国，也是消费大国和贸易大国。国内 90%左右的一次能源、80%的工业原材料、70%以上的农业生产资料和 30%以上的生活用水来自矿产资源。当今我国正处于经济转型发展的关键时期，同时也是各项改革不断深化的重要阶段，经济发展对矿产资源的需求持续增长。我国矿产资源虽然总量丰富，但人均占有量低；种类齐全，但部分矿产品位和储采比低。我国约 2/3 的战略性矿产还需要进口，部分矿产品对外依存度已经超过 70%。然而当今世界逆全球化现象越来越明显，国际贸易壁垒越来越多，贸易摩擦越来越频繁，矿产品贸易不稳定因素日益增加，我国矿产品进口面临诸多障碍，我国的矿产资源供应面临挑战。

矿产资源的稳定供给需要矿业的健康发展，因而需要矿业投资的持续支撑。我国拥有的矿产资源禀赋为国内的矿业投资奠定了坚实的物质基础，并且随着矿业投资增长，矿产资源种类以及大部分矿产资源储量也在增加。矿业是我国国民经济的基础性产业，为国家建设起到基础性支撑作用，作为我国工业体系中的重要组成部分、产业链的重要一环，为各行业提供不可或缺的矿物原料，其投资的状况反映了各个时期产业链的客观需求，矿业投资的健康发展使得我国矿业及其相关产业的发展可以进入良性的循环。多年来，国内矿产资源的勘探开发一定程度上保障了我国经济发展的需要，但由于经济持续高速发展，带来了矿产资源消耗的持续增加，国内矿产市场供需矛盾日益突出。

由于全球矿产资源分布不平衡，没有一个国家可以完全地依靠本国的资源来满足发展需求，矿业的全球配置已成为经济全球化背景下的重要经济活动。我国坚持创新、协调、绿色、开放、共享的发展理念，倡导共商共建共享和多边主义，积极参与全球矿业合作，不断扩大矿业领域对外开放。近几年，一些资源国家加大了本国矿产资源对于外资勘查开发的保护壁垒，进而降低了全球资源配置效率，我国的境外矿业投资一定程度上受到影响。国内外形势的变化使得我国矿产资源供给保障面临的形势更加复杂，合理有效地利用国内外矿产资源，稳定发展国内外矿业投资，是保障我国矿产资源供给的迫切需要。

矿业投资环境优劣对于矿业投资的成败至关重要。矿业投资环境是一个动态变化的、错综复杂的系统，科学地评估矿业投资环境对于企业的矿业投资以及政府对矿业投资的管理都有重要的意义。矿业投资环境包括很多因素，矿产资源开发投资的管理无疑是其中的重要因素。政策、法规与制度是矿业投资环境的重要组成部分，环境约束、税收政策、地方规章等等各方面差异都将直接引起矿业投资环境发生改变。我国各地区的矿产资源禀赋、基础设施建设、生态环境保护以及经济发展水平等是影响国内矿业投资的基础性条件，无疑也是国内矿业投资重要的投资环境因素。

矿产资源的供给和需求、矿业投资和矿业投资环境在我国矿业发展中具有紧密的内在联系，为系统研究我国矿产资源的供需和矿业投资，本书梳理了我国主要的能源矿产、有色金属、黑色金属、稀有金属的供给需求，分析了我国的采矿业固定资产投资、地质勘查投资和矿业对外直接投资，探讨了对我国矿业投资环境进行评估的理论和方法，简要介绍了我国国内矿业投资环境中的一部分客观性内容，包括矿产资源及开发投资管理，以及除香港、澳门、台湾、北京、上海、天津、海南之外的27个省（自治区、直辖市）的矿业投资基础条件。

本书在前期研究及编写出版过程中得到了自然资源部地质勘查管理司、中央地质勘查基金管理中心以及中国地质大学（北京）的支持，车长波、杜清坤、牛力、王全玲、张清秀、谢辉、王喜臣等同志给予了悉心指导，在此表示衷心感谢！

本书由刘慧芳教授、王俊研究员提出写作提纲，由来自中央地质勘查基金管理中心的研究人员、来自中国地质大学（北京）的教师、博士和硕士研究生分工编写，刘慧芳和王俊参与每一部分的讨论和修改，并最后统稿。各个部分分工如下：第一章由臧振杰、宋丹、甄怡、刘洁、彭子姝完成；第二章由甘楠、张建华、吴运军、赵晔、唐伟完成；第三章由马小涛、陈兴华、穆超、王晓雨完成；第四章由吴越、甄怡、蒋曼、郝颖、甘馨逸完成；第五章由王欣雅、杨伟红、张小陌、甘馨逸完成；第六、七、八章由李沁怡、王宏阳、陈佳祺、崔祖霞、秦险峰、唐珏完成；第九章由臧振杰、刘晓燕、孙立楠、刘锦涛完成；第十章由刘慧芳、王俊、崔祖霞、甘楠、吴越、郝颖、董含星、张天妍完成；第十一章由韩丽红、秦险峰、王祎頔、罗丽玲完成；第十二章由郝颖、唐珏、陆新海、董含星、张天妍、彭子姝、王晓雨、唐伟、曾金玉完成；第十三章由刘慧芳、王俊、王希完成。

由于矿产资源供需和矿业投资的复杂性和特殊性，加之作者水平有限，书中难免有不妥之处，敬请读者和专家提出宝贵意见。

刘慧芳　王　俊

2023 年 2 月

CONTENTS ▶ 目　录

第一章

我国能源矿产的供给与需求

我国是能源生产大国，也是能源消费大国。进入 21 世纪以来，我国经济发展得如此迅速离不开能源的持续推动。了解我国最新能源矿产信息，有助于我们更合理地使用和分配能源。能源矿产资源是指产在地表或者地下，经地质作用而成，以固态、气态、液态等多种形态存在，并提供实际意义或者潜在意义能源价值的自然富集物。我国已经探明的能源矿产资源包括煤炭、石油、天然气、页岩气、油页岩和地热资源等。

第一节　煤炭的供给与需求

煤炭，被称为黑色的金子、产业的粮食，自 18 世纪起成为人类世界所利用的主要能源之一。进入 21 世纪后，虽然煤炭价值大不如从前，但它仍然是当前及今后相当长一段时间内人民群众生产生活中重要的能量来源之一。煤炭供应问题关系着我国工业乃至全社会经济发展是否平稳，对我国能源安全具有重要意义。

一、我国煤炭资源状况

（一）煤炭资源储量

煤炭资源是我国重要的能源资源，煤炭资源储量为煤矿企业的生存与发展提供了物质基础与潜力保障，2007—2020 年我国煤炭查明储量及增长率如图 1-1 所示。我国煤炭资源储量丰富，查明资源量逐年增加，由 2007 年的 11805 亿吨增长至 2019 年的 17386 亿吨，年增长率均为正值，但整体在波动中呈小幅下滑趋势。其中，2008 年、2013 年、2017 年增长率略高，2016 年降至 2%，2017 年增至 4.3%。2017 年以后，随着煤炭开采消耗量高于其新增查明储量，煤炭查明储量增长率逐年下降。2020 年受全球新冠肺炎疫情的影响，煤炭勘探活动减少，甚至停止，导致新增煤炭查明储量只有 1622.88 亿吨，增长率为-90%。

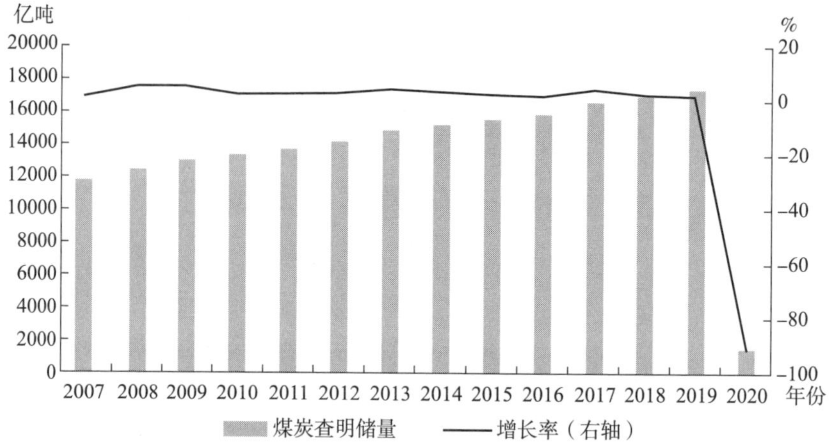

图 1-1　2007—2020 年我国煤炭查明储量及增长率

资料来源：《中国能源发展报告 2021》。

（二）煤炭资源分布

我国煤炭资源储量位居世界第 4，煤炭资源除上海以外其他各省份均有分布，但分布极不均衡。在地理分布上呈现“西多东少、北富南贫”，具体见表 1-1。

表 1-1　2020 年各省份煤炭资源分布

省份	储量/亿吨	占比/%	省份	储量/亿吨	占比/%
山西	507.25	31.26	辽宁	12.57	0.77
陕西	293.90	18.11	吉林	7.03	0.43
内蒙古	194.47	11.98	湖南	4.86	0.30
新疆	190.14	11.72	江苏	3.74	0.23
贵州	91.35	5.63	福建	2.50	0.15
安徽	58.27	3.59	青海	2.26	0.14
云南	44.54	2.74	江西	2.10	0.13
山东	41.32	2.55	重庆	1.87	0.12
宁夏	35.01	2.16	北京	0.97	0.06
河南	33.65	2.07	广西	0.88	0.05
四川	26.66	1.64	浙江	0.15	0.01
河北	26.05	1.61	西藏	0.11	0.01
黑龙江	25.81	1.59	湖北	0.10	0.01
甘肃	15.31	0.94	广东	0.01	0.00

资料来源：《中国能源统计年鉴 2021》。

从省份来看，煤炭资源主要分布在山西、陕西、内蒙古、新疆 4 省（区），2020 年 4 省（区）煤炭储量均超过 100 亿吨，占全国煤炭储量的 73%。其中，山西和陕西两个西北省份煤炭储量占比最大，分别占全国煤炭储量的 31.26%与 18.11%。

从区域来看，华北地区占全国煤炭储量的 44.9%，西北地区占 33.07%，西南地区占 10.14%，华东地区占 6.53%，东北地区占 2.8%，华中地区占 2.51%，华南地区分布量极少。

二、我国煤炭生产状况

我国煤炭产量多年来一直稳居世界第 1 位。如图 1-2 所示，2001—2013 年我国煤炭产量逐年上升，2014—2016 年产量持续下降，2017 年起产量恢复增长。随着人们环保意识的增强以及管理措施的加强，我国煤炭产量增长率自 2002 年起呈递减趋势，直至 2014 年变成负数，2017 年开始又变为正数。

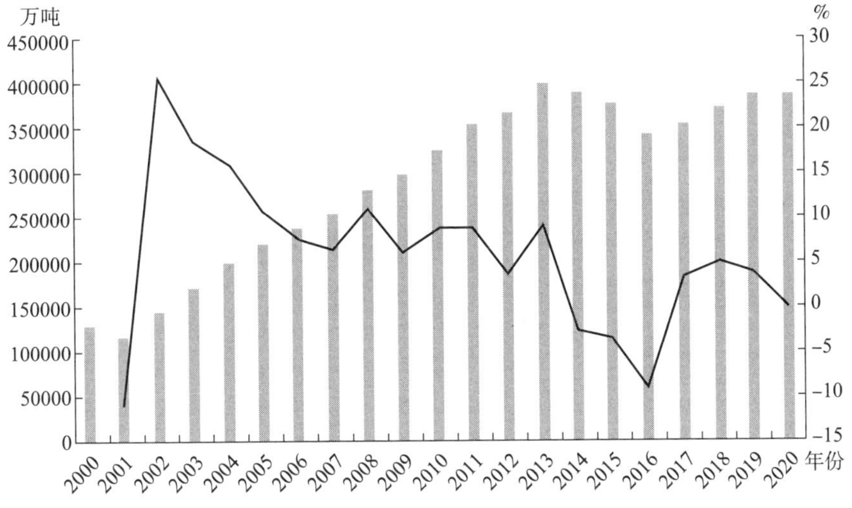

图 1-2　2000—2020 年我国煤炭产量及增长率

资料来源：《中国能源统计年鉴 2021》。

2014—2016 年，减产的主要原因在于煤炭需求不旺。首先，随着国内经济增长速度减缓，主要耗煤行业产品的产量增速也有所回落，电力、钢铁、建材三个“用煤大户”2013 年的耗煤量分别较上年同期回落 3.4%、1.4%、1.1%。其次，随着能源结构调整和煤炭消费逐渐趋紧，国家能源局及其他部委要求到 2020 年煤炭在一次能源消费中的比重控制在 62%以下。2014 年，这一比例已经由 2013 年的 66%下降到 64.2%；与此同时，非化石能源所占比例也由2013年的9.8%上升至11.1%。2015年，煤炭行业面临更加残酷的生存环境：1月14日，国家发展改革委等部门发布《重点地区煤炭消费减量替代管理暂行办法》，要求截至2017年，京、津、冀、鲁四省（市）的煤炭消费总量要减少8300万吨；产煤大省山西于1月20日决定，到2020年原则上将不会新增煤炭资源配置，除关小上大和减量置换以外，一律不批准新建煤矿项目。再次，国内煤炭产能过剩问题较为严重，全国2014年煤矿的实际生产量约为40亿吨，在建产能超过10亿吨。最后，大量引进进口煤，部分挤压国内煤炭的生产消费。相较于世界主要煤炭大国，我国煤炭资源开采成本偏高，价格相对偏贵。

2020年我国各省份煤炭产量见表1-2。

表1-2　2020年我国各省份煤炭产量

省份	产量/万吨	省份	产量/万吨
山西	107906	甘肃	3859
内蒙古	102551	辽宁	3129
陕西	67973	四川	2240
新疆	26966	青海	1092
贵州	12055	湖南	1068
安徽	11084	吉林	1040
山东	10945	江苏	1022
河南	10647	重庆	939
宁夏	8152	福建	659
黑龙江	5558	广西	414
云南	5530	江西	314
河北	4975	湖北	40

资料来源：《中国能源统计年鉴2021》。

2020年有8个产煤大省的煤炭产量达到或超过1亿吨。其中，山西煤炭产量为10.7906亿吨，居全国第1位；内蒙古煤炭产量为10.2551亿吨，居全国第2位。山西和内蒙古是我国煤炭大省，煤炭资源丰富，两省煤炭产量占比接近全国的一半。陕西煤炭产量居全国第3位，为6.7973亿吨，但其煤炭资源储量高于内蒙古。新疆煤炭产量居全国第4位，近年来煤炭探明储量增加。《煤炭工业"十四五"高质量发展指导意见》提出，要建设大型国家煤炭、煤电、煤化工基地。新疆大型煤炭基地还将以准东、吐哈、伊犁、库拜为重点开发选址，推动"疆电外送"、"疆煤外运"、现代煤化工等重大项目。对于煤炭资源的开发，我国新疆地区具有较大的开发潜能。

三、我国煤炭消费状况

我国作为煤炭消费大国，煤炭消费量位列世界第1，几乎相当于世界各国煤炭消费的总和。煤炭也是我国一次能源消费的主导力量。2008—2013年我国煤炭消费量总体呈上升趋势，2010年消费量为349008万吨，2013年消费量和增长率都达到最高，分别为424425.94万吨和20.35%（见图1-3）。这主要是因为我国经济发展水平不断提高，制造业、工业的大力发展导致煤炭资源的大量使用。

2013年，国务院办公厅印发《关于促进煤炭行业平稳运行的意见》，为煤炭行业健康发展做了制度性安排。随着供给侧结构性改革的提出、煤炭行业大幅去产能、落后煤企关停，煤炭消费量连年下降。2013—2016年，我国煤炭消费量下降了约3.56亿吨，2014—2016年出现负增长。2017年以来，我国不断推进煤炭结构性改革，煤炭消费也逐渐复苏，但复苏速度相对较慢，主要表现在火力发电、钢铁、水泥等重点用能行业中煤炭使用量不断减少和非化石能源代替燃煤发电速度加快。

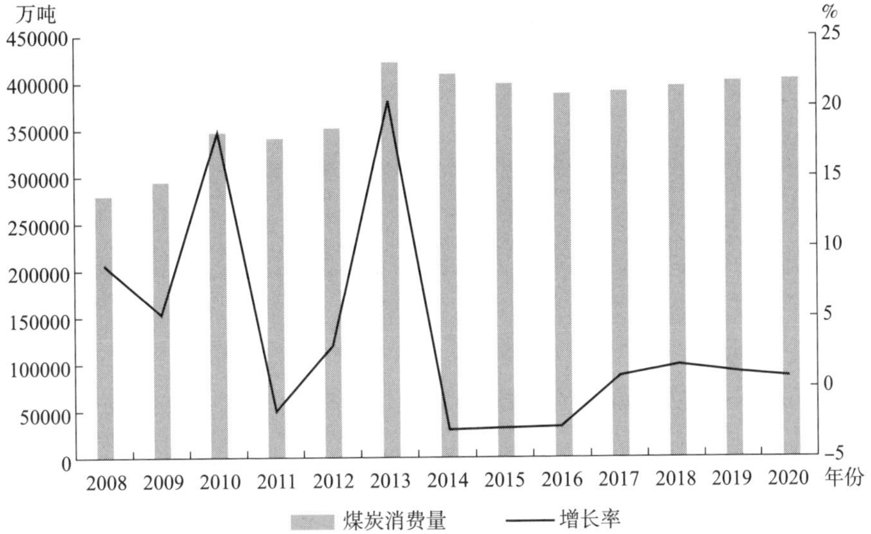

图1-3　2008—2020年中国煤炭消费量及增速

资料来源：《中国能源统计年鉴2021》。

如表1-3所示，从主要的煤炭消费行业来看，电力、热力、燃气及水生产和供应业占煤炭消费的比重最大，约为50%，是煤炭行业最大的下游行业；制造业的煤炭消费量占比居第2位，约为40%。煤炭和电力这两个行业本应是“唇齿相依、和谐发展、互惠互利”的关系，然而在现实中，由于煤炭企业和电力企业管理体制、运行机制的不同和这两个行业之间一直存在的壁垒，煤电矛盾往往由于“相生相克、互相矛盾”而爆发。经中国电力企业联合会有关人士调查，通过国内消费结构与产业结构的持续协调与升级，负荷“冬夏”所呈现的双峰表现正在趋于合理，在对气温、供水及电煤供应等重要因素分析的基础上，结合新投产装机、省际区际电力贸易、发电量，以及合理储备的情况，预计今后几年电用煤炭将继续呈现增长态势。

表 1-3　2015—2020 年各耗煤行业煤炭消费占比

（%）

行业	2015 年	2016 年	2017 年	2018 年	2019 年	2020 年
电力、热力、燃气及水生产和供应业	41.53	43.68	46.97	48.71	50.64	52.66
制造业	45.35	44.32	41.44	40.52	39.78	39.48
采矿业	7.70	6.49	6.41	6.56	5.93	4.41
农林牧渔业	0.66	0.71	0.72	0.59	0.55	0.56
批发和零售业、住宿和餐饮业	0.97	0.98	0.88	0.68	0.59	0.49
建筑业	0.22	0.21	0.19	0.16	0.16	0.16
交通运输、仓储和邮政业	0.12	0.10	0.09	0.08	0.07	0.06
其他	1.04	1.05	0.91	0.76	0.65	0.64
居民生活	2.41	2.44	2.37	1.94	1.63	1.55

资料来源：《中国能源统计年鉴 2021》。

我国通过采取系列稳态增长、调节结构相关的政策，使国内钢铁行业市场环境在 2017 年得以优化，煤炭消耗量比重保持平稳，但在接下来相当长的一段时期内，钢铁行业受到资源和环保方面的强烈限制，面临着巨大的下行压力，因此煤炭的消费增长不太可能大幅提升。煤炭行业的结构调整仍是当前行业发展中亟待解决的重要问题之一。自 2010 年起，我国化工行业对煤炭的需求不断攀升，导致煤炭消耗量不断增加。根据 2017 年国家发展改革委、工业和信息化部联合印发的《现代煤化工产业创新发展布局方案》，我国将聚焦于推进煤制烯烃和煤制油的优化典范，有序推进煤制天然气和煤制乙二醇的产业化示范，同时稳步推进煤制芳烃的工程化示范。鼓励企业通过兼并重组等方式加快建设大型能源化工基地，形成一批具有国际竞争力的优势企业集团。随着现代煤化工产业的升级优化，对煤炭的需求呈现显著的增长趋势。

四、我国煤炭进出口状况

进入 21 世纪以来，随着我国经济的快速发展和煤炭进出口贸易政策的调整，我国煤炭贸易出现了显著的阶段性变化。

如图 1-4 所示，2006—2008 年，我国煤炭出口量高于进口量，为煤炭净出口国。2009 年以后，虽然我国煤炭产量增长速度不慢，但受国内需求增长和产煤大省区位的影响，我国煤炭出口量一直处于较低水平且逐年下降。同时，我国煤炭进口需求强劲，进口量增长迅速，且远远高于出口量，贸易逆差越来越大。2013 年进口量最多，达到了 32708 万吨。2014 年受我国煤炭需求增速下降的影响，煤炭进口量有所下降，2015 年进口量继续下降，为 20406 万吨。2016 年以后，我国煤炭进口量开始回升。一方面，这主要是由于我国煤炭供需的逆向分布加剧，煤炭运输长期形成了“北煤南运、西煤东调”的格局，随着东部地区煤炭需求量逐年增大，国内煤炭供应受到铁路运输的制约，促使东南沿海地区的煤炭企业利用区位优势，加大从国外进口煤炭的力度，以缓解煤炭供应紧张的局面。另一方面，我国煤炭质量相比很多国家不高且价格高、热量含量低、磷和硫含量高，因此，为了达到国务院颁布的一系列新的环境管理要求，降低成本，煤炭密集型电厂从国外进口大量煤炭，以减少煤灰、硫、磷的排放。

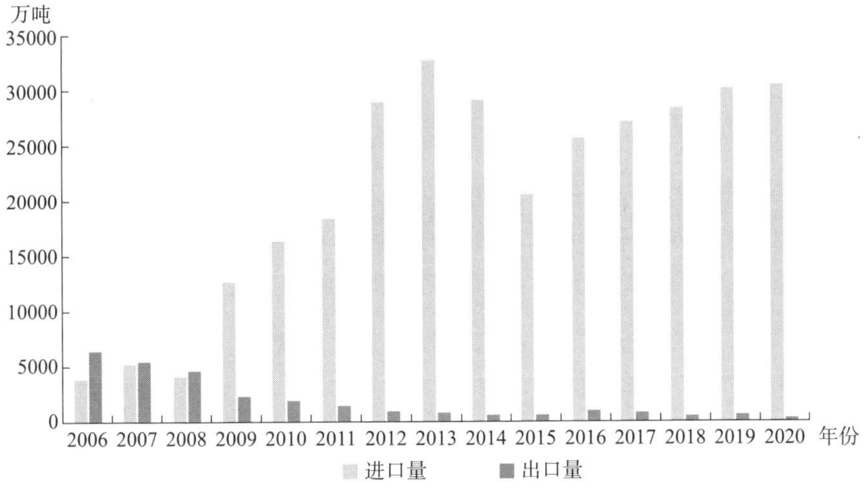

图 1-4　2006—2020 年我国煤炭进出口情况

资料来源：《中国能源统计年鉴 2021》。

我国是全球最大的煤炭进口国，进口煤炭主要来自澳大利亚和印度尼西亚。澳大利亚煤炭主要出口地区是亚洲，我国是澳大利亚煤炭出口的重要市场。随着中澳冲突的发酵，我国实施煤炭进口限制措施，政策收紧导致进入我国市场的澳大利亚煤炭数量开始减少。2020 年 10 月 9 日，我国发电厂和钢厂接到口头通知，停止进口澳大利亚煤炭。随着我国减少从澳大利亚进口煤炭，印度尼西亚、俄罗斯、蒙古等国家对我国的煤炭出口激增。我国是印度尼西亚最大的煤炭出口市场，印度尼西亚的煤炭主要是低灰、低硫的次烟煤，相对清洁。这使得我国沿海发电厂可以将印度尼西亚煤炭与国内煤炭或进口高硫煤炭混配使用，从而减少发电厂的二氧化硫和氮氧化物排放，满足国家环境管理政策要求，并且其贸易价格远低于澳大利亚生产的高品质动力煤。具体见图 1-5。

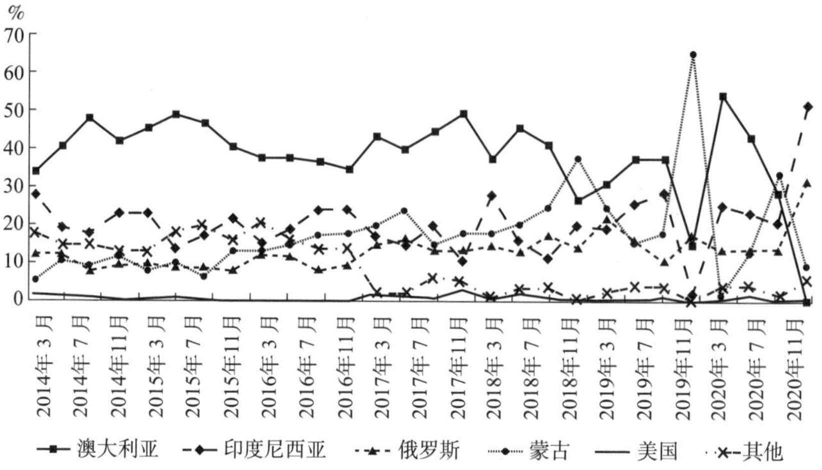

图 1-5　2014—2020 年我国煤炭进口来源地占比

资料来源：Wind 数据库。

我国煤炭的主要进口品种是动力煤，2014 年进口量为 11173. 94 万吨，2020 年进口量为 8721. 72 万吨。排第 2 位的进口品种是炼焦煤，2014 年进口量为 6244. 02 万吨，2020 年进口量为 7262. 24 万吨（见图 1-6）。近年来，我

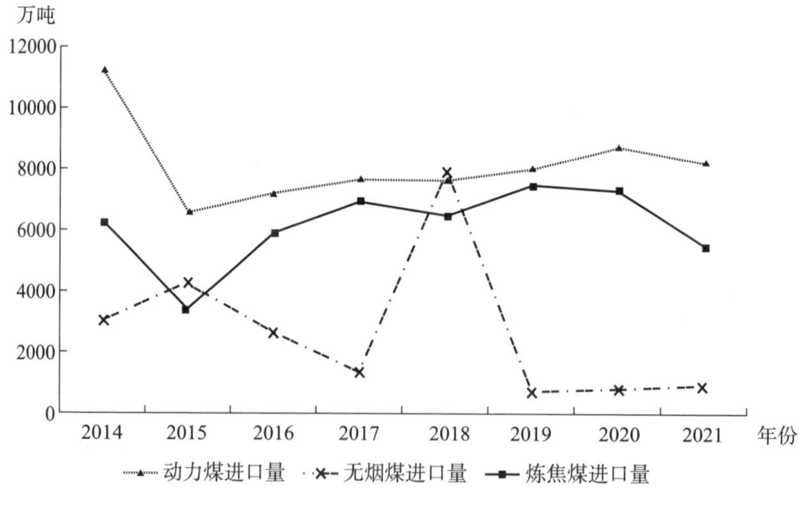

图 1-6　2014—2021 年我国主要煤炭品种进口量

资料来源：Wind 数据库。

国积极淘汰落后产能，国内大容量高炉逐渐增多，但国内炼焦煤普遍不易生产一级以上优质冶金焦，产品难以满足现代大型高炉的需要，因此对优质动力煤和炼焦煤需求量比较大。

五、我国煤炭价格趋势

如图 1-7 所示，2000—2008 年，秦皇岛煤炭现货价格反映了国内煤炭价格呈持续上升趋势。2009 年受次贷危机影响，我国经济增长率下滑明显，国内煤炭价格下降。在 4 万亿元投资的推动下，2010 年我国经济呈现稳中增长的态势，在宏观环境向好的引导下，煤炭价格逐步攀升，直至 2011 年达到每吨 127.27 美元的水平。煤炭是我国最主要的基础能源和工业原料之一，也是重要的战略物资。2012 年，由于全球经济萎缩，国内经济增速减慢，煤炭需求量下降，煤炭行业产能相对过剩，煤炭价格也出现走低态势，2015 年达到 67.53 美元/吨的最低水平。2016 年后，我国经济增长率回升，社会能源需求增加，煤炭市场呈现产销两旺的趋势。在市场需求和政策驱动下，煤炭价格稳步上涨。受新冠肺炎疫情影响，2019 年、2020 年煤炭价格持续下降。

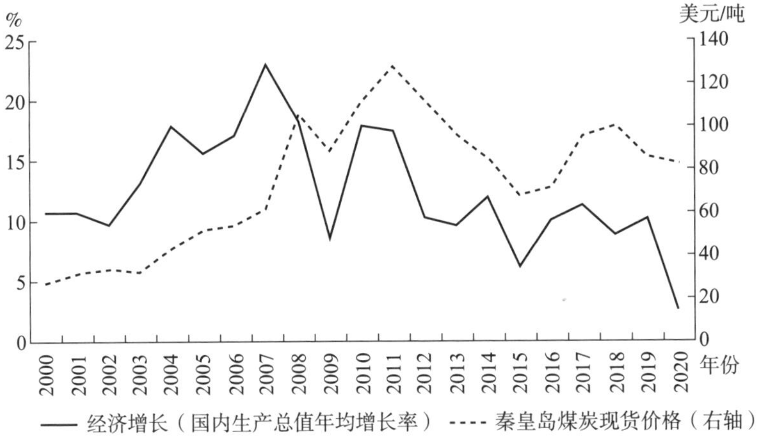

图 1-7　2000—2020 年我国秦皇岛煤炭现货价格

资料来源：《BP 世界能源统计年鉴 2021》《中国统计年鉴 2021》。

第二节　石油的供给与需求

石油被称为“工业的血液”。一般根据石油的密度水平将其划分为轻质石油、中质石油、重质石油、特重质石油四类；根据含硫量将其划分为低硫石油、含硫石油、高硫石油三类。根据原油用途可分为原油炼制和石油加工两大部分，原油炼制包括汽油、柴油、煤油和液化气，主要用于交通运输和电力行业；石油加工包括石化产品，主要用于房地产、建筑、汽车、纺织服装和农业。

一、我国石油资源状况

（一）石油储量

石油这一重要资源与战略储备物资一样历来受到世界各国重视。我国石油查明储量与储采比变化趋势大致相同。具体见图 1-8。

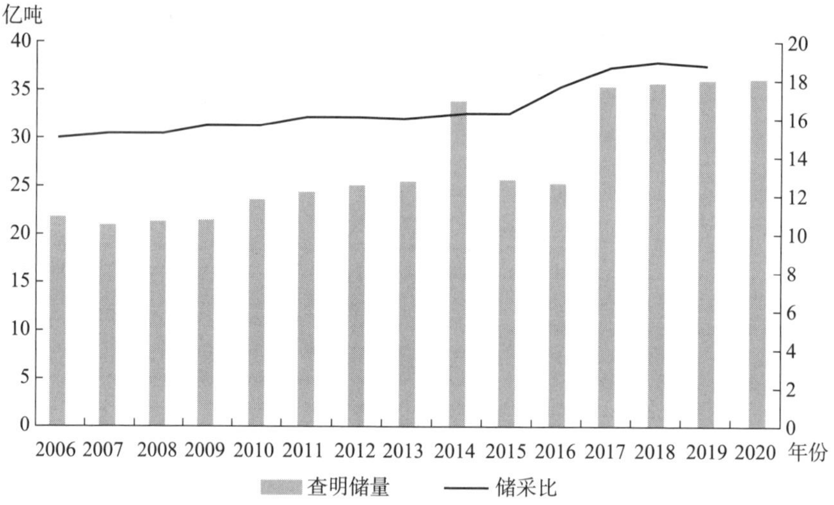

图 1-8 2006—2020 年中国石油查明储量及储采比变化情况

资料来源：《中国能源发展报告 2021》、《全国石油天然气资源勘查开采情况通报（2020 年度）》。

我国石油查明储量从 2006 年的 22 亿吨增加到 2014 年的 33. 8 亿吨，增长了 53. 63%；2017 年查明储量增长显著，达到 35. 42 亿吨；2019 年石油查明储量达到 36 亿吨，居世界第 13 位；2020 年达到 36. 19 亿吨。储采比从 2006 年的 11. 9 增长至 2016 年的 12. 7；2018 年储采比为最高点，达到了 18. 9。从 2014 年下半年开始低油价持续 3 年，低油价造成的困难削弱了投资上游产业的信心和能力，我国的石油上游投资明显较低。2015 年上游实际投资同比下降约 30%，2016 年上游实际投资同比下降 32%。投资下降导致勘探工作继续下降，2015 年勘探井数量下降约 10%，2016 年进一步下降 14%。自 2017 年以来，全国石油资源勘探开发投资持续增加，石油探明储量增加。其中，新发现地质储量在 1 亿吨以上的油田包括鄂尔多斯盆地庆城油田和准噶尔盆地昌吉油田。

（二）石油资源分布

我国石油资源集中分布于渤海湾、松辽、塔里木、鄂尔多斯、准噶尔、珠江口、柴达木及东海陆架 8 个盆地，可采资源量达到 172 亿吨，占国内全部可采资源量的 81.13%。主要油田包括大庆油田、胜利油田、克拉玛依油田、长庆油田等。

1. 大庆油田

大庆油田开发于黑龙江省的西部和松嫩平原的中部，处于哈尔滨与齐齐哈尔的中间地带，是全球屈指可数的超大型砂岩油田。该油田的南北长度达 140 公里，东西最宽处为 70 公里，总面积为 5470 平方公里。经党中央研究决定，我国于 1960 年进行石油会战勘探，首次探明大庆油田。1963 年大庆油田形成生产能力约 600 万吨，当年实际原油产量达到 439 万吨，为确保国内具备石油自给自足的能力发挥了重要作用。1976 年该油田的原油产量超过 5000 万吨，成为全国最大的油田，并且最高实现 8000 万吨以上的产量。该油田从 1960 年开始投资开发建设，已探明石油地质储量 56.7 亿吨，累计产油量 18.21 亿吨，等于同时期陆上全部石油产量的 47%，尤其在原油的生产上，实现 27 年高水平、稳态生产 5000 万吨，成为全球油田勘探史上的重大奇迹。通过改用新工艺、新技术，大庆油田当前的原油产量维持在超 4000 万吨水平上。

2. 胜利油田

胜利油田开发于山东省北部的渤海之滨—黄河三角洲地带，是我国第二大油田，大部分位于东营、滨州、德州、济南、潍坊、淄博、聊城、烟台 8 个城市的 28 个县（区），主要勘探面积达 4.4 万平方公里。截至 2021 年年末，探矿权注册面积约 8 万平方公里，探明储量油气田为 81 个，石油地质探明储量为 56.35 亿吨。1987—1995 年，该油田的原油产量连续 9 年维持在超 3000 万吨水平上；1996—2015 年，该油田的原油平均产量连续 20 年维持在超 2700 万吨水平上；2013 年该油田的浅海油田实现超 300 万吨的产量。

3. 克拉玛依油田

克拉玛依油田基地开发于新疆维吾尔自治区克拉玛依市，位于准噶尔盆地的西北边缘，是新中国成立后勘探建设的第一大油田。该油田的原油产量居我国陆上油田第 4 位，连续 25 年保持平稳增产，累计产油量超过 2 亿吨。2002 年该油田的原油产量超过 1000 万吨，是我国西部地区首个千万吨级别的油田。准噶尔盆地蕴藏着丰富的油气资源，40 年以来准噶尔盆地及塔里木盆地共发现油气田 19 个，克拉玛依油田占主要地位，勘探油气田 15 个，与原油配套的生产能力达到 792 万吨，石油资源总预测储量约 86 亿吨，仅占当前已探明石油量的 21.4%，仍具有较大的开发潜力。

4. 长庆油田

长庆油田主要开发于陕甘宁盆地，总勘探面积约为 37 万平方公里，跨越陕西、甘肃、宁夏、内蒙古、山西 5 个省（区），为近年来我国石油产量增长最快的油气田。该油田于 1970 年开始油气勘探，已发现油气田 22 个，其中油田有 19 个。其石油资源储量为 128.5 亿吨，原油产量达到国内总产量的 1/10。

二、我国石油生产状况

根据《BP 世界能源统计年鉴 2021》，2000—2015 年，我国石油产量除 2009 年略有下降外一直保持稳步增长，2000 年产量为 1.6262 亿吨，2015 年产量达到 2.1456 亿吨，创历年最高水平。2016 年后，由于多种因素的影响，石油产量连续 3 年下降，2018 年为最低点，为 1.8910 亿吨。随着我国石油生产技术的不断发展和国内油气勘探开发力度的加大，2019 年国内石油产量开始回升，2020 年达到 1.9477 亿吨（见表 1-4）。

表 1-4　2000—2020 年我国石油产量

单位：亿吨

年份	石油产量	年份	石油产量
2000	1.6262	2011	2.0365
2001	1.6483	2012	2.0750
2002	1.6687	2013	2.0810
2003	1.6959	2014	2.1143
2004	1.7405	2015	2.1456
2005	1.8135	2016	1.9970
2006	1.8477	2017	1.9920
2007	1.8632	2018	1.8910
2008	1.9044	2019	1.9101
2009	1.8949	2020	1.9477
2010	2.0301	—	—

资料来源：《BP 世界能源统计年鉴 2021》。

根据《中国能源统计年鉴 2021》，2020 年，天津的原油产量为 3242.2 万吨，全国排名第 1 位；黑龙江的原油产量为 3001 万吨，排名第 2 位；新疆的原油产量为 2914. 8 万吨，全国排名第 3 位；陕西和山东的原油产量分别为 2693. 7 万吨和 2219. 2 万吨；广东的原油产量为 1613. 1 万吨，辽宁的原油产量为 1049. 4 万吨，其他省份的原油产量均不大，除甘肃和河北的原油产量超过了 500 万吨以外，其余的原油产量均低于 500 万吨（见图 1-9）。

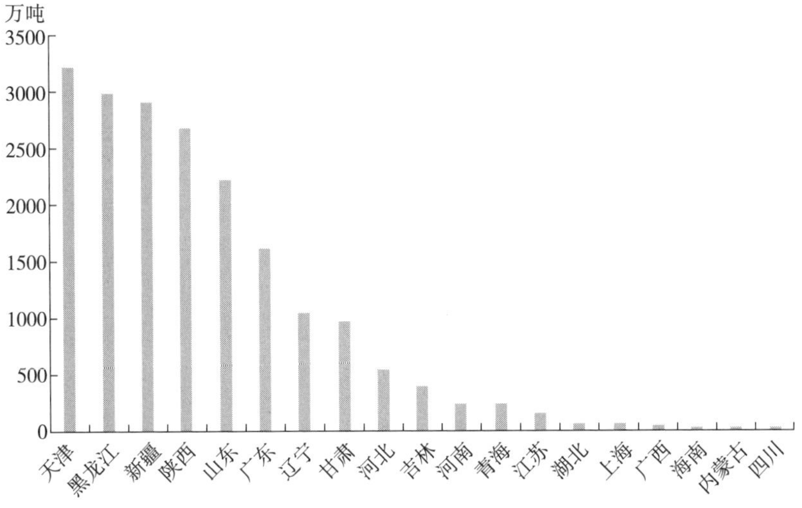

图 1-9　2020 年我国各省（区、市）原油产量

资料来源：《中国能源统计年鉴 2021》。

三、我国石油消费状况

我国是世界第二大石油消费国，石油一次加工能力每年超过 3 亿吨。2000 年以来，随着经济和社会的快速发展，我国石油消费呈现逐年增长的趋势，石油消费年增长率波动较大。

如图 1-10 所示，我国石油消费量由 2000 年的 2. 24 亿吨增加到 2020 年的 6. 81 亿吨，增长率高达 203. 57%。我国石油总需求虽然很高，但人均消费量相对较低，世界人均石油消费量为每人每年 12. 55 桶，美国人均石油消费量为每人每年 68. 81 桶，英国人均石油消费量为每人每年 30. 18 桶，而我国人均石油消费量仅为每人每年 4. 96 桶。随着我国工业化和城市化进程的稳步推进，未来对石油的需求还有很大的增长空间，可以判断出我国的石油需求还没有达到顶峰。但是，我国未来的石油消费将面临多种不确定因素：一方面，炼化产能继续扩张将继续拉动石油表观消费；另一方面，“双循环”发展新模式以及对气候变化做出响应的有关政策的实施会减少石油消费。

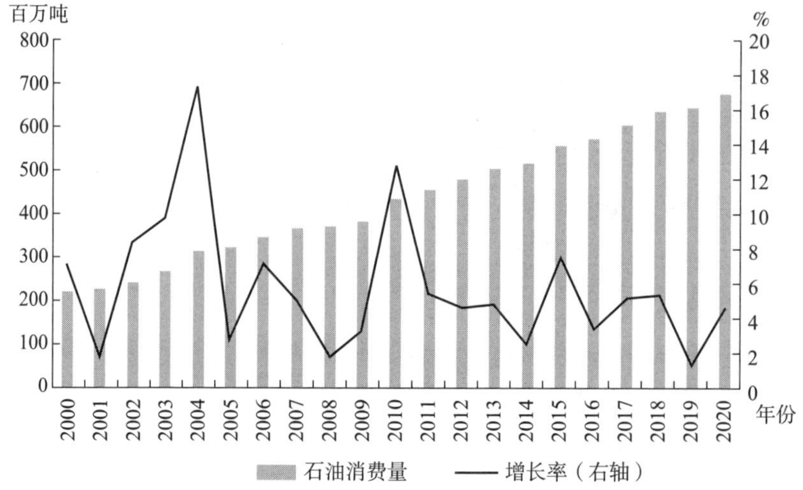

图 1-10　2000—2020 年我国石油消费量及增长率

资料来源：《BP 世界能源统计年鉴 2021》。

四、我国石油进出口状况

进入 20 世纪 90 年代以后，我国的石油进出口贸易迅速发展起来，并成为我国对外贸易中的一项重要内容，在平衡本国能源市场供求和保障国家能源安全等方面起到了举足轻重的作用。如图 1-11 所示，我国石油进口量持续增长，出口量比较小且增速不大。

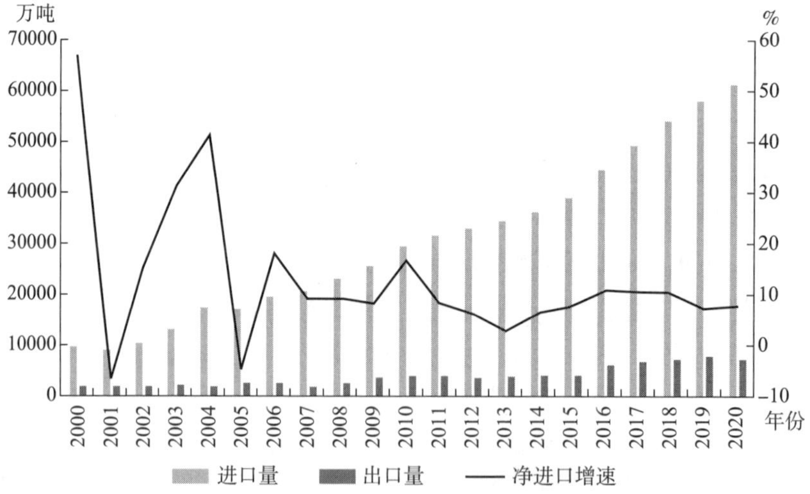

图 1-11　2000—2020 年中国石油进出口量及净进口增速

资料来源：《中国统计年鉴 2021》。

如表 1-5 所示，为满足国内石油供需缺口需要大量依赖进口，我国石油对外依存度居高不下。

表 1-5　2010—2020 年我国石油对外依存度　（%）

年份	石油对外依存度	年份	石油对外依存度
2000	31.55	2011	56.90
2001	27.69	2012	56.50
2002	30.28	2013	57.00
2003	36.08	2014	59.60
2004	41.89	2015	60.60
2005	42.38	2016	65.40
2006	45.01	2017	67.40
2007	47.16	2018	69.80
2008	49.03	2019	70.80
2009	52.51	2020	73.00
2010	55.60	—	—

资料来源：《2021 年国内外油气行业发展报告》。

虽然我国已经成为全球排名第 6 的石油开采国，但是 2018 年我国的石油进口量开始超过美国，成为世界第一大石油进口国。我国石油对外依存度不断提高，从 2000 年年初不足 30%，到 2010 年上升至 55.60%，再到 2020 年达到 73.00%。我国石油对外依存度过高，一方面给我国能源安全带来隐患，另一方面也容易使国内经济发展受到牵制。

当前，我国国内油气勘探建设需要解决诸多难题：常规油气的总资源量虽然十分丰富，但是布局比较零散，勘探水平整体要求偏高，寻找新储量的难度增大；重大领域的接替仍不明确，并面临可持续发展的挑战；低品位及非常规油气的效益开发难度较大；等等。这些问题的存在意味着油气勘探开发的对象越来越复杂，规模增储及持续上产的难度越来越大。据预测，今后若干年内我国油气对外依存度仍将持续提高，建立更加全面、开放的油气安全保障系统已迫在眉睫。

表 1-6 为我国石油进口来源情况。

表 1-6　我国石油进口来源情况

进口来源国	2020 年			2019 年		
	排名	月平均进口额/百万美元	占比/%	排名	月平均进口额/百万美元	占比/%
沙特阿拉伯	1	2337.59	15.91	1	3339.70	16.79
俄罗斯	2	2275.25	15.48	2	3041.04	15.29

续表

进口来源国	2020 年			2019 年		
	排名	月平均进口额/百万美元	占比/%	排名	月平均进口额/百万美元	占比/%
伊拉克	3	1598. 18	10. 88	3	1977. 41	9. 94
安哥拉	4	1159. 35	7. 89	4	1891. 40	9. 51
巴西	5	1158. 74	7. 89	5	1543. 41	7. 76
阿曼	6	1066. 57	7. 26	6	1366. 12	6. 87
阿联酋	7	810. 89	5. 52	8	609. 53	3. 06
科威特	8	746. 57	5. 08	7	898. 50	4. 52
美国	9	523. 10	3. 56	17	275. 98	1. 39
挪威	10	355. 22	2. 42	30	40. 36	0. 20
马来西亚	11	305. 47	2. 08	12	458. 63	2. 31
哥伦比亚	12	291. 45	1. 98	13	452. 81	2. 28
刚果	13	252. 08	1. 72	16	287. 87	1. 45
英国	14	179. 89	1. 22	10	527. 82	2. 65
加蓬	15	171. 34	1. 17	16	287. 87	1. 45

资料来源：联合国贸易数据库。

2019 年，沙特阿拉伯超越俄罗斯成为我国第一大石油供应国，全年向我国提供石油合计 33. 397 亿美元，市场占比约为 16. 79%。2020 年沙特阿拉伯再次成为我国第一大石油供应国。2020 年俄罗斯是我国第二大石油供应国，但 2016—2018 年，俄罗斯连续 3 年为我国最大石油供应国。2022 年 5 月，我国从俄罗斯进口石油 842 万吨，俄罗斯在当月取代沙特阿拉伯，成为我国最大石油供应国。伊拉克是我国第三大石油供应国，2020 年石油进口额占比为 10. 88%。2021 年我国从伊拉克进口石油 8757 万吨，市场占比为 11. 1%左右，伊拉克的石油进口成本具有显著优势。在我国十大石油供应国中，阿曼是我国第六大石油供应国，我国则是阿曼石油出口的最大市场，阿曼石油的质量非常好，符合我国炼油厂的需求。据阿曼《观察家报》2020 年 7 月 23 日报道，阿曼向我国出口的石油一度占其出口总量的 94. 28%。我国石油的主要来源地是中东、非洲和俄罗斯，这三个区域的石油进口总量占我国石油进口总量的 82%。中东仍然是我国石油进口的主要地区，占我国石油进口总量的 48%。由于大量石油来自相对不稳定的地区，因此应对我国面临的能源安全挑战予以特别关注。

第三节　天然气的供给与需求

天然气在地下的天然储层中呈气态，在地表压力和温度作用下仍表现为气态烃类。天然气作为气态能源资源，既可用作民用动力燃料，又可用作工业动力燃料，还能将压制分离的液化天然气用作液体动力燃料。同其他矿物能源相比，天然气具有干净、清洁、使用方便、燃气效率高、价格低廉等优点。

一、我国天然气资源状况

我国天然气查明储量持续增长，截至2020年底，全国天然气探明储量为8.4万亿立方米，2020年比2000年增长了513%（见图1-12）。

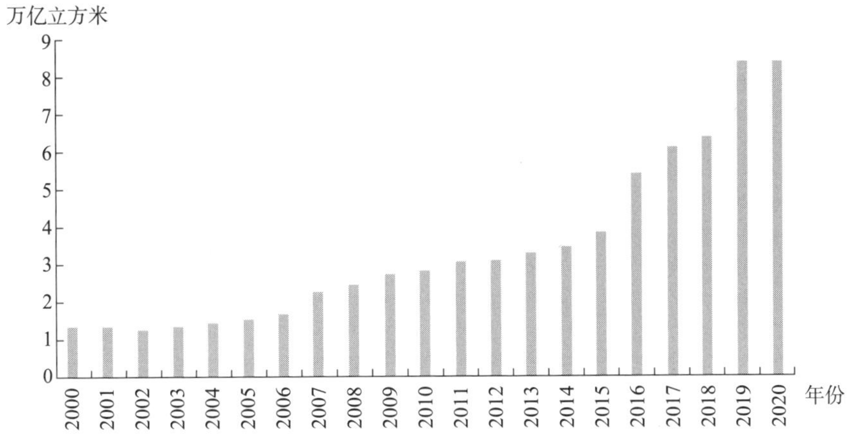

图1-12　2000—2020年我国天然气探明储量变化情况

资料来源：《BP世界能源统计年鉴2021》。

我国气田主要是中小型气田，多数气田地质结构复杂，勘探开发困难，目前已探明的国内天然气储量集中于十大盆地中，分别是渤海湾盆地、四川盆地、松辽盆地、准噶尔盆地、莺歌海—琼东南盆地、柴达木盆地、吐鲁番—哈密盆地、塔里木盆地、渤海盆地和鄂尔多斯盆地，其中塔里木盆地和四川盆地是我国资源最为丰富的盆地，总资源量超40%。根据《中国矿产资源报告2018》，2017年我国天然气剩余技术可采储量四川占比25%，新疆占比18%，内蒙古占比16%，陕西占比16%，其他地区共占比25%。

二、我国天然气生产状况

就天然气产区来看，我国天然气的供应区域以“三大四中”七大气区为主：“三大”气区由鄂尔多斯、四川及塔里木三大盆地组成；“四中”气区由海域、柴达木盆地、松辽盆地和渤海湾盆地组成。如图 1-13 所示，2016 年我国天然气产量达到 1384 亿立方米，较上年同期只增长了 0. 32%，增速已连续 4 年回落。一是宏观经济转型造成能源消费总量增速减慢；二是页岩油的革命带来了油气资源的宽松供给，油气进口成本优势使得近几年我国天然气进口越来越依赖国外。2020 年 6 月，国家能源局印发《2020 年能源工作指导意见》，指导我国天然气产供储销运行体系的建设。该意见特别提到天然气管道及储气设施建设，指出上游供气企业及国有管道公司负有储气职责，应加速重点储气基地及储气设施等项目的建设，逐渐落实 LNG 协议及现场购买，未来应逐步提高国内天然气自供水平。

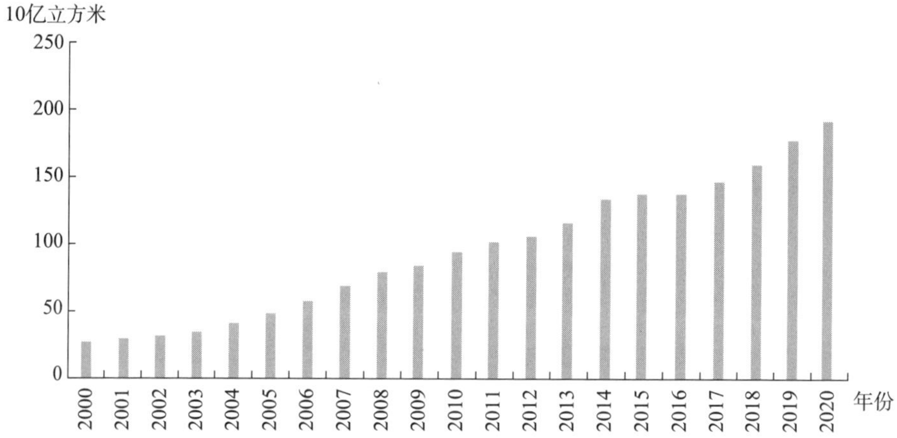

图 1-13　2000—2020 年我国天然气产量变化情况

资料来源：《BP 世界能源统计年鉴 2021》。

陕西、四川和新疆 3 个西部地区省份是我国天然气储量和产量最高的省份，“西气东输”是其根本背景。其余省份虽然也有产有储，但相较于这 3 个天然气大省的体量要小得多。据 2020 年资料，陕西的天然气产量是 527. 38 亿立方米，占我国天然气生产总量的 27. 40%；四川的天然气产量是 463. 34 亿立方米，占我国天然气生产总量的 24. 07%；新疆的天然气产量是 369. 83 亿立方米，占我国天然气生产总量的 19. 21%（见表 1-7）。陕西、四川、新疆三大省份天然气产量占 2020 年度我国天然气总产量的 70%左右，且因为紧邻天然气来源地，西部地区省份的管道天然气价格水平较东部地区省份低。

表 1-7　2020 年我国各省份天然气产量

省份	天然气生产量/亿立方米	占比/%	省份	天然气生产量/亿立方米	占比/%
陕西	527.38	27.40	辽宁	7.37	0.38
四川	463.34	24.07	山东	5.77	0.30
新疆	369.83	19.21	河北	5.61	0.29
广东	131.59	6.84	贵州	5.04	0.26
山西	85.93	4.46	江苏	4.24	0.22
重庆	79.96	4.15	甘肃	3.90	0.20
青海	64.01	3.33	河南	2.90	0.15
黑龙江	46.78	2.43	安徽	2.24	0.12
天津	36.31	1.89	海南	1.04	0.05
内蒙古	25.55	1.33	湖北	1.01	0.05
北京	19.98	1.04	广西	0.22	0.01
吉林	19.81	1.03	湖南	0.03	—
上海	15.11	0.78	—	—	—

资料来源：《中国能源统计年鉴 2021》。

三、我国天然气消费状况

我国天然气消费量逐年增长，增速呈波动变化。2000 年我国天然气消费量为 245.03 亿立方米，2010 年增长到 1075.75 亿立方米，2020 年增长到 3339.9 亿立方米，比 2019 年增加约 280 亿立方米，同比增长 9.16%，占一次能源消费总量的 8.4%（见图 1-14）。国内天然气消费量的增长主要受政策激励、市场复苏和价格驱动因素的影响，考虑到《关于“十四五”期间能源资源勘探开发利用进口税收政策的通知》《国务院关于印发 2030 年前碳达峰行动方案的通知》等一系列国家鼓励政策的发布，今后我国天然气需求的增长空间仍然很大。

从区域消费来看，2020 年我国天然气消费量排名前 3 位的分别是北京市（185.41 亿立方米）、江苏省（143.78 亿立方米）和广东省（126.99 亿立方米）（见表 1-8）。广东、江苏两省是我国经济发展水平较高的省份，工业、制造业更加先进，玻璃、陶瓷等工业的天然气使用规模更大。除此之外，广东、江苏两省的天然气发电装机容量也是全国最大的，所以其天然气消费水平遥遥领先。我国天然气生产主要集中在东部和西部地区，消费则主要集中在长江三角洲和珠江三角洲，导致天然气的地区供求不平衡。在生产方面，陕西、四川、新疆产量占比较高，此三省区每年产能加起来超过 70%。在消

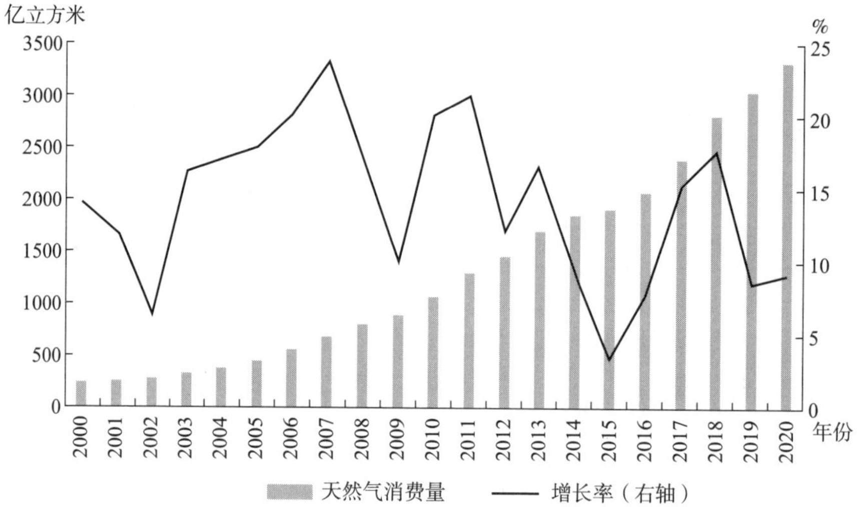

图 1-14　2000—2020 年我国天然气消费量及增速变化情况

资料来源：《中国能源统计年鉴 2021》。

费方面，江苏、广东、上海每年天然气的消费量在 360 亿立方米以上，中西部地区生产的天然气必须通过管网或其他方式进行运输供给。遇到冬季取暖，季节性失衡又是我国天然气市场面临的最大问题。除此之外，还存在地区调峰供需不平衡、基础设施不平衡、储气调峰能力不足等问题。

表 1-8　2020 年各省份天然气消费量　　单位：亿立方米

省份	消费量	省份	消费量
北京	185.41	湖南	28.39
江苏	143.78	山西	28.07
广东	126.99	福建	25.86
山东	117.80	甘肃	25.44
上海	89.90	吉林	21.42
四川	86.52	内蒙古	20.75
浙江	77.60	江西	19.44
河北	64.28	青海	17.10
河南	62.04	宁夏	16.12
天津	60.16	广西	15.68
陕西	55.64	黑龙江	15.33
湖北	54.88	贵州	12.63
新疆（含新疆生产建设兵团）	54.09	云南	6.02

续表

省份	消费量	省份	消费量
重庆	52.62	海南	3.88
安徽	41.44	西藏	4.27
辽宁	33.96	—	—

资料来源：住房和城乡建设部网站。

从消费结构来看，城镇燃气与工业燃气是我国天然气消费的主要种类，2020年两者消费量共占全国天然气消费总量的约70%，成为提高天然气消费水平的重要推动力。2016—2020年我国天然气消费结构见表1-9。

表1-9　2016—2020年我国天然气消费结构　(%)

	城镇燃气	工业	发电	化工
2016年	35.1	35.1	17.6	12.2
2017年	39.3	31.8	17.9	11.0
2018年	33.9	38.6	17.3	10.2
2019年	37.2	35.0	16.8	11.0
2020年	37.5	37.5	16.0	9.0

资料来源：《中国天然气发展报告（2021）》。

四、我国天然气进出口状况

由于对天然气的巨大需求，我国天然气的进口量持续快速增长。2007年进口量为40.2亿立方米，2014年进口量为565.22亿立方米，2020年进口量为1397亿立方米，对外依存度达40%以上。2018年我国天然气进口增幅最大，主要用于控制大气污染。各行各业的天然气消费量都实现较大的提升。占据我国天然气供应结构最大份额的国产常规天然气逐渐走向成熟，但是囿于国内天然气储量偏少，国产常规天然气受到限制，短期内并不能带来产量的大幅提升。由此造成的国内供应缺口，就需要通过进口天然气加以弥补。我国天然气出口量较低，2020年我国天然气出口量仅为52亿立方米，同比增长44%。具体见图1-15。

分类型看，我国主要进口液化天然气，其进口量不断增加，而管道天然气进口量开始出现下降趋势。2020年，我国液化天然气进口量达940亿立方米，比2018年增加了205亿立方米；管道天然气进口量为451亿立方米，进口量进一步下降，比2018年下降了28亿立方米。2017年冬，我国在全国范围内推行“煤改气”，国内天然气进口需求异常旺盛，同时我国管道天然气主要供应国土库曼斯坦因价格等原因减供严重，致使我国2017年冬从国外大量

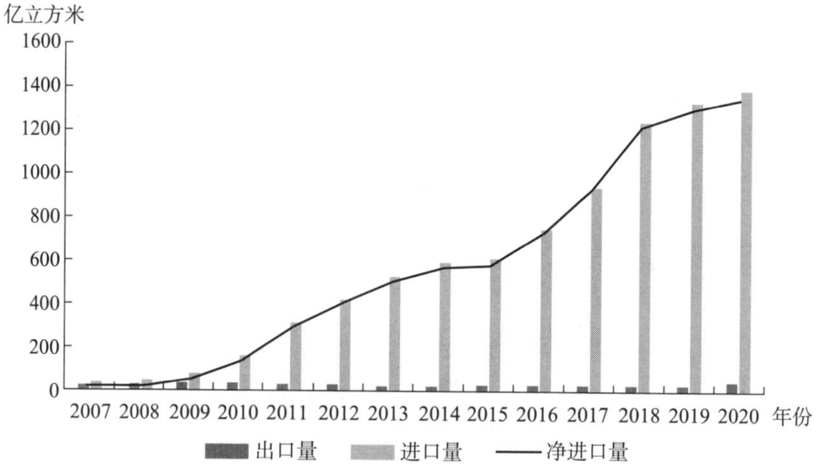

图 1-15　2007—2020 年我国天然气进出口量

资料来源：《中国能源统计年鉴 2021》。

进口液化天然气，全年液化天然气进口量为 529 亿立方米，同期上涨 43.75%；2018 年我国液化天然气进口量为 735 亿立方米，持续保持高水平上涨。液化天然气是一种使用灵活性很强的清洁型能源，因此其在下游产业得到了十分广泛的应用。液化天然气通过将气态天然气液化处理得到，因此气态天然气的使用均可通过液化天然气来满足，例如化学工业、燃气发电和城镇燃气。由于液化天然气的体积更小，较气态天然气的灵活性更强，运输也更便利，因此液化天然气还能够用作汽车、轮船和火车等机动车辆的燃料使用。近几年，随着天然气下游产业的需求越来越大，以及国产天然气与进口管道天然气的增加量相对有限，液化天然气的进口量出现了较大幅度的增加。

《BP 世界能源统计年鉴 2021》显示，澳大利亚是我国最大的液化天然气供应国。2020 年我国从澳大利亚进口液化天然气 406 亿立方米，占比达 43.19%。澳大利亚也是全球最大的液化天然气出口地。2020 年澳大利亚液化天然气出口量占全球液化天然气出口量的 22%。我国其他液化天然气供应国分别是卡塔尔（112 亿立方米、占比 11.91%）、马来西亚（83 亿立方米、占比 8.83%）、印度尼西亚（74 亿立方米、占比 7.87%）。但自全球性新冠肺炎疫情暴发后，我国同澳大利亚的贸易摩擦加剧，对此我国采取多项举措反制，产品涵盖葡萄酒、煤炭和原木等。国家发展改革委于 2021 年 5 月颁布的《关于无限期暂停中澳战略经济对话机制下一切活动的声明》指出，从 5 月 8 日开始，将无限期停止由国家发展改革委和澳联邦政府有关部门联合领导的中澳战略经济对话机制范围内的所有活动。彭博社报道，在中澳关系陷入低谷后，至2021年5月10日为止，至少有两家较小的中国液化天然气进口商接到通知，将停止从澳大利亚进口新的天然气产品。数据显示，2021年第一季度我国对澳大利亚液化天然气的进口比例已逐渐由2020年43%的水平变为38%。具体见图1-16。

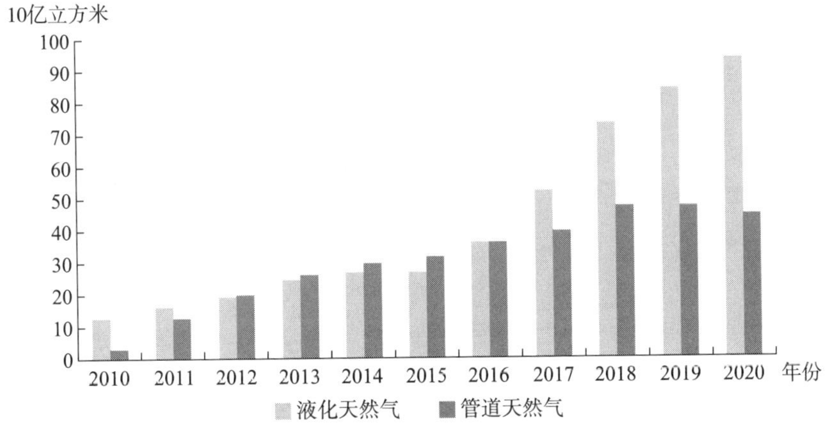

图1-16　2010—2020年我国管道天然气和液化天然气进口量

资料来源：《BP世界能源统计年鉴2021》。

气态天然气以天然气管道运输为主要方式。国内陆地天然气管道已大致构成连通海外、涵盖全国、东西跨越和交错贯通的天然气管网供应布局。根据《中长期油气管网规划》，截至2025年国内天然气管道将实现16.3万公里的长度。随着中俄东线（北段）工程的正式开工，西北、东北、西南及海上4条用于进口天然气的战略通道已逐渐完成。然而，由于受到硬件设施条件限制，我国气态天然气大部分进口于有硬件设施能力的国家，包括土库曼斯坦、哈萨克斯坦和俄罗斯等。据中国石油西部管道公司统计，2019年中亚天然气管道共计输送天然气479亿立方米；据云南昆明海关提供的数据，中缅油气管道进口天然气已超过50亿立方米；据海关总署数据，我国2020年气态天然气主要供应国是土库曼斯坦（62%）、哈萨克斯坦（14%）、缅甸（13%）、俄罗斯联邦（6%）、乌兹别克斯坦（5%）。

第二章

我国稀有金属的供给与需求

三稀金属是对稀土金属、稀有金属、稀散金属这三类金属的总称。我国矿产资源丰富、种类齐全，三稀金属在我国均有赋存，其在冶金行业、石油化工行业、医药行业，以及新能源行业等领域均有较为广泛的应用，对我国的科技创新以及经济发展具有重要的作用。

第一节 稀土金属的供给与需求

稀土是 17 种金属元素的总称。1794 年，人们首次从天然矿物中发现稀土，但由于技术限制，只能提取不纯净的且类似土形态的氧化物，故将其命名为稀土。稀土元素之间的性质相近，在自然界中通常以共生的形式存在。随着科学技术的不断进步，人们逐渐将不同的元素分离出来。直到 1947 年，人们找齐了 17 种稀土元素。

根据国际纯粹与应用化学联合会对稀土元素的定义，稀土元素是指门捷列夫元素周期表第三副族中原子序数 57 至 71 的 15 种镧系元素，即镧（57）、铈（58）、镨（59）、钕（60）、钷（61）、钐（62）、铕（63）、钆（64）、铽（65）、镝（66）、钬（67）、铒（68）、铥（69）、镱（70）、镥（71），再加上与其电子结构和化学性质相近的钪（21）和钇（39），共计 17 种元素。除了钪和钷外，其余 15 种元素往往共生。

稀土的分类方法有两种：一种是最常用到的二分法，即将稀土分为轻稀土与重稀土两类，其中镧、铈、镨、钕、钷、钐、铕为轻稀土，其余的为重稀土；另一种是三分法，即根据稀土元素在物理和化学性质方面的差异性与相似性（钪除外）进行分类，其中镧、铈、镨、钕、钷为轻稀土，钐、铕、钆、铽、镝为中稀土，钬、铒、铥、镱、镥、钇为重稀土。

一、我国稀土资源状况

我国稀土资源的分布呈现“南重北轻”的特点，即轻稀土矿主要分布于华北（内蒙古包头白云鄂博矿）、华东（山东微山湖矿）与西南（四川冕宁矿）三个地区；重稀土矿主要分布于华东（江西赣州寻乌与龙南矿）和中南（广东梅州大埔与河源东源矿）两个地区。其中，轻稀土矿能够进行较大规模的工业开采，但开采过程中所伴生的放射性元素对环境的影响较大；重稀土矿是由磷灰石、磷钇矿等磷酸盐矿物风化所致的离子吸附型稀土矿，由于它的分布较散，因此其规模化工业开采的难度较大。在我国已经发现的 250 多种稀土矿物中，只有 10 余种矿物具有开采价值，50~60 种矿物具有工业价值。目前能够通过工业方式提取稀土元素的矿物主要有磷钇矿、氟碳铈矿、独居石矿，以及风化壳淋积型矿。

从轻稀土矿的分布类型来看，内蒙古包头白云鄂博矿稀土储量占我国总储量的 87.7%，是我国的第一大稀土矿，该地区的稀土矿物与铁共生，主要包括独居石矿与氟碳铈矿两种，二者比例为 1∶3。山东微山湖与四川冕宁的稀土矿以氟碳铈矿为主，并通常伴生有重晶石等。重稀土矿主要分布于广东、广西、江西与福建等地，主要为离子吸附型稀土矿。

我国是稀土资源储量大国，1995—2001 年的稀土储量为 4300 万吨，占全球稀土储量的 43%。然而，由于缺少对稀土资源重要性的认识，我国大量出口稀土，使得稀土储量快速下降，由 2001 年的 4300 万吨减少到 2002 年的 2700 万吨。随着我国逐渐认识到稀土资源的战略性地位，制定了稀土生产及贸易的相关政策，并在 2010 年将稀土确定为战略性资源，之后我国稀土储量有所回升，2010 年储量增加到 5500 万吨，保持 6 年后，2016 年储量降到 4400 万吨，并一直保持到 2020 年，储量占全球的 37%（见图 2-1）。

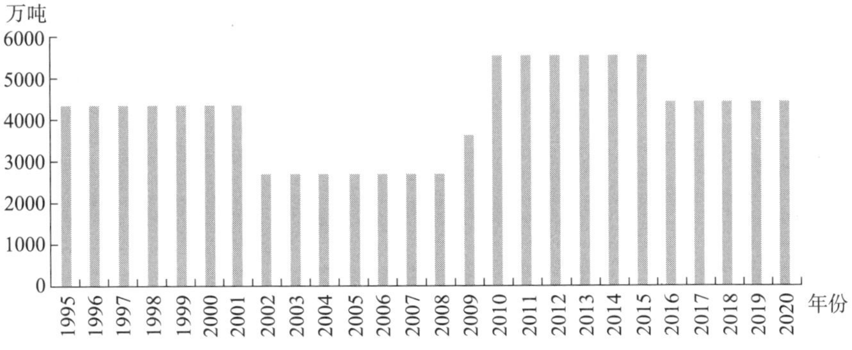

图 2-1 1995—2020 年我国稀土资源储量情况

资料来源：同花顺 iFinD 数据库。

二、我国稀土生产状况

我国稀土生产可分为南北两大体系，其中南方工业体系以加工中重稀土为主，主要产品包括不同种类的高纯单一稀土化合物和金属、富集物、混合金属和合金；北方工业体系以加工轻稀土为主，主要产品包括稀土合金、稀土精矿、混合稀土化合物、富集物和金属、各种单一稀土化合物，以及稀土抛光粉、永磁材料、贮氢合金等外延产品。

由于稀土的稀缺性与战略性，自 2006 年以来我国开始实行稀土开采总量控制指标管理制度，旨在防止稀土资源的过度开采以及盲目竞争。如表 2-1 所示，2006 年我国稀土开采总量控制指标为 86520 吨，其中中重稀土为 8320 吨，轻稀土为 78200 吨；2012—2017 年，中重稀土开采总量控制指标一直保持在 17900 吨；2020 年我国稀土开采总量控制指标为 140000 吨，其中中重稀土为 19150 吨，轻稀土为 120850 吨。

表 2-1　2006—2020 年我国稀土开采总量控制指标　　单位：吨

年份	轻稀土	中重稀土	合计
2006	78200	8320	86520
2007	78200	8820	87020
2008	78500	9120	87620
2009	72300	10020	82320
2010	77000	12200	89200
2011	80400	13400	93800
2012	75900	17900	93800
2013	75900	17900	93800
2014	87100	17900	105000
2015	87100	17900	105000
2016	87100	17900	105000
2017	87100	17900	105000
2018	100850	19150	120000
2019	112850	19150	132000
2020	120850	19150	140000

资料来源：自然资源部网站发布的 2006—2020 年度《稀土矿钨矿开采总量控制指标的通知》。

如表 2-2 所示，2020 年我国稀土开采、冶炼分离总量控制指标主要由六大集团完成。虽然 2020 年稀土开采总量控制指标较 2019 年增加了 0.8 万吨，但由于稀土矿产为稀缺资源，其供给仍不能满足市场需求。

我国稀土的冶炼分离技术在全球居于领先地位，冶炼分离的产量约占全球的 90%，相较于我国稀土产量约占全球的 60%的情况，我国稀土冶炼分离技术具有绝对的垄断优势。但现阶段我国稀土冶炼分离技术的整体产能利用率并不高，仅为约 50%，这也反映了我国上游稀土矿供应受到了明显限制。

表 2-2 2020 年我国稀土开采、冶炼分离总量控制指标表 单位：吨

六大集团	矿产品		冶炼分离产品
	轻稀土	中重稀土	
中国稀有稀土股份有限公司	14550	2500	23879
五矿稀土集团有限公司	—	2010	5658
中国北方稀土（集团）高科技股份有限公司	73550	—	63784
厦门钨业股份有限公司	—	3440	3963
中国南方稀土集团有限公司	32750	8500	27112
广东省稀土产业集团有限公司	—	2700	10604
合计	120850	19150	135000

资料来源：工业和信息化部、自然资源部《关于下达 2020 年第一批稀土开采、冶炼分离总量控制指标的通知》。

我国是全球最大的稀土生产国，在 2010 年之前，除 1997 年外，我国稀土产量呈现增长或不变的态势。2011 年工业和信息化部发布《关于开展全国稀土生产秩序专项整治行动的通知》，其目的是对稀土矿企业无计划、超计划生产，收购和销售非法开采的稀土矿产品等违法违规行为进行查处，这使得 2011 年后，稀土产量有所下降。2010 年稀土产量为 13 万吨，2011 年降为 10.5 万吨。随着 2016 年我国“十三五”计划的实施，出台了一系列关于提高稀土高质化与可持续利用的文件，我国稀土产量有所增加，2018 年稀土产量为 12 万吨，2020 年达到 14 万吨。具体见图 2-2。

从我国各地区的稀土开采情况来看，主要有内蒙古包头、四川凉山、江西赣州三大稀土生产基地，其中内蒙古的稀土资源最为丰富，其 2020 年开采量占全国的 53.6%；其次是四川的轻稀土矿产，占比为 28.8%；最后为江西的中重稀土矿产，占比为 6.4%。我国稀土生产以轻稀土为主、重稀土为辅。

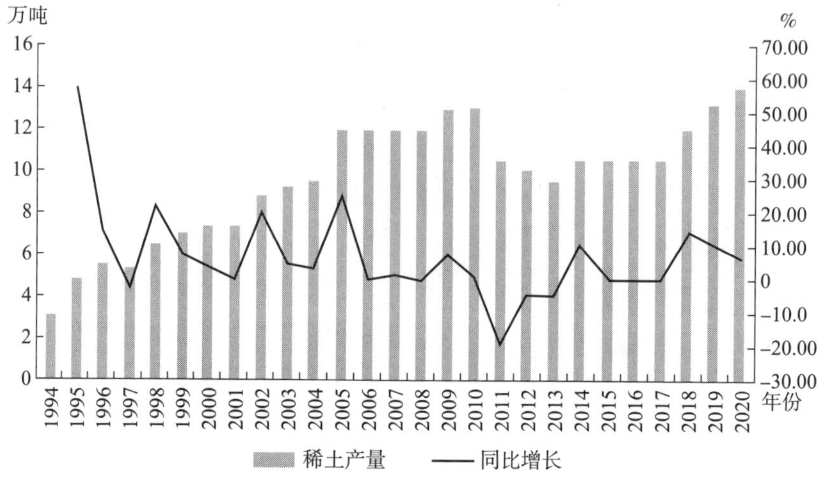

图 2-2　1994—2020 年中国稀土产量及增长情况

资料来源：同花顺 iFinD 数据库。

三、我国稀土消费状况

随着社会经济的发展，我国产业发展对稀土的需求逐步增加。自 1998 年开始我国稀土消费量一直居于世界第一位。2000 年，我国稀土消费量为 2.28 万吨，2004 年为 4.63 万吨。2005 年，我国在稀土催化材料方面取得大幅进步，稀土消费量大幅提升，达到 5.95 万吨，同比增长 28.63%。2007 年，我国稀土消费量达到 7.01 万吨。由于受到金融危机的影响，2008 年我国稀土消费量的增幅达到 2000 年以来的最低点，为 1.34%，消费量为 7.11 万吨。随着金融危机影响逐渐消失，2010 年我国的稀土消费量达到 8.46 万吨，同比增长 5.62%。2011 年是我国"十二五"规划的开局之年，国家出台了一系列调控稀土行业的政策，在这些政策的推动下，社会各界对稀土的关注度越来越高，从而推动稀土产品价格持续上涨。稀土价格的上涨给稀土下游行业带来极大的压力，稀土消费量下降到 8.02 万吨。2013 年稀土消费量有所恢复，达到 8.91 万吨，2015 年达到 10.11 万吨，2017 年达到 11.43 万吨，2020 年达到 15.25 万吨，如图 2-3 所示。

从稀土的消费结构来看，其主要应用于永磁材料、冶金与机械、石油化工、玻璃陶瓷、储氢材料、发光材料、农业轻纺、抛光材料以及强化材料等行业。其中，稀土永磁材料的消费量最大，钕铁硼与烧结钕铁硼是永磁材料的主要消费形式。

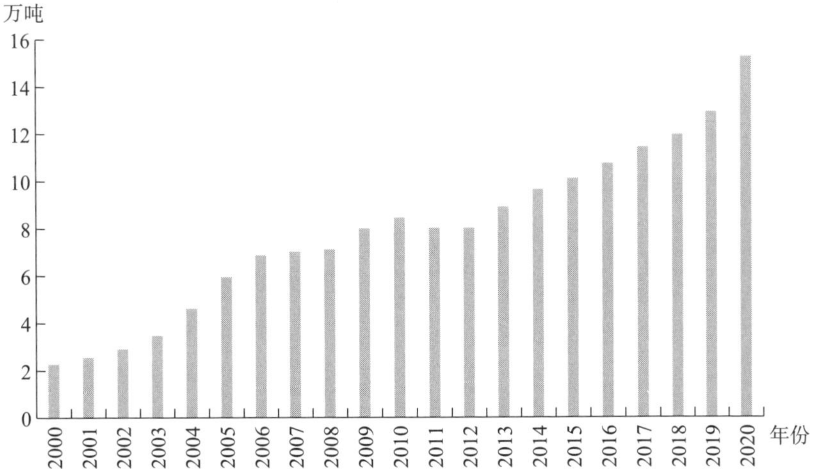

图 2-3　2000—2020 年我国稀土消费量

资料来源：引自代涛、高天明、文博杰.《元素视角下的中国稀土供需格局及平衡利用策略》。

四、我国稀土进出口状况

稀土的对外贸易主要分为两类：一类包括稀土金属矿、稀土化合物与稀土金属三种产品的稀土；另一类包括稀土永磁材料、铈铁合金两种产品的稀土制品。

我国是稀土出口大国，在国际市场中占据着重要地位。我国稀土出口贸易的发展大致可分为三个阶段：1978—1995 年为第一阶段，我国政府鼓励稀土的开发与出口，1985 年实施稀土出口退税政策，出口的稀土产品主要为一些初级产品，如混合金属、氯化稀土、精矿等。此时，我国稀土的管理政策并不完善，稀土企业的自主创新能力较弱，导致我国稀土储量优势并没有转化为价格优势，出口贸易经济效益低下。1996—2008 年为第二阶段，国家逐渐意识到稀土资源的战略价值与社会价值，出台了一系列稀土管制政策，如 1998 年实施出口配额制，2005 年取消稀土退税制度，2006 年增加稀土产品出口关税，并开始逐步营造稀土出口贸易发展所需要的国内环境。此时，我国主要出口一些附加值较高的单一稀土金属元素。2009 年至今为第三发展阶段，尽管 2014 年我国在 WTO 稀土案中败诉，取消了稀土出口配额，但我国仍然没有放松对稀土出口管制的力度，开始逐步完善稀土出口管制体系。此时，我国稀土出口向着高端行业迈进，稀土永磁材料、铈铁合金等新型材料成为我国主要的出口产品。

从稀土出口贸易方面来看，2008 年我国稀土出口数量较多，为 56.60 万吨，但出口金额较少，仅为6.90亿美元，这说明我国稀土出口贸易存在数量大价格低的问题。2009年我国下调了稀土出口配额，配额数量较上年减少了8926吨，加之受到2008年金融危机的滞后效应影响，我国稀土出口数量大幅下跌，低至4.40万吨，但单位稀土的出口金额较上年有大幅增长，这说明我国稀土出口管制策略有成效。在2011年，我国提高了稀土企业出口资质，上调了稀土矿产资源税，使得我国稀土出口数量降低至1.70万吨，此时单位稀土出口金额达到了自2008年以来的最大值。在此之后，2014年我国取消了稀土出口配额，稀土出口数量上升，2015年为3.50万吨，2018年为5.30万吨。2019年稀土出口数量略有下降，为4.60万吨。2020年新冠肺炎疫情的暴发使稀土出口数量进一步下降至3.50万吨（见表2-3）。

从稀土进口贸易方面来看，在2014年之前，我国稀土进口数量很少，2014年的进口数量仅为0.46万吨。但近年来，随着国家逐渐意识到稀土的战略重要性以及为了使稀土资源更具有可持续性，我国稀土的进口数量逐年增加。2018年进口数量达到9.82万吨，成为世界上最大的稀土进口国；2020年，稀土进口数量突破了10万吨，达到11.95万吨。我国稀土主要进口国为缅甸、美国与马来西亚。

表2-3 我国稀土进出口贸易

稀土出口			稀土出口			稀土进口		
年份	数量/万吨	金额/亿美元	年份	数量/万吨	金额/亿美元	年份	数量/万吨	金额/亿美元
2008	56.60	6.90	2014	2.80	3.70	2014	0.46	0.58
2009	4.40	3.10	2015	3.50	3.70	2015	1.08	0.93
2010	4.00	9.40	2016	4.70	3.40	2016	1.64	0.97
2011	1.70	26.70	2017	5.10	4.20	2017	3.51	1.82
2012	1.60	9.10	2018	5.30	5.10	2018	9.82	2.59
2013	2.20	5.80	2019	4.60	4.40	2019	8.76	3.26
—	—	—	2020	3.50	3.40	2020	11.95	6.21

资料来源：根据同花顺iFinD数据库、海关总署网站发布的数据整理。

五、产品价格趋势

一般来说，稀土的供求是影响稀土价格最重要的因素。近年来，对我国稀土供求影响最显著的因素主要是政府出台的稀土“打黑”政策、稀土收储政策、稀土市场需求方向与国际因素四个方面。其中，国家稀土“打黑”是指对违规开采、生产的稀土企业进行处罚与整治；稀土收储是指政府或企业对国内市场滞销，但又极具战略价值的重稀土储备起来，以防外流。

自 2013 年以来，我国稀土产品的价格整体呈现降低—升高—降低—升高的变化趋势。如表 2-4 所示，2014 年我国绝大部分的稀土产品价格下降，轻稀土中氧化镧与氧化铈的降幅均超过 40%，分别降至每吨 1. 89 万元与 1. 83 万元；重稀土中氧化钇的降幅也超过了 40%，降至每吨 4. 90 万元。2015 年与 2016 年稀土产品价格持续走低，其中轻稀土中的氧化铕降幅最大，两年均超过 50%，由 2014 年的每吨 347. 35 万元降至 2016 年的每吨 58. 55 万元。直到 2017 年我国加大了稀土的“打黑”力度，使得部分稀土产品的价格有所回升，其中轻稀土中的氧化镨、氧化铈与金属钕的价格涨幅均超过 30%，分别增至每吨 42. 77 万元、1. 36 万元与 43. 01 万元；重稀土中的氧化铽与金属铽的价格涨幅均超过 20%，分别涨至每吨 343. 21 万元与 452. 88 万元。2018 年我国稀土“打黑”行动持续进行，但随着新能源材料行业与风力发电行业的不断发展，稀土市场一方面对氧化镨与氧化钕的需求大幅增加，另一方面又对氧化钇、氧化镝等需求过剩、价格下降，其中氧化钇的价格降幅达到了 17%，降至每吨 2. 10 万元。稀土元素之间的不平衡利用以及收储政策的不完善难以刺激稀土价格提升。2019 年中美贸易摩擦加剧，我国作为稀土大国，稀土成了中美贸易摩擦中的关键反击资源，由此使得部分稀土产品价格上升，如氧化镝、金属镝与氧化铽等。2020 年新冠肺炎疫情暴发，对我国稀土行业产生了一定的冲击，国内外稀土供应紧缺使得我国部分稀土产品价格上涨，如氧化铽与金属铽。

表 2-4　2013—2020 年我国稀土价格　　单位：万元/吨

	2013 年	2014 年	2015 年	2016 年	2017 年	2018 年	2019 年	2020 年
氧化钕（≥99%）	34. 11	30. 37	26. 96	25. 91	33. 65	32. 64	30. 75	33. 46
氧化镨（≥99%）	44. 88	54. 75	35. 61	31. 43	42. 77	42. 40	37. 96	32. 24
氧化镧（≥99%）	3. 47	1. 89	1. 25	1. 22	1. 50	1. 44	1. 25	1. 09
氧化铈（≥99%）	3. 52	1. 83	1. 15	1. 04	1. 36	1. 44	1. 21	1. 09
氧化钇（≥99. 999%）	8. 38	4. 90	3. 21	2. 69	2. 53	2. 10	2. 05	2. 03
氧化镝（≥99%）	202. 38	161. 53	149. 97	125. 89	122. 33	116. 91	164. 20	180. 97
氧化铕（≥99%）	493. 54	347. 35	126. 63	58. 55	56. 72	34. 87	23. 81	21. 25
氧化铽（≥99. 9%）	378. 54	307. 00	312. 50	269. 76	343. 21	299. 84	349. 85	462. 10
金属钕（≥99%）	43. 02	39. 62	34. 73	32. 41	43. 01	42. 60	39. 17	42. 10
金属镝（≥99%）	307. 92	220. 63	204. 17	176. 67	172. 52	165. 91	204. 38	230. 79

续表

	2013 年	2014 年	2015 年	2016 年	2017 年	2018 年	2019 年	2020 年
金属镧（≥99%）	6.43	4.51	3.32	2.96	3.50	3.76	3.58	3.05
金属铽（≥99%）	544.17	411.60	420.75	359.51	452.88	400.14	454.15	587.77
金属钇（≥99.9%）	33.75	28.78	25.06	23.49	22.50	22.57	22.92	21.70

资料来源：同花顺 iFinD 数据库。

第二节　稀有稀散金属的供给与需求

稀有金属是指在地壳中含量较少、分布稀散或难以从原料中提取的金属。稀有金属包括铌（Nb）、钽（Ta）、铍（Be）、锂（Li）、锆（Zr）、锶（Sr）、铷（Rb）、铯（Cs）8 种元素。根据元素的性质及赋存状态，可将其分为稀有轻金属和稀有难溶金属。铍、锂、铷、铯属于稀有轻金属，铌、钽、锆、锶属于稀有难溶金属。

稀有金属主要用于制造超硬质合金、特种钢和耐高温合金，其在电气、化学、陶瓷、原子能及火箭技术等方面也有至关重要的作用。稀有金属凭借特殊的物理与化学性质，对我国的可持续发展以及国家安全都有着重要的作用。也正是由于其重要性，稀有金属成为各个国家激烈竞争的战略性矿产资源。

稀散金属是 8 种元素的总称，分别为碲（Te）、铊（Tl）、镉（Cd）、镓（Ga）、硒（Se）、锗（Ge）、铟（In）和铼（Re），其中碲与硒为半金属元素。这一组元素之所以被称为稀散金属，一方面由于它们的性质较为相似，另一方面由于它们难以形成具有单独开采价值的矿床，常以分散状态赋存在有关的金属矿物中。我国是镓、铟、锗、碲金属的顶级生产商与供应商，其中锗是我国典型的优势金属。

稀散金属是高新技术材料的重要组成部分，其能够与有色金属组成一系列电子光学材料、半导体材料与新型功能材料等，由此可以广泛应用于医药卫生、能源材料、通信技术，以及催化剂材料等领域。

一、我国稀有稀散金属资源状况

1817 年，瑞典化学家 J. A. Arfvedson 发现了锂元素，随后 1855 年德国化学家 Robert Bunsen 和英国化学家 Augustus Matthiessen 通过电解氯化锂获得锂金属。锂在自然界中通常以锂辉石、锂云母及磷铝石矿的形式存在，在工业中有较为广泛的应用，比如玻璃、电磁及医药制造等方面。

我国的锂矿资源较为丰富，储量占全球的25.7%，主要集中在西部地区，包括青藏高原、云贵高原、甘孜州，以及阿尔泰等地，在中东部地区如河南、福建、湖南、湖北等地也有一定分布，这些地区的锂矿资源约占全国锂矿资源的96%。但我国锂矿资源的赋存环境较差，开采难度较大。

锶的性质活跃，极易与空气和水发生化学反应，所以不存在自然态的锶，都是以化合物的形式出现，它的主要矿物是天青石和菱锶矿。天青石是自然界中最主要的含锶矿物，主要用于提炼锶和制备锶化合物。我国的天青石储量较为丰富，约占全球总储量的1/4。菱锶矿的重要性仅次于天青石，但在国内分布很少，仅见于重庆铜梁、大足和云南兰坪河西，且与天青石共生，很难分开。从分布地区来看，我国青海的天青石储量最大，占全国储量的93.52%，其次为四川、江苏、重庆与云南。我国天青石储量虽然丰富，但勘探程度低，且与墨西哥、伊朗等国相比，我国锶资源品位低，资源禀赋并不具有优势。

在锆矿资源中，锆英石与斜锆石是具有工业与应用价值的主要含锆矿物，与独居石、钛铁矿等矿物伴生，其中锆英石主要产于砂矿，斜锆石主要产于岩矿。我国锆矿床主要有风化壳型砂矿、滨海砂矿、内陆河流和湖泊冲积砂矿、花岗伟晶岩型岩矿4种，前3种砂矿的经济价值与开发利用程度较高，但在我国的储量较低；岩矿的开采难度较大，但其储量占到我国的70%以上。我国锆储量为50万吨，占全球储量不足1%，与锆资源丰富的国家相比，我国锆储量较低。目前，我国锆矿资源主要分布在内蒙古，占比为70%；其次为海南，占比为19%；剩余锆矿资源分布在广东、广西、云南、福建、山东等沿海地区。其中，内蒙古碱性花岗岩选矿成本高、开采难度大，至今尚未开发利用；海南、广东、山东、福建等地的滨海砂矿床工业价值高，是我国最常开采的锆英石矿床。

我国铍资源比较丰富，基本储量为2.9万吨，主要分布于新疆、四川、云南及内蒙古地区。已探明的铍矿资源以伴生矿产为主，单一矿产地虽然不少，但规模较小，所占储量不及总储量的1%。我国铍矿主要包括花岗伟晶岩型、热液石英脉型与花岗岩型3种。其中，花岗伟晶岩型铍矿储量较大，约占全国总储量的50%，主要产地为四川、新疆及云南等地；热液石英脉型铍矿主要分布于我国华东及中南地区；花岗岩型铍矿有两种，一种与铌、钽、锂或钨、锡、钼、镓等伴生，另一种以钽、铌为主并与铍等稀有金属伴生。

二、我国稀有稀散金属生产状况

锂是新能源汽车和储能技术发展中不可缺少的资源，我国将锂确定为24种国家战略性矿产资源之一，其开发与使用已被列入我国“十三五”规划。锂资源上游供应链的安全问题对我国新兴技术产业的发展有着重要作用。

我国主要生产锂氧化物、氯化锂与锂辉石。我国锂矿行业的发展大致可以分为四个阶段：第一阶段为1949—1977年的探索发展阶段，新中国成立后，由于我国军工事业的发展需要，政府开始探索锂矿资源的开发与利用，并逐步建立了锂矿开采基地。在这一时期，我国锂矿产量低，需求量较少，矿石的利用程度也有限。第二阶段为1978—2003年的稳定发展阶段，改革开放以来，随着经济的快速发展，我国逐步加大了对锂矿石应用技术的研发投入力度，锂矿石行业的下游应用范围逐步扩大，开采的锂矿除了用于军工行业外，也逐渐投入玻璃、陶瓷、电池等领域。第三阶段为2004—2011年的快速发展阶段，随着信息时代的到来，我国锂电池行业迅速崛起，此时我国锂矿石的本土产量逐步增长，需求量也不断增加。与此同时，由于国内锂矿石的缺口较大，我国在积极加入全球锂贸易的进程中，逐步加大锂的进口量。第四阶段为2012年至今的高速发展阶段，随着我国新能源汽车及5G行业的发展，我国对锂矿石需求增加，产量快速攀升。

如表2-5所示，我国锂产量在2008—2013年呈现稳定增长的态势。2008年我国锂产量为3.29千吨，2011年突破4千吨，达到4.14千吨，2013年达到4.70千吨。我国可利用的锂矿资源主要分布于西藏与四川等高海拔地区。由于受到民族问题的影响，2014年锂产量下降到2.30千吨，2015年下降到2.00千吨。我国在2016年将锂资源列入国家战略储备资源，且在2017年之后出台了一系列引领锂矿产业绿色发展、加快矿山改造升级的政策。2017年我国锂产量有所回升，为6.80千吨，在此之后，发展趋势向好，2020年达到13.30千吨。

锶既是稀有金属，也是碱土金属元素中丰度最小的元素，由于其极易与水发生化学反应，因此在自然界中以化合物的形式存在，主要的矿物为天青石和菱锶矿。矿物经过手选、水洗或浮选工艺能够制得锶精矿，进而采用复分解法或碳还原法可以得到碳酸锶。碳酸锶一方面可以直接应用在下游行业，另一方面以煅烧法或酸化法得到的硝酸锶、氧化锶等化合物可用于医药与烟火行业。以真空铝热还原法得到的金属锶可用于电子与冶金等行业。

我国锶矿产地主要分布在青海、重庆、湖北、江苏、新疆、云南等地。如表 2-5 所示，2008 年我国锶产量为 200.00 千吨，2010 年上升到 220.00 千吨。由于我国过去对锶矿资源的高强度开发，高品质的天青石资源越来越少，加之我国对锶矿资源实施的资源保护政策，2011 年后锶产量持续下降，2012 年下降至 100.00 千吨。2013 年在重庆发现了亚洲最大的锶矿床，因此 2013—2015 年我国锶产量持续增长，2015 年增至 180.00 千吨。在 2016 年我国发布了《全国矿产资源规划（2016—2020 年）》，该规划的目的是强化资源保护，促进资源合理利用，加快矿业的绿色转型升级，并为全面建成小康社会提供能源保障。该规划的实施，使我国锶产量在 2016 年下降到 50.00 千吨，之后一直维持在该水平。

我国锆的产地主要有广东湛江地区及海南的文昌、万宁地区，其中海南文昌地区的锆英砂精矿品质最好，海南万宁地区与广东湛江地区以生产普通锆英砂矿为主。锆资源是我国重要的战略性矿产资源之一，随着我国战略性新兴产业的飞速发展，锆在原子能、航空航天等行业有着重要的作用，对我国的国家安全及新兴产业的发展有着重大的意义。

如表 2-5 所示，2008—2020 年，我国的锆产量除了在 2009 年减少到 130.00 千吨以外，基本呈现稳定发展的态势，年产量保持在 140.00 千吨、150.00 千吨。但是，我国仍然面临着锆资源禀赋差、生产规模小与产量少的问题。这主要有两方面的原因：一方面，近年来我国在锆矿的勘探方面没有实质性的进展，很多锆矿区的开发程度较低，潜在资源储量不够明确，从而限制了我国对锆矿的开发利用；另一方面，我国对锆矿的开采多为小规模开采，开采的设备与技术都较为落后，产出的成本高、纯度低，许多低品位的锆砂矿被大量浪费。

铍既是稀有金属中的一种，也是碱土金属中最轻的元素。铍金属又称作“超级金属”与“尖端金属”，在航空航天、计算机、核能，以及国防等领域有着重要的作用，也是我国高新产业发展的保障性资源和战略性资源之一。

我国铍资源比较丰富，但可供工业利用的优质铍资源较少，并且铍矿的品位偏低、成分复杂，与多种金属伴生，分离的难度较大，开发成本高，回收利用率低。我国铍工业起步于 20 世纪 60 年代，到目前已经形成了一套完整的体系，但生产铍的数量仍比较低。如表 2-5 所示，2008—2015 年，铍每年的产量保持在 0.02 千吨，随着国内日益增长的消费需求，2016—2018 年产量增加到 0.05 千吨，2019 年和 2020 年增加到 0.07 千吨。

表 2-5 2008—2020 年我国锂、锶、锆与铍资源产量

单位：千吨

年份	锂产量	锶产量	锆产量	铍产量
2008	3. 29	200. 00	140. 00	0. 02
2009	3. 76	210. 00	130. 00	0. 02
2010	3. 95	220. 00	140. 00	0. 02
2011	4. 14	190. 00	150. 00	0. 02
2012	4. 50	100. 00	140. 00	0. 02
2013	4. 70	120. 00	150. 00	0. 02
2014	2. 30	170. 00	150. 00	0. 02
2015	2. 00	180. 00	140. 00	0. 02
2016	2. 30	50. 00	140. 00	0. 05
2017	6. 80	50. 00	140. 00	0. 05
2018	7. 10	50. 00	140. 00	0. 05
2019	10. 80	50. 00	140. 00	0. 07
2020	13. 30	50. 00	140. 00	0. 07

资料来源：根据同花顺 iFinD 数据库发布数据整理。

三、我国稀有稀散金属消费状况

我国锂的消费量近年来呈现出持续稳定增长的态势，2011 年我国锂消费量为 3. 68 万吨，2012 年为 5. 50 万吨，同比增长率为 49. 46%，增长率为近年来的最高点，2015 年我国锂消费量为 7. 87 万吨，2017 年达到 12. 47 万吨，同比增长 34. 96%，2020 年我国锂消费量达到 22. 90 万吨，同比增长 23. 18%。①

从消费领域来看，锂矿石产业链下游的消费领域主要包括锂电池、陶瓷玻璃、润滑剂、聚合物与冶金等，其中锂电池是最大的消费领域，占比在 60%以上。锂电池可以根据其电极材料分为锂金属电池与锂离子电池，其中锂金属电池是以锂金属或锂合金作为电极，属于一次电池，不能充电；锂离子电池是以离子形态存在于电极中，属于二次电池，可充电反复使用。在我们日常生活中，最常用到的是锂离子电池。相较于传统电池，锂离子电池凭借其重量轻、体积小、循环寿命长，以及不含铅等优点，被广泛应用于手机、电脑等电子产品，以及新能源汽车领域。

① 2011—2019 年数据引自茹存一《中国锂矿资源供需形势评价》，2020 年数据引自邢佳韵等《我国锂及其下游动力电池产业链发展探讨》。

锶矿主要用来加工锶盐类产品，如碳酸锶、硝酸锶、氯化锶等，其中用于生产碳酸锶的锶矿量最大。从碳酸锶的消费领域来看，碳酸锶可应用于冶金、烟火，以及出口等领域，其中锶铁氧体是最大的消费领域，占比高达60%以上。

自21世纪以来，随着我国市场的不断发展，我国锆的消费量逐渐增多，目前已经占到全球锆消费量的一半以上。从我国锆的消费结构来看，锆可用于陶瓷、化学锆、耐火材料、精密铸造、电熔锆等领域。其中，陶瓷是最大的消费领域，我国作为陶瓷的生产大国且在核电站的建设方面处于世界领先地位，未来我国仍将是世界锆需求与消费的重心。

从铍的产品消费来看，我国国内铍消费主要以铍铜合金为主，金属铍消费量很小。从铍的消费领域来看，铍可用于工业部件、消费类电子产品、汽车电子、国防军工、电信与能源等领域，其中应用铍资源最多的3个领域分别是工业部件、消费类电子产品及汽车电子。

四、我国稀有稀散金属进出口状况

锂矿物多以碳酸盐或硅酸盐的形式存在，碳酸锂和氢氧化锂是市面上主要的锂盐产品。从表2-6中可以看出，我国进口碳酸锂与出口氢氧化锂数量较多。2018年之前（除2007年）碳酸锂的进口数量要高于氢氧化锂出口数量，2018年之后氢氧化锂出口数量大幅提升，并超过了碳酸锂的进口数量，2020年我国进口碳酸锂5.01万吨，出口氢氧化锂5.66万吨。

从碳酸锂的对外贸易来看，我国碳酸锂的进口量远高于出口量。2007年，碳酸锂进口量为0.38万吨，出口量为0.31万吨。2012年，碳酸锂进口量为1.36万吨，出口量为0.30万吨，进口数量大幅提升。2015年与2018年，碳酸锂进口数量与上一年度相比有回落，分别为1.11万吨与2.45万吨，但仍高于出口数量0.16万吨与1.11万吨。2020年，我国碳酸锂进口量为5.01万吨，出口量为0.75万吨。现阶段国家大力扶持新能源行业，这带动了锂电池行业的发展，从而增加了我国对碳酸锂的需求。与此同时，随着手机、平板电脑等3C电子产品的普及，也进一步提高了我国碳酸锂的消费量。尽管我国碳酸锂的产量也在高速增长，但仍无法满足需求端的快速增加，迫使国内碳酸锂市场产生了供需紧张局面，因此碳酸锂的进口数量大幅提升。我国碳酸锂主要进口国为智利与阿根廷。2020年，我国从智利进口1.28万吨碳酸锂，从阿根廷进口3.71万吨碳酸锂，二者之和占总进口量的99.71%。

从氢氧化锂的对外贸易来看，我国氢氧化锂的出口量远高于进口量。氢氧化锂的进口量除2017年与2018年均为0.13万吨外，其余年份均低于0.1

万吨，2009—2011 年甚至低于 0. 01 万吨。我国 2007 年氢氧化锂出口量为 0. 40 万吨，2008 年与 2009 年受到亚洲金融风暴的影响出口量略有回落，分别为 0. 27 万吨与 0. 19 万吨。在此之后，除 2012 年略有下降之外，其余年份均保持稳定增长的态势，2017 年达到 1. 94 万吨，2020 年达到 5. 66 万吨（见表 2-6）。随着全球新能源汽车行业与锂电池行业的快速兴起，高镍三元电池的需求量快速增加，氢氧化锂作为制造高镍三元电池的关键材料，其在全球电池产业链的需求量也在不断提升。我国作为全球氢氧化锂的主要生产国，2020 年氢氧化锂的产能占全球的 85%，因此我国氢氧化锂的出口数量不断增加。我国氢氧化锂的主要出口国家为日本与韩国，2020 年我国出口到日本的氢氧化锂为 2. 60 万吨，出口到韩国的氢氧化锂为 2. 85 万吨，二者之和占总出口量的 96. 29%。

表 2-6　2007—2020 年我国锂、锶化合物进出口贸易量　　单位：万吨

年份	碳酸锂进口	碳酸锂出口	氢氧化锂进口	氢氧化锂出口	碳酸锶进口	碳酸锶出口
2007	0. 38	0. 31	0. 020	0. 40	0. 08	2. 80
2008	0. 43	0. 24	0. 010	0. 27	0. 06	2. 08
2009	0. 24	0. 20	0. 002	0. 19	0. 0002	1. 74
2010	0. 64	0. 27	0. 004	0. 25	0. 05	2. 48
2011	0. 83	0. 54	0. 002	0. 44	0. 05	1. 92
2012	1. 36	0. 30	0. 030	0. 34	0. 04	0. 90
2013	1. 37	0. 12	0. 020	0. 42	0. 07	0. 68
2014	1. 36	0. 25	0. 004	0. 61	0. 01	0. 80
2015	1. 11	0. 16	0. 020	0. 94	0. 02	0. 64
2016	2. 18	0. 14	0. 010	0. 98	0. 05	0. 79
2017	3. 07	0. 15	0. 130	1. 94	0. 48	0. 62
2018	2. 45	1. 11	0. 130	2. 73	1. 58	0. 32
2019	2. 93	1. 29	0. 050	4. 87	2. 10	0. 29
2020	5. 01	0. 75	0. 050	5. 66	2. 16	0. 19

资料来源：同花顺 iFinD 数据库。

海关总署统计数据显示，碳酸锶为我国锶对外贸易的主要产品。如表 2-6 所示，从整体上看，近年来我国碳酸锶进口数量呈现上升趋势，而出口

数量呈现下降趋势。从碳酸锶的出口贸易来看，2007 年我国出口碳酸锶 2.80 万吨，2008 年与 2009 年出口数量分别下降到 2.08 万吨与 1.74 万吨，2010 年出口数量有所上升，为 2.48 万吨，但 2012 年出口数量又降至 0.90 万吨。在此之后，除 2014 年与 2016 年略有回升之外，其他年份均呈现小幅度下降趋势，2020 年碳酸锶出口数量下降到 0.19 万吨，达到近年来最低水平。从碳酸锶的进口贸易来看，在 2016 年之前，进口数量均小于 0.1 万吨，直到 2017 年才上升至 0.48 万吨。2018—2020 年，进口数量超过 1.00 万吨，分别为 1.58 万吨、2.10 万吨与 2.16 万吨。我国碳酸锶出口数量下降，进口数量上升。一方面，由于我国碳酸锶的品位相对较低，但发达国家对碳酸锶的品位要求越来越高，且随着液晶、等离子显示器的不断发展，作为制造彩电玻壳主要原料的碳酸锶市场需求逐渐降低；另一方面，近来年我国逐渐意识到矿产资源的战略重要性，为保护锶资源，我国已限制初级锶产品的出口，加大了锶资源的进口。

表 2-7 为近年来我国锆矿砂及其精矿进出口贸易情况，相较于锆资源的出口，我国锆资源进口数量较多。从锆矿砂及其精矿的进口贸易来看，其发展过程呈现波动变化的态势，但整体发展向好。2010 年，我国进口数量为 73.17 万吨。在此之后，2011 年、2013 年、2015 年、2018 年与 2019 年均为增长态势，分别为 88.79 万吨、85.05 万吨、103.29 万吨、104.60 万吨与 118.08 万吨。2012 年、2014 年、2016 年、2017 年与 2020 年均为下降态势，分别为 78.01 万吨、82.03 万吨、100.71 万吨、97.96 万吨与 108.45 万吨。从锆矿砂及其精矿的出口贸易来看，自 2015 年以来，出口数量均在 2.00 万吨以下，最高为 2018 年的 1.98 万吨，最低为 2017 年的 1.04 万吨。锆矿资源虽是我国战略性矿产资源之一，但我国存在锆矿品位低、禀赋条件较差、资源不足等问题，而我国又对锆的需求量较大，因此锆矿的进口数量较多。

表 2-7　我国锆矿砂及其精矿进出口贸易情况　　单位：万吨

锆矿砂及其精矿进口		锆矿砂及其精矿进口		锆矿砂及其精矿出口	
年份	数量	年份	数量	年份	数量
2010	73.17	2015	103.29	2015	1.50
2011	88.79	2016	100.71	2016	1.52
2012	78.01	2017	97.96	2017	1.04
2013	85.05	2018	104.60	2018	1.98
2014	82.03	2019	118.08	2019	1.39
—	—	2020	108.45	2020	1.71

资料来源：同花顺 iFinD 数据库。

我国海关总署在近几年才开始发布有关铍对外贸易的数据，相较于铍的出口，我国铍进口金额较大。2018—2020 年，我国锻轧铍及铍制品的进口金额分别为 87.54 万美元、54.53 万美元与 49.53 万美元，出口金额分别为 0.64 万美元、0.67 万美元与 0.73 万美元。① 我国铍资源比较丰富，但可供工业利用的优质铍资源较少，并且我国铍矿资源存在品位偏低、开发成本高、回收利用率低等问题，因此进口较多。

五、产品价格趋势

市面上主要的锂盐产品包括碳酸锂和氢氧化锂两种。如表 2-8 所示，从碳酸锂的价格走势来看，2017 年碳酸锂价格呈现上涨的趋势，第一季度碳酸锂价格为 124.50 元/千克、第四季度增加到 166.52 元/千克。但 2018 年之后，碳酸锂的价格呈现持续下跌的态势，2018 年第一季度为 155.54 元/千克，2018 年、2019 年与 2020 年第四季度价格分别降为 78.97 元/千克、55.66 元/千克与 43.90 元/千克。从氢氧化锂的价格走势来看，自 2017 年以来，除 2018 年第一季度价格小幅上涨之外，均呈现持续下跌的趋势，2017 年、2018 年、2019 年与 2020 年第四季度价格分别为 147.55 元/千克、120.98 元/千克、59.14 元/千克与 48.25 元/千克。

表 2-8 2017—2020 年我国碳酸锂、氢氧化锂、碳酸锶、海绵锆与铍的季均价格

单位：元/千克

年份	碳酸锂	氢氧化锂	碳酸锶	海绵锆	铍
2017 Q1	124.50	157.50	4.01	160.00	5750.00
2017 Q2	135.21	157.50	4.10	160.00	5750.00
2017 Q3	150.42	148.18	4.28	160.00	5750.00
2017 Q4	166.52	147.55	4.51	202.17	5750.00
2018 Q1	155.54	147.94	5.65	244.58	5750.00
2018 Q2	136.94	146.75	6.04	248.58	5750.00
2018 Q3	96.98	135.63	6.11	250.00	5750.00
2018 Q4	78.97	120.98	5.95	250.00	5750.00
2019 Q1	78.53	105.29	5.84	252.76	5750.00
2019 Q2	76.48	92.21	5.61	252.67	5750.00
2019 Q3	65.85	74.57	5.29	255.05	5750.00

① 资料来源：根据海关总署网站发布的数据整理。

续表

年份	碳酸锂	氢氧化锂	碳酸锶	海绵锆	铍
2019 Q4	55.66	59.14	5.09	255.64	5750.00
2020 Q1	48.79	55.16	5.02	255.00	5750.00
2020 Q2	43.91	55.08	5.11	255.00	5750.00
2020 Q3	40.10	49.17	4.92	220.76	5750.00
2020 Q4	43.90	48.25	5.02	139.00	5750.00

资料来源：同花顺 iFinD 数据库、Wind 数据库。

锂盐产品市场价格持续下跌主要有两个方面的原因：一方面，在新能源汽车行业发展前景较好的背景下，国内与国外的锂资源供应商均不断提高产能，产能扩张的速度高于需求扩张的速度，这就必然导致锂盐产品价格下降。另一方面，在 2017 年之前，锂盐产品价格上涨过快，使得锂资源上游厂商获得了较大利润。但从中长期角度来看，这种价格持续上涨的趋势并不可持续，随着高利润吸引大量资本涌入之后，锂盐产品价格必定会下降到均衡水平。

碳酸锶是最常见的锶化合物，从碳酸锶的价格变化趋势来看，如表 2-8 所示，2017 年第一季度价格为 4.01 元/千克，第四季度增加到 4.51 元/千克；2018 年第一季度突破 5.00 元/千克，达到 5.65 元/千克，第三季度达到 6.11 元/千克。但自 2018 年第四季度起，除 2020 年第二、第四季度价格略有上涨之外，分别为 5.11 元/千克、5.02 元/千克，其余季度均呈现下降的趋势。自 2018 年第四季度起价格逐步下降，一方面由于以碳酸锶为主要原料的 CRT 电子显示技术被逐步淘汰，LCD 数字显示技术成为主流，国内碳酸锶产销下降，价格下降；另一方面，我国碳酸锶的品位相对较低，随着科技的不断发展，对碳酸锶品位要求越来越高，国内碳酸锶的低质量使其价格下降。

从海绵锆的价格变化趋势来看，如表 2-8 所示，2017 年前三季度价格均为 160.00 元/千克，第四季度价格上涨到 202.17 元/千克；2018 年第四季度价格上涨到 250.00 元/千克。在此之后，价格保持在 252.00~256.00 元/千克，该阶段锆市场的发展趋势向好。到了 2020 年第三、第四季度，受到新冠肺炎疫情的影响，海绵锆下游市场疲软，价格分别下降至 220.76 元/千克与 139.00 元/千克。

从铍的价格变化趋势来看，如表 2-8 所示，自 2017 年第一季度起，价格均保持在 5750.00 元/千克，并未发生变动，这说明我国铍市场发展较为稳定，且 2020 年的新冠肺炎疫情并未对铍市场产生较大影响。

第三章

我国有色金属的供给与需求

我国的有色金属资源丰富，种类比较齐全。在矿产资源中，有色金属已成为我国的主要优势之一，是我国国民经济、国防工业和科学技术发展所必需的基础材料和重要的战略物资，在推动农业现代化、工业现代化、国防建设和科学技术现代化中发挥着举足轻重的作用。

第一节　铝的供给与需求

一、我国铝资源状况

铝土矿的主要用途是生产金属铝，世界铝土矿总产量的 90%以上用于金属铝的生产。我国自然资源部的《中国矿产资源报告 2021》显示，2010 年铝土矿查明资源储量为 37. 5 亿吨，此后逐年保持上升趋势，2019 年达到 54. 7 亿吨，2020 年仅为 5. 765 亿吨，同比下降 89. 46%。与铜、铅、锌等其他主要矿种相比，我国的铝土矿资源储量占全球储量的 3. 50%，相对较少（见图 3-1）。

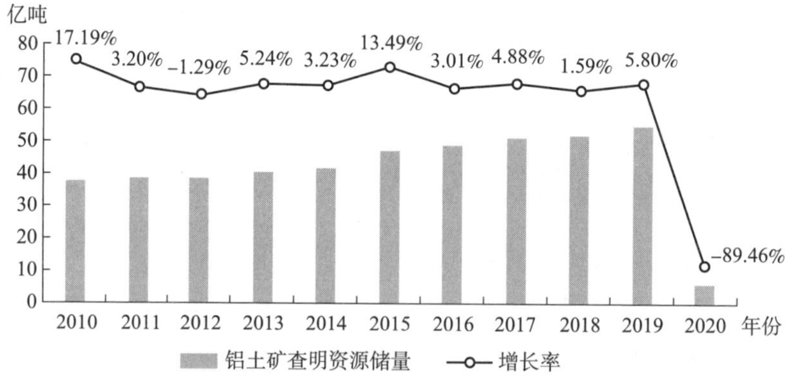

图 3-1　2010—2020 我国铝土矿查明资源储量及增长率

资料来源：根据 2011—2021 年度自然资源部《中国矿产资源报告》整理。

我国铝土矿主要分布在4个省份，分别是广西、河南、贵州和山西，这4省份的铝土矿总储量达到了全国总储量的98.7%。广西探明铝土矿储量为28739.87万吨，占全国总储量的49.9%，位居全国第1名；河南探明铝土矿储量为10101.49万吨，占全国总储量的17.5%，位居第2名；贵州探明铝土矿储量为9104.83万吨，占全国总储量的15.8%，位居第3名；山西探明铝土矿储量为8962.47万吨，占全国总储量的15.5%，位居第4名。

二、我国铝生产状况

原铝产业链的上游并不长，主要包括铝土矿的开采、氧化铝的冶炼，以及电解铝（原铝）的生产三个环节。

我国铝土矿储量较少，可利用资源的质量也在逐年下降。随着我国氧化铝产能的持续释放和产量的快速增长，资源供不应求的矛盾前移，即从氧化铝向铝土矿方面转移，使得铝土矿的供应问题日益突出。尽管我国铝土矿产量丰富，但因消费量巨大，导致我国铝土矿进口依赖度逐年提升，自给率逐年降低。如图3-2所示，2020年我国铝土矿产量为92700千吨，达到有史以来最高水平，较2019年增长32.43%，占全球总产量的23.7%。但2020年我国铝土矿进口量共计11155.82万吨，较2019年增长10.82%，自给率仅为34.97%。

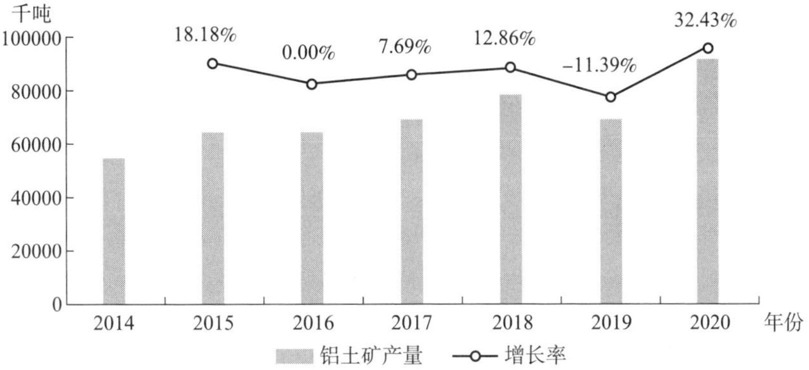

图3-2 2014—2020我国铝土矿产量及增长率

资料来源：同花顺iFinD数据库。

此外，供给侧结构性改革和新产能的释放也对原铝上游产业链产生了巨大影响。具体来看，供给侧结构性改革后的产能跨区域转移，优化了行业的竞争格局，行业产能严重过剩的局面得到有效缓解，且新增产能不再无节制地大量投放，使得原铝上游产业链的供需格局得到明显改善。

2020 年，我国氧化铝产量从区域占比来看，其布局基本与铝土矿一致，主要分布在以下省份：山东（2800. 77 万吨，占比 38. 30%）、山西（1812. 38 万吨，占比 24. 78%）、河南（1010. 86 万吨，占比 13. 82%）、广西（941. 06 万吨，占比 12. 87%）等，如图 3-3 所示。

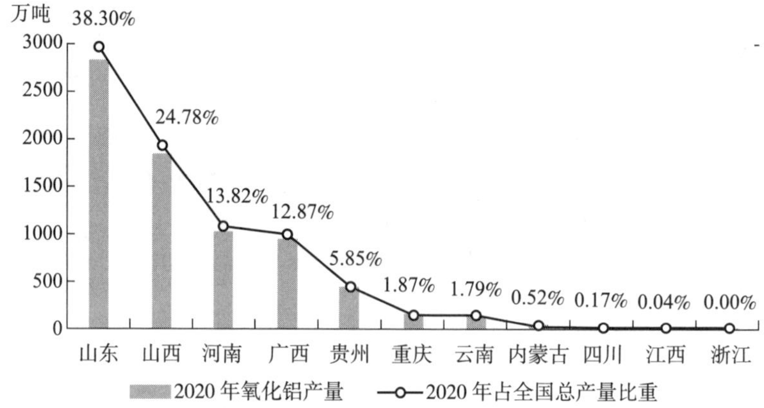

图 3-3　2020 年我国各地区氧化铝产量分布及占比

资料来源：根据国家统计局网站发布数据整理。

2010—2020 年，我国电解铝产量整体呈上升态势。其中，2010—2015 年我国电解铝产量保持逐年高速增长的趋势，随后几年增速放缓，2020 年我国电解铝产量稳步上涨并达到历史峰值，为 3708. 04 万吨，年增长率为 5. 81%。我国电解铝主产区 2020 年的电解铝产量高于 2019 年，但受限于近年来“双碳”理念下的产能严格管控，2020 年电解铝产量较 2019 年增幅较小。①

三、我国铝消费状况

随着工业化进程的加快以及我国氧化铝工业整体水平和竞争力的逐步提高，我国对氧化铝的需求量逐年增加。在过去的十几年中，我国的氧化铝需求量翻了两番。数据显示，2019 年我国氧化铝表观消费量为 7384. 43 万吨，同比增长 3. 16%。2020 年 1—10 月，我国氧化铝表观消费量为 6364. 33 万吨，同比增长 3. 35%。

我国对氧化铝需求量的逐年增加进一步推动了我国铝土矿消费规模的扩大。2019 年我国铝土矿表观消费量为 1. 76 亿吨，同比增长 8. 7%，在全球市

① 资料来源：根据华经情报网网站发布数据整理。

场中仍处于高增长水平。2020 年我国铝土矿表观消费量为 2.04 亿吨。

我国已经连续多年是全球最大的原铝消费国，2020 年我国原铝消费量为 3780 万吨，占全球铝消费总量的一半以上。长期以来，我国对原铝的消费需求主要集中在建筑、电力、包装、运输和消费品等领域，建筑、电力、包装领域占总消费量的一半以上。

四、我国铝进出口状况

我国不属于铝土矿资源丰富的国家，远不能满足日益增长的氧化铝需求，需要大量进口以补齐缺口。而且，我国铝土矿的总体质量较差，98%以上为加工困难、耗能高的一水硬铝石型铝土矿，加工成本高，只有 34%的矿床适合露天开采。因此，在同等条件下，企业更愿意进口国外的高质量矿石。

我国进口铝产品主要以初级产品为主。2017—2020 年，我国铝土矿进口量连续 4 年保持增长态势。2020 年，我国铝土矿进口量为 11152.82 万吨，较上年增长 10.79%，进口氧化铝 380.72 万吨，进口废铝 82.30 万吨，进口铝材 270.39 万吨，进口原铝 106.54 万吨，见表 3-1。

表 3-1　2010—2020 年我国铝产品进口量　　单位：万吨

铝产品	2010 年	2011 年	2012 年	2013 年	2014 年	2015 年	2016 年	2017 年	2018 年	2019 年	2020 年
铝土矿	3036.00	4515.70	4006.69	7160.87	3653.15	5610.05	5205.35	6876.32	8262.00	10066.39	11155.82
氧化铝	431.23	188.09	501.90	383.11	527.62	464.95	302.62	253.01	51.00	165.00	380.72
废铝	285.34	268.57	259.29	250.45	230.61	208.96	191.75	217.24	156.00	139.00	82.30
铝材	59.04	57.58	53.12	48.17	50.00	47.29	41.96	40.06	39.71	218.06	270.39
原铝	22.90	22.50	51.71	37.16	26.78	15.27	19.84	11.61	21.44	5.57	106.54

资料来源：根据海关总署网站发布数据整理。

我国的铝土矿以进口海外较高质量的三水铝土矿为主，占全球铝土矿进口量的 3/4。近几年，我国铝土矿进口来源国愈加丰富，主要来自几内亚、澳大利亚与印度尼西亚等国，占比分别达到 47.21%、33.17%和 16.69%，总计达到 97.07%。

2020 年我国铝土矿出口量仅为 3.54 万吨，远小于进口量。从我国铝土矿出口目的地来看，主要出口到法国（占比 35.61%）、克罗地亚（占比 25.83%）、俄罗斯（占比 22.79%）与日本（占比 12.01%）4 个国家。从我国出口省份来看，主要是广东，2020 年共出口铝土矿 3.35 万吨，占出口总量的 94.5%。

图 3-4 所示为 2010—2020 年我国氧化铝、废铝、电解铝及铝材的进口量。由图可以看出，相较于电解铝的进口量而言，我国氧化铝、废铝和铝材的进口量在 10 年间波动较大。氧化铝进口量在 2018 年处于 10 年来的最低水平，主要原因是当时国外氧化铝价格上涨超预期，导致国内外价差由正转负，随后两年进口量逐年上升，且上升幅度较大；废铝的进口量虽在个别年份略有回升，但整体呈下降趋势；电解铝进口量整体波动较为平缓，仅在 2020 年有明显上升趋势；2010—2018 年铝材进口量整体波动不大，此后两年上升幅度较大。

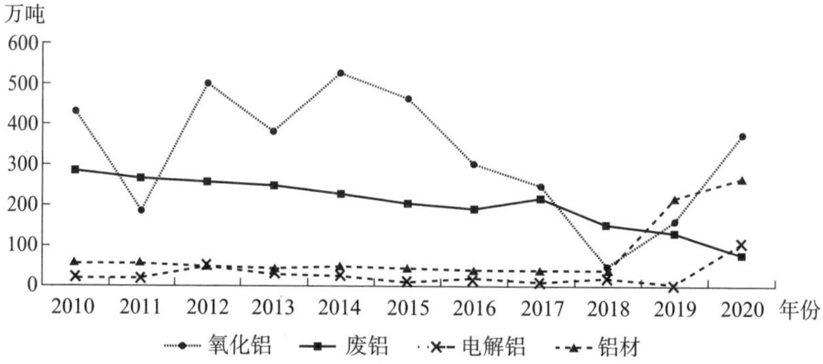

图 3-4　2010—2020 年我国氧化铝、废铝、电解铝及铝材进口量

资料来源：根据海关总署网站发布数据整理。

如表 3-2 所示，相较于原铝及铝合金，我国铝材出口量较大。2010—2020 年，铝材出口量由 217.70 万吨增加至 486.00 万吨。

表 3-2　2010—2020 年我国铝产品出口量　　单位：万吨

铝产品	2010 年	2011 年	2012 年	2013 年	2014 年	2015 年	2016 年	2017 年	2018 年	2019 年	2020 年
原铝	19.33	8.19	12.55	11.60	9.64	2.67	1.753	1.41	6.98	5.57	0.97
铝材	217.70	299.77	281.81	307.00	367.00	436.07	446.00	466.00	525.00	573.00	486.00
铝合金	56.01	68.44	50.56	45.61	57.05	46.21	49.48	53.70	56.32	57.77	21.43

资料来源：根据海关总署网站发布数据整理。

五、产品价格趋势

2008—2020 年，国内铝价的走势可以分为五个阶段。第一阶段是 2008 年经济危机至 2011 年的价格回升期，在此期间价格开始呈现持续上涨的趋势，宏观经济导向是这一阶段导致价格调整的主要因素；第二阶段是从 2011 年底至 2015 年底，在此期间铝价下跌，并达到近 10 年的新低，主要是供需错配所致；第三阶段是 2016 年的价格回升期，在价格周期规律作用下铝价开始震荡反弹；第四阶段从 2017 年年底开始，铝价进入一个宽幅震荡的波动期，2018 年铝价同样是宽幅震荡，但震荡幅度进一步收窄，2019 年铝价保持窄幅震荡波动；第五阶段是从 2019 年底开始，2020 年新冠肺炎疫情对全球造成严重打击，需求萎缩、市场动荡、供应链重塑等冲击纷至沓来，铝相关产业的发展环境发生巨大变化，2020 年铝价走势呈“V”字形，大幅下跌后迅速回升。

第二节　铜的供给与需求

一、我国铜资源状况

我国铜矿资源的突出特点是中小型矿床多，大型、超大型矿床少，共（伴）生矿多、单一矿少。如图 3-5 所示，自 2006 年以来，我国铜矿查明资源储量已连续 13 年稳步增长，2016 年首次超过 1 亿吨。2019 年受供求关系变动影响，储量有小幅下降，但总体储量仍然较高。2020 年新冠肺炎疫情暴发，我国铜矿查明资源储量下降至 2006 年以来的最低水平，仅为 2701.3 万吨。

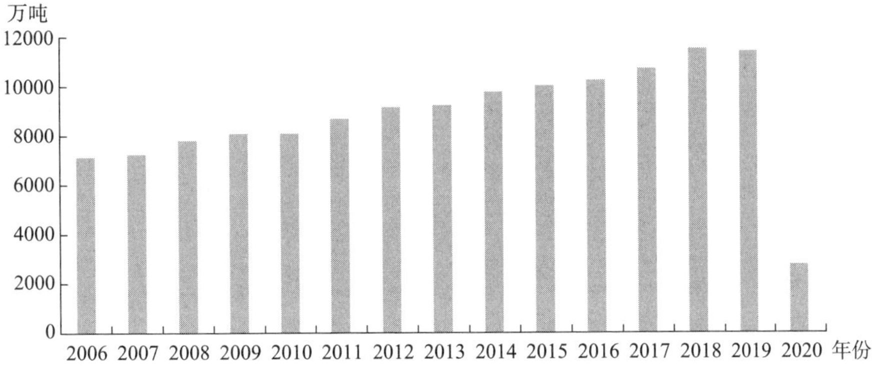

图 3-5　2006—2020 年我国铜查明资源储量

资料来源：根据 2007—2021 年度自然资源部《中国矿产资源报告》整理。

从各省（区、市）分布情况来看，我国铜矿床主要分布在江西、云南、湖北、西藏、甘肃、安徽、山西及黑龙江 8 个省（区），其基础储量占比可达到全国资源储量的75%以上。

我国现有五大铜都为安徽铜陵、江西德兴、云南东川、湖北大冶及湖北黄石。江西德兴现已探明有开采价值的铜金属储量达1000多万吨，居全国第1位。江西铜业除控制我国的最大露天铜矿——江西德兴铜矿外，还拥有永平铜矿和城门山铜矿等，年产铜精矿超过20万吨，截至2020年12月31日，江西铜业开采铜资源量合计1317万吨。安徽铜陵拥有冬瓜山铜矿、安庆铜矿等8座矿山，居全国领先地位。云南东川铜矿探明储量约为2813万吨。

二、我国铜生产状况

根据原材料、生产和产品之间的关系，铜行业产业链可分为三段。

第一段为产业链上游，即供应端。目前，铜矿最低开采品位为0.4%~0.5%（按此品位，生产1吨铜，处理矿石量达200~300吨），经过选矿富集得到含铜15%~30%的铜精矿产品，出售给下游的铜冶炼企业。因此，铜矿山企业的产品主要是铜精矿。铜的冶炼方法主要有火法工艺与湿法工艺两种，目前我国多采用火法工艺，但无论何种工艺最终产品均为电解铜（99.95%~99.98%），出售给下游的铜材加工企业。因此，铜冶炼企业的产品主要是电解铜。

第二段为产业链中游，即深加工端。专业技术主要包括铜材压延加工，企业类型主要是金属加工企业。铜材加工企业以电解铜或再生铜为原料，经过精炼、加工成型，得到电气电工、建筑行业等终端用户所需的压延产品。因此，铜材加工企业的产品主要是市场所需的各式铜材。

第三段为产业链下游，即需求消费终端。根据各国产业分工、工业科技实力不同，各国不同领域终端需求的占比也不同。目前在铜行业终端消费领域中，我国以电力、空调制冷、交通运输、建筑和电子为主，其中电力板块在铜消费结构中的占比高达50%，其余占比分别为15%、9%、8%和7%。电力、房地产和交通行业均属于国民经济基础行业，属于投资驱动型行业，受国家政策影响较大。

从图3-6中可以看出，2010—2020年我国铜矿产量整体呈现波动之势，2020年我国铜矿产量为172万吨，占全球铜矿总产量的8.98%，相比2010年增长53万吨。产量峰值出现在2016年，达到190万吨。我国铜矿产量在全球产量中的占比一直较为稳定，最低占比在2010年，为7.32%；最大占比在2014年，为9.38%，相差仅2.06个百分点。

我国铜矿产量从区域占比来看，生产地主要集中在华东地区，占比达51.84%，其中安徽、江西两省产量占比总计约30%。

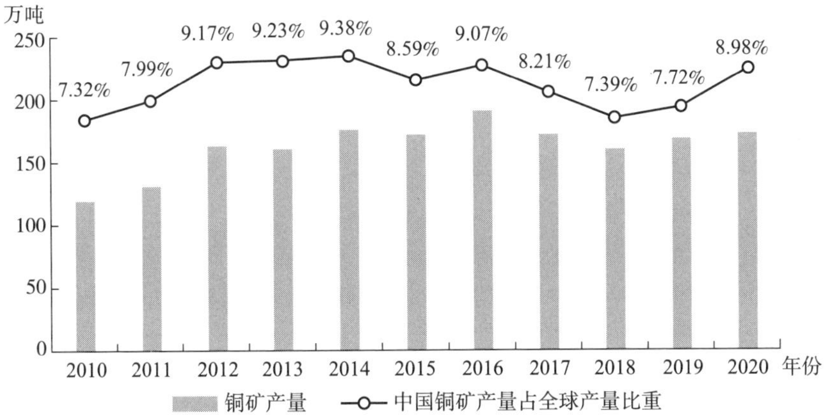

图 3-6　2010—2020 年我国铜矿产量及其占全球产量比重

资料来源：同花顺 iFinD 数据库。

铜精矿作为金属铜的关键原材料，其产量对金属铜的产量有很大影响。从图 3-7 中可以看出，我国铜精矿产量自 2014 年起有下降趋势，到 2017 年下降至最低点，为 144. 93 万吨，随后几年产量逐步回升，到 2020 年达到 167. 32 万吨，同比增长 2. 8%，但相较于 2014 年仍有差距。

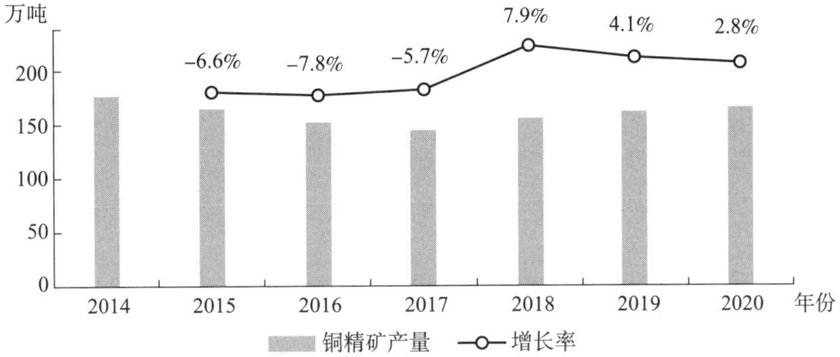

图 3-7　2014—2020 年我国铜精矿产量及增长率

资料来源：根据中国有色金属工业网网站发布数据整理。

铜精矿下游主要用于电解铜生产，随着我国铜需求的快速增长，电解铜的产量逐年增长。从图 3-8 中可以看出，我国电解铜产量 2010—2014 年大致保持在 10%以上的增速，随后由于国内需求疲软加之国家供给侧结构性改革引发的产业调整，电解铜产量增速放缓。2020 年我国电解铜产量达到近年来的最高点，为 1002. 5 万吨，同比增长 2. 50%。

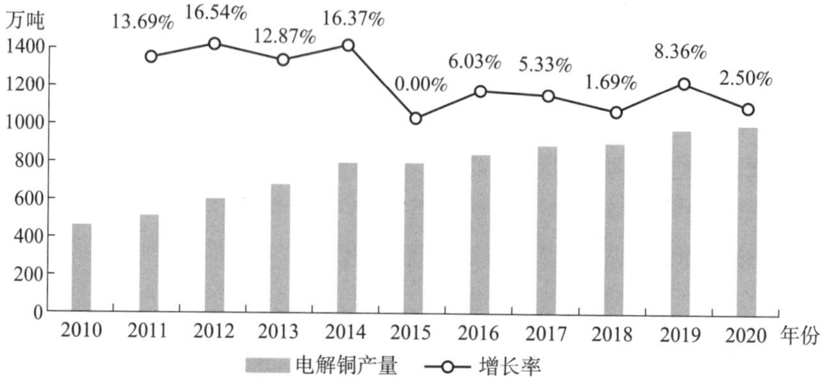

图 3-8　2010—2020 年我国电解铜产量及增长率

资料来源：根据国家统计局网站发布数据整理。

三、我国铜消费状况

自 2002 年以来，我国已连续 20 年成为世界最大的铜消费国。其中重要的原因是在经济全球化的背景下，我国经济发展和工业化进程加快，发达国家向我国转移制造业的步伐加快，以及我国国内电网改造和新能源项目的实施。

随着我国建筑、电力、家电、汽车等行业的快速发展，我国对精炼铜的需求量自 2010 年起一直呈增长态势。2010 年我国精炼铜消费量为 738. 54 万吨，占全球精炼铜消费量的 38. 19%；2020 年达到 1452. 74 万吨，占全球精炼铜消费量的 58. 50%。10 年间我国精炼铜消费量几乎翻了一倍。具体见图 3-9。

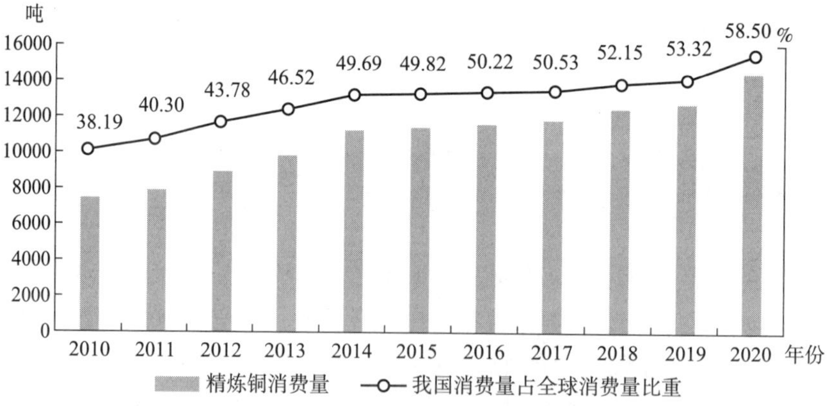

图 3-9　2010—2020 年我国精炼铜消费量及增长率

资料来源：同花顺 iFinD 数据库。

我国铜消费端主要在电力工业（电力线缆、漆包线），占比高达 45.51%；其次为家电，占比为 15.37%。但我国是一个缺乏铜原料的国家，国内产量仅占消费量的 16.7%，即便排除重复利用的消费量，占比也仅为 33.3%，因此我国在铜加工、冶炼方面对国际市场具有很大的依赖性。

四、我国铜进出口状况

我国是世界上最大的铜消费国，但铜储量较少，只有依靠大量进口才能保障对铜的需求。尽管 2008 年全球经济受金融危机重创，但我国的铜需求依然强劲，特别是在国内主要铜冶炼企业接连破产的情况下，我国对铜矿砂及其精矿等原料的需求仍在不断增加，导致铜精矿等基本原料的供需矛盾持续加剧。我国铜矿砂及其精矿的进口量由 2008 年的 518.7 万吨增长至 2020 年的 2178.7 万吨。相比于进口量，我国铜矿砂及其精矿的出口量在数量上几乎可以忽略，即使出口量最大的 2015 年和 2018 年也都不到 1.5 万吨。具体见图 3-10。

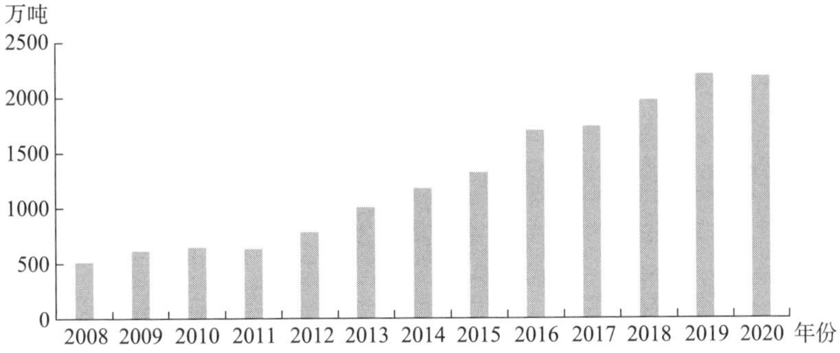

图 3-10　我国 2008—2020 年铜矿砂及其精矿进口量

资料来源：联合国商品贸易统计数据库。

五、产品价格趋势

我国铜价与国际市场基本实现了价格联动机制，国内铜价一般随国际铜价的变化而相应调整。2014—2015 年，国内铜价走势基本与国际铜价一致。2017 年铜价走势可分为两个阶段：第一阶段铜价年初降至年度最低点，第二阶段震荡上升。2018 年铜价走势大致可分为三个阶段：第一阶段铜价延续 2017 年底的上升趋势；第二阶段铜价由低位上升，并伴随废铜进口限制；第三阶段铜价上升至年内第二高位，但是量价背离现象严重，铜价直接跌至 2018 年最低点。

2019 年铜价走势可分为四个阶段：第一季度全球经济明显放缓，但随后国家出台多项刺激经济政策，此后铜价呈现大幅上涨态势；第二季度以来铜价出现下跌态势；第三季度以来铜价更多呈现区间震荡走势；从第四季度开始，在美联储连续降息的对冲下，全球经济企稳的预期得到强化，市场投资信心有所增加，铜价有上涨趋势。

2020 年的铜价在年初大幅下跌后继续上涨。从 2020 年的第一季度开始，宏观金融环境的急剧恶化和新冠肺炎疫情的全球蔓延，致使铜价持续下跌。之后，在宽松的货币政策与我国基本面恢复的双重作用下，铜价持续上升。

第三节　钨的供给与需求

一、我国钨资源状况

2010—2019 年我国钨查明资源储量逐年增加，2020 年由于新冠肺炎疫情影响，我国钨查明资源储量大幅下降为 222.49 万吨，比上年减少 80.13%（见图 3-11）。

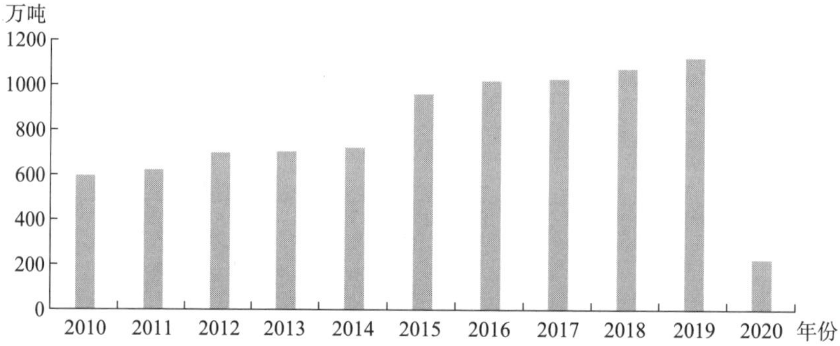

图 3-11　2010—2020 年我国钨查明资源储量

资料来源：根据 2011—2021 年度自然资源部《中国矿产资源报告》整理。

我国钨查明资源储量在全国 23 个省（区、市）均有分布，但集中分布在江西、湖南、河南三省，其查明资源储量合计约占全国总量的 87.34%。

二、我国钨生产状况

自 2002 年起，我国对钨实行开采总量指标控制，每年限定产量。2002 年全国钨精矿（三氧化钨含量为 65%）开采总量控制指标为 43740 吨，2012—2014 年为 89000 吨，2015—2017 年为 91300 吨，2018 年为 100000 吨，2019

年和 2020 年均为 105000 吨（其中主采指标为 78150 吨，综合利用指标为 26850 吨）。

如表 3-3 所示，近年来我国钨精矿年产量基本在 13 万~14 万吨。2019 年产量为 145400 吨，同比增长 10. 15%。2020 年产量为 138600 万吨，同比下降 4. 67%。虽然国家政策强化调控，但是我国钨矿行业超采比较严重，多数年份钨精矿实际产量都超出开采配额的 50%以上。2018 年以来，我国钨精矿产量超限比例有所下降。我国钨矿行业超采的主要原因为：一是投资者看重短期利益，不惜浪费资源；二是地方政府出于局部经济利益考虑，默许小型钨矿选矿企业的不节制行为；三是政策执行监督力度欠缺。

美国地质调查局数据显示，钨精矿主要分布在中国、越南等国家。2020 年中国产量占比为 82. 14%，居世界第 1 位；越南产量占比为 5. 12%，居世界第 2 位。

表 3-3　2013—2020 年我国钨精矿产量及增长率

年份	2013 年	2014 年	2015 年	2016 年	2017 年	2018 年	2019 年	2020 年
总产量/吨	138043	137929	141584	131496	139174	126000	145400	138600
增长率/%	—	-0. 08	2. 65	-7. 12	5. 84	-9. 47	10. 15	-4. 67

资料来源：根据中国有色金属工业网网站发布数据整理。

三、我国钨消费状况

我国是世界上最主要的钨矿消费国。如图 3-12 所示，2014—2020 年我国钨精矿表观消费量上下波动。由于新冠肺炎疫情的影响，2020 年我国钨精矿表观消费量为 14. 18 万吨，同比下降 4. 32%。

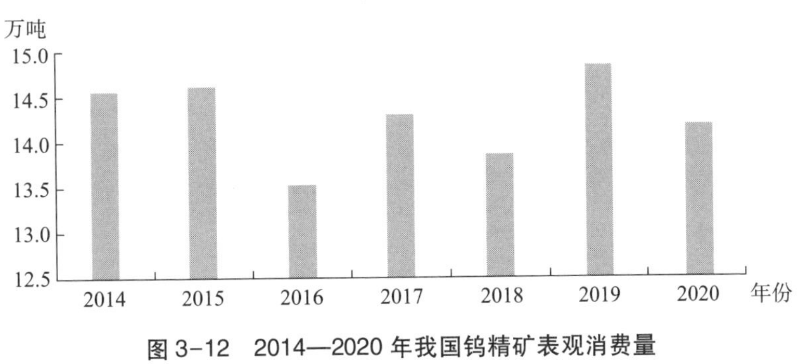

图 3-12　2014—2020 年我国钨精矿表观消费量

资料来源：根据国家统计局网站发布数据整理。

我国钨行业产业链下游主要为硬质合金、钨特钢。随着先进制造业和数控加工技术的发展，我国硬质合金数控刀片市场蓬勃发展，国产化进程提速，小型低质合金企业的淘汰力度加大，高科技深加工领域发展迅速。随着我国“京津冀协同发展”“长江经济带”“中国制造 2025”三大战略的协调推进，“一带一路”倡议的实施，“十三五”规划重大项目和计划的推进，与钨消费相关的产业升级计划得以加快实施，预计我国钨消费将继续稳步增长。

四、我国钨进出口状况

2014—2020 年我国钨精矿及矿砂进口量整体呈下降趋势，在 2018 年有较大回升，但 2019 年继续下降，2020 年有小幅回升。2020 年我国钨精矿及矿砂进口量为 3172 吨，同比上升 11.49%。相较进口量，我国钨精矿及矿砂出口量很少，2019 年出口量仅为 43 吨，同比下降 76.63%。2020 年我国没有钨精矿及矿砂出口（见图 3-13）。

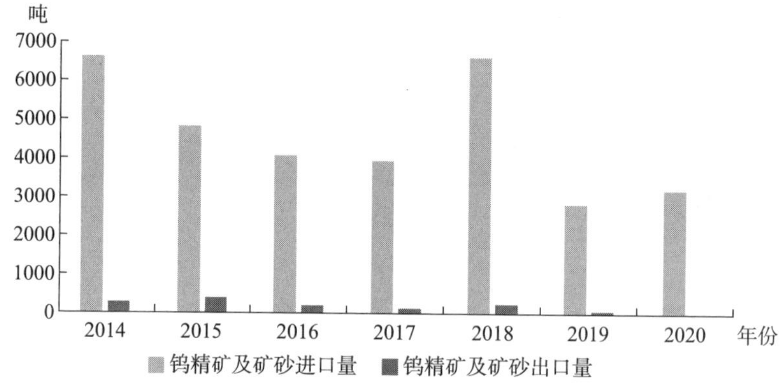

图 3-13　2014—2020 年我国钨精矿及矿砂进出口量

资料来源：根据海关总署网站发布数据整理。

钨品是指以钨矿为基本原料生产的各级各类产品。我国是世界上最大的钨品出口国，净出口量占国际钨消费量的一半以上。根据中国钨业协会的相关数据，2017 年我国出口钨品 3.54 万吨（含硬质合金，折金属量），同比增长 27.29%，创下 2008 年以来的新高。2018 年尽管受到中美贸易摩擦的影响，下半年出口钨品增幅明显减缓，但全年出口钨品仍保持高位，全年出口钨品 3.92 万吨（含硬质合金，折金属量），同比增长 10.65%，增幅比 2017 年减少 16.64 个百分点。2019 年我国出口钨品 3.04 万吨，净出口钨品 2.8 万吨（含硬质合金）。2020 年受到新冠肺炎疫情的影响，我国的钨品出口量仅为 1.47 万吨，比上年下降 35.9%。

五、产品价格趋势

2017 年钨精矿价格有所回升，但是市场供大于求的矛盾依然存在。2018 年受中美贸易摩擦、国际市场需求减缓、国内部分企业停产等因素影响，国内钨精矿价格呈大幅下跌态势。2019 年由于行业供需关系失衡、终端消费能力减退、后端需求持续疲软、出口在中美贸易摩擦影响下增速放缓等多重因素的影响，国内钨精矿价格延续 2018 年的下降态势。①

2020 年受新冠肺炎疫情影响，钨市场价格处于低位，但随着国内疫情的进一步控制，复工复产水平不断提升，经济加速复苏，拉动了国内市场对钨的需求，我国钨精矿价格整体呈上升态势。据中国钨业协会统计，2020 年第一季度国内钨精矿价格为 88300 元/吨，环比上涨 0.46%，同比下降 7.83%；第二季度国内钨精矿价格为 77600 元/吨，环比下降 12.12%，同比下降 14.35%；第三季度国内钨精矿价格为 82700 元/吨，环比上涨 6.57%，同比上涨 9.97%；第四季度国内钨精矿价格为 83300 元/吨，环比上涨 0.73%，同比下降 5.23%。

第四节　铅的供给与需求

一、我国铅资源状况

我国铅资源的总体特点是贫矿多，富矿少；小矿多，大矿少；矿物结构和成分复杂的矿石多，简单矿石少；基础保证年限短。

由表 3-4 可知，我国 2011—2019 年铅矿储量一直处于上升态势，2019 年达到峰值，为 9832.90 万吨。2020 年我国铅矿查明资源储量仅为 1233.10 万吨，较 2019 年大幅减少，年增长率为-87.46%，其主要原因是 2020 年新冠肺炎疫情暴发初期，我国生产、消费均受到较大影响，铅产业也因此受到重创。

目前，我国的铅矿资源主要集中在西北、西南和华北地区。其中，内蒙古的铅矿储量为 647.7 万吨，占我国总储量的 36.4%，位居全国第 1；其次是云南，其铅矿储量为 241 万吨，占 13.5%。前 10 个省份的铅矿储量之和占总储量的 85%以上，说明我国的供应结构相对集中。

---

① 资料来源：Wind 数据库。

表 3-4　2011—2020 年我国铅矿储量

年份	2011 年	2012 年	2013 年	2014 年	2015 年	2016 年	2017 年	2018 年	2019 年	2020 年
矿产储量/万吨	5602.80	6173.50	6737.20	7384.90	7766.90	8546.77	8967.00	9216.31	9832.90	1233.10
年增长率/%	—	10.19	9.13	9.61	5.17	10.04	5.97	2.78	6.69	-87.46

资料来源：根据 2012—2021 年度自然资源部《中国矿产资源报告》整理。

二、我国铅生产状况

2013 年以前我国铅矿产量一直稳步上升，增长率最高达到 27.03%。我国铅矿产量峰值出现在 2013 年，为 290 万吨。自 2014 年起，我国铅矿产量开始逐年小幅下降。2020 年我国铅矿产量为 190 万吨，较 2019 年下降 5%，但与 2006 年的产量相比仍增加了 70 万吨。我国铅产能主要分布在内蒙古、江西、广西、湖南、西藏、云南等省份（见图 3-14）。

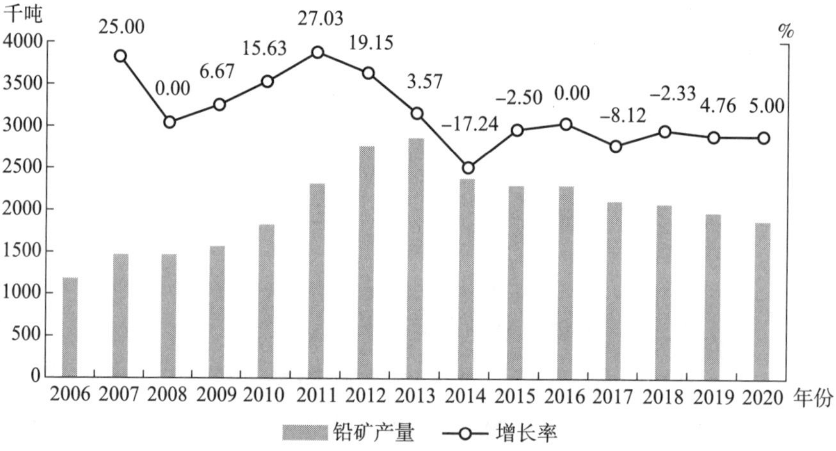

图 3-14　2006—2020 年我国铅矿产量

资料来源：同花顺 iFinD 数据库。

在铅行业上游，炼铅原料主要为硫化铅精矿和少量块矿。我国铅精矿产量整体呈下降态势，在 2020 年有小幅增长。2020 年初受新冠肺炎疫情、物流运输中断、原辅材料供应受阻等不利因素的影响，我国铅矿山普遍开工率不足，产量较上年大幅下降，但在疫情得到有效控制、复工复产后，铅精矿产量持续增长，全年铅精矿产量为 133.8 万吨，较 2019 年增长 8.69%。2020 年，铅产能大省内蒙古的铅精矿产量为 16.4 万吨，同比下降 2.9%，占我国铅精矿总产量的 12.26%。2020 年，我国铅精矿产量仍居世界首位（见

图 3-15）。

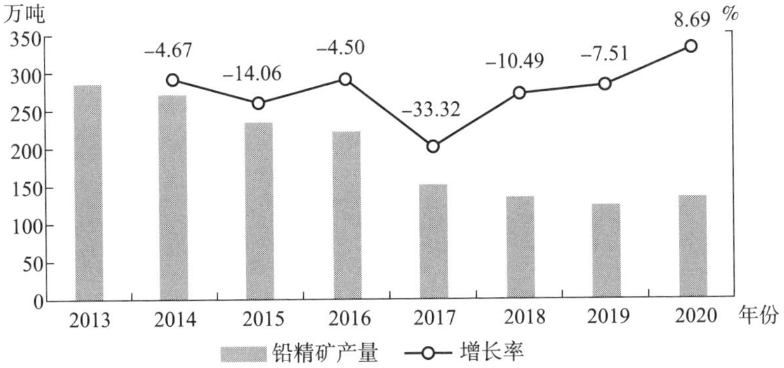

图 3-15 2013—2020 年我国铅精矿产量

资料来源：根据中国有色金属工业网网站、国家统计局网站发布数据整理

与原生铅相比，再生铅具有回收率高、能耗和成本低、资源潜力大等优点。因此，作为我国绿色环保发展理念的一部分，再生铅产业的发展得到了国家政策的大力支持。我国再生铅产量虽在个别年份有小幅下降，但整体呈上升态势，于 2020 年达到峰值。2020 年我国再生铅产量为 263 万吨，同比增长 10.97%（见图 3-16）。

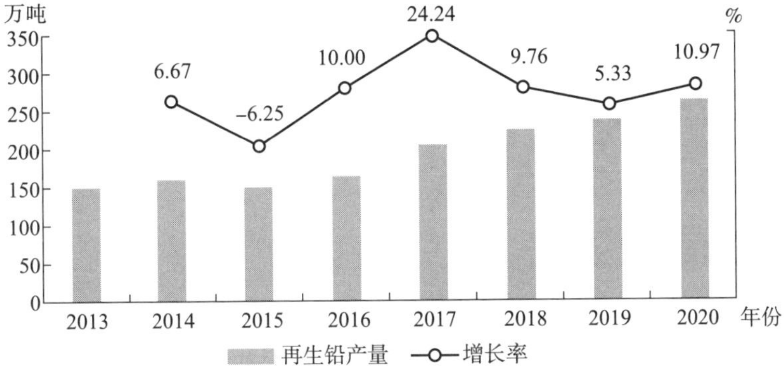

图 3-16 2013—2020 年我国再生铅产量

资料来源：根据中国有色金属工业网网站发布数据整理。

三、我国铅消费状况

我国是世界上最大的精炼铅消费国。2020 年我国精炼铅消费量达到 499.6 万吨，占世界总消费量的 43.3%，是世界第二大精炼铅消费国美国的 3.3 倍。2020 年，受全球新冠肺炎疫情影响，各国精炼铅消费量普遍下降，但我国的精炼铅消费量同比持平。

在我国，铅的下游需求主要包括铅蓄电池、氧化铅、铅材料等。其中，铅蓄电池是主要的消费领域，占铅消费总量的80%以上。受铅蓄电池消费影响，我国铅终端消费主要集中在汽车、电动自行车、通信、储能、出口等方面。其中，电动自行车、汽车消费量占我国铅终端消费总量的50%以上；出口消费占铅消费总量的10%左右。

总的来说，铅终端消费产品产量同比持平，但受电动自行车、汽车产量结构变化影响，实际精炼铅消费量有所下降。“十三五”期间，我国铅消费总量虽有小幅增长，但整体稳定在500万吨左右。

四、我国铅进出口状况

我国铅矿产资源相对丰富，年产量也较大，但由于冶炼产能发展过快，铅矿砂及其精矿的进出口贸易多年来呈净进口态势。如图3-17所示，2020年我国铅矿砂及其精矿进口数量为133.5万吨。我国主要的铅矿砂及其精矿进口地有俄罗斯、秘鲁、美国等国家，2020年我国分别从俄罗斯、秘鲁、美国进口铅矿砂及其精矿29.22万吨、22.55万吨、13.84万吨。

2020年我国铅矿砂及其精矿进口数量下滑，主要原因是受全球新冠肺炎疫情影响，世界铅精矿产量同比下降，供应受限。此外，由于受世界宏观经济形势影响，金、银等贵金属价格上涨，我国对银精矿的进口需求增加，也在一定程度上对铅精矿进口需求形成替代。此外，我国再生铅产业的快速发展也对铅精矿进口需求形成挤压。

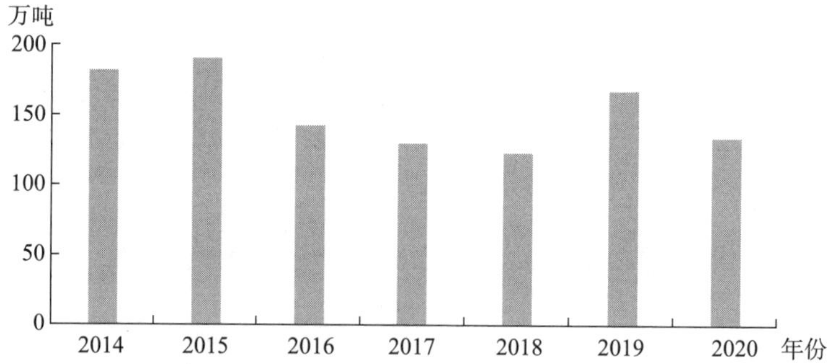

图3-17　2014—2020年我国铅矿砂及其精矿进口量

资料来源：根据海关总署网站发布数据整理。

五、产品价格趋势

整体来看2014—2018年铅的价格波动上升，2016—2018年波动幅度及上涨幅度较大。我国铅矿短缺，但同期精炼铅及铅下游市场的消费需求持续增加，这为铅价上涨创造了必要条件。2019 年第一、第二季度铅价持续下跌，第三季度铅价一路回升，之后第四季度再次呈现下跌态势，且下降幅度大于第一、第二季度下降的总幅度。2020 年铅价总体在 13050～16600 元/吨宽幅震荡。受全球新冠肺炎疫情的影响，金属需求受到较大影响，铅价格大幅回落，后期随着国内推出多种经济提振举措，蓄电池消费情况好转，铅价格连续上涨，但随着后期消费的低迷，铅价格走势再度转弱。①

第五节 锌的供给与需求

一、我国锌资源状况

我国锌资源的总体特征是富矿少，低品位矿多；大型矿少，中小型矿多；开采难度较大。国土资源部发布的《2021 年中国国土资源公报》显示，2020 年我国的锌矿查明资源储量为 3094.83 万吨，较 2019 年减少 84.7%，大幅下降的主要原因在于全球新冠肺炎疫情的影响（见表 3-5）。

我国的锌资源广泛分布在全国 29 个省（区、市），在全国已探明的锌矿床中，保有地质储量较多的省份有云南（766.81 万吨）、内蒙古（652.65 万吨）、甘肃（483.40 万吨）、江西（222.90 万吨）、新疆（155.27 万吨）等，其储量合计占全国总储量的 73.7%。

表 3-5 我国锌矿查明储量 单位：万吨

年份	2011 年	2012 年	2013 年	2014 年	2015 年	2016 年	2017 年	2018 年	2019 年	2020 年
查明资源储量	11568	12355.80	13737.70	14486.10	14985.20	17798.89	18493.85	18755.67	20235.17	3094.83
新增查明资源储量	404	808.60	1389	608	573.20	2240.40	1087.40	576	1479.50	NA

资料来源：根据 2012—2021 年度自然资源部《中国矿产资源报告》整理。

二、我国锌生产状况

我国锌产能主要分布在云南、内蒙古、甘肃和广西等省份。根据锌矿产区的分布和建设条件，我国已在东北、湖南、广东、滇川和西北地区建

① 资料来源：Wind 数据库。

立了五大铅锌矿、冶金和加工生产基地，锌产量占全国总产量的 95%。

锌精矿是生产金属锌、锌化合物等的主要原料。如图 3-18 所示，我国锌精矿产量自 2013 年起呈稳步下降态势，2020 年随着全球和国内下游精炼锌供给持续偏紧，我国锌精矿产量出现明显增长，达 420 万吨，同 2019 年相比增长了 49.68%，占全球锌精矿总产量的 31.73%。

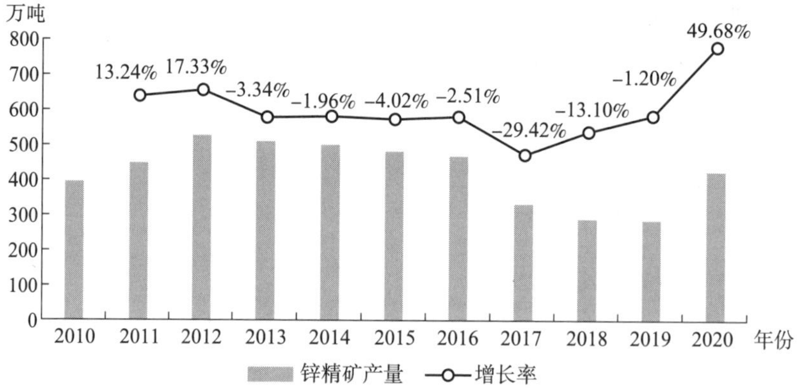

图 3-18　2010—2020 年我国锌精矿产量及增长率

资料来源：根据同花顺 iFinD 数据库、国家统计局网站发布数据整理。

就我国锌产业整体产量变动情况而言，我国是基建大国，随着国内下游基建等需求持续增长，2015 以来我国锌产量总体呈现持续小幅增长态势。从图 3-19 中可以看出，2019 年我国的锌产量达到了 623.6 万吨，同比增长 9.8%。2020 年我国锌产量为 642.5 万吨，同比增长 3%。随着环境保护的常态化，锌资源的再生是发展循环经济和建设节约型社会的必然要求。2020 年我国再生锌产量为 145 万吨，与 2019 年持平。

三、我国锌消费状况

从 1990 年至今，我国的锌消费量稳步增长，从 2000 年开始一直为世界第一大锌消费国。我国锌消费量增长的主要原因是房地产、汽车和基建行业等终端消费领域的大幅扩张，带动了锌消费量的增长。

从消费领域看，锌精矿是精炼锌的主要加工原料，精炼锌是锌精矿的主要下游市场。精炼锌主要用于生产镀锌板、锌合金等，镀锌板等产品广泛用于建筑、汽车、交通工具等领域。图 3-20 反映了我国 2012—2020 年精炼锌的消费情况，可以看出除 2018 年消费量有所下降以外，其余年份均为增长态势，增长情况相比其他有色金属较为平稳。2020 年我国精炼锌消费量为 6736.47 千吨，较 2019 年增长 1.49%，是全球精炼锌总消费量的 51.4%，已超过一半。

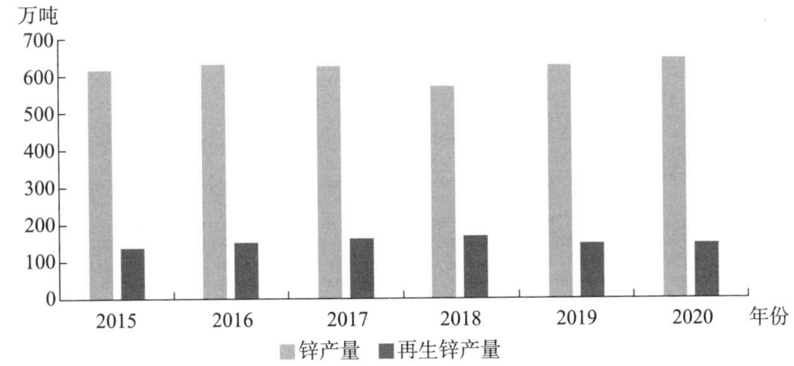

图 3-19　2015—2020 年我国锌、再生锌产量

资料来源：根据国家统计局网站发布数据整理。

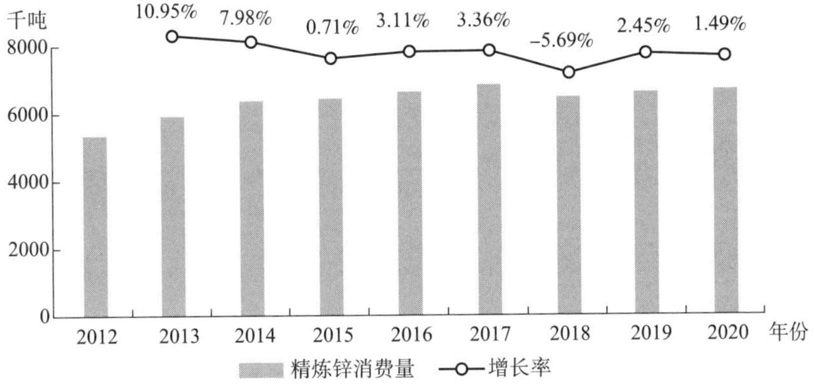

图 3-20　2012—2020 年我国精炼锌消费量及增长率

资料来源：同花顺 iFinD 数据库。

2020 年，我国对锌的消费需求量稳步增长。根据国家统计局的数据，2020 年我国发电、供热、供气、供水等基础设施建设投资增长 17.6%；交通运输、仓储和邮政业投资增长 1.4%；水利、环境和公共设施管理投资增长 0.2%。在白色家电生产方面，空调产量同比下降 8.3%，冰箱产量同比增长 8.4%，洗衣机产量同比增长 3.9%。总体而言，2020 年我国的锌终端消费领域表现好于预期，对锌的消费需求稳步增长。

四、我国锌进出口状况

我国是世界上最大的精炼锌生产国之一。随着国内锌需求的增长，锌冶炼原料供应紧缩。自 2003 年起，我国一直是锌矿砂及其精矿的净进口国。

从图 3-21 中可以看出，2016 年之后我国锌矿砂及其精矿进口量逐年增加，其主要原因在于近年来随着国内基建持续扩张，锌需求持续扩大，需大量进口来补充国内原料供应。2020 年我国进口锌砂矿及其精矿达 382.2 万吨，较 2019 年增长 20.3%，进口金额为 25.89 亿美元，进口依存度约为 47.65%。

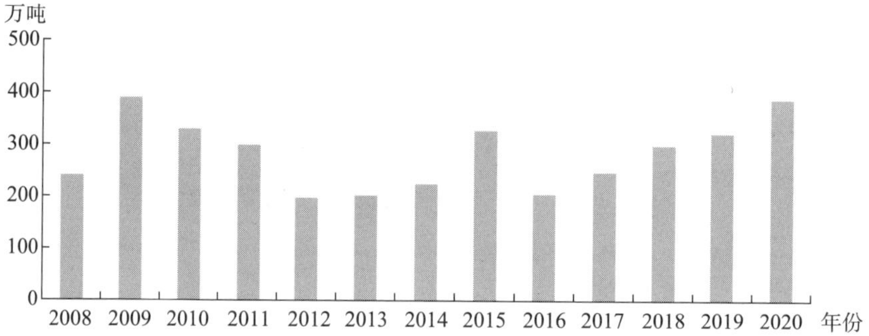

图 3-21　2008—2020 年我国锌矿砂及其精矿进口量

资料来源：联合国商品贸易统计数据库。

全球主要锌矿集中在澳大利亚、中国和秘鲁等国，我国锌需求量庞大，需要通过进口来弥补缺口。我国锌矿砂及其精矿进口主要来自澳大利亚和秘鲁，占比分别为 35.92%和 17.02%。

五、产品价格趋势

自 2017 年开始，国家环保力度加大，在供给侧结构性改革的大背景下，全国各地的小矿被关闭，导致金属锌供应趋紧，锌价上涨。2019 年初，国内锌价先涨后跌，形成明显的倒“V”字形，4 月初分别达到 23025 元/吨和 2958 美元/吨的峰值，随后稳步回落。①

2020 年初，新冠肺炎疫情肆虐全球，为了应对疫情对经济的影响，以美联储为代表的全球央行实行大规模量化宽松措施，在全球通货膨胀的大背景下，市场信心恢复，我国对锌资源的需求依旧强劲，使得我国锌价格整体呈上升态势，随着资金流动逐渐宽松，锌价格涨势较强，2020 年我国锌平均价格为 18496 元/吨。

① 资料来源：Wind 数据库。

第四章

我国黑色金属的供给与需求

黑色金属包含铁、锰、铬、钒、钛5种金属，其中铁、锰、铬3种金属都是冶炼钢铁的主要原料，而钢铁在国民经济中占据着重要地位，相应地黑色金属的重要性不言而喻。

第一节　铁的供给与需求

一、我国铁矿石资源状况

根据自然资源部发布的《中国矿产资源报告2019》，我国铁矿石已探明资源量由1949年的33.2亿吨增至852.19亿吨，增长近26倍；根据《中国矿产资源报告2021》，截至2020年末，我国铁矿已证实及可信储量合计为108.78亿吨。图4-1所示为1995—2020年我国铁矿石原矿储量变化情况。

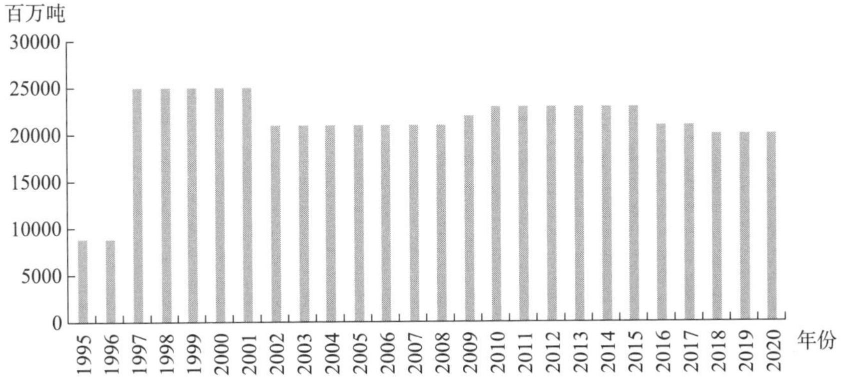

图4-1　1995—2020年我国铁矿石原矿储量

资料来源：Wind数据库。

我国铁矿石资源总量虽然庞大，但整体来看品质较低，可采储量较少，且分布极不均匀，现有产量和品质均不能满足国内钢铁生产企业的需求。首先，我国国产铁矿石的平均品位仅为34.50%，比世界平均品位低15%，远低于其他国家的水平，如巴西、澳大利亚、印度等。其次，相当大比例的铁矿石属于贫矿，占据了总储量的80%，而富矿则相对较为稀缺。此外，中小型矿场数量较多，而大型、特大型矿场相对较少，超大型矿场仅有10处。大型以上矿区有101个，中型矿区有470个，小型矿区有1327个。并且，我国的铁矿石类型较为复杂，其中难以有效利用的铁矿石较多。

我国铁矿石分布广泛但又相对集中，全国31个省（区、市）均有分布，但是大多集中分布于辽宁、四川、河北等地，辽宁、四川和河北的总储量共计104.57万吨，占全国总储量的52%。

二、我国铁矿石生产状况

我国铁矿石产地具有明显的区域性特征，华北地区、东北地区和西南地区是我国铁矿石主要产区。2020年全国铁矿石原矿产量排名前十的省（区）分别是河北、辽宁、四川、山西、内蒙古、安徽、新疆、福建、山东、云南。其中，河北占全国铁矿石原矿产量的32%，辽宁、四川和山西分别占17%、13%和7%。

2014年以来，受钢铁行业下行的影响，国内铁矿石原矿产量持续下滑。2018年，国内部分铁矿石开采企业在全国环保体系持续推进的背景下进行整治清理，我国铁矿石原矿产量下降至7.63亿吨，同比下降37.91%。2019年之后，随着铁矿采选企业逐渐完成生态环境治理整改，我国铁矿石原矿产量企稳回升，2020年达到8.67亿吨。具体见图4-2。

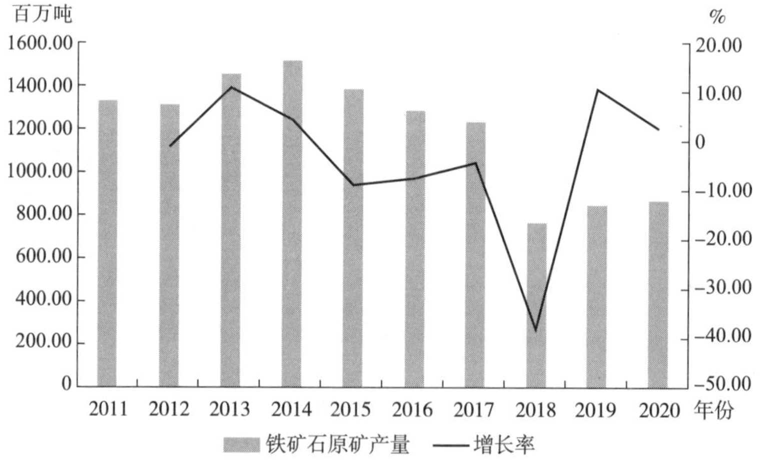

图4-2　2011—2020年中国铁矿石原矿产量

资料来源：国家统计局网站。

三、我国铁矿石消费状况

铁矿石是钢铁生产企业的重要原材料，天然矿石（铁矿石）经过破碎、磨碎、磁选、浮选、重选等工序逐渐选出铁。我国是全球最大的钢铁生产国，也是铁矿石消费大国，2020 年我国铁矿石表观消费量达到 1425. 2 百万吨，占全球铁矿石表观消费总量的 62. 0%，全球排名第一。我国铁矿石消费的强劲增长主要归因于经济的快速发展和国内用钢量的大幅增长。

如图 4-3 所示，2003—2020 年我国生铁、粗钢和钢材产量都经历了显著变化。我国生铁产量由 2. 14 亿吨增长到 8. 89 亿吨，复合增长率为 8. 24%；粗钢产量由 2. 22 亿吨增长到 10. 65 亿吨，复合增长率为 9. 09%；钢材产量由 2. 41 亿吨增长到 13. 25 亿吨，复合增长率为 9. 93%。

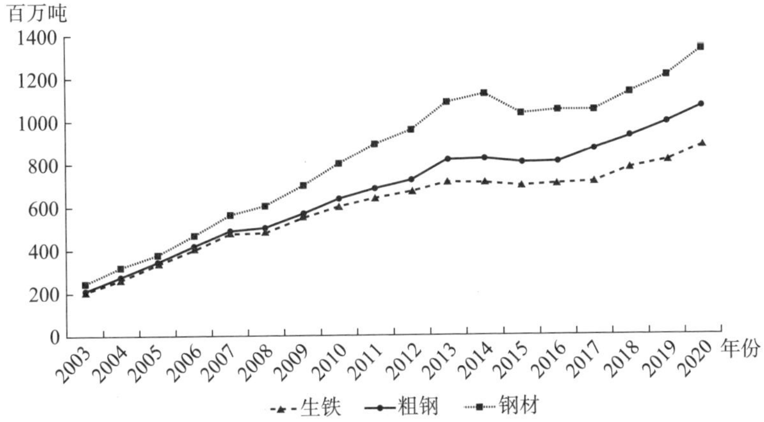

图 4-3 2003—2020 年我国生铁、粗钢和钢材产量

资料来源：根据国家统计局网站发布数据整理。

四、我国铁矿石进出口状况

尽管我国铁矿石原矿产量很大，但由于品质较低，且国内产量无法满足我国钢铁行业的需求，多年来我国对进口铁矿石的依赖程度较高，2020 年对铁矿石的进口依赖程度超过了 80%。我国铁矿石出口很少，2020 年出口量只有 1560 万吨。

根据海关总署网站统计数据，2003 年以来我国铁矿石进口量整体不断增长，2020 年我国铁矿石进口量为 11. 70 亿吨，占全球铁矿石进口总量的 72. 4%，较 2019 年的 10. 69 亿吨增长了 9. 45%。2003 年以来进口金额波动较大，这可能与铁矿石价格的大幅波动有关，2020 年我国进口铁矿石

1189.44 亿美元，与 2019 年的 1014.62 亿美元相比上涨了 17.23%。具体见图 4-4。

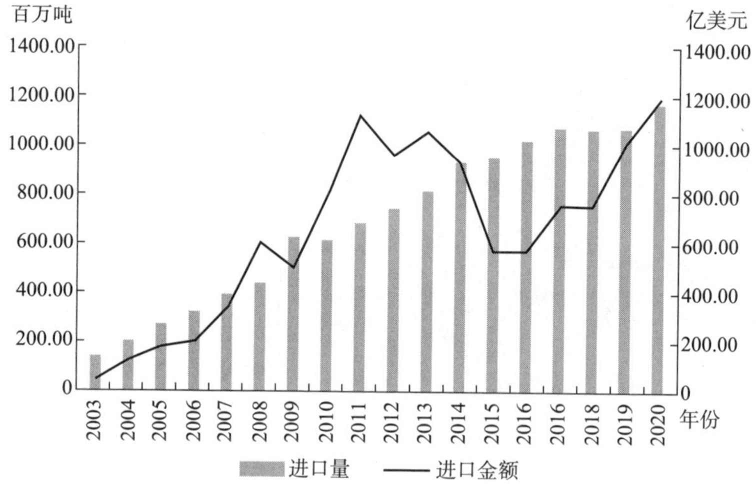

图 4-4　2013—2020 年中国铁矿石进口数量与进口金额

资料来源：中国海关总署。

我国铁矿石的进口来源广泛，涵盖了 30 多个国家，但集中度较高，从澳大利亚和巴西进口的铁矿石占据了主导地位，自 2014 年以来，我国从这两个国家进口的铁矿石量几乎占据了我国铁矿石进口总量的 80%，其中从澳大利亚进口的铁矿石量超过了 60%。

五、产品价格趋势

中国铁矿石价格指数（CIOPI）由中国钢铁工业协会、中国五矿化工进出口商会、中国冶金矿山企业协会联合推出，包括国产铁矿石价格指数和进口铁矿石价格指数两个分项指数，均以 1994 年 4 月的价格为基数（100 点）。其中，国产铁矿石价格指数数据为全国主要产区的铁精矿市场成交含税价格，包括 14 个省（区、市）、32 个矿山区域的干基铁精矿价格；进口铁矿石价格指数数据为中国钢铁工业协会成员单位报送的干基粉矿到岸价格，最后参考我国港口进口铁矿石市场成交价格进行加权计算。

2011—2020 年，中国铁矿石价格指数整体呈现“U”形，2020 年随着新冠肺炎疫情防控的常态化，世界各大经济体实行量化宽松货币政策，大宗商品价格大幅上涨，尤其是铁矿石价格创历史新高（见图 4-5）。

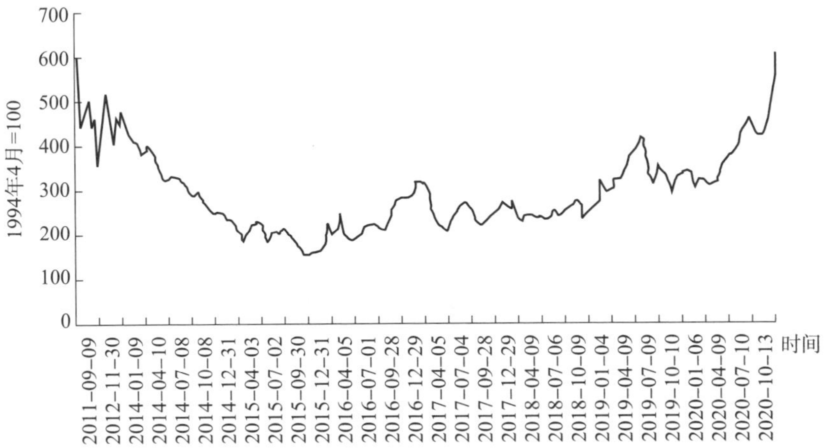

图 4-5 2011 年 9 月至 2020 年 10 月中国铁矿石价格指数（CIOPI）

资料来源：Wind 数据库。

第二节 其他黑色金属的供给与需求

一、锰的供给与需求

锰具有广泛的用途，全球每年生产的锰中，大约有 90%用于钢铁工业，剩余的 10%用于有色冶金、化工、电子、电池、农业等。

（一）我国锰资源状况

我国的锰矿资源储量相对较少，仅占全球总储量的 6.67%，2020 年我国锰矿资源储量仅为 5400 万吨。我国的锰矿床规模较小、品位较低，导致我国锰矿资源的可利用率较低，这也使得锰矿成为我国的短缺矿种之一。我国的锰矿资源主要分布在贵州和广西，两者的储量合计占比超过 60%。随着钢铁工业的快速发展，国内生产的锰矿难以满足消费需求，从而导致供需缺口不断扩大。

（二）我国锰生产状况

我国锰矿产量自 2003 年起逐年增长，2013 年达到最高，年产量为 300 万吨。自 2016 年开始，在环保政策的影响下，许多中小型锰矿企业停产整顿，导致我国锰矿石产量大幅下降，2020 年的产量为 134 万吨（见图 4-6）。

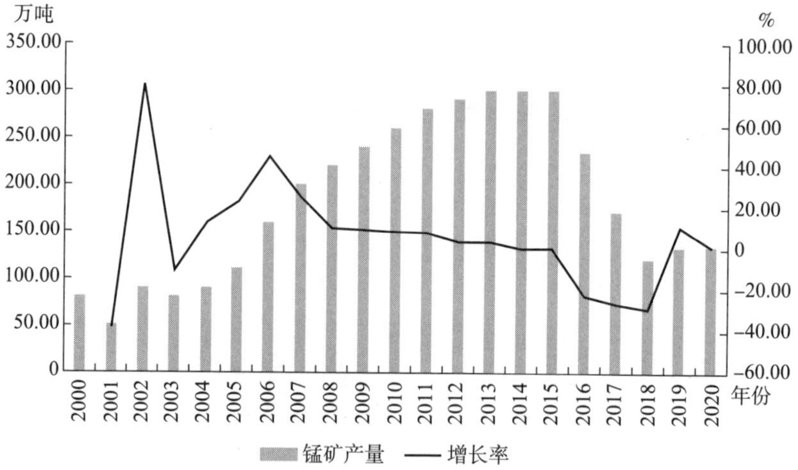

图 4-6　2000—2020 年我国锰矿产量及增速

资料来源：Wind 数据库。

（三）我国锰消费状况

我国是全球最大的锰消费国之一。我国的锰消费主要用于钢铁生产和合金制造。在钢铁生产方面，锰是一种重要的合金元素，可以提高钢铁的硬度、韧性和耐磨性。我国的钢铁产量庞大，因此对锰的需求量也相对较高。锰合金具有抗氧化、耐腐蚀和增强机械性能等特点，可以广泛应用于不同行业，如电力、化工、冶金等。

从我国锰矿消费结构来看，硅锰占 46%，高碳锰铁占 22%，电解锰金属占 22%，中低碳锰铁占 7%，电解二氧化锰占 2%，硫化锰占 1%，约 40%的国产锰矿被用于生产电解金属锰。

（四）我国锰进出口状况

2012—2020 年我国港口锰矿石进口量总体上升，由 2012 年的 1230 万吨上升至 2020 年的 3170 万吨。2020 年由于受到新冠肺炎疫情的影响，我国港口锰矿石进口量相对 2019 年下降了 250 万吨，下降幅度达到 7. 31%（见图 4-7）。

根据进口来源地数据，南非是我国最主要的锰矿石进口国家。2020 年，我国从南非进口的锰矿石达到 1370 万吨，占我国总进口量的 43%。此外，澳大利亚、加蓬、巴西和加纳也是我国进口量较大的国家，分别占我国进口量的 17%、15%、9%和 6%。这 5 个国家的合计进口量占到了我国总进口量的 90%。

（五）产品价格趋势

未来我国锰系金属价格或持续呈现震荡分化走势。对于锰行业而言，钢

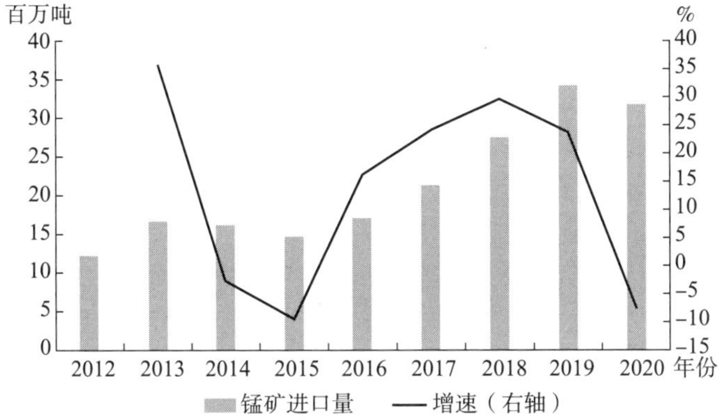

图 4-7　2012—2020 年我国锰矿进口量及增长率

资料来源：Wind 数据库。

铁行业作为其下游主要的消费领域，行业发展压力较大，锰价格或因此受到压制，而新能源电池和储能领域对锰的需求将刺激锰相关电池商品价格保持相对高位运行。电解锰作为钢铁和电池行业用锰的“调节池”，在细分市场双向供需调节中将发挥越来越大的作用，其价格可能呈现持续震荡态势。

二、铬的供给与需求

铬具有质硬而脆、耐腐蚀等优良特性，因此被广泛应用于冶金、化工、铸铁、耐火及高精端科技等领域，其中 90%用于冶金，5%用于耐火材料及铸铁，5%用于化工材料。

（一）我国铬资源状况

我国铬铁矿资源匮乏，铬铁矿矿区有 64 处，查明资源储量为 1220 万吨（矿石），集中分布在西藏、内蒙古和甘肃，合计约占全国查明资源总储量的 63.3%。其中，西藏铬铁矿查明资源储量为 370 万吨，居全国首位；甘肃铬铁矿查明资源储量为 243 万吨，居全国第 2 位；内蒙古铬铁矿查明资源储量为 160 万吨，居全国第 3 位。另外，河北、陕西和湖北也有一定资源潜力。

（二）我国铬生产状况

我国铬铁矿生产一直处于较低水平。1995 年以后每年产量在 15 万~20 万吨，2017 年产量约为 20 万吨，此后矿山产量在 20 万~30 万吨。

（三）我国铬消费状况

铬一般用于与铁结合，形成不锈钢。虽然近年来我国铬矿石产量保持增长趋势，但仍然不能满足庞大的市场需求，2020 年我国铬矿石消费量达 1440 万吨，相较产量的缺口很大，故消费需求缺口主要由进口来弥补（见图 4-8）。

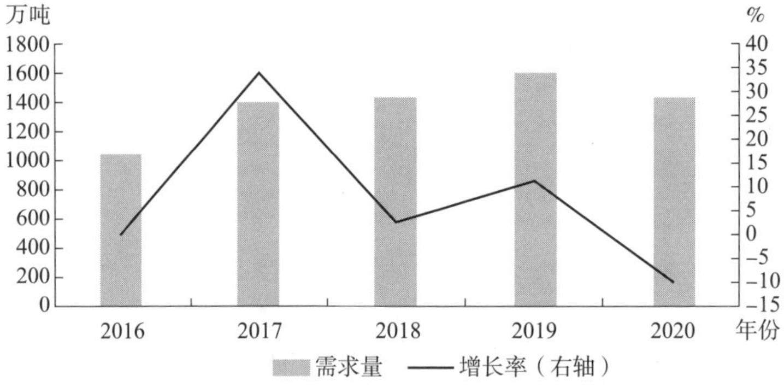

图 4-8　2016—2020 年我国铬矿石需求量及增长率

资料来源：Wind 数据库。

（四）我国铬进出口状况

我国铬矿整体产量较低，进口铬矿成为满足冶炼需求的主要方式，每年铬矿进口量大，进口依赖程度超过 90%。我国已成为全球最大的铬矿进口国。海关总署数据显示，2015—2020 年我国铬矿砂及其精矿整体进口量保持在 1000 万~1600 万吨，且随着下游不锈钢和特钢等需求持续上升，进口量整体呈现逐年上升趋势。2020 年新冠肺炎疫情背景下开工率下降，铬矿砂及其精矿价格上升导致整体进口小幅下降，进口量为 1431.47 万吨，占当年全球铬矿总产量的 35.8%，进口金额为 20.43 亿美元（见图 4-9）。

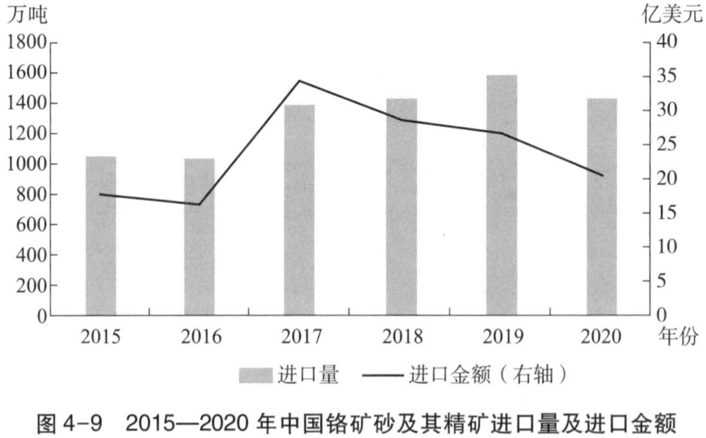

图 4-9　2015—2020 年中国铬矿砂及其精矿进口量及进口金额

资料来源：根据海关总署网站发布数据整理。

南非是全球最大的铬铁矿储量、产量和出口国，海关总署网站数据显示，2020年我国铬矿进口量中来自南非的占比达到78.48%。

三、钒的供给与需求

钒在自然界中很少以单质形式存在，通常与其他矿物形成共生矿或复合矿。作为一种熔点高且难熔的稀有金属元素，钒被广泛应用于化工行业，是最佳的催化剂。此外，钒还在钢铁、有色金属、化工、能源和环保等多个重要领域得到广泛应用。

（一）我国钒资源状况

我国拥有丰富的钒矿资源，广泛分布在23个省（区、市），其中四川攀枝花地区和河北承德地区是主要的钒矿资源集中区。我国的钒矿资源主要以两种形态存在于自然界中，即钒钛磁铁矿和含钒石煤。2020年，我国钒矿石的储量达到950万吨。①

（二）我国钒生产状况

我国是全球重要的钒生产国，2009年以来年产量长期占据世界首位。1994—2011年，我国的钒矿产量整体保持在3万吨以下，仅2002年产量为3.3万吨。2012—2018年，我国的钒矿产量在4万~5万吨。2019年之后，我国的钒矿产量步入5万吨门槛，2020年钒矿产量为7万吨。②

（三）我国钒消费状况

在钒的应用领域中，钢铁冶金行业是最重要的下游应用领域，约占90%。另外，非铁合金（如钒钛合金和钒铝合金）占据了约5%的消费比例，化学品领域占据了约4%的消费比例，而电池及其他领域仅占据了约1%的消费比例。

2013—2014年，国内许多中小型钢厂倒闭或降低产能，在此背景下，传统的穿水钢筋工艺被广泛采用，导致钒合金消费急剧下降。直到2016年，钢材市场开始复苏，钒合金消费需求回暖，市场形势才好转。2017年钢材产量增加，在工艺变革的影响下含钒钢筋用量增加。2018—2020年，钢材中的钒消费量每年增加约13000吨（折算为V_2O_5）。受钢铁行业等传统需求拉动，叠加储能用钒量增长，加之未来几年我国钒产品产能扩大有限，未来钒的消费需求量可能将稳步上涨。

---

① 资料来源：Wind数据库。

② 资料来源：根据国家统计局网站发布数据整理。

（四）我国钒进出口状况

图 4-10 所示为 2004—2020 年我国月度钒铁进口数量，由图可知进口数量变化幅度很大。2020 年我国钒铁进口数量大幅增长，达到 3903.5 吨，较 2019 年增长了 275%，这主要是由于国外地区受新冠肺炎疫情影响较为严重，钒铁市场供过于求，钒产品大量流向我国。

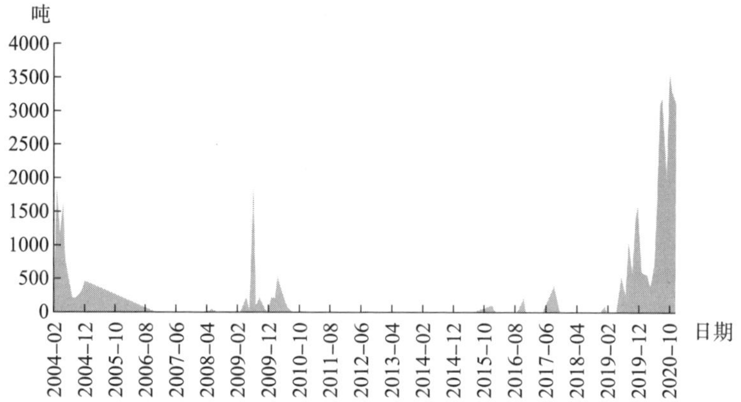

图 4-10　2004—2020 年我国月度钒铁进口数量

资料来源：根据海关总署网站发布数据整理。

我国钒合金出口量自 2000 年开始上升，2010 年后逐渐稳定。图 4-11 所示为 2004—2020 年我国月度钒铁出口数量，由图可知我国钒铁月度出口数量波动较大。我国是世界上重要的钒铁出口国，主要出口到荷兰、日本、韩国、加拿大、印度尼西亚、墨西哥、印度，出口到这些国家的数量约占全年出口总量的 86.9%，保持在每年约 1.7 万吨。

从 2020 年进出口金额看，我国钒铁进出口地较为集中，其中捷克为我国钒铁最大的进口市场，占全国进口总金额的 32.1%；韩国为我国钒铁最大的出口市场，占全国出口总金额的 37.7%。

四川省钒铁出口金额居全国首位，钒矿资源储量充足，因此国内钒企业主要集中在四川省。2020 年四川省钒铁出口金额达到 6290.7 万美元，占全国出口总金额的 79.7%；其次是上海市、河北省、浙江省等地区。

四、钛的供给与需求

钛是一种稀有的战略资源，被广泛应用于国防、航天、航空，以及国民经济等领域。钛及其合金被公认为替代钢、不锈钢和其他金属与非金属材料的理想金属结构材料，能够有效解决设备腐蚀问题。

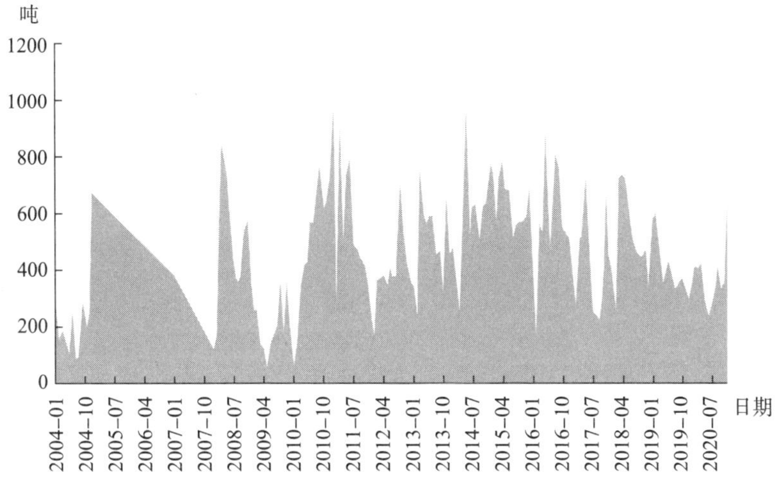

图 4-11　2004—2020 年我国月度钒铁出口数量

资料来源：根据海关总署网站发布数据整理。

（一）我国钛资源状况

我国钛矿资源丰富，储量大，分布广；贫矿多，富矿少；原生矿多，砂矿少；均为多金属共生矿。根据自然资源部《2020 年全国矿产资源储量统计表》，我国钛矿以原生钛铁矿为主，占比超过 90%，主要分布于四川、湖北、山东、云南等省，其中四川省原生钛铁矿占比约为 89.1%。

（二）我国钛生产状况

我国钛精矿主要集中在攀西地区，且攀西地区产量占比逐年增高。2020 年我国共生产钛精矿 633 万吨，同比增长 32.7%。其中，攀西地区的产量为 511 万吨，同比增长 35.5%，占全国总产量的 80.7%。

（三）我国钛消费状况

钛的产业链主要分为钛白粉和海绵钛两大领域，这两个领域的消费占据了钛消费的 90%。根据 2020 年的数据，钛精矿（以 TiO_2 计）的消费量为 386 万吨，其中钛白粉占比 82%，海绵钛占比 11%，电焊条占比 2%，其他占比 5%。

钛白粉直接应用于涂料、塑料、造纸等行业，是下游产业的重要材料。海绵钛则是中游产品，主要用于制造钛材和钛合金制品。这两个领域的发展对钛资源的消费起着重要的作用。

（四）我国钛进出口状况

2020 年我国海绵钛进口量为 4723 吨，较 2019 年减少了 33.8%；海绵钛出口量为 548 吨，较 2019 年减少了 47.6%。钛加工材进口量为 6139 吨，较 2019 年减少了 24.4%；钛加工材出口量为 15246 吨，较 2019 年减少了 27.1%。我国钛矿对外依存度高，主要因为我国钛资源禀赋不佳，钛矿品位低，多为共（伴）生矿，加上选冶技术有限，高品质钛精矿十分依赖进口。2020 年我国钛进出口情况见表 4-1。

表 4-1　2020 年我国钛进出口情况

商品名称	进口量/吨	进口金额/万美元	出口量/吨	出口金额/万美元
钛矿砂及其精矿	3014397	64298	25846	2571
海绵钛	4723	3625	548	358
其他未锻轧钛	836	1644	234	360
钛粉末	277	417	132	327
钛加工材	6139	45383	15246	41865

资料来源：根据海关总署网站发布数据整理。

第五章

我国贵金属的供给与需求

贵金属主要指金、银和铂族金属（钌、铑、钯、锇、铱、铂）8 种金属元素。这些金属大多拥有较强的化学稳定性，故金和银具备货币属性；同时，很多贵金属具有美丽的色泽，可生产用于收藏、投资及消费的工艺或艺术类商品。

第一节　黄金的供给与需求

黄金是化学元素金（Au）的单质形式，柔软、金黄色、抗腐蚀，非常稀有和珍贵。黄金行业的上游主要为金矿粉、金精矿原材料，下游主要应用于黄金制品、黄金首饰、工业用黄金等方面。

一、我国黄金资源状况

我国黄金资源量已实现连续 15 年增长，并连续 6 年突破万吨大关。2020 年我国金矿资源查明储量为 14727.16 吨（见图 5-1）。从查明黄金资源储量结构来看，2019 年我国岩金储量最多，占总储量的 84.86%；其次为伴生金，占总储量的 11.54%；砂金占总储量的 3.6%。

2020 年，我国黄金储量合计 1914.61 吨。在金矿资源结构方面，国内以岩金矿为主，岩金矿金属量为 1450.00 吨，砂金矿金属量为 89.89 吨，伴生金金属量为 374.73 吨。

我国金矿资源分布广泛，除了重庆市以外，其他省（区、市）都有已查明的金矿资源储量。根据地理位置，东部地区占 28.3%，中部地区占 29.4%，西部地区占 42.3%。尽管分布较广，但金矿资源总量相对集中。岩金资源以山东最为丰富，此外还分布在甘肃、河南、内蒙古、陕西、贵州、云南、新疆、吉林、江西等省（区）。砂金资源以四川和黑龙江为主，还分布在甘肃、江西、青海、吉林、湖南、陕西和广东等省。伴生金资源以江西最多，还分布在西藏、安徽、云南、黑龙江、湖北、湖南和甘肃等省（区）。

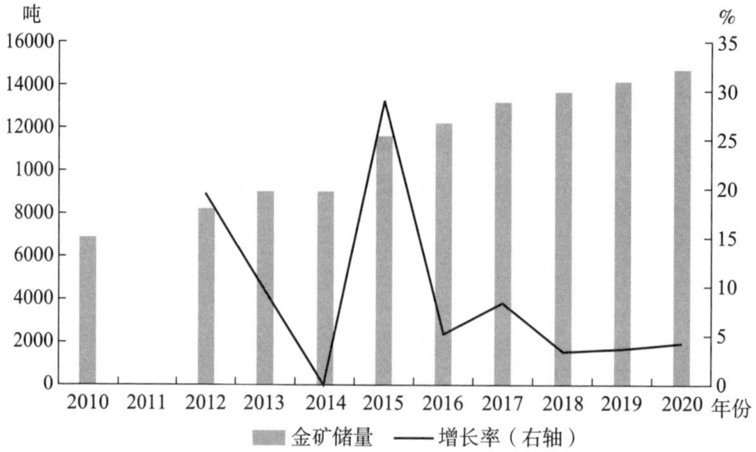

图 5-1　2010—2020 年我国金矿资源查明储量

资料来源：中国黄金协会《中国黄金年鉴 2021》。

注：2011 年数据缺失。

我国金矿规模普遍较小，以中小型矿为主。截至 2020 年，全国共有 7148 处金矿产地，其中特大型矿有 14 处，大型矿有 103 处，中型矿有 307 处，小型矿有 1748 处，矿点有 4978 处。中小型矿和矿点占金矿总数的 95%以上，但其储量占比仅为 50%左右。

二、我国黄金生产状况

我国现代黄金产业开始于 20 世纪 50 年代，是世界上产金最早的国家之一。随后黄金产量稳步上升，并且于 20 世纪 70 年代后期被国家列为主要开发矿种。1995 年我国的黄金产量首次超过 100 吨，进入世界主要黄金矿资源国和产金国之列。通过调整黄金的发展政策，实施提价、减税、建立发展基金等优惠政策，我国黄金勘探能力及开采冶炼技术不断提高，黄金产量不断增长，黄金产业得以迅猛发展。我国于 2007 年超过南非成为全球第一大黄金生产国。

2000—2020 年，我国黄金产量先增后减，于 2016 年达到产量最大值 453. 49 吨。随着国家陆续出台一系列环保类政策，2017 年部分黄金矿山企业停业整改或减产，黄金产量开始持续下滑，2020 年我国黄金产量降至 365. 34 吨（不含进口原料产金），与上年同期相比减少 14. 881 吨，同比下降 3. 91%，但我国黄金产量仍稳居全球首位，自 2007 年以来已连续 16 年居全球第 1 位（见图 5-2）。

2020 年受自然保护区内矿业权清退、矿业权出让收益政策和新冠肺炎疫

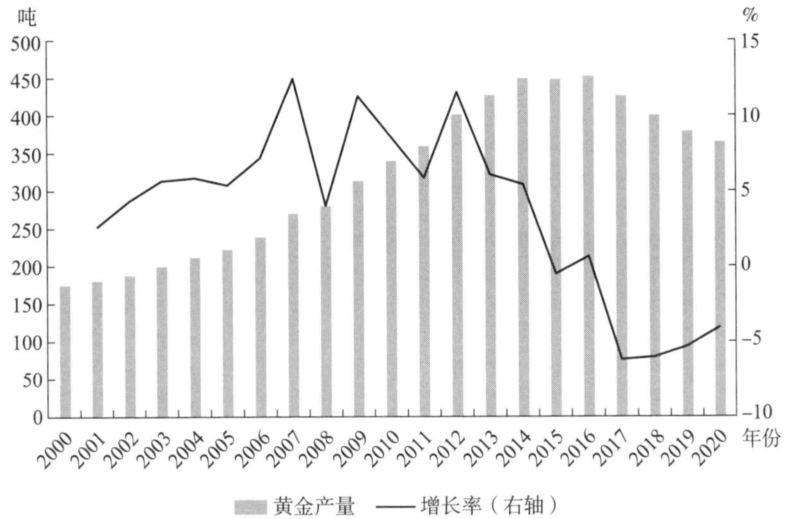

图 5-2　2000—2020 年我国黄金产量及增长率

资料来源：中国黄金协会《中国黄金年鉴 2021》。

情等因素的影响，我国在产黄金矿山数目继续减少，但减少的速度已开始放慢。矿产资源得到了优化整合，黄金矿山企业质量明显提高，企业生产正在逐步恢复正常水平。

我国黄金企业通过重组整合，产业集中度大幅上升，大企业逐渐成为主导我国黄金产业发展的主要力量。我国四大黄金企业为紫金矿业、山东黄金、中金黄金和招金矿业。

紫金矿业是一家以金、铜、锌等金属矿产资源勘查和开发为主的大型矿业集团，是我国控制金属矿产资源最多的企业之一。紫金矿业从 1993 年开发紫金山金矿起步，2000 年完成股份制改造，2003 年 11 月在香港 H 股上市，2008 年 4 月在上海 A 股上市。2020 年，紫金矿业生产矿产金 40. 5 吨。2019 年紫金矿业的金储量为 1887 吨，2020 年的金储量为 2334 吨。

山东黄金集团成立于 1996 年，2015 年改建为山东省属国有资本投资公司。该公司现拥有 13 座中国矿山和 2 座海外矿山，覆盖山东、内蒙古、福建、甘肃、新疆等省（区），以及阿根廷、加纳等国。2020 年，山东黄金生产矿产金 37. 8 吨，销售矿产金 36. 67 吨。

中金黄金是一家集黄金采、选、冶、加工综合配套能力于一体的黄金企业，有高纯金、标准金、电解银、电解铜和硫酸等多种产品，是黄金央企中的龙头公司。截至 2019 年底，中金黄金保有黄金金属资源储量 512 吨、矿产金储量 24. 69 吨。2020 年，中金黄金生产矿山金 21. 74 吨，生产冶炼金 40. 29

吨，销售冶炼金 39.3 吨。

招金矿业是我国最大的黄金生产商之一，位于我国黄金储量极为丰富的中国金都——山东省招远市，该地区黄金储量约占我国黄金总储量的 10%。招金矿业是集黄金勘探、开采、选矿、冶炼及销售于一体的大型综合黄金企业，是我国最大的黄金冶炼集团。

三、我国黄金消费状况

我国于 2013 年超过印度成为全球第一大黄金消费国。从黄金的消费结构来看，主要分为金饰用金、工业用金和投资用金（含金币用金和金条用金）。自新中国成立以来，我国实行黄金管制长达 53 年，禁止民众自由买卖黄金。1982 年恢复了黄金首饰的市场供应，从此民众可以在市场购买黄金首饰。在金饰用金方面，随着可支配收入的增加和中产阶级数量的增多，金饰用金量增加，2013 年达到顶峰的 1031.3 吨，之后又略有降低，2020 年我国的金饰用金量为 433.3 吨。

表 5-1 所示为 2010—2020 年我国黄金人均消费量，总体来看，香港的人均消费量高于内地的人均消费量，大陆的人均消费量高于台湾的人均消费量。

表 5-1　2010—2020 年我国黄金人均消费量

单位：克

地区	2010 年	2011 年	2012 年	2013 年	2014 年	2015 年	2016 年	2017 年	2018 年	2019 年	2020 年
大陆	0.5	0.6	0.6	1.0	0.7	0.7	0.7	0.7	0.7	0.6	0.4
香港	3.4	6.2	6.9	11.9	8.5	7.2	5.8	6.2	7.0	5.3	2.4
台湾	0.3	0.6	0.5	0.8	0.7	0.6	0.5	0.5	0.5	0.5	0.5

资料来源：中国黄金协会《中国黄金年鉴 2021》。

1950—2002 年，黄金投资在我国被禁止；2002 年，上海黄金交易所成立，我国的黄金投资管制解除；2004 年，中国人民银行自 1950 年以来首次授权私人之间可以购买和销售黄金；2006 年 12 月，中国黄金集团推出首个金条投资项目；在黄金投资开放初期，民间的黄金投资增加较为温和；金条用金量是从 2010 年开始大幅增加的，2013 年达到 418.1 吨，我国成为世界上最大的金条市场；2020 年，我国金条、金币用金量达到 208 吨。此外，黄金具有抗腐蚀性和导电性等特点，因此成为电子、通信、化工和医疗等行业的重要原材料，这些行业的发展也带动了黄金的消费。

图 5-3 所示为 2010—2020 年我国黄金消费量变化趋势，由图可知金饰的黄金消费量大于金条和金币的黄金消费量，但整体来看变动趋势比较一致。

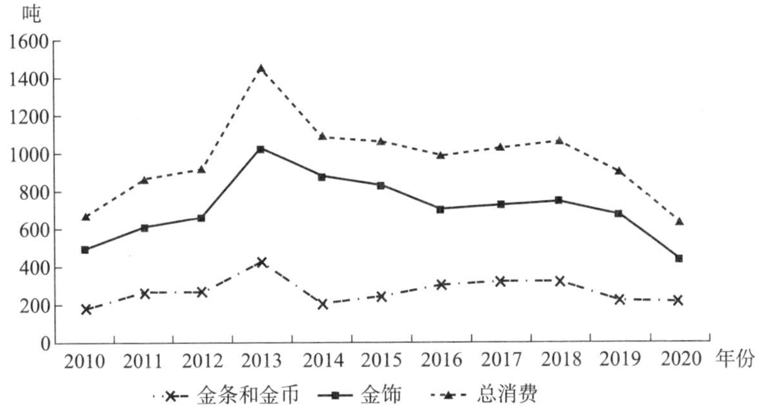

图 5-3　2010—2020 年我国黄金消费量变化趋势

资料来源：中国黄金协会《中国黄金年鉴 2021》。

四、我国黄金进出口状况

我国是最大的黄金消费国和生产国，没有黄金的出口配额，每年从世界各地进口大量的黄金。如图 5-4 所示，我国自 2012 年开始，进口原料黄金的产量逐年上升，但 2020 年由于全球暴发新冠肺炎疫情，进口原料黄金供应受到很大影响，进口量较上年有所下降。2020 年，我国黄金总产量为 479.54 吨，其中原料黄金产量为 365.35 吨，占总产量的 76.19%；进口原料黄金产量为 114.19 吨，占总产量的 23.81%。

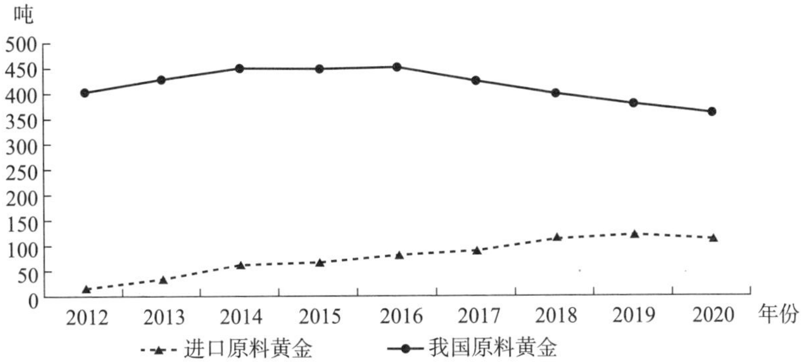

图 5-4　2012—2020 年我国原料黄金与进口原料黄金产量

资料来源：中国黄金协会《中国黄金年鉴 2021》。

五、黄金价格趋势

黄金的特殊性质使其具有商品、货币和金融的多重属性，其价格变动对经济发展和民众生活产生广泛影响。各国央行通常会将一部分外汇储备转换为黄金，因此黄金价格的变化对于各国经济发展水平具有重要作用。上海黄金交易所是经国务院批准，由中国人民银行组建，专门从事黄金等贵金属交易的金融市场，于 2002 年 10 月正式运行。2014 年 9 月，上海黄金交易所启动国际板，成为我国黄金市场对外开放的重要窗口；2016 年 4 月，上海黄金交易所发布全球首个以人民币计价的黄金基准价格“上海金”，有效地提升了我国黄金市场的定价影响力。

上海黄金交易所网站的数据显示，2009—2011 年，黄金价格增速明显；2011—2019 年，黄金价格快速下跌，并在 250 元/克的水平上小幅震荡；自 2019 年 6 月以来，黄金价格快速上涨，2020 年 8 月达到 446 元/克的高点，目前黄金价格依然在高位上波动。①

2020 年，我国黄金综合成本为 233.22 元/克，比 2019 年的 212.00 元/克增加了 21.22 元/克，上升了 10.01%。受新冠肺炎疫情影响，我国黄金产量减少，使得单位矿产金分摊的成本增多。此外，矿石品位下降、难选冶资源开采的增多和安全环保投入的增加也导致黄金综合生产成本上升。

第二节　白银的供给与需求

白银在历史上被广泛用作货币，并因其特殊的物理化学性能而备受重视。白银具有良好的延展性，仅次于黄金，在导电、导热方面表现出色，并具有反射性能以及抗菌作用。这些特点使白银在工业领域得到广泛应用，同时深受消费和投资领域的喜爱，如银饰、银器、银币和银条。

一、我国白银资源状况

近年来，我国银矿资源查明资源量逐年增加，由 2010 年的 17.2 万吨增长至 2019 年的 34.7 万吨，其中 2017 年的增幅最大，达到 14.8%，如图 5-5 所示。

---

① 资料来源：上海黄金交易所网站。

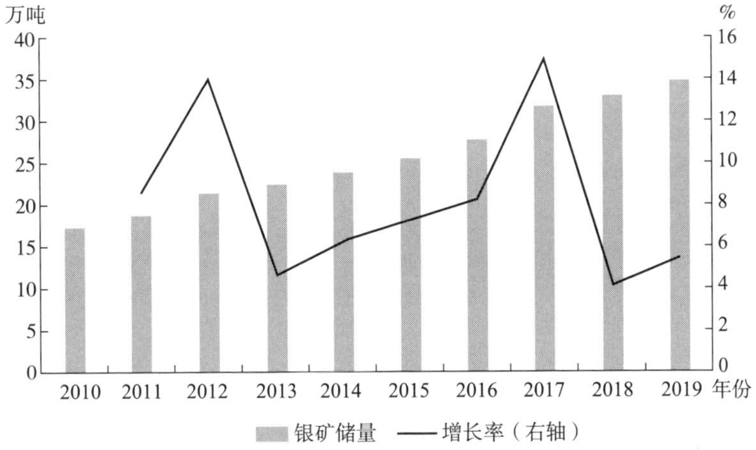

图 5-5　2010—2019 年我国银矿资源查明储量及增长率

资料来源：根据国家统计局网站发布数据整理。

我国银矿资源广泛分布于 30 个省（区、市），但集中度较高，其中内蒙古、云南、江西、广东、西藏、河南和湖北 7 个省（区）的储量占全国总储量的 62.5%。根据银品位和经济技术开发条件，我国将银矿划分为独立银矿（或主银矿）、共生银矿和伴生银矿三类。独立银矿较为稀少，共生银矿主要存在于已知的银矿区。

我国从省（区）来看，江西的银矿储量最多，达到 18016 吨，占总储量的 15.5%；云南的银矿储量为 13190 吨，占 11.3%；广东的银矿储量为 10978 吨，占 9.4%；内蒙古的银矿储量为 8864 吨，占 7.6%；广西的银矿储量为 7708 吨，占 6.6%。

二、我国白银生产状况

2001—2013 年，我国银矿产量整体呈上升趋势。2014—2016 年银矿产量大幅下跌，由 2014 年的 4060 吨下跌至 2016 年的 2380 吨，这主要由于我国开始重视环境保护而加大对矿产开采的限制。2017 年我国银矿产量有较大提高，此后银矿产量仅小幅波动，2020 年我国银矿产量为 3380 吨。①

目前，我国的白银行业按照企业的产量水平可以分为 3 个竞争梯队。其中，江西铜业和豫光金铅的白银产量均超过 1000 吨，恒邦股份、云南铜业和紫金矿业等的产量在 200~1000 吨，还有很多企业的产量不足 200 吨。

① 资料来源：根据国家统计局网站发布数据整理。

三、我国白银消费状况

白银的用途主要在三个方面：工业、摄影和珠宝银器。这三大类的白银总消费占到白银消费的85%左右。

白银在工业领域有广泛的应用，尤其在电子、光伏、汽车和化工等行业。这些行业在我国发展很快，产量很大，因此对白银的消费量也相对较高。我国的珠宝市场也对白银消费起到重要的推动作用。此外，投资需求也是影响我国白银需求的因素之一。白银作为一种贵金属，具有保值和增值的特性，因此吸引了一部分投资者的投资。尤其在金融市场波动较大、通胀预期上升的情况下，投资者对白银的需求可能会增加。

Bloomberg 数据库数据显示，2010—2018 年我国白银消费量占全球白银消费总量的 20%左右。我国白银主要用于加工、回收、钎焊合金、摄影、硬币和奖牌制造，以及银条实物。其中，白银加工是我国白银需求的主要来源，2018 年白银加工产生的消费量为 4229 吨，占我国白银消费总量的 70%。

从我国白银消费需求来看，我国白银消费总量呈现波动变化。2017 年，我国白银消费总量达到 24337 吨，为近年来最高。随后两年我国白银消费总量有所回落，2020 年虽受新冠肺炎疫情影响，但在新能源需求的驱动下，白银消费总量仍有所提高，达到了 20890 吨。

四、我国白银进出口状况

我国的白银储量相对较低，产出的白银无法满足国内需求，因此大量依赖进口银矿砂及其精矿来填补国内需求缺口。如图 5-6 所示，2014—2020 年，我国对银矿砂及其精矿的进口量呈波动上升趋势。其中，2020 年的进口量达到了 86. 12 万吨，同比增长 49. 7%。这主要是受新冠肺炎疫情的影响，全球航运受阻，银矿砂及其精矿的价格下跌，促使我国加大了进口的力度。与此同时，2014—2020 年，我国对银矿砂及其精矿的进口金额总体呈上升趋势，2020 年达到了 15. 27 亿美元，同比增长 13. 2%。

我国银矿砂及其精矿出口很少，2014 和 2017 年出口量不及 1 吨，2019 年出口量为近 7 年最多的，也只有 3156 吨，出口金额为 1255 万美元。①

① 资料来源：根据海关总署网站发布数据整理。

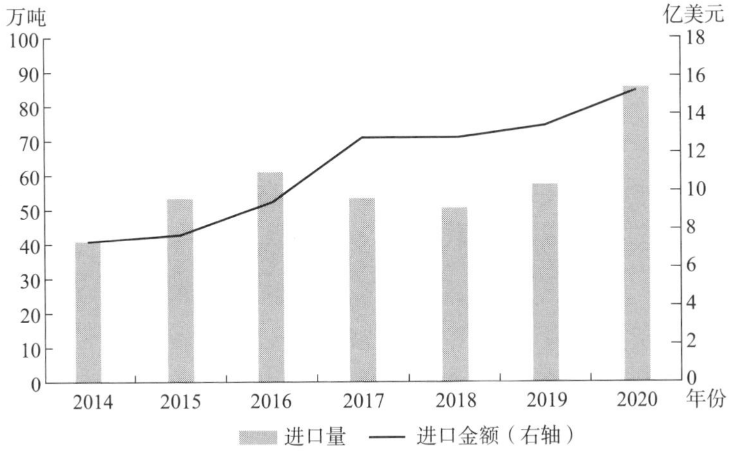

图 5-6　2014—2020 年我国银矿砂及其精矿进口量和进口金额

资料来源：根据海关总署网站发布数据整理。

五、白银价格趋势

白银价格以上海黄金交易所白银现货收盘价为基准，上海黄金交易所于2019 年 10 月正式挂牌“上海银”集中定价合约，为国内市场提供白银基准价。2020 年 8 月，白银价格最高达到 6385 元/千克，其后降至 5000 元/千克并上下波动。

第六章

我国采矿业固定资产投资

采矿业固定资产投资反映了矿业企业在一定时期内建造和购置固定资产的工作量，以及与此有关的费用变化情况。本章主要从采矿业固定资产投资的投资规模、投资区域分布、投资形式和投资主体等不同角度，对我国采矿业固定资产投资现状进行多方面的分析。

第一节　采矿业固定资产投资规模

一、 采矿业固定资产投资整体规模

2003 年以来，我国采矿业固定资产投资总额呈现先持续增长再大幅下降，后又回升的“S”形变化趋势，2013 年和 2017 年分别出现了明显转折。在图 6-1 中，左、右两侧纵坐标轴分别对应全行业固定资产投资额及采矿业固定资产投资额。由图可见，2003—2013 年，我国全行业固定资产投资额及采矿业固定资产投资额均保持逐年增长，而 2014—2017 年，两者则呈现相反的波动状态，全行业固定资产投资额持续上涨，采矿业固定资产投资额呈下降趋势。2018—2019 年，采矿业固定资产投资额开始反降为增。2020 年，受新冠肺炎疫情影响，采矿业固定资产投资额再次下降为 10220.7 亿元，同比下降 14.1%。

2003 年，我国采矿业固定资产投资额为 1775.2 亿元。2004—2008 年，我国采矿业固定资产投资额增长率始终处于较高水平，高于全行业固定资产投资额增长率，其中 2005 年采矿业固定资产投资额增长率达 49.7%。

进入 21 世纪以来，随着我国经济的高速增长，我国在交通、水利等大型基础设施建设方面的工作持续展开，带动了矿产资源消费的快速增长。2007 年由美国肇始的金融危机影响深远，面对外部经济体的整体性需求不振，我国政府通过投资“4 万亿元计划”扩大内需，促进经济平稳较快发展，避免了经济衰退，我国经济进入保持中速增长的“新常态”。4 万亿元投资重点在

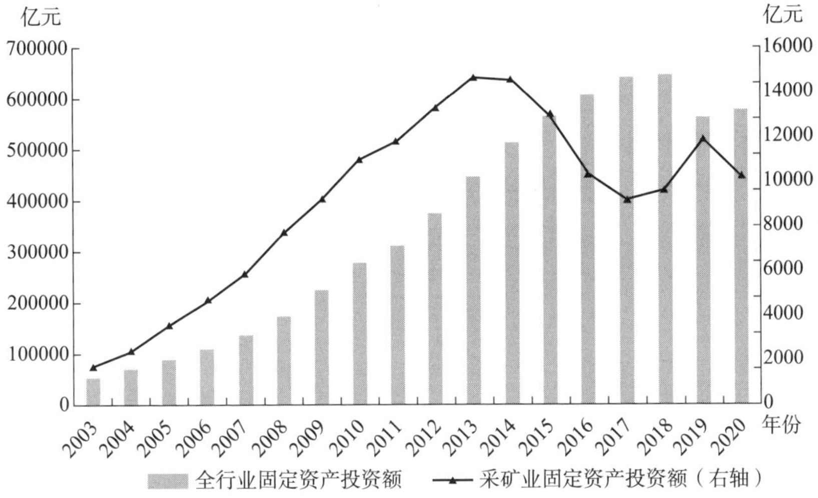

图 6-1 2003—2020 年全国采矿业固定资产投资额变化趋势

资料来源：2003—2021 年自然资源部《中国矿产资源报告》、2021 年国家统计局《中国统计年鉴》。

保障性住房建设、民生工程建设、城市电网改造等基础设施建设方面，带动了矿产资源消费的持续增长。但是，2008 年至 2017 年采矿业固定资产投资额增长率低于全行业固定资产投资额增长率，并呈逐年下降趋势，2016 年降至最低值-20.4%。同样受金融危机影响，全行业固定资产投资额增长率与采矿业固定资产投资额增长率呈现相似的波动下降趋势，但波动幅度相对较小。

“十二五”开始，我国进入了工业化中后期阶段，矿产资源消费进入了增速减缓区。2013 年，我国采矿业固定资产投资额达到最大值，为 14650.8 亿元，约为 2003 年的 8.25 倍。由于发展中存在内部重复建设、资源环境约束“瓶颈”、产业结构不合理等问题，我国矿业在 2012 年前后结束了 10 年黄金周期。从 2013 年开始，除了个别金属产品和部分非金属产品的价格相对稳定，甚至有所上涨之外，大部分矿产品价格进入深度调整期。在此环境下，矿业企业也减少了不必要的勘探投入和建设项目投入。矿产品价格的下跌也在一定程度上成为采矿业固定资产投资额出现大幅下降的直接原因。2013—2016 年我国采矿业固定资产投资额逐年减少，增长率由-0.8%降为-20.4%，2017 年采矿业固定资产投资额达到 2013 年以来最低值，为 9210.1 亿元，与 2013 年相比降幅高达 37.83%。

2018 年，国内外经济稳中向好，全国矿产品贸易指数震荡上扬，主要矿产品产量总体平稳增长，进口规模持续扩大，价格总体上涨，进而带动采矿业利润总额及矿业经济效益的改善。我国采矿业固定资产投资额在连续4年下降后首次出现回升，为9587.7亿元，同比增长4.1%，增长率再次超过全行业固定资产投资额增长率。

2019年采矿业固定资产投资额依旧延续了2018年的增长态势，全国采矿业固定资产投资额达11898.4亿元，同比增长24.1%，增速较上年加快了20个百分点，并高于全行业固定资产投资额增速19个百分点，达到近10年最高水平，而全行业固定资产投资额增长率降至最低值-13.1%，首次出现负增长，两者差距进一步扩大到37.2个百分点。

受新冠肺炎疫情影响，2020年我国采矿业固定资产投资额为10220.7亿元，同比下降14.1%。与此同时，全行业固定资产投资额有所回升，达577139.3亿元，同比增长2.9%。

二、采矿业分行业固定资产投资规模

在采矿业固定资产投资额逐年变化的过程中，各细分行业的固定资产投资额也呈现不同的趋势，其中石油和天然气开采业固定资产投资额波动最大。如图所示6-2，采矿业各细分行业固定资产投资额变化趋势相似：2011年采矿业各行业固定资产投资额增长明显。2012年，除了煤炭开采和洗选业固定资产投资额略微增长，其他行业则出现不同比例的固定资产投资规模显著下降。其中，石油和天然气开采业的下降幅度最大，为19.48个百分点；2013—2020年各行业呈现幅度较缓的“S”形变化趋势。

从各细分行业固定资产投资额在采矿业总固定资产投资额中所占份额的变化情况来看，2010—2019年，煤炭开采和洗选业、石油和天然气开采业固定资产投资额在全行业中始终分别居于第1、第2位；非金属矿采选业固定资产投资额一直保持增长趋势，2011年非金属矿采选业固定资产投资额超过黑色金属矿采选业和有色金属矿采选业，在各细分行业中居第3位；2020年非金属矿采选业固定资产投资额超过石油和天然气开采业，在各细分行业中居第2位。有色金属矿采选业与黑色金属矿采选业的固定资产投资额变化趋势相同。2015年之前，有色金属矿采选业固定资产投资额略低于黑色金属矿采选业；自2015年起，有色金属矿采选业固定资产投资额开始高于黑色金属矿采选业。开采专业及辅助性活动和其他采矿业的固定资产投资额在细分行业中占比最少，分别为2.0%和0.6%左右。

2020年各细分行业固定资产投资额由高到低排序依次为煤炭开采和洗选业3609.4亿元、非金属矿采选业3090.4亿元、石油和天然气开采业2327.7亿元、有色金属矿采选业1046.2亿元、黑色金属矿采选业725.9亿元、开采

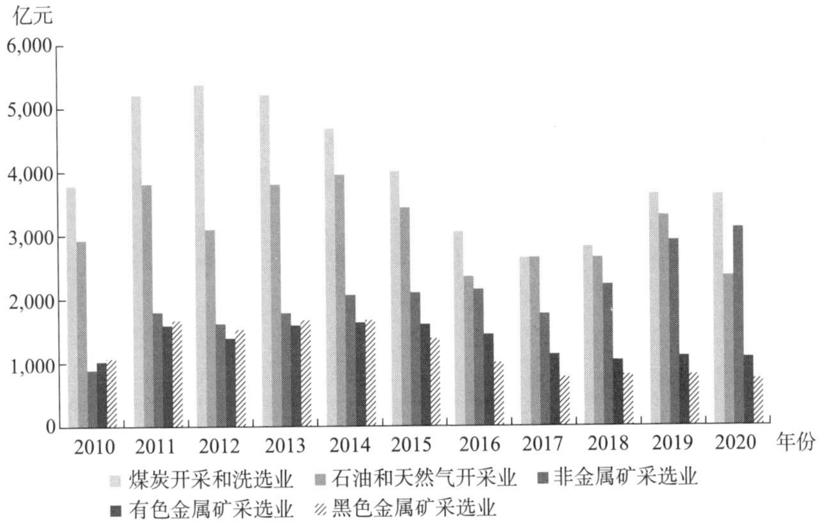

图 6-2 2010—2020 年全国采矿业分行业固定资产投资额变化趋势

资料来源：历年国家统计局《中国统计年鉴》（2018 年至 2020 年数据由增长率计算）

专业及辅助性活动 292.0 亿元和其他采矿业 52.3 亿元。

其中，非金属矿采选业固定资产投资额在 2020 年增长趋势最为明显，为 2019 年的 1.06 倍。煤炭开采和洗选业、石油和天然气开采业、非金属矿采选业 3 个行业固定资产投资额之和达 9027.5 亿美元，占采矿业固定资产投资额的 88.34%。2020 年，煤炭开采和洗选业固定资产投资额占采矿业固定资产投资额的 35.32%，2010—2020 年其“S”形变化趋势与采矿业固定资产投资额的变化趋势保持高度一致。

第二节 采矿业固定资产投资区域分布

我国地域辽阔，地质条件复杂，矿产资源地区分布广泛，矿种齐全，储量丰富。相应地，矿产资源地区分布的不均衡性也决定了我国矿业投资呈现明显的区域分布不均衡的特点。

我国已探明的矿产资源约占世界总量的 12%，高居世界第 3 位，现已发现 171 种矿产资源，查明资源储量的有 158 种。总体来说，我国矿产资源分布呈现北多南少、西多东少的特点。能源矿产（如煤、石油、天然气）主要分布在北方（西北、华北和东北），有色金属主要分布在南方（江南、西南和华南）。铁矿主要分布在辽宁、河北和山西，金矿主要集中在黑龙江、山东和新疆。另外，北方还有稀土、镍等矿产，而南方比较有代表性的是江西的铜、钨、稀土，湖南的铅、锌和锑，四川的钛，云南的铝土、锡，贵州的汞等。

矿产资源分布较为集中的省份往往能吸引更大规模的矿产资源勘探及开采加工投资。表 6-1 为 2009—2020 年我国各省份的采矿业固定资产投资额。通过计算发现，2009—2020 年，排在采矿业固定资产投资额平均值前 10 位的省份分别是内蒙古（1019.38 亿元）、山西（1008.58 亿元）、陕西（890.23 亿元）、新疆（727.51 亿元）、河南（620.32 亿元）、山东（554.25 亿元）、湖南（521.13 亿元）、四川（500.28 亿元）、贵州（497.45 亿元）、河北（487.94 亿元）。

表 6-1 2009—2020 年我国各省份采矿业固定资产投资额　　单位：亿元

省份	2009 年	2010 年	2011 年	2012 年	2013 年	2014 年	2015 年	2016 年	2017 年	2018 年	2019 年	2020 年
北京	23.07	9.27	8.71	4.35	9.10	7.18	2.57	2.93	3.11	3.90	3.53	4.46
天津	394.69	308.59	227.53	199.04	328.40	314.91	265.10	109.56	173.93	237.41	350.42	339.56
河北	356.38	439.71	575.98	620.53	691.00	659.84	561.57	442.37	381.15	370.48	400.12	356.10
山西	688.53	1068.87	1425.93	1581.69	1475.00	1414.82	1410.90	1054.56	470.04	457.82	547.09	507.70
内蒙古	965.36	992.89	975.56	1116.43	1587.20	1701.99	943.62	904.13	924.25	602.61	795.45	723.06
辽宁	388.12	634.32	546.61	683.69	650.30	617.38	382.83	124.33	145.32	141.11	166.65	167.48
吉林	441.03	488.63	394.63	547.81	414.50	505.50	532.66	449.97	319.69	269.82	287.90	270.62
黑龙江	503.39	587.46	567.76	595.97	634.10	508.42	459.17	366.01	389.27	363.58	444.66	433.10
上海	8.24	0.37	0.57	0.44	0.20	0.08	0.24	0.27	0.94	0.94	0.94	0.94
江苏	76.65	83.14	68.02	85.57	91.00	106.47	103.18	72.94	108.83	71.50	47.76	17.34
浙江	19.87	20.67	24.98	33.03	45.10	45.10	59.31	58.62	32.46	38.56	71.19	93.75
安徽	348.51	389.18	305.49	389.81	338.60	319.20	324.11	232.95	231.76	418.56	491.81	373.77
福建	109.07	114.15	111.09	163.00	236.00	247.07	278.10	219.98	172.7	136.78	162.22	214.29
江西	175.72	265.39	228.68	265.51	252.20	289.39	245.50	302.04	226.22	172.38	210.48	247.31
山东	532.01	532.59	592.62	570.27	592.50	646.68	649.03	499.37	517.7	544.10	550.63	423.44
河南	765.67	737.10	717.43	690.83	602.90	573.96	568.33	567.59	506.86	402.95	593.15	717.12
湖北	152.10	192.09	229.07	283.71	307.00	320.01	346.55	329.40	260.08	436.93	438.25	388.72
湖南	278.74	411.23	442.23	524.62	585.80	626.23	570.34	499.45	436.96	573.29	661.58	643.05

续表

省份	2009 年	2010 年	2011 年	2012 年	2013 年	2014 年	2015 年	2016 年	2017 年	2018 年	2019 年	2020 年
广东	114. 12	79. 05	74. 71	82. 60	157. 50	248. 75	162. 00	163. 62	145. 34	189. 67	188. 53	206. 25
广西	159. 58	191. 87	250. 60	322. 00	345. 20	337. 29	389. 82	276. 39	269. 08	353. 30	474. 13	509. 22
海南	8. 51	4. 50	14. 90	30. 25	22. 20	25. 49	7. 57	9. 71	6. 88	6. 88	7. 61	15. 03
重庆	108. 49	137. 07	148. 29	167. 68	203. 30	282. 62	285. 65	200. 94	158. 79	116. 55	180. 77	284. 90
四川	322. 09	436. 96	409. 23	465. 73	443. 20	423. 12	517. 20	419. 54	423. 84	689. 59	813. 02	639. 85
贵州	274. 21	389. 05	407. 78	279. 76	328. 60	236. 06	339. 24	525. 59	336. 59	561. 43	1070. 09	1220. 97
云南	197. 73	251. 41	262. 05	363. 01	458. 90	383. 23	427. 17	378. 83	376. 9	327. 90	368. 24	361. 98
西藏	9. 78	20. 27	15. 28	42. 97	63. 20	52. 41	74. 98	48. 25	20. 63	31. 25	60. 91	99. 47
陕西	494. 00	691. 47	892. 24	1041. 76	1268. 70	1088. 66	1080. 80	673. 38	685. 00	860. 36	1125. 35	780. 99
甘肃	106. 47	135. 94	213. 72	339. 51	453. 60	403. 60	306. 37	178. 85	87. 27	129. 86	148. 82	151. 79
青海	54. 19	73. 84	88. 00	84. 36	134. 00	166. 97	204. 08	96. 96	98. 15	133. 97	162. 65	102. 47
宁夏	110. 32	116. 96	124. 77	151. 47	171. 70	167. 39	107. 68	47. 44	149. 03	147. 09	152. 83	156. 04
新疆	509. 26	610. 54	653. 11	747. 89	899. 90	1024. 04	888. 72	579. 27	545. 06	637. 72	868. 57	766. 08
全国总计	9210. 84	11000. 95	11747. 00	13300. 82	14650. 80	14538. 89	12970. 82	10320. 31	9210. 11	9587. 72	11898. 37	10220. 70

资料来源：历年国家统计局《中国统计年鉴》；2018—2020 年数据由增长率计算。

2009—2017 年，大多数省份采矿业固定资产投资额在保持较高水平的基础上呈现先上升后下降的趋势。其中，采矿业固定资产投资额排在全国前 4 位的内蒙古、山西、陕西和新疆 4 省份波动最为剧烈：2009—2012 年，山西采矿业固定资产投资额由 688. 53 亿元增至 1581. 69 亿元，随后开始下降，2015—2017 年 3 年间由 1410. 90 亿元骤降至 470. 04 亿元；内蒙古采矿业固定资产投资额的最大值出现于 2014 年，达 1701. 99 亿元，创历年全国各省份之最，2015 年降至 943. 62 亿元；陕西和新疆采矿业固定资产投资额的最大值分别出现在 2013 年和 2014 年，分别为 1268. 70 亿元和 1024. 04 亿元，陕西的回升趋势从 2017 年即有所显现；相比之下，河南采矿业固定资产投资额在 2009—2017 年呈逐年稳步下降趋势，其他省份采矿业固定资产投资额变动幅度更小。

自 2018 年开始，山东、湖南、新疆、四川、陕西 5 省份采矿业固定资产投资额开始出现回升的趋势，内蒙古、河南两省份的采矿业固定资产投资额依然有较大幅度下降。

2019 年，排名前 10 位的各省份采矿业固定资产投资额均较上年有明显的回升，其中河南、新疆、内蒙古、陕西的增长幅度最大，分别同比增长 47.2%、36.2%、32.0%和 30.8%。

2020 年，在排名前 10 位的省份中，除贵州和河南保持增长趋势，分别为 20.90%和 14.10%外，其他省份均呈现下降趋势。其中，陕西下降幅度最大，为30.60%；山东和四川次之，分别为 23.10%和 21.30%。

第三节 采矿业固定资产投资方式

按照建设性质将采矿业固定资产投资分为新建、扩建、改建和技术改造。图 6-3 显示了 2009—2020 年全国采矿业固定资产不同投资方式的投资额变化情况。

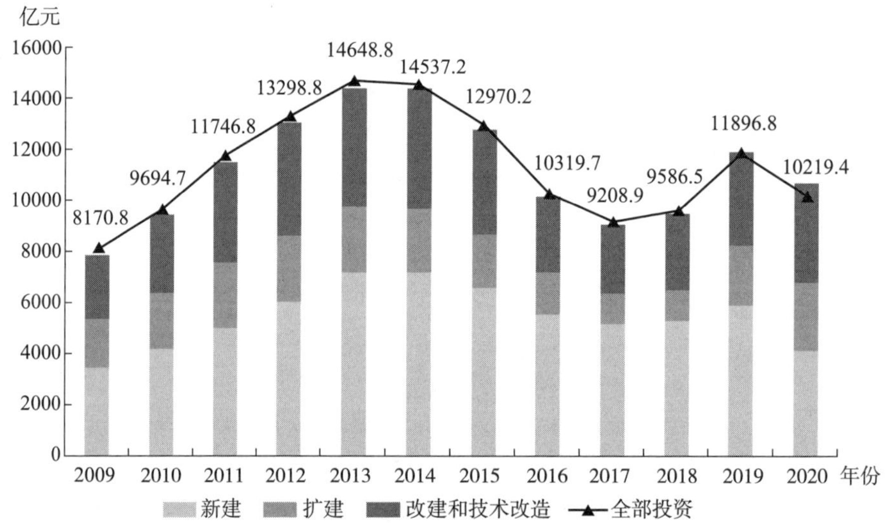

图 6-3 2009—2020 年采矿业按建设性质分类固定资产投资额变化趋势

资料来源：历年国家统计局《中国统计年鉴》；2018—2020 年数据由增长率计算。

与整体的采矿业固定资产投资额变动趋势一致，新建项目固定资产投资额、扩建项目固定资产投资额、改建和技术改造项目固定资产投资额均在 2013 年之前呈逐年上升趋势，其中新建项目与改建和技术改造项目固定资产投资额涨幅较大，2013 年约为 2009 年的两倍左右；扩建项目固定资产投资额增长较为缓慢，2013 年为 2009 年的 1.38 倍。2013 年后采矿业三类固定资产投资额均呈下降趋势，直至 2018 年出现小幅回升，2019 年在上年基础上再次上升，新建项目固定资产投资额、扩建项目固定资产投资额及改建和技术改造项目固定资产投资额分别实现了 11.9%、90.2%及 23.8%的增长。2020 年采矿业固定资产投资额较 2019 年整体下降。其中，扩建项目固定资产投资额及改建和技术改造项目固定资产投资额保持增势，分别同比增长 16.9%和 5.7%；新建项目固定资产投资额同比下降 30.4%。

图 6-4 显示了 2009—2020 年采矿业按建设性质分类的固定资产投资在全部投资中的占比情况。综合来看，新建项目固定资产投资额所占比例最大，改建和技术改造固定资产投资额次之，扩建项目固定资产投资额最小。在不同年份中，新建项目、扩建项目以及改建和技术改造项目三者在全部投资中的占比又分别呈现不同的变化趋势。

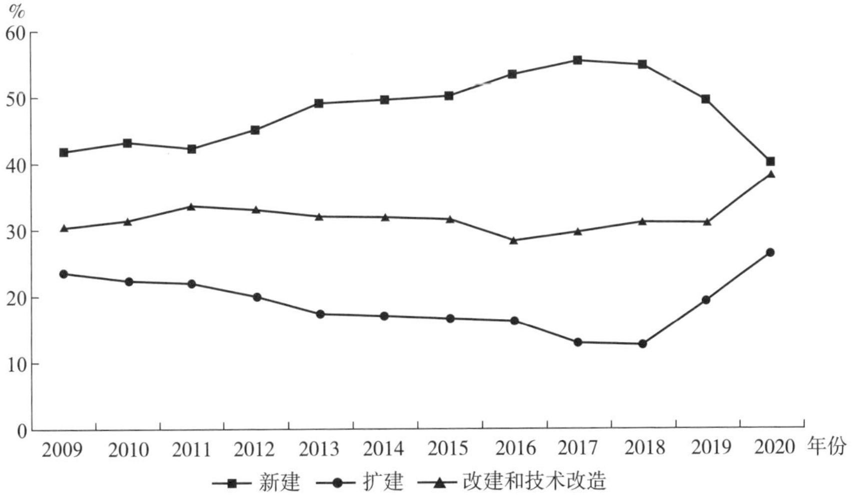

图 6-4　2009—2020 年采矿业按建设性质分类的固定资产投资在全部投资中的占比

资料来源：由历年国家统计局《中国统计年鉴》中相关数据计算。

在采矿业固定资产投资中，新建项目固定资产投资占全部投资的比例在 2017 年以前，除 2011 年有所降低外，总体呈现逐年递增的趋势。新建项目固定资产投资占全部投资的比例在 2017 年达到最大值，为 55.5%；2018 年新建项目固定资产投资占比出现小幅降低，2019—2020 年保持下降趋势，2020 年降至 40.1%。

改建和技术改造项目固定资产投资所占份额的变化大致可分为三个阶段，2009—2011 年占比逐年上升，2011 年达到 33.6%；2011—2016 年逐年降低到最低点 28.3%；2017 年后有所上升，2020 年占比首次超过 2011 年，到达最高水平 38.3%。总体来看，改建和技术改造项目固定资产投资的波动幅度不大，整体变动趋势比较平缓。

扩建项目固定资产投资额占比在2009—2018年不断下降。其中，2013—2016年下降幅度较小，2017年下降幅度较大，2018年降至最低点，仅为12.6%。2019年扩建项目固定资产投资占比有所回升，约为19.3%，2020年持续增加，达到26.4%。新建项目固定资产投资和扩建项目固定资产投资占比的变化比较大，在大多数年份，两者的变动方向是相反的，这也意味着新建项目固定资产投资和扩建项目固定资产投资之间有此消彼长的关系。

表6-2为2020年我国采矿业细分行业固定资产投资按建设性质分类的增长率。2020年我国采矿业固定资产投资整体呈下降趋势，同比下降14.1%。其中，新建项目固定资产投资同比下降30.4%，扩建项目固定资产投资同比增长16.9%，改建和技术改造项目固定资产投资同比增长5.7%。增长率的差异说明，首先，2020年采矿业的固定资产投资在扩建原有厂房和设备方面比往年得到了更多的重视，主要在于扩大原有企业的规模，以实现规模经济；其次，进行产业升级和技术改造也比往年得到了更多的投入，这有助于企业效率和效益的提高，也有助于生态环境的保护和改善。

表6-2　2020年我国采矿业细分行业固定资产投资按建设性质分类的增长率　（%）

指标	全部投资	新建	扩建	改建和技术改造
我国全行业总计	2.9	1.8	3.8	1.6
采矿业	-14.1	-30.4	16.9	5.7
煤炭开采和洗选业	-0.7	0.9	-2.3	-1.8
石油和天然气开采业	-29.6	-50.1	30.7	40.4
黑色金属矿采选业	-10.3	-22.3	-26.7	0.6
有色金属矿采选业	-4.0	-19.0	29.5	-5.9
非金属矿采选业	6.2	15.1	-0.9	-1.6
开采专业及辅助性活动	2.7	-13.6	15.4	57.0
其他采矿业	-31.5	-48.6	13.8	2.6

资料来源：国家统计局《中国统计年鉴2021》。

采矿业不同细分行业固定资产投资的增长率差异较大。非金属矿采选业全部投资较上年增长率最高，为6.2%，开采专业及辅助活动为2.7%。除此之外，其他细分行业固定资产投资的增长率较往年均有所下降。其中，其他采矿业下降幅度最大，为31.5%；石油和天然气开采业次之，为29.6%；黑色金属矿采选业同比下降10.3%；有色金属矿采选业同比下降4.0%；煤炭开采和洗选业同比下降 0.7%。

具体来看，在 2020 年新建投资中，采矿业固定资产投资增长率较 2019 年整体呈下降趋势，同比下降了 30.4%。其中，只有非金属矿采选业、煤炭开采和洗选业新建固定资产投资出现增长，非金属矿采选业的增长率最大，为 15.1%，其次是煤炭开采和洗选业，为 0.9%。除此之外，石油和天然气开采业、其他采矿业、黑色金属矿采选业、有色金属矿采选业和开采专业及辅助性活动的固定资产投资增长率均出现不同程度下降趋势，分别为 50.1%、48.6%、22.3%、19.0%、13.6%。

在 2020 年扩建项目投资中，采矿业固定资产投资增长率较 2019 年整体呈增长趋势，较 2019 年增长了 16.9%。其中，石油和天然气开采业较 2019 年增长 30.7%、有色金属矿采选业同比增长 29.5%、开采专业及辅助活动同比增长 15.4%、其他采矿业同比增长 13.8%。相反，黑色金属矿采选业、煤炭开采和洗选业、非金属矿采选业比 2019 年分别下降 26.7%、2.3% 和 0.9%。

在 2020 年改建和技术改造项目投资中，采矿业固定资产投资增长率较 2019 年整体呈增长趋势，较 2019 年增长 5.7%。其中，开采专业及辅助活动增长率最大，为 57.0%；其次是石油和天然气开采业，增长率为 40.4%，其他采矿业同比增长 2.6%、黑色金属矿采选业同比增长 0.6%。与此同时，有色金属矿采选业、煤炭开采和洗选业及非金属矿采选业同比分别下降 5.9%、1.8%和 1.6%。

第四节　采矿业固定资产投资主体

对采矿业固定资产投资主体进行分析，有助于了解采矿业投资的资金来源和资金构成。根据固定资产投资隶属关系、登记注册情况、控股类型、实际资金来源等不同分类方式，可以将投资主体划分为不同的类别。在我国现有多层次投资体系下，各投资主体的投资任务及投资方法均有所不同，既各自独立又相互联系、协同发展。

一、按隶属关系划分的采矿业固定资产投资

按照隶属关系将采矿业固定资产投资划分为地方财政投资和中央财政投资。地方财政投资在 2009—2013 年持续增加，2013 年达到最大值，为 11193.7 亿元；2013 年后地方财政投资逐年下降，并于 2017 年降至 6872.7 亿

元，之后出现回升，与采矿业固定资产投资总额的“S”形变化趋势高度一致。2009—2020 年，中央财政投资在采矿业固定资产投资总额中的占比较少，保持在 20.0%~32.2%，其变化趋势与地方财政投资相似，但波动幅度相对较小。2013 年中央财政投资达到最大值，为 3455.1 亿元，此后至 2016 年出现较大幅度下降，降至 2065.9 亿元，2016 年之后呈现波动增长趋势。①

2020 年，在采矿业固定资产投资中，地方财政投资和中央财政投资均呈现小幅度下降，投资额分别为 8791.2 亿元及 2102.1 亿元。比较中央财政投资和地方财政投资的波动变化情况，可知采矿业固定资产投资额近年来的波动主要是由地方财政投资的变动引起的。另外，地方财政投资在采矿业固定资产投资总额中所占比重始终保持在中央财政投资的两倍以上，可以说地方财政是国内矿业投资的主力。

对比历年数据可以看出，隶属关系不同的投资主体在进行投资决策时，对采矿业中各类细分行业的资金投入规模存在明显的纵向一致性和横向差异性：约九成的中央财政投资流向石油和天然气开采业，约九成的地方财政投资流向煤炭开采和洗选业、有色金属矿采选业及非金属矿采选业。

以 2020 年采矿业固定资产投资为例，如图 6-5 所示，中央财政投资共 2102.1 亿元。其中，向石油和天然气开采业投入资金 1772.2 亿元，占中央财政投资总量的 84.31%；向煤炭开采和洗选业投入资金 257.7 亿元，占中央财政投资总量的 12.26%。地方财政投资共计 8791.2 亿元，其中向煤炭开采和洗选业投入资金 3325.6 亿元，占地方财政投资总量的 37.83%；向非金属矿采选业投入资金 3075.9 亿元，占地方财政投资总量的 34.99%；向有色金属矿采选业投入资金 1005.2 亿元，占地方财政投资总量的 11.43%；向黑色金属矿采选业投入资金 704.2 亿元，占地方财政投资总量的 8.01%。

石油和天然气开采业是与国计民生息息相关的支柱产业，决定着国家能源供给侧的安全，是国民经济的命脉。2015 年后，受国际油价持续下降、国内油田压缩资本性支出等影响，我国原油产量持续下降，为应对日益复杂的国际能源局势和日益严峻的能源安全威胁，石油和天然气开采业由自然资源部、国家发展改革委直接进行宏观调控，行业内企业的资质由国企“三桶油”管理，因此其吸收大规模的中央财政投入资金不难理解。

矿产资源是人类社会赖以生存和发展的重要物质基础，为了保证矿产资源储备充足，各资源型地区的政府部门都应当更多地承担起煤炭、黑色金属、有色金属及其他非金属矿的勘查及开采项目的投资职能，并依靠上述项目的

---

① 资料来源：历年国家统计局《中国统计年鉴》。

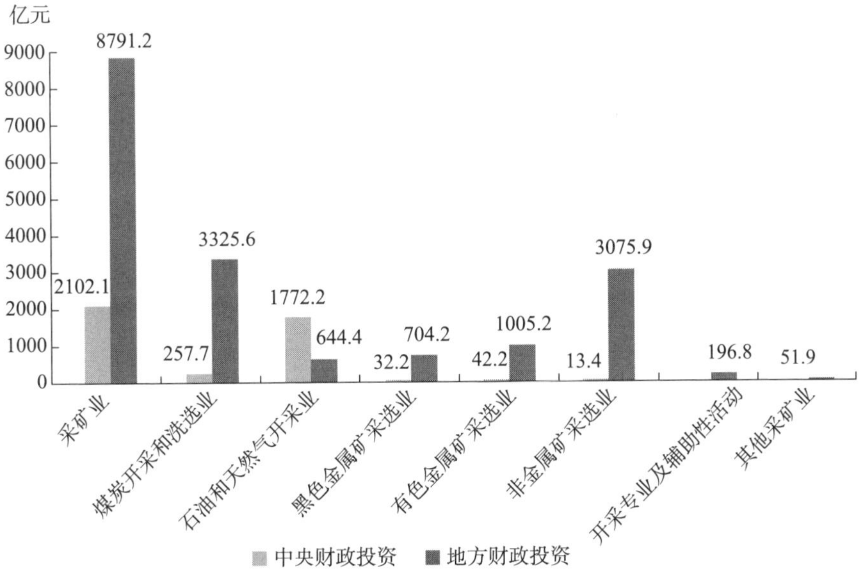

图 6-5 2020 年按隶属关系划分采矿业细分行业固定资产投资额

资料来源：由国家统计局《中国统计年鉴 2021》中增长率计算得出。

投资收益增加当地国民生产总值和财税收入。其中，由于煤炭资源应用广泛，来自电力、冶金、建材、化工等行业的国内外需求增长迅速，因此煤炭开采和洗选业在各个年份吸收地方财政投资，甚至采矿业固定资产投资总额的规模最大。

二、按登记注册类型划分采矿业固定资产投资

按登记注册类型将采矿业固定资产投资分为内资、港澳台投资和外商投资。

在图 6-6 中，左侧坐标轴对应内资投资量级，右侧坐标轴对应港澳台投资和外商投资量级。2009—2019 年，在采矿业固定资产投资中内资投入呈现先增后减再增的“S”形变化趋势，2013 年内资投入达到最大值，为 14431.7 亿元，2017 年降至最小值 9048.4 亿元，2018—2019 年出现短期回升，2020 年内资投入同比下降 15.8%。

相比之下，港澳台投资和外商投资量较小，对市场环境和供需因素变动更为敏感，一定程度上表现出较为随机的波动。自 2010 年起，港澳台投资连续两年上涨，并于 2012 年达到最大值 143.5 亿元，2012—2015 年呈现波动下降趋势，2016 年起出现回升，2017—2020 年，港澳台投资一直保持较高的增长率，2020 年增长率达 58.2%。此外，除 2010 年、2011 年和 2016 年，

港澳台投资规模略低于外商投资外，其余年份港澳台投资规模均比外商投资规模大。

由于采矿业处于工业链上游，决定着一个国家的工业原料和能源供给，与国民经济持续发展息息相关，因而矿业投资往往具有全局性和战略性，国家政策会相应地向内地投资者倾斜，同时控制港澳台投资和外商投资水平。2020 年，内资为 9814.2 亿元，同比下降 15.80%，在采矿业固定资产投资额中占比达 96.02%。港澳台投资和外商投资均出现了不同程度的明显增长，其中港澳台投资为 275.9 亿元，同比增长 58.42%；外商投资为 96.2 亿元，同比增长 58.22%。

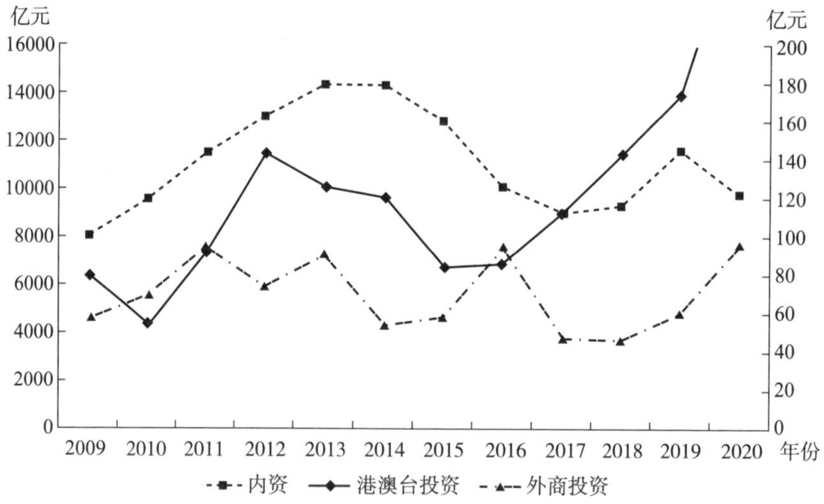

图 6-6 2009—2020 年按登记注册类型划分采矿业固定资产投资额

资料来源：历年国家统计局《中国统计年鉴》；2018—2020 年数据由增长率计算。

在 3 种登记注册类型中，内资投入部分在采矿业固定资产投资总额中占比最大，其在投资行业分布及变化趋势上与全国采矿业固定资产投资一致，前文已进行了介绍，因此下文主要针对 2009—2020 年港澳台投资和外商投资在采矿业主要细分行业中的流向和变动趋势进行分析。

表 6-3 展示了 2009—2020 年港澳台投资在采矿业各细分行业中的流向。在大部分年份中，石油与天然气开采业及煤炭开采和洗选业是所占投资比重最大的两个行业，其他采矿业各细分行业投资额较小。

表 6-3　2009—2020 年港澳台投资在采矿业各细分行业中的流向　单位：亿元

年份	煤炭开采和洗选业	石油和天然气开采业	黑色金属矿采选业	有色金属矿采选业	非金属矿采选业	开采专业及辅助性活动	其他采矿业
2009	13.0	58.8	2.4	2.7	2.9	—	0.1
2010	18.6	14.7	12.5	4.3	5.1	—	—
2011	40.4	27.2	2.0	8.5	14.5	—	0.2
2012	57.2	39.3	4.3	4.9	14.9	22.4	0.5
2013	34.9	52.2	4.0	6.7	17.3	9.8	1.4
2014	30.9	47.5	3.0	5.6	7.0	26.3	—
2015	24.8	24.4	2.3	7.1	17.3	7.5	1.1
2016	8.9	39.1	6.8	23.6	6.1	1.4	0.2
2017	20.4	65.5	5.9	13.9	5.4	0.5	0.7
2018	10.1	96.4	—	4.9	6.1	0.2	1.2
2019	18.0	120.2	—	9.1	5.0	0.2	0.5
2020	22.9	194.6	—	14.2	7.4	0.2	0.5

资料来源：历年国家统计局《中国统计年鉴》；2018—2020 年数据由增长率计算。

2009—2012 年，煤炭开采和洗选业的港澳台投资以 67.3%的年平均增长率上升至最大值 57.2 亿元，并在 2010 年超过石油和天然气开采业成为吸引港澳台投资最多的行业。2013—2016 年，煤炭开采和洗选业的港澳台投资连续 4 年下降，2016 年降至最低值 8.9 亿元，且低于同年有色金属矿采选业的港澳台投资水平。2016—2020 年，煤炭开采和洗选业的港澳台投资呈波动中上涨趋势，2019 年达 18.0 亿元，同比增长 78.22%；2020 年继续保持增长态势，投资额达到 22.9 亿元，同比增长 27.23%。

2010 年石油和天然气开采业的港澳台投资由 2009 年的 58.8 亿元骤降至 14.7 亿元，此后连续 3 年稳步增长至 52.2 亿元。2013 年，石油和天然气开采业的投资额再次超过煤炭开采和洗选业，成为港澳台投资中占比最大的行业。2014—2015 年，石油和天然气开采业的港澳台投资有所下降，2015 年为 24.4 亿元，几乎与煤炭开采和洗选业持平。2015 年后，石油和天然气开采业的港澳台投资与其他行业投资额拉开较大差距，2020 年达到 194.6 亿元，远高于其他行业投资水平。

2009 年以来，有色金属矿采选业的港澳台投资额持续震荡，2016 年骤增至 23.6 亿元，约为本行业 2015 年投资额的 3.3 倍，当年超过煤炭开采和洗选业，在采矿业细分行业的港澳台投资中居第 2 位。2016—2018 年，有色金属矿采选业的港澳台投资额大幅回落至 4. 9 亿元，2019 年再次回升，达到 9. 1 亿元，2020 年持续增加至 14. 2 亿元。

表 6-4 展示了 2009—2020 年外商投资在采矿业各细分行业中的流向。在大多数年份中，石油和天然气开采业在采矿业外商投资额中所占比重最大，其次是有色金属矿采选业，再次是煤炭开采和洗选业及非金属矿采选业，黑色金属矿采选业所占比重最低。

表 6-4　2009—2020 年外商投资在采矿业各细分行业中的流向　单位：亿元

年份	煤炭开采和洗选业	石油和天然气开采业	黑色金属矿采选业	有色金属矿采选业	非金属矿采选业	开采专业及辅助性活动	其他采矿业
2009	4. 3	24. 1	3. 2	14. 4	11. 3	—	0. 6
2010	11. 8	32. 7	1. 6	13. 0	10. 0	—	0. 3
2011	12. 3	53. 2	4. 7	15. 4	8. 6	—	1. 3
2012	12. 1	36. 5	4. 8	11. 2	8. 9	1. 3	—
2013	12. 1	25. 5	10. 1	34. 2	8. 0	0. 2	0. 7
2014	9. 2	22. 3	5. 1	9. 4	7. 4	0. 4	0. 2
2015	10. 1	19. 7	5. 6	8. 1	15. 2	—	0. 1
2016	21. 2	39. 4	5. 7	21. 7	7. 1	—	—
2017	9. 6	17. 1	0. 6	14. 6	4. 5	1. 7	—
2018	13. 7	23. 6	1. 3	7. 7	5. 7	0. 6	—
2019	23. 5	22. 8	2. 6	8. 2	7. 4	0. 2	—
2020	9. 1	87. 6	9. 9	17. 2	4. 0	0. 9	—

资料来源：历年国家统计局《中国统计年鉴》；2018—2020 年数据由增长率计算。

2009—2020 年，石油和天然气开采业、有色金属矿开采业等主要采矿业细分行业的外商投资额均多次出现骤增骤降，具有较强的随机性。石油和天然气开采业作为吸引外商投资较多的行业，在 2011 年和 2016 年分别达到了 62. 7%和 100. 0%的大幅增长，投资额分别为 53. 2 亿元和 39. 4 亿元；有色金属矿采选业外商投资分别在 2013 年和 2016 年达到了 205. 4%和 167. 9%的大幅增长，投资额分别为 34. 2 亿元和 21. 7 亿元；煤炭开采和洗选业外商投资在 2016 年达到了 109. 9%的大幅增长，投资额达 21. 2 亿元；非金属矿采选业外商投资在 2015 年达到了 105. 4%的大幅增长，投资额达 15. 2 亿元。

由国家发展改革委、商务部发布的《外商投资产业指导目录》被视为外商投资的风向标。2011 年修订的《外商投资产业指导目录》中将“石油、天然气的风险勘探、开发”“非常规石油资源勘探、开发”“铁矿、锰矿勘探、开采和选矿”等列入鼓励外商投资产业；2015 年修订的《外商投资产业指导目录》进一步取消了关于“提高原油采收率、物探、钻井等石油勘探开发新技术的开发应用”仅限于合资合作的限制，并将电解铝、铜、铅、锌等有色金属冶炼从限制目录中剔除，将高新技术有色金属材料生产，紧缺矿种（如钾盐、铬铁矿等）的勘探、开采和选矿等列入鼓励外商投资产业。采矿业相关外商投资政策的出台和修订与细分行业外商投资水平出现大幅增长的时间基本一致，由此可见政策对于不同主体投资决策的引导作用。

三、按控股情况划分采矿业固定资产投资

按控股情况将采矿业固定资产投资主体划分为私人控股、国有控股和集体控股三类。从控股情况分析采矿业固定资产投资，可以判断国家、集体和个人等不同利益角度下采矿业各行业的投资变化。

如图 6-7 所示，2011 年三类投资主体的投资分布较其余年份出现了极大差异：2011 年，我国采矿业固定资产投资额达 11747. 0 亿元，较 2010 年增长 6. 8%，但在不同控股主体间，国有控股投资达 11558. 4 亿元，同比增长 117. 7%，占采矿业固定资产投资总额的 98. 4%；而私人控股和集体控股投资额分别骤降至 95. 5 亿元和 92. 9 亿元，仅分别为上年水平的 1/56 和 1/5，二者总和在采矿业固定资产投资中的占比仅为 1. 6%。

2009 年 10 月，经国务院批准，国土资源部等 12 个部门印发了《关于进一步推进矿产资源开发整合工作的通知》，要求在 2010 年展开继 2005 年之后我国第二轮矿产资源整合工作。此后，各地方政府积极推动企业并购、控股参股、关闭退出等整合模式，对采矿业经营方式及管理体制进行整顿；对于亟待整合的众多中小型矿企来说，大型国企或央企整体并购模式是其通过规模化不断降低开采成本、寻找新的利润增长点的重要手段。因此，代表国家利益的国企和央企及其背后的国有控股资本在此次改革中发挥了重要作用。2011 年，我国采矿业整合规模达到前所未有的水平，国有控股投资额也达到历史最高水平；与此同时，在矿业整合的大环境下，私人控股和集体控股投资水平则大幅减少。

在不考虑 2011 年因采矿业大整合导致特殊值的情况下，三类控股主体的投资额在 2010—2019 年也呈现不同的规律性：国有控股投资在 2013 年达到最大值，为 6816. 6 亿元，此后连续 3 年下降；2017—2019 年，国有控股投资呈

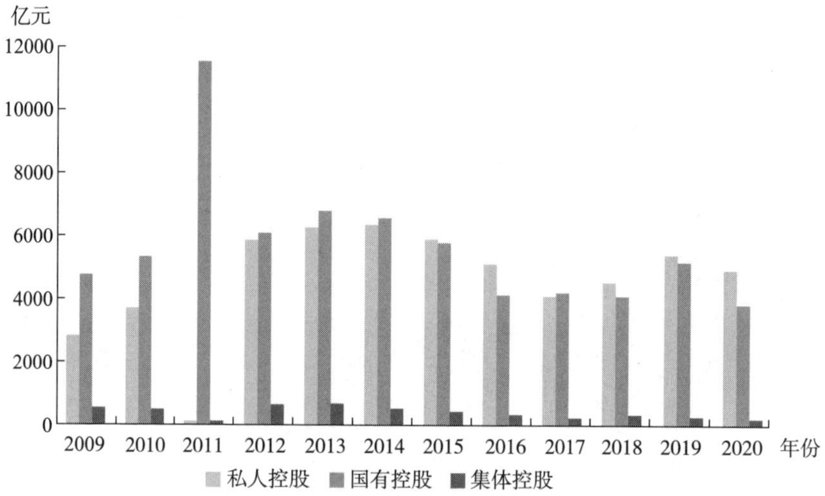

图 6-7 2009—2020 年按控股情况划分采矿业固定资产投资额

资料来源：历年国家统计局《中国统计年鉴》；2018—2020 年数据由增长率计算。

波动中上升趋势；2020 年，国有控股投资大幅下降至 3852.5 亿元，降幅达 25.4%。私人控股投资在 2014 年达到最大值，为 6366.1 亿元；2015—2017 年呈逐年下降趋势，2017 年降至 4067.9 亿元；2018—2019 年，私人控股的采矿业投资开始回升，2020 年再度下降。集体控股投资呈现先增加后波动减少的趋势，2013 年达到最大值，为 654.8 亿元。由此可见，在三类投资主体中，私人控股投资波动的转折点比国有控股投资及集体控股投资波动的转折点出现得较晚；基于矿业在国民经济中的重要地位，我国政府部门对矿业投资的渗透与管控能力较民间投资更强，并通过国有企业、集体企业等载体直接实行投资决策，对行业发展产生影响，政府主要投资方向往往代表着一段时期内行业重点发展方向；而私人投资为降低风险，一般随着国有投资和集体投资而动，决策有所滞后。

2020 年，受新冠肺炎疫情影响，在采矿业固定资产投资中，私人控股、国有控股和集体控股投资均较 2019 年有所下降，其中私人控股投资为 4930.1 亿元，同比下降 4.53%；国有控股投资为 3852.5 亿元，同比下降 25.4%；集体控股投资为 198.8 亿元，同比下降 30.53%。

此外，从图 6-7 中可以看出，除特殊年份外，私人控股投资在 2009—2014 年实现了较大幅度增长，同国有控股投资的差距越来越小，并在 2015 年首次超过了国有控股投资。虽然 2014 年后私人控股投资额有所下降，但其在采矿业固定资产投资总额中的比重依然有所增加，由 2009 年的 34.9%上升至

2016 年的 53.4%，之后的 2018—2020 年私人控股投资额都超过了国有控股投资额，在采矿业固定资产投资总额中的占比虽有所波动，但依然保持在较高水平。

与此同时，国有控股投资额和集体控股投资额在投资总额中的占比均面临缩小压力。在不考虑 2011 年特殊值的情况下，2009—2020 年私人控股投资额在采矿业固定资产投资总额中的占比平均值为 47.15%，国有控股投资的占比平均值为 48.90%，集体控股投资的占比平均值仅为 3.95%，这说明私人控股企业和国有控股企业始终是采矿业的投资主力，并且私人控股采矿企业的固定资产投资在采矿业投资中发挥着越来越重要的作用。因此，下文主要针对 2009—2020 年国有控股投资和私人控股投资在采矿业主要细分行业中的流向和变动趋势进行分析。

表 6-5　2009—2020 年国有控股投资在采矿业各细分行业中的流向 单位：亿元

年份	煤炭开采和洗选业	石油和天然气开采业	黑色金属矿采选业	有色金属矿采选业	非金属矿采选业	开采专业及辅助性活动	其他采矿业
2009	1629.9	2644.5	219.2	200.1	63.8	—	1.7
2010	1946.3	2757.0	253.8	267.5	81.6	—	3.7
2011	4854.6	2941.5	1228.7	1217.2	1267.9	—	48.6
2012	2424.2	2862.3	240.9	334.4	83.1	142.4	2.0
2013	2251.6	3538.3	256.5	432.2	85.5	248.8	3.8
2014	2052.1	3628.0	180.7	350.4	113.8	256.2	3.8
2015	1708.3	3130.3	182.8	477.1	110.1	186.5	10.2
2016	1183.4	2087.8	205.7	378.9	121.3	148.2	9.6
2017	1156.3	2430.3	184.2	253.7	93.2	82.7	7.8
2018	1150.5	2340.4	142.2	214.4	134.4	89.1	0.8
2019	1426.6	2981.6	131.4	334.6	248.0	99.9	1.5
2020	1643.5	1723.4	117.6	318.9	367.2	126.9	1.5

资料来源：历年国家统计局《中国统计年鉴》；2018—2020 年数据由增长率计算。

如表 6-5 所示，2009—2020 年我国采矿业固定资产投资中国有控股投资的主要流向为煤炭开采和洗选业及石油和天然气开采业，两行业的投资额之和在各细分行业投资总额中的占比除了 2011 年为 67%以外，其余年份均在 80%以上。其中，煤炭开采和洗选业的国有控股投资在 2011 年增幅最大，实现历年最大值 4854.6 亿元，同比增长 149.4%；2012—2018 年，连续 7 年下滑，尤其是 2012 年骤降至 2424.2 亿元，仅约为上年的 1/2；2018 年降至 2009 年以来最低水平，为 1150.5 亿元；2019 年开始回升，2020 年回升至 1643.5 亿元。石油和天然气开采业的国有控股投资在 2011 年仅出现了 6.7% 的小幅上涨，2012 年有所下降，随后继续上涨，2014 年达到最大值 3628.0 亿元后再度下降，直至 2016 年降至最低水平 2087.8 亿元，2006—2019 年呈波动上升趋势。

2009—2020 年，煤炭开采和洗选业的国有控股投资额除 2011 年超过石油和天然气开采业以外，其余年份均低于石油和天然气开采业并存在较大差距。

此外，流向黑色金属矿采选业、有色金属矿采选业及非金属矿采选业的国有控股投资呈现与煤炭开采和洗选业相似的特征，均在 2011 年出现大幅上升，达到 2009 年以来最大值，分别为 1228.7 亿元、1217.2 亿元与 1267.9 亿元，分别同比增长 384.1%、355.0%与 1453.8%。但由于黑色金属矿采选业、有色金属矿采选业及非金属矿采选业在国有控股投资中所占比重较小，因此 2012 年降低至常规水平之后，上述三个行业的波动幅度也相对较小，无明显规律性。此外，在大部分年份中，有色金属矿采选业在上述 3 个行业中吸引国有控股投资最多，黑色金属矿采选业次之，非金属矿采选业最少。2019 年非金属矿采选业的国有控股投资超过黑色金属矿采选业，达 248.0 亿元，同比增长 84.5%；2020 年非金属矿采选业国有控股投资达 367.2 亿元，超过有色金属矿采选业的国有控股投资和黑色金属矿采选业的国有控股投资。

表 6-6　2009—2020 年私人控股投资在采矿业各细分行业中的流向 单位：亿元

年份	煤炭开采和洗选业	石油和天然气开采业	黑色金属矿采选业	有色金属矿采选业	非金属矿采选业	开采专业及辅助性活动	其他采矿业
2009	1145.4	63.0	575.2	505.8	510.3	—	16.6
2010	1486.8	129.1	742.4	601.1	734.1	—	23.9
2011	12.3	53.2	4.7	15.4	8.6	—	1.3
2012	2238.8	112.4	1127.9	863.7	1349.5	120.0	37.8
2013	2264.9	117.4	1230.8	952.6	1483.2	190.7	44.6
2014	1966.5	201.4	1303.2	1040.0	1663.5	143.0	48.5
2015	1844.8	202.9	1022.5	921.4	1701.9	129.6	53.3
2016	1570.2	142.7	649.2	842.6	1711.2	154.0	56.7
2017	1246.2	97.7	482.1	660.3	1411.7	130.2	39.7

续表

年份	煤炭开采和洗选业	石油和天然气开采业	黑色金属矿采选业	有色金属矿采选业	非金属矿采选业	开采专业及辅助性活动	其他采矿业
2018	1385.8	132.7	505.2	621.3	1754.7	110.9	70.4
2019	1848.6	60.0	642.2	535.0	2146.1	151.3	92.5
2020	1510.3	99.3	571.5	531.8	2206.1	67.0	42.3

资料来源：历年国家统计局《中国统计年鉴》；2018—2020 年数据由增长率计算。

如表 6-6 所示，2009—2013 年，煤炭开采和洗选业、石油和天然气开采业、黑色金属矿采选业、有色金属矿采选业及非金属矿采选业等五类主要行业的私人控股投资呈现相似的变动趋势，均在 2010 年有所上升，2011 年大幅下降，随后回升至更高水平，并在 2013 年实现小幅上涨。但与国有控股投资分布情况不同，石油和天然气开采业在采矿业私人控股投资中所占的比重很小，2011—2015 年呈上升趋势，2015 年达到最大值 202.9 亿元，此后波动下降。2016 年之前，煤炭开采和洗选业在私人控股投资中所占比重最大，但在 2013 年达到最大值 2264.9 亿元后率先开始下降。非金属矿采选业在私人控股投资中占比居第 2 位，且在 2016 年超过煤炭开采和洗选业，实现最大值 1711.2 亿元，此后与煤炭开采和洗选业的波动趋势基本相同，均在 2017 年有所下降，之后不断回升。黑色金属矿采选业及有色金属矿采选业在私人控股投资中的占比分别排在第 3、第 4 位，均在 2014 年达到最大投资额，分别为 1303.2 亿元和 1040.0 亿元；2014 年后，有色金属矿采选业的私人控股投资额逐年减少；黑色金属矿采选业的私人控股投资额减少更快，2016 年降至有色金属矿采选业的私人控股投资水平以下，但 2017 年后开始回升，并于 2019 年再次超过有色金属矿采选业。

第五节 采矿业规模以上企业利润分析

企业利润总额是企业在一定时期内通过投资生产经营活动所实现的最终财务成果。显然，矿业企业的利润总额是对矿业投资收益较为直接的呈现。

2012—2020 年采矿业细分行业规模以上企业利润总额见图 6-8。

总体上看除 2015 年、2016 年、2017 年和 2020 年以外的大部分年份中，煤炭开采和洗选业、石油和天然气开采业的规模以上企业的利润总额都高于黑色金属矿采选业、有色金属矿采选业和非金属矿采选业的规模以上企业的利润总额。

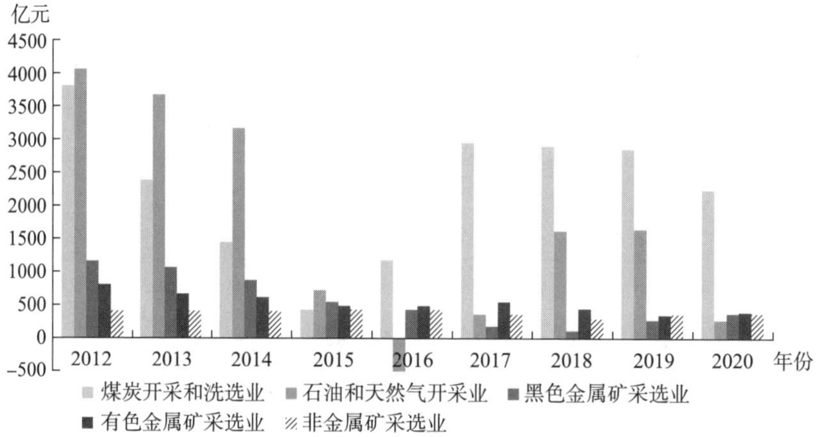

图 6-8 2012—2020 年采矿业细分行业规模以上企业利润总额

资料来源：历年国家统计局《中国统计年鉴》；2018 年至 2020 年数据由增长率计算。

煤炭开采和洗选业及石油和天然气开采业作为采矿业行业大类中规模最大的细分行业，其企业利润总额在 2012—2020 年均发生了较大的波动。具体来看，2012 年煤炭开采和洗选业规模以上企业的利润总额为 3808. 1 亿元，2012—2015 年因市场上煤炭价格下跌导致利润总额逐年下降，2015 年触底，为 405. 1 亿元；2016—2017 年大幅回升至较高水平，此后 3 年持续下降；2020 年降至 2221. 6 亿元，降幅达 21. 7%。石油和天然气开采业规模以上企业的利润总额在 2012 年达 4048. 9 亿元，2012—2016 年逐年大幅降低，2016 年甚至降为负值，全年亏损额达 567. 05 亿元；2017 年以后开始逐渐回升；2019 年为 1606. 10 亿元，与 2014 年前相比依旧处于较低水平，只达到 2012 年的 39. 70%；2020 年石油和天然气开采业效益恶化，利润总额仅为 262 亿元，降幅达到有记录以来最大。从两行业利润比较来看，2012—2016 年，石油和天然气开采业规模以上企业的利润总额持续高于煤炭开采和洗选业，自 2016 年石油和天然气开采业出现亏损起，此后各年煤炭开采和洗选业规模以上企业的利润总额均远高于石油和天然气开采业。

黑色金属矿采选业规模以上企业的利润总额在 2012—2018 年逐渐下降，于 2018 年达到最低值 72. 6 亿元；2015 年降幅为 39%，为近 5 年降幅最大值，2019 年回升至 235. 2 亿元，是 2018 年企业利润总额的 3. 2 倍；2020 年进一步增长至 372. 9 亿元，增幅达 58. 5%。黑色金属矿采选业的大步发展，得益于我国经济的稳定增长。钢铁行业在经历限产、去产能、节能环保标准不断提升的行业调整以后，展现了调整后初现成果的局面，进而带动了黑色金属矿采选业的发展。

有色金属矿采选业规模以上企业的利润总额相对波动较小，2012—2019年呈现波动下降的趋势，2019年利润总额达到最小值320.6亿元。近年来，虽然我国国民经济的快速发展带动有色金属矿产资源的消耗量和需求量显著增长，但受到环保督查力度继续加大、矿山整合持续推进、部分矿山全面停产等因素影响，有色金属矿采选业主要矿产品产量均有不同程度下降，行业利润也有所下降。2020年新冠肺炎疫情并未对有色金属矿采选业产生较多负面影响，随着疫情严防严控取得卓越成效，国内经济发展对有色金属的消费需求起到了稳固支撑作用，我国有色金属矿采选业规模以上企业的利润总额达到386.8亿元，同比增长20.6%。

非金属矿采选业规模以上企业的利润总额在2012—2018年的小幅波动中下降，2018年达到最小值268.9亿元，此后两年回升明显，2020年非金属矿采选业规模以上企业的利润总额达364.0亿元，同比增长5.7%。

2012—2016年，煤炭开采和洗选业、石油和天然气开采业等行业规模以上企业的利润总额均处于不断下降的状态，结合历年采矿业固定资产投资状况可以发现，采矿业固定资产投资连续多年下降与全国工业投资保持增长的局面形成鲜明反差。投资是维系石油和化工行业经济增长的主要动力之一，整体投资动力不足势必影响矿业相关企业的利润总额，同时有可能对我国未来能源安全产生不利影响。

如图6-9所示，2012—2017年采矿业各细分行业规模以上企业利润率呈现相似的变化趋势。2012—2014年石油和天然气开采业规模以上企业的利润率远高于其他行业。然而，由于2012—2016年石油和天然气开采业规模以上企业的利润总额逐年下降，2016年的利润总额甚至降为负值，致使2012—2016年石油和天然气开采业规模以上企业的利润率呈现大幅下降之势，由67.6%下降至-8.7%。此后，石油和天然气开采业规模以上企业的利润率呈现先增后降的趋势，2020年石油和天然气开采业规模以上企业的利润总额低于其他行业，利润率也为采矿业细分行业内最低水平，仅为4.4%。

2012—2015年，煤炭开采和洗选业规模以上企业的利润率呈连续下降趋势，在2015年达到最小值1.8%；2016—2019年波动增长至15.5%，达到2012年以来最高水平。鉴于煤炭开采和洗选业中的规模以上企业数量持续下降，该行业利润率的提升一方面表明现有规模以上企业的盈利水平得到了根本性提高，另一方面表明我国在煤炭开采和洗选业开展的去产能工作取得了效果。2020年，煤炭开采和洗选业规模以上企业的利润率小幅下降，为12.5%。

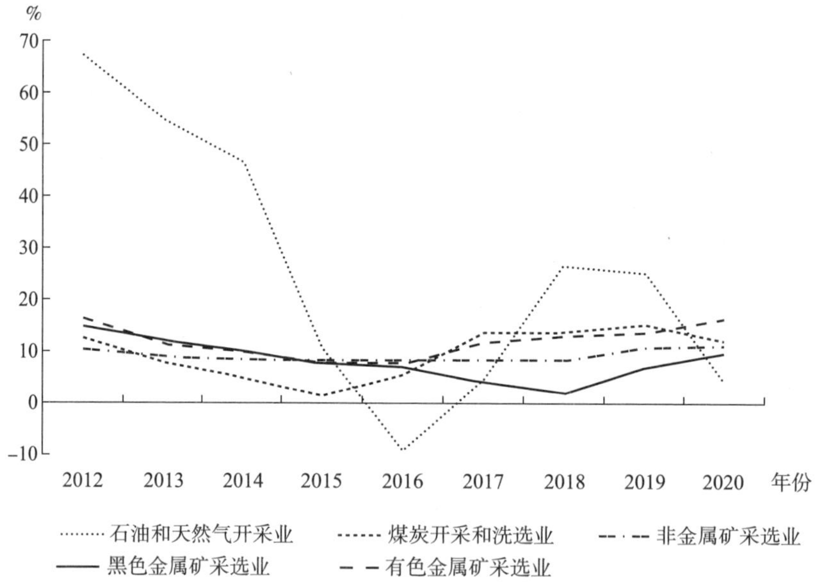

图 6-9 2012—2020 年采矿业各细分行业规模以上企业利润率

资料来源：根据相关数据计算（利润率=投资利润总额/主营业务成本与费用支出之和）。

2012—2018 年，黑色金属矿采选业规模以上企业的利润率持续下降，在 2018 年达到最小值 2.2%，由于国内铁矿石价格偏低，黑色金属矿采选业进入“低谷”周期，许多企业不可避免地走入了经营困境。在转型发展的大趋势下，黑色金属矿采选业也亟须在进一步找准产业链定位的基础上，谋求深度体制变革。此后两年，黑色金属矿采选业规模以上企业的盈利能力大幅提升，2020 年利润率达 9.9%。

2012—2020 年，有色金属矿采选业规模以上企业的利润率呈现先降后增的趋势，2015 年降至最小值 7.9%。2020 年，有色金属矿采选业规模以上企业的利润率达 16.8%，略高于 2012 年，为同年细分行业内最高水平。近年来，风电、光伏等新能源产业在全球范围内蓬勃发展，极大地拉动了有色金属的需求增加，国内外市场有色金属价格上涨后保持高位震荡态势，带动了有色金属矿采选业规模以上企业的利润率回升。

2012—2020 年，非金属矿采选业规模以上企业的利润率呈现先降后增的趋势，但总体波动幅度较小，利润率始终稳定在 8.0%~11.5%；2020 年，非金属矿采选业规模以上企业的利润率增长至 2012 年以来的最高水平，为 11.3%。

第七章

我国地质勘查投资

地质勘查涉及国家矿产、能源、环境保护等领域，对国家经济、国防建设、科技发展具有重要意义。矿产资源从查明到开发具有周期长、投入大、不确定性强的特点，蕴藏着巨大风险，这在一定程度上决定了地质勘查投资的必要性和风险性。本章分别从投资规模、投资主体、投资结构和投资成果几个方面对我国地质勘查投资情况进行梳理及分析。

第一节　地质勘查投资规模与结构

一、地质勘查投资规模

21 世纪以来，面对矿产品市场的震荡调整以及越来越严峻的矿产资源环境，我国地质勘查投资更加趋于谨慎和理性，矿产资源勘查也相应取得了一系列重大进展。2002—2012 年被称为我国地质勘查业的“黄金十年”，地质勘查投资强劲增长。2007—2020 年全国地质勘查投资见表 7-1。

表 7-1　2007—2020 年全国地质勘查投资　　单位：亿元;%

年份	全国地质勘查投资	非油气矿产	占比	油气矿产	占比
2007	622. 9	114. 7	18. 4	508. 2	81. 6
2008	735. 8	246. 9	33. 6	488. 9	66. 4
2009	830. 7	320. 3	38. 6	510. 4	61. 4
2010	1023. 6	407. 1	39. 8	616. 5	60. 2
2011	1118. 2	443. 5	39. 7	674. 7	60. 3
2012	1296. 8	510. 2	39. 3	786. 6	60. 7
2013	1211. 0	469. 9	38. 8	741. 0	61. 2
2014	1126. 9	405. 9	36. 0	721. 0	64. 0
2015	929. 1	329. 0	35. 4	600. 1	64. 6

续表

年份	全国地质勘查投资	非油气矿产	占比	油气矿产	占比
2016	774.8	247.3	31.9	527.5	68.1
2017	782.8	198.4	25.3	597.4	76.3
2018	810.3	173.7	21.4	636.6	78.6
2019	993.4	172.1	17.3	821.3	82.7
2020	871.9	161.6	18.5	710.2	81.5

资料来源：2011—2021 年自然资源部《中国矿产资源报告》。

2007—2012 年，我国地质勘查投资额持续增长，年平均增长率达 15.9%。2012 年地质勘查投资额达到顶峰，为 1296.8 亿元，比前一年增长 16.0%。2012 年以后，矿业形势在经济危机的影响下急剧恶化，全球矿产品需求疲软，我国矿业发展进入调整期，地质勘查业也逐渐步入寒冬。以 2012 年为拐点，地质勘查投资额连续 4 年下滑，尤其 2015 年、2016 年负增速较之前年份明显增大。2016 年全国地质勘查投资已降至 774.8 亿元，较 2015 年下降 16.6%，较 2012 年下降 40.3%。

2016 年之后，随着矿产品价格回升以及矿业公司利润增加，矿业市场开始逐渐恢复，矿产勘查行业的情况也在好转，2017 年我国地质勘查投资额实现了首次小幅回升，较 2016 年增长了 1.0%，投资额达 782.8 亿元，此后呈现逐年上升趋势。2019 年全国地质勘查投资额为 993.4 亿元，同比增长 22.6%，但与 2012 年峰值水平相比依然存在差距。2020 年全国地质勘查投资额为 871.9 亿元，同比减少 12.23%，这主要是新冠肺炎疫情的扩散导致人流物流受限、运输成本增加、进出口贸易受阻，给矿产品供应链带来了极大冲击，除黄金等可作为避险资产的贵金属价格有所上涨外，铁、铝、锌、铜等多数金属的价格均由于需求量锐减而波动性下降。需求量的大幅下降严重影响地质勘查积极性，地质勘查预算收紧，矿产减产、停产甚至关闭等现象十分普遍。

地质勘查业作为上游行业，为采矿业发展承担着基础性、前期性工作，因而结合相关数据可以发现，地质勘查业投资主要转折点（2012 年、2016 年）均在采矿业固定资产投资主要转折点（2013 年、2017 年）之前。目前，我国地质勘查业主要依靠矿产品利润增加带动发展，在国内外矿产品需求稳中趋缓、矿产品及其工业产品价格不稳定性强等现实条件下，地质勘查行业盈利能力弱，其健康发展在一定程度上受到了制约。

二、地质勘查投资结构

地质勘查投资可划分为油气矿产地质勘查投资和非油气矿产地质勘查投资，根据历年自然资源部《中国矿产资源报告》发布的数据可以对我国地质勘查投资结构进行分析。

2008 年油气矿产地质勘查投资额较上年下降 3.8%，此后逐年增长，2012 年达到峰值 786.6 亿元，较上年增长 16.6%；此后 4 年内，油气矿产地质勘查投资额呈现波动下降趋势，2016 年降至 527.5 亿元，比上年下降 13.8%，较 2012 年峰值水平下降 31.7%。2017—2019 年，油气矿产地质勘查投资额开始回升，且增长率逐年增大。2019 年我国油气矿产地质勘查投资额大幅增长，达 821.3 亿元，是历史最高水平，比上年增长 29.0%。2020 年油气矿产地质勘查投资额比上年下降 13.52%。

非油气矿产地质勘查投资额在 2007—2012 年也呈逐年增加趋势，2012 年达到 510.2 亿元，约为 2007 年投资水平的 4.4 倍。但与油气矿产地质勘查投资变化趋势不同，非油气矿产地质勘查投资在 2012 年达到峰值后开始逐年下降，从趋势来看，2017 年以来非油气矿产地质勘查投资虽然未出现回升，但降幅在逐年收窄，2019 年进一步收窄至 0.9%。受新冠肺炎疫情影响，2020 年我国非油气矿产地质勘查投资额为 161.6 亿元，与 2019 年相比减少 6.1%，降幅有所扩大。

此外，随着地质勘查投资的不断调整，2008—2020 年，油气矿产地质勘查投资额和非油气矿产地质勘查投资额在地质勘查投资总额中所占比例也不断发生变化。2007 年油气矿产地质勘查投资额在地质勘查投资总额中的占比为 81.6%，非油气矿产地质勘查投资额占比为 18.4%；2008—2010 年，非油气矿产地质勘查投资占比大幅增长，油气矿产地质勘查投资占比不断下降，2010 年油气矿产地质勘查投资占比为 60.2%，非油气矿产地质勘查投资所占比重增长至 39.8%。“十一五”期间，国土资源大调查和油气资源战略评价项目的完成科学地评价了我国资源潜力，提供了大量的后备勘查区，油气矿产地质勘查投资所占比重开始进入逐年上升阶段。自 2011 起油气矿产地质勘查投资额在地质勘查投资总额中所占比重不断增加，增幅也逐年扩大。2019 年油气矿产地质勘查投资额在地质勘查投资总额中的占比达 82.7%，非油气矿产地质勘查投资额占比仅为 17.3%。2020 年非油气矿产地质勘查投资额占比上涨至 18.5%。

总体来说，历年来我国油气矿产地质勘查投资额均高于非油气矿产地质勘查投资额，在我国地质勘查投资总额中所占比重较大。我国地质勘查投资主要流向油气矿产地质勘查，近年来地质勘查投资的变化主要由油气矿产地质勘查投资的波动引起。

根据自然资源部《中国矿产资源报告》，非油气矿产地质勘查投资又可细分为矿产勘查投资，基础地质调查投资，水文地质、环境地质与地质灾害评价投资，地质科技与综合研究投资，地质资料服务与信息化投资五类。表7-2展示了2014—2020年我国非油气矿产地质勘查投资结构。

表7-2 2014—2020年我国非油气矿产地质勘查投资结构 单位：亿元

年份	矿产勘查投资	基础地质调查投资	水文地质、环境地质与地质灾害评价投资	地质科技与综合研究投资	地质资料服务与信息化投资
2014	299.01	44.80	36.21	共22.72	
2016	169.89	34.87	25.22	14.10	3.21
2017	120.61	34.46	24.63	15.47	3.19
2018	92.79	32.80	29.15	15.77	3.21
2019	88.03	25.65	34.61	19.74	4.08
2020	82.47	19.93	34.51	21.97	2.73

资料来源：2017—2021年自然资源部《中国矿产资源报告》。

如表7-2所示，受大宗矿产品需求影响，矿产勘查投资额不断减少，由2014年的299.01亿元缩减至2020年的82.47亿元，近两年降幅有所收窄；同时，矿产勘查投资在非油气矿产地质勘查投资中所占比重也不断缩小，由2014年的74.2%减少至2020年的51.0%。基础地质调查投资额也在2014—2020年呈逐年减少趋势，由44.80亿元减少至19.93亿元，2020年在非油气矿产地质勘查投资中所占比重为12.3%。2014—2017年，在地质勘查行业整体走低的形势下，水文地质、环境地质与地质灾害评价投资也出现逐年降低的趋势，直到2018年实现触底反弹；2020年水文地质、环境地质与地质灾害评价投资额为34.51亿元，与2019年基本持平，在非油气矿产地质勘查投资中的占比为21.4%。2020年地质科技与综合研究投资额依然维持2016年以来的上升趋势，达到21.97亿元，占比由2016年的5.7%增至13.6%。地质资料服务与信息化投资额在非油气矿产地质勘查投资总额中所占比重最小，2019达到近5年最高水平，为4.08亿元；2020年地质资料服务与信息化投资额降至2.73亿元，降幅达33.1%，占比仅为1.7%。

非油气矿产地质勘查投资结构的变化与近几年政府和企业对环境保护和安全生产的逐渐重视密切相关，妥善处理经济增长和环境保护之间的平衡问题、改进生产方式、促进新能源的开发利用等举措都会影响投资结构。近年来我国地质勘查投入结构仍处于不断优化调整之中，矿产勘查投资虽然缩减，但仍占据主导地位，依然是非油气矿产地质勘查投资下行的主要贡献者。由于行业投资风险较高，短期内矿产勘查投资或将继续减少。面向生态文明建设的水文地质、环境地质与地质灾害评价投资及地质科技与综合研究投资，在非油气矿产地质勘查投资中所占比重可能不断上升。

2020 年我国开展地质勘查项目 3368 项，较 2019 年下降 20.9%。具体到主要矿种的勘探投资，如图 7-1 所示：煤炭为 12.23 亿元、金为 10.45 亿元、铅锌为 6.41 亿元、铜为 6.13 亿元。

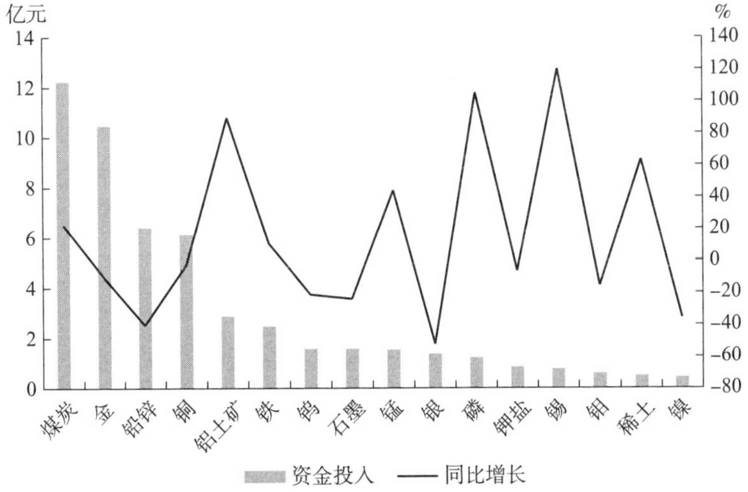

图 7-1　2020 年我国主要矿种的勘探投资情况

资料来源：2021 年自然资源部《中国矿产资源报告》。

第二节　我国地质勘查投资主体

我国地质勘查投资主要由各级政府的财政投资和企事业单位的社会资金投资组成，其中财政投资又可以细分为中央财政投资和地方财政投资。财政投资主要流向非油气矿产勘查领域中的基础地质调查、水文地质、环境地质与地质灾害评价、地质科技与综合研究、地质资料服务与信息化行业；社会资金投资主要流向油气矿产勘查领域和非油气矿产勘查中的矿产勘查行业。

在油气矿产地质勘查领域，我国市场准入制度存在自身的特殊性。油气探井成本通常高达上千万元，甚至上亿元，要求从事油气矿产地质勘查开采的企业不仅掌握相应的油气勘查开采技术，还必须具有一定的资金实力和抗风险能力，同时应符合安全、环保等资质要求。长期以来，我国仅有中石油、中石化、中海油、延长石油等少数国有石油公司享有油气勘探开发权，其他资本进入石油和天然气勘探开采存在障碍。因此，这“三桶半油”长期作为我国油气矿产地质勘查主体，进行油气矿产地质勘查领域的社会资金投资。

我国在石油天然气领域的对外依存度逐年上升，2017年成为世界上最大的原油进口国后，2018年又成为世界上最大的天然气进口国，自身能源安全和资源保障能力亟须提高。油气勘查开采由国有石油公司专营的制度安排造成了市场竞争主体少、竞争不足、开发效率低、成本高等问题。

为加快油气勘查开采力度，提高油气自给率，促进油气上游投资主体多元化，我国一直进行上游油气勘查开采领域对外开放的探索。2012年，自然资源部首次面向所有企业对20个页岩气区块探矿权进行公开招标，共83家企业参与投标。此后，自然资源部又分别于2015年、2017年对新疆多个石油天然气勘查区块进行公开招标出让。2020年5月1日起，自然资源部印发的《关于推进矿产资源管理改革若干事项的意见（试行）》正式实施，标志着油气勘查开采市场全面放开，凡在我国境内注册净资产不低于3亿元人民币的内外资公司，都有资格按规定取得油气矿业权。无论是民营、外资，还是其他行业企业，都将迎来与“三桶半油”同台竞争的机会，上游各勘查开采主体的勘探开发效率和技术水平也有望持续提升。相较而言，非油气矿产地质勘查包含多个细分行业，投资主体多元性更强。

2016—2020年，非油气矿产地质勘查投资中的中央财政投资呈现波动趋势，2019年达到最大值63.19亿元，较2016年增幅达90.7%；2020年出现大幅减少，投资额为46.26亿元，比2019年下降26.8%。地方财政投资呈现与中央财政投资基本相反的变化趋势。2016—2019年，地方财政投资逐年下降，由77.15亿元降至53.07亿元；2020年投资额回升，达到63.87亿元，比2019年增长20.4%。社会资金投资自2016年起连续下降，年平均降幅达21.71%，远高于非油气矿产地质勘查投资总额10.09%的年平均降幅；2017年，社会资金投资降幅最大，为47.3%，此后降幅逐年缩紧；2020年社会资金投资额降至51.48亿元，首次低于地方财政投资额。因此，地质勘查投资下降更多是源自社会资金投资下降（见图7-2）。

不同投资主体投资额在非油气矿产地质勘查投资总额中所占份额也有一定变化。如图7-3所示，2016年以来社会资金投资所占份额持续下降，由于社会资金投资与投资回报率和市场需求的关联性更强，在全球矿业市场不断低迷的大环境下，对国内市场的低预期可能是社会资金投资大幅萎缩的重要因素；地方财政投资表现为小幅波动，5年间所占份额均在30%以上，2020年所占份额增加至39.5%；中央财政投资所占份额在2016—2019年由13.40%增加至36.71%，2020年下降为28.6%。将地方财政资金投资和中央

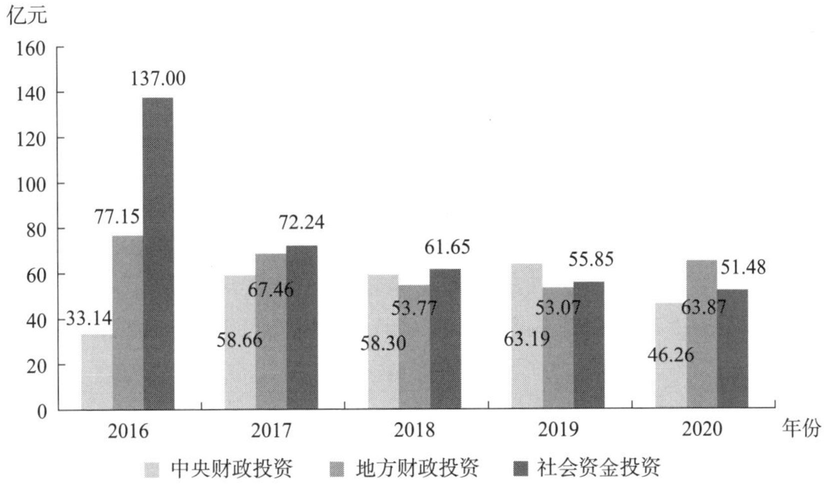

图 7-2　2016—2020 年我国非油气矿产地质勘查投资额

资料来源：2017—2021 年自然资源部《中国矿产资源报告》。

财政资金投资加总，可见财政资金投资在非油气矿产地质勘查投资中所占份额逐年上升，由 2016 年的 44.6%增加至 2020 年的 68.1%。

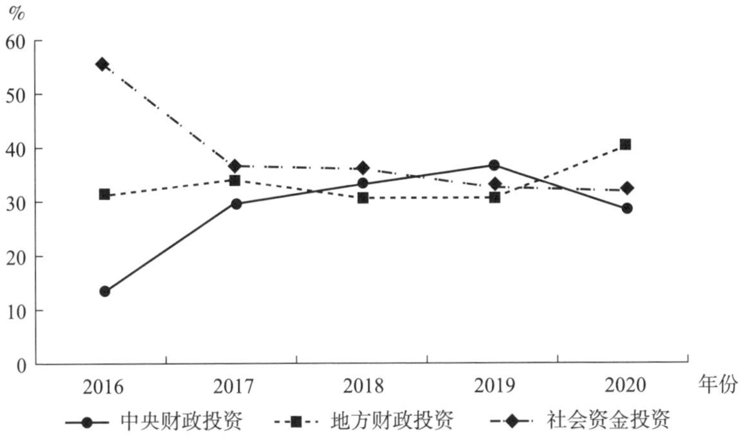

图 7-3　2016—2020 年非油气矿产地质勘查投资结构

资料来源：由 2017—2021 年自然资源部《中国矿产资源报告》中相关数据计算所得。

结合上述分析，由于地质勘查行业投资规模大，资金占用周期长，具有高风险性，因此随着 2012 年以后地质勘查行业的结构性调整与整体下行，非油气矿产地质勘查投资逐年减少，社会资金对地质勘查前景持负面展望，投入持续下降，此时中央和地方财政稳定器作用凸显，可见以政府为主体的财政资金投资在地质勘查投资中发挥着中坚作用。政府主导的财政资金投资承担着调节社会投资总量及投资流向的作用，在社会资金投入不断下降的同时，财政资金投入进行小幅调整，在非油气矿产地质勘查投资总额中的占比不断上升，有效地保障了地质勘查工作的稳定性和连续性。

第三节　主要矿种勘查资金投入

金、煤炭、铜、铅锌、铁是我国历年勘查资金投入较多的矿种。近年来，我国矿种勘查资金投入继续分化，各类矿种勘查资金投入呈现不同的变化趋势。

煤炭和铁矿等大宗矿种的勘查资金投入在经历持续快速下滑后有所回升。据中国地质调查局相关研究报告数据，在矿产勘查资金投入高峰的 2012 年，煤炭勘查资金投入高达 121.91 亿元，远远超过其他矿种的勘查资金投入；2012 年以后，煤炭勘查资金投入断崖式下滑，到 2016 年降至 17.47 亿元。与煤炭类似，2012 年铁矿勘查资金投入高达 49.54 亿元，之后呈现断崖式下滑，到 2016 年降至 10.28 亿元。

2016—2019 年，煤炭勘查资金投入依然呈现持续下降趋势。2019 年煤炭勘查资金投入为 10.00 亿元，比上年下降 21.1%。铁矿勘查资金投入也在 2016—2019 年持续下降，2019 年降至 2.24 亿元，比上年下降 21.1%。煤炭和黑色金属矿产勘查投入的快速下滑，与下游的煤炭开采和洗选业、黑色金属矿采选业产能过剩密切相关（见表 7-3）。

表 7-3　2016—2020 年主要矿种勘查资金投入情况　　单位：亿元，%

矿种	2016 年		2017 年		2018 年		2019 年		2020 年	
	资金投入	同比增长	资金投入	同比增长	资金投入	同比增长	资金投入	同比增长	资金投入	同比增长
煤炭	17.47	-46.0	16.21	-7.2	12.68	-21.8	10.00	-21.1	12.23	22.3
铁	10.28	-41.6	4.51	-56.1	2.84	-37.0	2.24	-21.1	2.48	10.7
锰	2.67	-24.1	1.41	-47.2	1.50	6.4	1.07	-28.7	1.54	43.9
铜	31.29	-37.0	16.23	-48.1	9.39	-42.1	6.30	-32.9	6.13	-2.7
铅锌	17.48	-9.8	13.55	-22.5	9.55	-29.5	10.73	12.4	6.41	-40.3
铝土矿	3.20	32.8	2.74	-14.4	1.46	-46.7	1.52	4.1	2.88	89.5
镍	0.79	-37.8	0.64	-19.0	1.12	75.0	0.67	-40.2	0.43	-35.8
钨	1.28	-46.7	1.16	-9.4	0.63	-45.7	2.02	220.6	1.59	-21.3
锡	0.99	-2.9	0.78	-21.2	0.19	-75.6	0.35	84.2	0.77	120.0
钼	2.16	-56.3	0.94	-56.5	0.56	-40.4	0.70	25.0	0.59	-15.7
金	33.92	-33.0	21.74	-35.9	15.54	-28.5	11.72	-24.6	10.45	-10.8
银	3.78	-19.7	2.48	-34.4	3.50	41.1	2.87	-18.0	1.37	-52.3

续表

矿种	2016 年		2017 年		2018 年		2019 年		2020 年	
	资金投入	同比增长	资金投入	同比增长	资金投入	同比增长	资金投入	同比增长	资金投入	同比增长
磷	2.18	-47.3	0.99	-54.6	0.84	-15.2	0.60	-28.6	1.23	105.0
石墨	3.30	151.9	2.09	-36.7	1.73	-17.2	2.08	20.2	1.58	-24.0
钾盐	1.25	-22.4	1.20	-4.0	1.43	19.2	0.90	-37.1	0.84	-6.7
稀土	1.24	3.3	0.39	-68.5	0.25	-35.9	0.30	20.0	0.49	63.3

资料来源：2016—2020 年自然资源部《全国地质勘查成果通报》。

2020 年，煤炭勘查资金投入和铁矿勘查资金投入均出现了 2012 年以来首次触底回升，煤炭勘查资金投入达 12.23 亿元，同比增长 22.3%；铁矿勘查资金投入达 2.48 亿元，同比增长 10.7%。

2016—2020 年，贵金属勘查资金投入逐年下降，降幅有所缩小。贵金属主要包括金和银两种，据中国地质调查局相关研究报告数据，贵金属矿产勘查资金投入在 2013 年达到峰值 72.17 亿元，之后逐年下降，2016 年降至 37.72 亿元。由表 7-2 可知，2016—2020 年贵金属勘查资金投入额依然延续下降趋势，降幅由 2017 年的 35.8%逐渐缩小至 2020 年的 19.0%。其中，金矿勘查投资在贵金属矿产勘查投资中所占比重较大。2016 年金矿勘查投资额为 33.92 亿元，2020 年金矿勘查投资额仅为 10.45 亿元，较 2016 年降幅达 69.2%。银矿勘查投资额呈波动下降趋势，2016—2017 年由 3.78 亿元下降至 2.48 亿元，2018 年上升至 3.50 亿元，此后再度下降，2020 年投资额为 1.37 亿元，比上年下降 52.3%。

有色金属矿产勘查投资近年来也呈波动下降趋势。根据数据可得性，本报告统计的有色金属包括表 7-2 中的铜、铅锌、铝、镍、钨、锡、钼等，据中国地质调查局相关研究报告数据，有色金属矿产勘查资金投入在 2012 年达到峰值 115.95 亿元，之后逐年下降。由表 7-2 可知，2016—2018 年，有色金属勘查资金投入持续高速下降，2018 年降至 29.85 亿元，年平均降幅达 31.7%，2019 年有色金属勘查资金投入回升至 31.28 亿元，2020 年再度下降，为 26.24 亿元。

非金属勘查投资在经历持续下降后出现小幅回升。本报告统计的非金属包括表 7-2 中的磷、石墨、钾盐 3 种。2016—2019 年，非金属勘查投资额连续下降至 3.58 亿元，2020 年回升到 3.65 亿元，比上年增长 2.0%。

稀土金属勘查投资在矿产勘查投资中所占比重很小，呈先降后升趋势。2016—2018 年，稀土金属勘查投资额降幅较大，由 1.24 亿元降至 0.25 亿元，此后逐年上升，2020 年稀土金属勘查投资额为 0.49 亿元，比 2019 年增长 63.3%。

第四节　我国地质勘查投资成果

我国是矿产资源大国，也是矿业大国，矿产品种较为齐全，勘查开发体系完整。截至 2019 年底，全国经地质勘查发现矿产共 173 种，其中能源矿产 13 种、金属矿产 59 种、非金属矿产 95 种、水气矿产 6 种。在国家发展改革委各阶段《全国矿产资源规划》的指导下，我国地质找矿不断取得重大突破，资源供应能力明显增强，开发秩序全面好转，矿产资源管理改革逐步深化，管理能力和水平大幅提升，有效地应对了国内外环境的复杂变化和国际金融危机的深层次影响。

据国家发展改革委《全国矿产资源规划（2016—2020 年）》数据，2008—2015 年，我国地质找矿取得重大进展：累计投入地质勘查经费 8000 多亿元，新发现大中型矿产地 1708 处，石油、天然气新增探明地质储量保持高位增长，页岩气、天然气水合物勘探取得重大突破，铜、铝、铅、锌、金、钨、钼等金属矿产发现一批世界级大矿床，主要矿产资源储量在开采强度持续加大情况下实现普遍增长。

表 7-4 汇总了 2010—2019 年我国重要矿产勘探新增查明资源储量变化情况，随着历年地质勘查投资不断变化，国家政策主导下的勘查重点不同，重要矿产新增查明资源储量也随之发生相应波动。

表 7-4　2010—2019 年我国重要矿产勘探新增查明资源储量

矿种	2010 年	2011 年	2012 年	2013 年	2014 年	2015 年	2016 年	2017 年	2018 年	2019 年
煤炭/亿吨	711.6	749.2	616.1	673.0	561.0	390.3	606.8	815.6	556.1	300.1
石油/亿吨	11.4	13.4	15.2	2.0	1.9	11.2	9.1	8.8	9.6	11.2
天然气/亿立方米	5912.0	7224.8	9610.2	3816.0	4749.6	6772.2	7265.6	5553.8	8311.6	8090.9
煤层气/亿立方米	—	—	—	—	—	26.3	576.1	104.8	147.1	64.1
页岩气/亿立方米	—	—	—	—	266.9	4373.8	0	3767.6	1246.8	7644.2
铁矿/亿吨	92.9	11.4	39.8	26.5	43.0	12.0	5.2	14.5	9.9	5.3
锰矿/亿吨	—	0.5	1.6	1.1	1.9	1.1	1.7	2.8	0.7	1.0

续表

矿种	2010年	2011年	2012年	2013年	2014年	2015年	2016年	2017年	2018年	2019年
铜矿/亿吨	460.2	761.8	431.0	261.0	495.0	392.2	363.0	418.1	225.1	363.8
铝土矿/亿吨	1.4	—	0.5	2.4	1.8	4.9	1.6	2.9	1.2	2.8
铅矿/万吨	676.3	403.6	447.4	446.0	597.0	437.2	630.8	612.4	371.7	605.2
锌矿/万吨	917.5	404.0	808.6	1389.0	608.0	573.2	2240.4	1087.4	575.9	1479.5
镍矿/万吨	107.6	19.7	18.5	—	—	112.9	12.8	3.9	47.2	6.5
金矿/吨	750.2	717.7	916.8	758.0	836.0	1720.4	824.5	1104.4	719.8	487.7
银矿/万吨	2.1	0.9	2.6	1.3	1.5	1.8	1.6	5.2	1.2	2.2
钨矿/万吨	34.3	55.1	101.6	20.3	34.5	248.4	60.3	16.0	27.8	48.1
锡矿/万吨	7.1	28.5	31.9	13.0	0.9	4.4	4.1	8.6	16.7	3.9
钼矿/万吨	170.8	580.4	217.8	461.0	198.0	102.3	22.6	107.0	28.2	156.4
锑矿/万吨	2.3	26.4	16.8	13.7	24.6	14.7	5.2	14.0	18.7	19.3
硫铁矿/万吨	30757.0	8660.0	2427.0	7981.0	17646.0	11448.1	18976.3	10595.0	14450.2	6862.1
磷矿/万吨	8.9	13.4	12.6	4.4	10.3	17.4	13.4	9.9	2.3	8.8
钾盐/万吨	898.0	771.0	1461.0	0	7042.0	-36.7	-691.5	1074.6	-186.7	1452.2

资料来源：2011—2020年自然资源部《中国矿产资源报告》。

注：钨矿主要指 WO_3，钾盐主要指 KCl。

在能源矿产中，煤炭、石油、天然气勘探新增查明储量都呈现较大波动，个别年份骤增骤降。煤炭勘探新增查明储量在2010—2015年波动下降，由711.6亿吨降至390.3亿吨；2016—2017年大幅上升，2017年达到815.6亿吨，较2015年增长109.0%；2017年后再次大幅下降，2019年仅为300.1亿吨，为2010年以来最低水平。石油勘探新增查明储量在2010—2012年由

11.4亿吨增加至15.2亿吨；而2013年、2014年两年由于投资额骤减，新增查明储量分别为2.0亿吨和1.9亿吨；2015年又上升至11.2亿吨，之后两年有所减少；2018年再次出现回升，2019年达到11.2亿吨，比上年增长16.7%。天然气勘探新增查明储量在2012年达到峰值9610.2亿立方米，2013年骤降至3816.0亿立方米，2014年开始回升，2016年回升至7265.6亿立方米，此后连续波动，2019年为8090.9亿立方米，比上年下降2.7%。非常规天然气中的煤层气和页岩气是我国近几年重点关注的能源，新增查明储量波动剧烈，2019年勘探新增查明储量分别为64.1亿立方米和7644.2亿立方米。非常规天然气在我国蕴藏丰富，且已启动商业化开发，具有广阔的发展前景。

在黑色金属矿产中，铁矿勘探新增查明储量在2010年达到峰值92.9亿吨，此后虽剧烈波动但总体呈下降趋势，2019年勘探新增查明储量为5.3亿吨，比2018年下降46.5%；锰矿勘探新增查明储量在2011—2017年呈波动趋势，由0.5亿吨增加至2.8亿吨，2018年骤降至0.7亿吨，2019年有所回升，为1.0亿吨。

在贵金属矿产中，金矿勘探新增查明储量在2015年骤增至1720.4吨，比上年增长105.8%；此后由于勘查投资减少，金矿勘探新增查明储量波动下降，2019年为487.7吨，比上年下降32.2%。银矿勘探新增查明储量在2017年出现骤增，由2016年的1.6万吨增至5.2万吨；2018年骤降至1.2万吨，2019年回升为2.2万吨。

在有色金属中，铜矿、铝土矿、铅矿、锌矿、钼矿勘探新增查明储量均在2019年出现回升，分别为363.8亿吨、2.8亿吨、605.2万吨、1479.5万吨和156.4万吨，分别比上年增长61.6%、133.3%、62.8%、156.9%、454.6%；锑矿勘探新增查明储量在2019年达19.3万吨，比上年增长3.2%；钨矿勘探新增查明储量在2019年达48.1万吨，比上年增长73.0%；镍矿、锡矿勘探新增查明储量经连续波动后在2019年出现下降趋势。

自然资源部2020年《全国地质勘查成果通报》数据显示，2020年全国新发现矿产地996处，其中大型29处、中型36处、小型31处；全国完成阶段性勘查的矿产地有457处，其中普查148处、详查241处、勘探68处。主要矿种新增推断资源量为：石油11.6亿吨、煤119.64亿吨、铁矿石0.99亿吨、锰矿石3172.15万吨、铜85.82万吨、铅锌138.87万吨、铝土矿3.74亿吨、钨143.05万吨、金442.46吨、银532.13吨、磷矿石9667.5万吨、石墨782.83万吨。由此可见，2020年煤炭、铁矿、锰矿、铜矿、金矿、银矿勘探新增查明储量出现明显下降，钨矿、石油勘探新增查明储量有所上升。

第八章

我国矿业对外直接投资

我国经济的快速增长推动了对矿产资源、能源的需求不断增加，国内矿产资源面临着严重的供需矛盾，而矿业对外投资有助于解决资源供给不足的问题。本章依据我国采矿业及地质勘查业的对外直接投资流量、存量等相关数据，分别从投资规模、投资区域分布、投资方式、投资主体四个方面对我国矿业对外直接投资概况及发展趋势进行分析。

第一节　我国矿业对外直接投资规模

本书所使用的对外直接投资年度数据来自国家统计局。在国家统计局对外直接投资的统计中，统计项有采矿业，科学研究、技术服务和地质勘查业，并未细分地质勘查业的数据，因此我们以科学研究、技术服务和地质勘查业数据近似代替地质勘查业数据。

2004—2020 年我国采矿业对外直接投资规模持续扩大，其对外直接投资存量呈增长趋势，但对外直接投资流量波动较大，呈波动中增长态势。2013 年，采矿业对外直接投资流量最高，为 248.1 亿美元。2017 年，采矿业对外直接投资流量最低，为-37.0 亿美元。截至 2020 年，采矿业对外直接投资流量增长至 61.3 亿美元，存量达 1758.8 亿美元（见表 8-1）。

科学研究、技术服务与地质勘查业对外直接投资规模也持续扩大，其投资流量则呈波动增长态势，虽然在个别年份增长率为负，但是下降幅度较小。2016 年其对外直接投资流量最高，为 42.4 亿美元。2020 年，其对外直接投资流量为 37.3 亿美元，虽然低于 2016 年对外直接投资流量，但是较 2019 年（34.3 亿美元），仍是以 8.75%的增长率增加。科学研究、技术服务与地质勘查业对外直接投资存量呈逐年递增趋势，2020 年其对外直接投资存量为 605.8 亿美元。

与此同时，全行业对外投资规模持续增加，2016 年达到 1961.5 亿美元的历史最高值。2017—2019 年，全行业对外投资流量逐年下降，但降幅逐渐缩紧。

2020年，受新冠肺炎疫情冲击，世界经济、全球货物贸易同步萎缩，降幅分别达3.3%和5.3%。在疫情形势下，我国在党中央领导下及时调整疫情防控及经济社会发展重大决策，成为世界范围内唯一实现经济正增长的经济体。在保障国内经济持续稳定增长的同时积极推进对外投资发展，全行业对外直接投资流量达1537.1亿美元，首次居世界第1位。

表8-1　2004—2020年我国矿业对外直接投资及增长率

年份	采矿业				科学研究、技术服务与地质勘查业				全行业	
	流量/亿美元	增长率/%	存量/亿美元	增长率/%	流量/亿美元	增长率/%	存量/亿美元	增长率/%	流量/亿美元	存量/亿美元
2004	18.0	—	59.5	—	0.2	—	1.2	—	55.0	448.0
2005	16.8	-6.7	86.5	45.4	1.3	550.0	6.0	400.0	122.6	572.0
2006	85.4	408.3	179.0	106.9	2.8	115.4	11.2	86.7	211.6	906.3
2007	40.6	-52.5	150.1	-16.1	3.0	7.1	15.2	35.7	265.1	1179.1
2008	58.2	43.3	228.7	52.4	1.7	-43.3	19.8	30.3	559.1	1839.7
2009	133.4	129.2	405.8	77.4	7.8	358.8	28.7	44.9	565.3	2457.5
2010	57.1	-57.2	446.6	10.1	10.2	30.8	39.7	38.3	688.1	3172.1
2011	144.5	153.1	670.0	50.0	7.1	-30.4	43.9	10.6	746.5	4247.8
2012	135.4	-6.3	747.8	11.6	14.8	108.5	67.9	54.7	878.0	5319.4
2013	248.1	83.2	1061.7	42.0	17.9	20.9	86.7	27.7	1078.4	6604.8
2014	165.5	-33.3	1237.3	16.5	16.7	-6.7	108.7	25.4	1231.2	8826.4
2015	112.5	-32.0	1423.8	15.1	33.5	100.6	144.3	32.8	1456.7	10978.6
2016	19.3	-82.8	1523.7	7.0	42.4	26.6	197.2	36.7	1961.5	13573.9
2017	-37.0	-291.7	1576.7	3.5	23.9	-43.6	216.8	9.9	1582.9	18090.4
2018	46.3	-225.1	1734.8	10.0	38.0	59.0	442.5	104.1	1430.4	19822.7
2019	51.3	10.8	1754.0	1.1	34.3	-9.7	460.1	4.0	1369.1	21988.8
2020	61.3	19.49	1758.8	0.27	37.3	8.75	605.8	31.67	1537.1	25806.6

资料来源：2011—2020年商务部、国家统计局和国家外汇管理局《中国对外直接投资统计公报》；历年国家统计局《中国统计年鉴》。

一、采矿业对外直接投资规模

采矿业是我国对外直接投资的重要行业，2004—2020年我国采矿业对外直接投资规模变化情况如图8-1。

从流量占比来看，2004—2013年，我国采矿业对外直接投资流量在全行业对外直接投资流量中所占比重波动较大，年平均占比为20.2%，依然处于较高水平。2006年采矿业对外直接投资流量在全行业对外直接投资流量中的

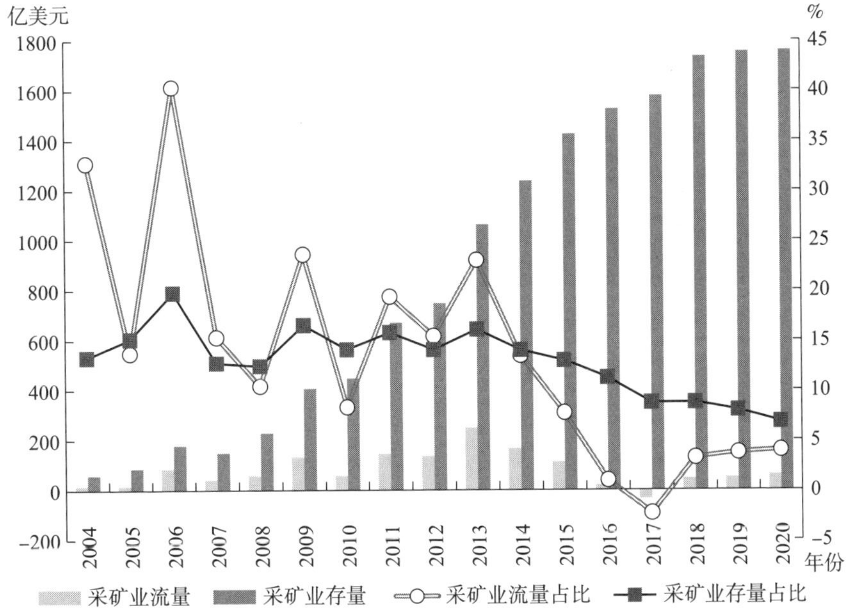

图 8-1 2004 年—2020 年我国采矿业对外直接投资及在全行业中占比

资料来源：2011—2020 年商务部、国家统计局和国家外汇管理局《中国对外直接投资统计公报》；历年国家统计局《中国统计年鉴》。

占比为 40.4%，达历史峰值。2014—2017 年占比逐年下降，2018—2020 年出现小幅回升。2020 年采矿业对外直接投资流量在全行业对外直接投资流量中的占比为 4.0%，仍远低于 2015 年前水平。从存量占比来看，2004—2013 年，我国采矿业对外直接投资存量在全行业对外直接投资存量中的年平均占比为 15.0%，2014 年起逐年下降，2020 年占比仅为 6.8%。

从投资额看，2004—2020 年，我国采矿业对外直接投资流量存在较大波动。整体来说可以划分为三个阶段：2004—2013 年为第一阶段，我国采矿业对外直接投资呈波动增长趋势，表现为先波动上升后快速降低，在 2013 年达到最高值，为 248.1 亿美元，是 2004 年对外直接投资总额的 13.8 倍。

2014—2017 年为第二阶段，我国采矿业对外直接投资流量连续 4 年下降期。这一时期，采矿业对外直接投资流量不断减少的总趋势与我国全行业直接对外投资流量的快速增长形成了鲜明对比。2017 年，采矿业对外直接投资流量骤降为负值（-37.0 亿美元），达到了-291.7%的最低负增长率。商务部、国家统计局、国家外汇管理局联合发布的《2017 年度中国对外直接投资统计公报》指出：采矿业对外直接投资首次出现负值的主要原因是“境外企业归还境内投资主体股东贷款（即收回投资）金额增多”。

2018—2020 年为第三阶段。这一时期，我国供给侧结构性改革的推进逐步取得成效，政策的不断落实使市场供求关系得以进一步改善，投资结构的不断优化促进矿业向中高端水平发展。因此，2018 年和 2019 年我国采矿业对外直接投资流量有所回升，在全行业中的占比也缓慢增长，但与 2015 年之前相比，仍处于较低水平。2020 年我国采矿业对外直接投资流量以 19.5%的增长率增长至 61.3 亿美元，占流量总额的 3.99%。

与采矿业对外直接投资流量的大幅波动不同，采矿业对外直接投资的存量实现总量持续增长，但是增长率有减缓趋势。2004—2013 年，采矿业对外直接投资存量增长率波动较大，多数年份保持较高增长率水平；自 2014 年起，连续 4 年下降至 3.48%；2018 年回升至 10.0%，此后两年再度下降。2020 年我国采矿业对外直接投资存量增长率低至 0.27%，投资存量为 1758.8 亿美元，约为 2004 年存量水平的 29.6 倍。采矿业对外直接投资主要分布在石油和天然气开采、有色金属矿采选、黑色金属矿采选及煤炭开采和洗选业等领域。2020 年，采矿业对外直接投资存量占全行业对外投资存量的比例降至 6.8%。

二、地质勘查业对外直接投资规模

2004—2020 年，我国地质勘查业对外直接投资规模变化如图 8-2。

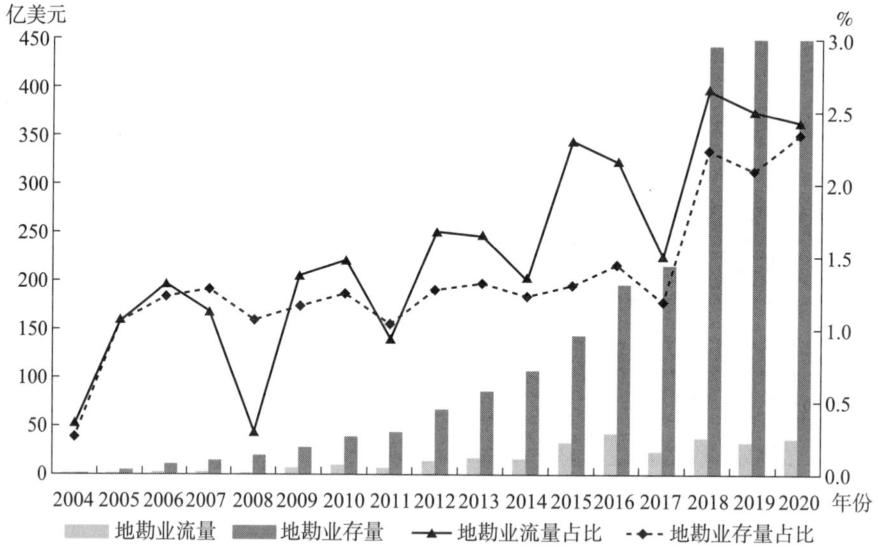

图 8-2　2004—2020 年我国地勘业对外直接投资及在全行业中占比

2011—2020 年商务部、国家统计局和国家外汇管理局《中国对外直接投资统计公报》；历年国家统计局《中国统计年鉴》。

从对外投资流量看，2004—2016 年，我国地质勘查业对外投资流量呈波动上升趋势，虽然 2008 年、2011 年、2014 年出现了不同程度的下降，但总体来看增长明显，尤其 2015 年涨幅达 100. 6%。2016 年地质勘查业对外投资流量达到峰值，为 42. 38 亿美元，同比增长 26. 6%，较 2004 年 0. 2 亿美元的投资水平扩大了约 212 倍，首次反超采矿业对外投资流量。2017 年地质勘查业对外投资流量降至 23. 9 亿元，同比下降 43. 6%，但依然明显高于同年采矿业投资流量。随后，2018—2020 年地质勘查业对外投资流量波动回升，2020 年达到 37. 3 亿美元，同比增长 8. 75%，在全行业对外投资流量中的占比为 2. 43%。由于近年来采矿业直接对外投资流量涨势良好，地质勘查业对外投资与采矿业的差距再次拉开。

从对外投资存量看，2004—2019 年，我国地质勘查业对外直接投资存量逐年上升，且多数年份增幅较大。2017—2018 年，我国地质勘查业对外直接投资存量由 216. 8 亿美元骤增至 442 亿美元，增幅达 103. 9%。2019 年地质勘查业对外直接投资存量达 460. 1 亿美元，较 2004 年 1. 2 亿美元的投资水平扩大了约 384 倍，同比增长 4. 0%。存量增长率通常与同年流量水平直接相关，2020 年地质勘查业对外直接投资流量再度增长，因而地质勘查业对外直接投资存量增长至 605. 8 亿美元，增速有所提高。

同时，由地质勘查业对外直接投资流量占比来看，2004—2018 年，我国地质勘查业对外直接投资流量在全行业对外直接投资流量中所占比重呈现波动上升的趋势，由 0. 4%增长至 2. 7%，以 3~4 年为一个“小周期”出现一次较大波动。2019—2020 年，地质勘查业对外直接投资流量在全行业对外直接投资流量中所占比重小幅下降至 2. 4%。

由地质勘查业对外直接投资存量占比来看，2004—2005 年，由于地质勘查业对外直接投资存量实现了由 1. 2 亿美元到 6. 0 亿美元的骤增，地质勘查业对外直接投资存量在全行业对外直接投资存量中所占比重也由 0. 3%增加至 1. 0%。此后，2006—2017 年一直保持在 1. 0%以上并呈现小幅波动，年平均占比为 1. 2%。2018 年我国地质勘查业对外投资存量骤增，其在全行业存量中的比重也由上年的 1. 2%增加至 2. 2%。2020 年再创新高，在全行业中占比增加至 2. 4%。

第二节　我国采矿业对外直接投资区域分布

采矿业对外直接投资是投资金额大、周期长且门槛高的经济活动，存在诸多不确定和不可控的风险。

采矿业对外直接投资的区域选择需要考虑多方面的因素，诸如投资区域的资源储量、基础建设条件、采选技术条件、投资成本，以及当地治安、政府的政策法规等。

截至 2020 年底，我国采矿业对亚洲直接投资存量高达 865.2 亿美元，在采矿业对外直接投资存量总额中占比达 49.2%，位居各大洲榜首；对拉丁美洲投资存量为 264.9 亿美元，占比为 15.1%，位列第 2；对欧洲投资存量为 214.3 亿美元，占比为 12.2%，位列第 3；对大洋洲和北美洲的投资分别位列第 4、第 5，投资存量分别为 175.1 亿美元及 149.9 亿美元，占比分别为 10.0%和 8.5%；对非洲的投资存量较小，仅为 89.4 亿美元，占比为 5.1%，如图 8-3 所示。

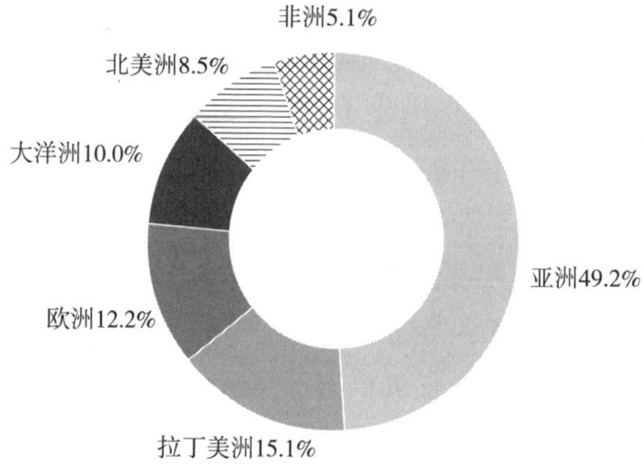

图 8-3　2020 年采矿业对外直接投资存量洲际分布

资料来源：商务部、国家统计局和国家外汇管理局《中国对外直接投资统计公报 2020》（其中，由于 2020 年我国采矿业对拉丁美洲直接投资数据未公开披露，故对拉丁美洲直接投资数据为我国采矿业对外直接投资存量与其他各大洲投资额相减所得）。

一、我国采矿业在亚洲的直接投资

由于与我国位置相近、文化相通，长期以来，亚洲地区一直是我国企业对外直接投资最多的重点区域和主要市场。2020 年，我国全行业对亚洲直接投资存量为 16448.9 亿美元，占我国对外直接投资总存量的 63.7%。投资主要分布在 5 个领域，依次为租赁与商务服务业（40.7%）、批发与零售业（15.2%）、金融业（11.7%）、制造业（9.8%）、采矿业（5.3%），采矿业居于第 5 位。

图 8-4 呈现了 2013—2020 年我国采矿业对亚洲直接投资存量及在全行业中占比情况。

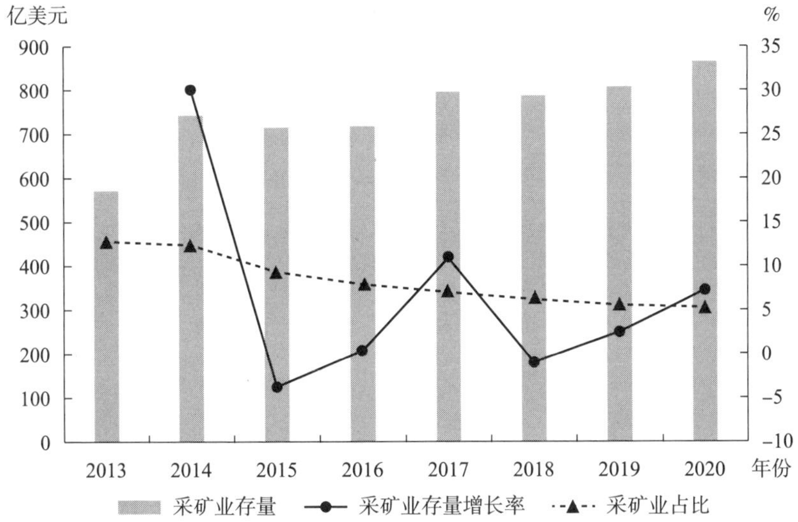

图 8-4 2013—2020 年我国采矿业对亚洲直接投资存量及在全行业中占比

资料来源：历年商务部、国家统计局和国家外汇管理局《中国对外直接投资统计公报》；增长率由已有数据计算得出。

2013—2020 年，我国采矿业对亚洲直接投资存量呈波动增长趋势，除 2015 年及 2018 年小幅减小外，其余年份均有所增长；我国采矿业对亚洲直接投资存量占全行业直接投资总量的比例由 2013 年的 12.8%逐年降低至 5.3%。由此可见，作为我国与亚洲国家的重点合作领域，采矿业在我国对亚洲的直接投资中的重要性有所降低。

在亚洲各经济体中，香港是我国设立境外企业数量最多、投资最活跃的地区，同时香港也是世界范围内我国内地对外投资额最大的地区。香港税负体制简明、税率低廉，营商环境便利、经济体系自由，地理位置优越、交通网络发达，与我国内地制度文化距离较小，并拥有完美的融资平台和国际金融中心地位，颇受内地企业青睐。在大部分情况下，香港地区并非海外投资的最终目的地。我国矿业企业对香港的直接投资以中转投资为主，其海外并购项目通常由香港地区再投资完成，香港地区凭借其政策和地理优势成为我国矿业企业走向世界的重要中转地。

如图 8-5 所示，从投资流量看，2011—2019 年我国采矿业对香港直接投资流量呈现“M”形波动趋势。2013 年我国对香港采矿业直接投资流量最大，为 107.88 亿美元。2014—2016 年对香港的直接投资流量呈逐年下降趋势，2016 年降至-30.23 亿美元。2017—2019 年逐年缓慢回升。我国对香港采矿业直接投资的流量在全行业直接投资中所占的比重也随着各年流量的波动保持基本相同的波动方向。2019 年，我国采矿业对香港直接投资为 43. 49 亿美元，在全行业直接投资中的占比上升至 4. 8%。2020 年，香港新冠肺炎疫情不断反复，“修例风波”余波未平，以“黑暴活动”为代表的本土恐怖主义活动死灰复燃，对特别行政区投资环境和经济发展产生了史无前例的冲击，我国采矿业对香港直接投资降至 23. 6 亿美元，降幅达 43. 49%。在前所未有的挑战下，香港特别行政区政府有序调整各项政策措施，并积极寻求中央政府协助，中央政府及时回应，在病毒检测、疫苗供应、治疗设备建设等方面提供大力支持，为香港经济社会秩序的恢复提供了强大后盾力量。

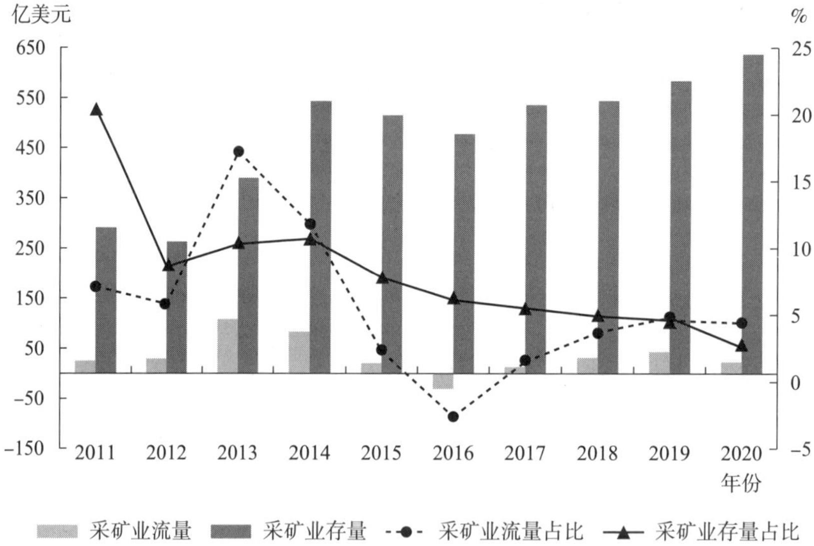

图 8-5 2011—2020 年我国对香港采矿业直接投资情况

资料来源：历年商务部、国家统计局和国家外汇管理局《中国对外直接投资统计公报》。

从投资存量看，我国采矿业对香港直接投资除 2015 年和 2016 年出现较大幅度下降外，2011 年以来呈现波动上升的趋势，但其在全行业直接投资存量中的占比自 2014 年起逐年下降。2020 年，我国采矿业对香港直接投资存量达到 636. 96 亿美元，在全行业中的占比降至 4. 4%。

东盟与我国矿产资源互补性强，其丰富的铜矿、镍矿、铝土矿、石油、天然气和钾盐等矿产均为我国紧缺的矿产资源，也是我国采矿业在亚洲进行投资合作的重要伙伴。我国采矿业对东盟的直接投资主要分布在新加坡、印度尼西亚、老挝、泰国、缅甸等国家。

如图 8-6 所示，从投资流量看，近年来我国在东盟的采矿业直接投资流量总体呈现波动下降的趋势：2012—2015 年下降幅度较大，仅 4 年内投资额就由 17.1 亿美元骤降至 0.4 亿美元，我国对东盟采矿业直接投资流量占我国对东盟直接投资流量（160.63 亿美元）的比例也由 28.1%降至 0.3%；2016 年及 2017 年有所回升，此后继续减少；2020 年，我国对东盟采矿业直接投资流量出现近 10 年内首次负增长，为-1.24 亿美元，在我国对东盟直接投资总额中的占比也持续下降，为-0.8%。

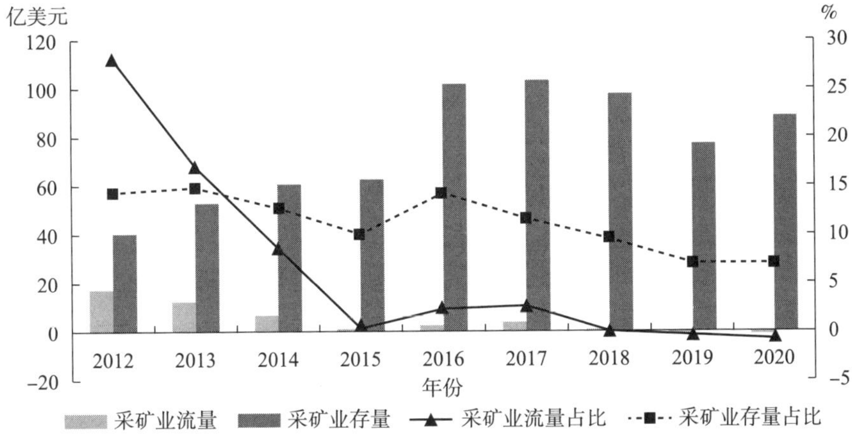

图 8-6　2012—2020 年我国对东盟采矿业直接投资情况

资料来源：历年商务部、国家统计局和国家外汇管理局《中国对外直接投资统计公报》。

从投资存量看，2012—2017 年我国对东盟采矿业直接投资存量逐年增加，2018—2019 年有所下降。2020 年采矿业对东盟直接投资存量增至 88.53 亿美元，占我国对东盟直接投资总额的 6.9%。

近年来，东盟成员国家积极调整矿业政策，如印度尼西亚通过《采矿法修正案》，柬埔寨修订《矿产资源管理与开发法（2018—2028）》、颁布《国家矿产资源政策（2018—2028）》等，不断提升投资便利化条件，旨在通过吸引投资推进经济复苏，矿业投资环境正在逐步改善。

二、我国采矿业对非洲的直接投资

能源与矿产投资一直以来都是我国对非洲地区直接投资的重要领域。截至 2020 年，我国对非洲地区的投资存量主要分布在 5 个行业领域，分别为建筑业（34.9%）、采矿业（20.6%）、制造业（14.1%）、金融业（9.6%）及租赁和商务服务业（5.4%），采矿业高居第 2 位。

2013—2018 年，我国采矿业对非洲的直接投资流量逐年增加，增幅呈波动缩小趋势。2019 年，由于我国对外直接投资额整体略有收缩，采矿业对非洲直接投资流量大幅降至 27.0 亿美元，同比下降 49.8%；投资存量也下降至

443.9 亿美元，同比下降 3.7%。2020 年，我国对非洲直接投资流量逆势增长 56.1%，达 42.3 亿美元，充分体现了中非合作的稳定性、互补性；投资存量却再降 2.2%，为 434.0 亿美元。

目前，我国采矿业企业已在非洲地区的 52 个国家开展了直接投资，其中对肯尼亚、刚果（金）、南非、埃塞俄比亚、尼日利亚等 13 个国家的直接投资流量超过 1 亿美元，投资领域不断拓宽。

非洲矿产资源开发潜力巨大，自 20 世纪 90 年代中期以来，中石油、中石化等大型能源企业及中国有色、华友钴业等矿产资源开发公司不断扩大对非洲投资，在矿产资源开采、冶炼、加工等领域同非洲各国展开广泛合作，在保障我国矿产资源供应的同时促进了非洲国家基础设施完善、产业链建设和经济社会发展。

如图 8-7 所示，2020 年以前，我国采矿业对非洲直接投资存量呈现波动增长趋势：2013—2016 年，我国采矿业对非洲直接投资存量增长较快，由 69.2 亿美元增至 104.1 亿美元；2017 年降至 97.6 亿美元，此后两年持续上升；2019 年我国采矿业对非洲直接投资存量达 110.2 亿美元，同比增长 5.2%。同时，通过增速对比可知，2018—2019 年，我国采矿业对非洲直接投资存量增速较 2017 年之前有所放缓，但始终高于同年全行业对非洲直接投资存量增速，说明采矿业在我国对非洲直接投资中依然占据重要地位。2020 年，受新冠肺炎疫情冲击，我国采矿业对非洲直接投资存量降至 89.4 亿美元，同比减少 18.9%。

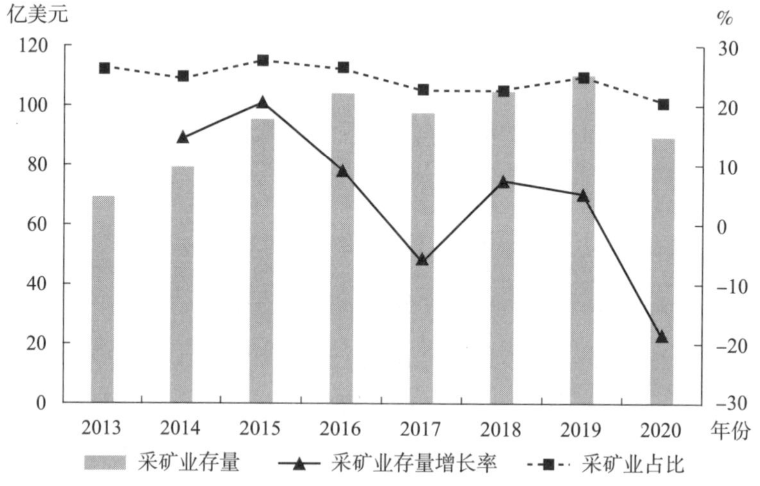

图 8-7　2013—2020 年我国对非洲采矿业直接投资存量及在全行业中占比

资料来源：历年商务部、国家统计局和国家外汇管理局《中国对外直接投资统计公报》；增长率由已有数据计算得出。

近年来，我国采矿业对非洲直接投资存量在全行业中的占比虽然有所波动，但依然保持在较高水平。2013 年，采矿业直接投资存量在我国对非洲直接投资存量中所占比重高达 26.4%，在全行业中位列第 1。2013—2017 年，我国采矿业对非洲直接投资存量在全行业直接投资存量中所占比重波动下降，排名也在 2016 年降至第 2 位。由于我国对非洲投资合作的深度和广度不断扩展，自 2016 年起，建筑业取代采矿业稳定地成为我国投资存量最大的行业。此后两年，随着我国对非洲采矿业直接投资存量开始回升，其在全行业直接投资存量中的占比也回升至 24.8%，但与 2013 年相比仍有差距。2020 年，由于我国采矿业对非洲直接投资存量减少，其在全行业中的占比也降至 20.6%，但仍保持在较高水平。

三、我国采矿业对欧洲的直接投资

欧洲国家煤炭、油气、金属矿产（铜、铅、锂、铬等）资源储量丰富，且矿业政策普遍宽松，长期以来为我国矿业海外投资提供了广阔平台。

2013 年以来，我国对欧洲的直接投资存量持续增长，2020 年达 1224.3 亿美元，在我国对外直接投资总额中占 4.7%。主要分布在 5 个行业领域，依次为制造业（33.1%）、采矿业（17.5%）、金融业（14.8%）、租赁和商务服务业（10.0%）、批发和零售业（5.5%），采矿业高居第 2 位。

2013—2015 年，我国采矿业对欧洲直接投资存量不断增长，2015 年达到 241.8 亿美元，为历年最高，同比增长 124.1%。以 2015 年为转折点，我国采矿业对欧洲直接投资存量进入波动下降阶段，仅在 2018 年实现了 1.5%的正向增长，2019 年再度减少至 211.8 亿美元，同比下降 7.2%，为 2013 年以来的最大降幅。2020 年，我国采矿业对欧洲直接投资存量同比小幅增长 1.2%，达到 214.3 亿美元。2015 年后我国采矿业对欧洲直接投资存量占全行业对欧洲直接投资存量的比重也有所下降，由 2015 年的 28.9%逐年下降至 2020 年的 17.5%。这大致由于 2015 年以来欧洲国家对收购的控制日趋严格，增加了企业收购难度，加之我国持续实施严格的资本管制，导致我国矿业企业海外并购热情总体下降（见图 8-8）。

欧盟和俄罗斯是我国在欧洲进行采矿业直接投资合作的两大主要经济体，也是我国在欧洲地区最重要、最具影响力的贸易伙伴。

2011 年以来，我国采矿业对欧盟直接投资流量波动十分剧烈。2012 年，我国采矿业对欧盟直接投资流量大幅减少，仅为 0.45 亿美元，此后连续 3 年上涨，2015 年骤增至 101.43 亿美元。2016 年和 2017 年，我国采矿业对欧盟直接投资流量大幅降至负值，此后波动上涨。2020 年，我国采矿业对欧盟直

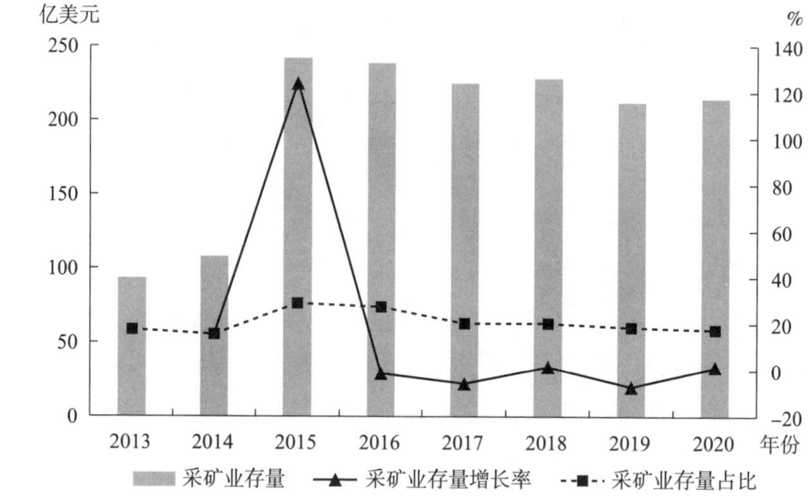

图 8-8 2013—2020 年我国对欧洲采矿业直接投资存量及在全行业中占比

资料来源：历年商务部、国家统计局和国家外汇管理局《中国对外直接投资统计公报》；增长率由已有数据计算得出。

接投资流量增长至 26.6 亿美元，相比上年翻了 5.7 倍，达到 2015 年后最高水平，占全行业在欧盟直接投资流量的 26.3%（见图 8-9）。

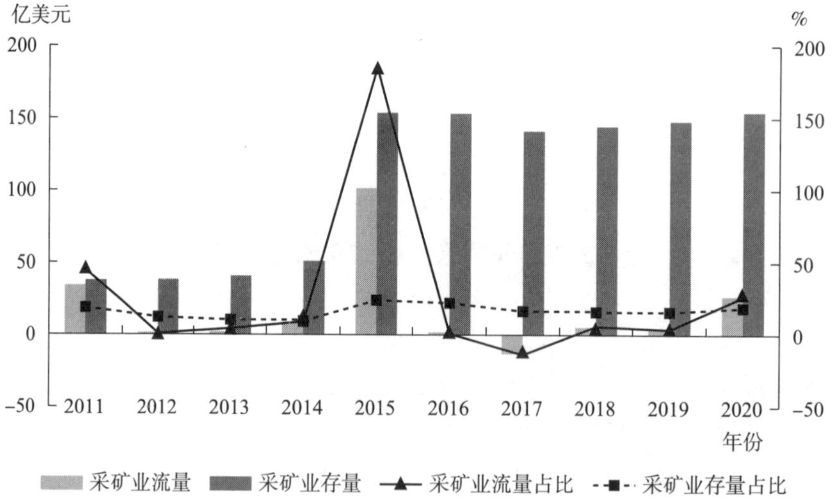

图 8-9 2011—2020 年我国对欧盟采矿业直接投资情况

资料来源：历年商务部、国家统计局和国家外汇管理局《中国对外直接投资统计公报》。

我国采矿业对欧盟直接投资存量与其在全行业对欧盟直接投资存量中的占比呈现不一致的发展趋势。2011—2015 年，我国采矿业对欧盟直接投资存量不断增长，2015 年骤增至 153.83 亿美元。然而，我国对欧盟采矿业直接投资存量在全行业对欧盟直接投资存量中的占比于 2011—2014 年持续下降，2014 年降至 9.4%，2015 年回升至 23.9%。2016—2017 年，我国采矿业对欧盟直接投资存量逐年下降，此后缓慢回升，2020 年达 154.31 亿美元。我国采矿业对欧盟直接投资存量占比在 2015—2019 年呈缓慢下降趋势，2020 年再次出现小幅回升，达到 18.6%。我国采矿业对欧盟的直接投资主要分布在荷兰、卢森堡、英国、塞浦路斯等国家。

近年来，欧盟国家日益严苛的投资环境是我国对欧盟直接投资屡次出现大幅度下滑的直接原因。欧盟为减少自身发展威胁持续加强投资安全审查，给我国企业在投资领域和投资政策方面带来诸多限制和障碍。

俄罗斯幅员辽阔，自然资源丰富，是我国采矿业直接对外投资的重要目标国之一，采矿业在全行业对外直接投资中所占比重较大。

2011 年以来我国采矿业对俄罗斯直接投资流量剧烈波动，其中 2015 年骤增至 14.10 亿美元，占全行业对俄罗斯直接投资流量的 47.6%。此后我国采矿业对俄罗斯直接投资流量下降明显，2019 年骤降至负值，为-11.32 亿美元，直接导致同年全行业直接投资流量也出现负值。矿产品出口是俄罗斯的支柱产业，2020 年受新冠肺炎疫情严重影响，俄罗斯的煤炭、石油、天然气、金、铂族等矿产品产量下降，对国内经济产生冲击。我国与俄罗斯在能源矿产领域合作广泛，互补性强，经受住了疫情的严峻考验。2020 年我国采矿业对俄罗斯直接投资流量逆势增长至 2.16 亿美元（见图 8-10）。

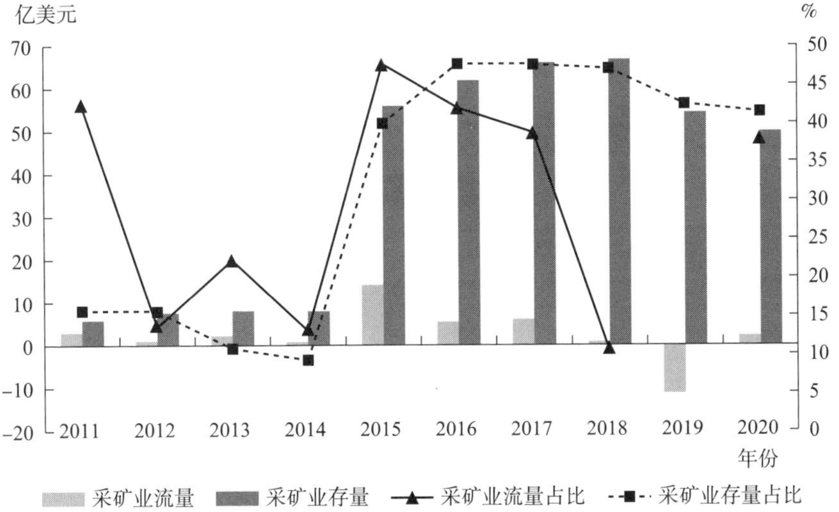

图 8-10　2011—2020 年我国对俄罗斯采矿业直接投资情况

资料来源：历年商务部、国家统计局和国家外汇管理局《中国对外直接投资统计公报》。

从投资存量看，2011—2018 年我国采矿业对俄罗斯直接投资存量波动增长。其中，2015 年由于采矿业直接投资流量剧增，我国对俄罗斯采矿业直接投资存量骤增至 55.88 亿美元，为 2011 年存量水平的 9.5 倍、2014 年存量水平的 7 倍，在全行业投资存量中的占比也增至 39.9%。2018 年以后，我国采矿业对俄罗斯直接投资存量有所下降，2020 年降至 49.95 亿美元，在全行业投资存量中的占比达 41.2%。我国采矿业对俄罗斯直接投资存量在全行业投资存量中所占比重于 2016 年达到最大值 47.6%，此后逐年减少，但始终保持在较高水平。

除欧盟、俄罗斯外，矿业资源丰富的东南欧地区也是欧洲最为活跃的矿业开采区。近年来东南欧各国政治环境日趋稳定，矿业支持力度逐年加大，投资环境良好，与我国矿业企业的经贸投资交流频繁，在铜、锂、硼等关键性矿产资源开发方面也有广阔的合作空间。

四、我国采矿业对拉丁美洲的直接投资

2014 年我国采矿业对拉丁美洲的直接投资存量大幅下降，由 2013 年的 149.3 亿美元降至 54.3 亿美元，此后两年不断回升；2017 年再度下降；2018 年，我国采矿业对拉丁美洲直接投资存量由上年的 87.7 亿美元骤增至 231.0 亿美元，同比增长 163.4%；2020 年，我国采矿业对拉丁美洲直接投资存量小幅增长至 244.1 亿美元，增幅为 6.0%。2013—2020 年我国对拉丁美洲采矿业直接投资存量及在全行业中占比如图 8-11 所示。

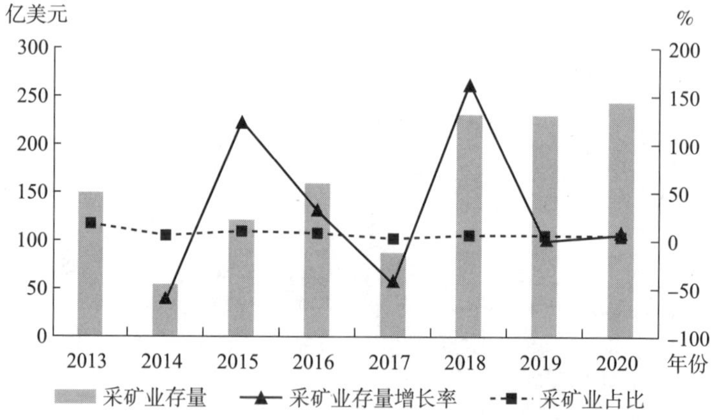

图 8-11　2013—2020 年我国对拉丁美洲采矿业直接投资存量及在全行业中占比

资料来源：历年商务部、国家统计局和国家外汇管理局《中国对外直接投资统计公报》；增长率由已有数据计算得出。

近年来，我国采矿业对拉丁美洲直接投资存量在全行业对拉丁美洲投资存量中的占比明显下降。2013 年，我国采矿业对拉丁美洲直接投资存量在全行业中占比达 17.2%。此后 4 年，我国采矿业对拉丁美洲直接投资存量在全行业中占比波动下降，2017 年仅为 2.3%；2018 年回升至 5.7%，但依然远低于 2013 年占比水平；2019—2020 年，我国采矿业对拉丁美洲直接投资存量在全行业中所占比重持续下降，2020 年降至 3.9%。

五、我国采矿业对北美洲的直接投资

北美洲地区地域辽阔，矿产资源丰富，经济发达，技术先进，拥有高素质的研发人员，地区能源供应充足，基础设施完善，投资环境较好。得益于其市场化程度较高和比较开放的经济政策，北美洲已然成为我国矿业企业对外投资的重点地区之一。

2020 年，我国对北美洲直接投资存量为 1000.2 亿美元，主要分布在美国和加拿大，主要的投资领域为制造业（26.6%）、采矿业（15.0%）、金融业（14.0%）、信息传输/软件和信息技术服务业（9.6%），以及租赁和商务服务业（8.6%），采矿业高居第 2 位。

2013—2019 年，我国采矿业对北美洲直接投资存量呈波动增长趋势，仅 2015 年有所下降，下降到 64.8 亿美元，与上年相比降低了 22.7%；此后两年迅速增长，2017 年为 147.3 亿美元，增幅达 53.6%；2018—2019 年，我国采矿业对北美洲直接投资存量持续增长，但增速逐年缩小，2019 年达 185.8 亿美元，同比增长 4.0%。2020 年北美洲国家受新冠肺炎疫情冲击严重，加拿大、美国等矿业大国先后颁布政策限制人员入境，大型矿业活动受阻，我国采矿业对北美洲投资存量降至 149.9 亿美元，降幅达 19.3%（见图 8-12）。

2013 年以来，我国采矿业对北美洲直接投资存量在全行业中的比重整体波动下降。2015 年降至最低值，仅为 12.4%，此后这一比重逐年增加，2019 年虽达到 18.5%，但仍不及 2013 年 21.4%的占比水平。2020 年，由于我国采矿业对北美洲直接投资存量大幅下降，其在全行业中的占比也降至 15.0%。

从投资流量看，2012 年我国采矿业对美国的直接投资流量由 2011 年的 0.62 亿美元骤增至 14.11 亿美元，占全行业对美国直接投资流量的比重也由 3.4%增加至 34.9%；2013 年在全行业的占比又有所增长，达到 41.1%；2014—2020 年，我国采矿业对美国的直接投资流量呈波动下降趋势，2015 年甚至出现负增长。2019 年，我国采矿业对美国的直接投资流量降至 2.56 亿美元，我国采矿业对美国直接投资流量在全行业中的占比较上年波动不大，为

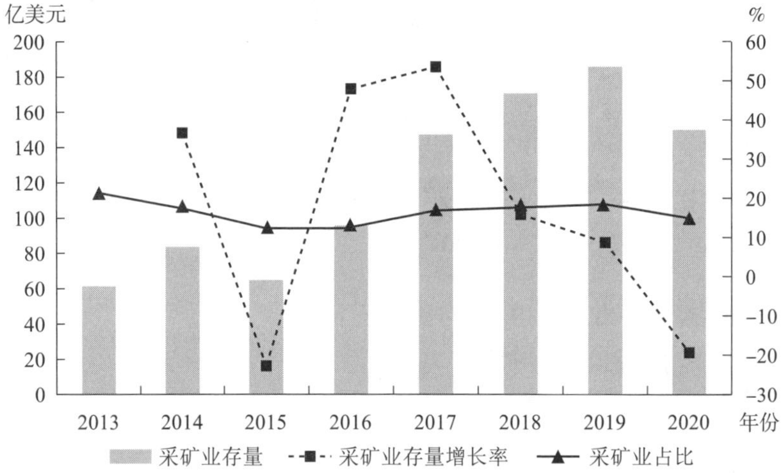

图 8-12　2013—2020 年我国对北美洲采矿业直接投资存量及在全行业中占比

资料来源：历年商务部、国家统计局和国家外汇管理局《中国对外直接投资统计公报》；增长率由已有数据计算得出。

6.7%。2020 年，我国采矿业对美国直接投资流量再度下降，仅为 0.66 亿美元，降幅达 74.2%，在全行业对美国直接投资中的占比也降至 1.1%（见图 8-13）。

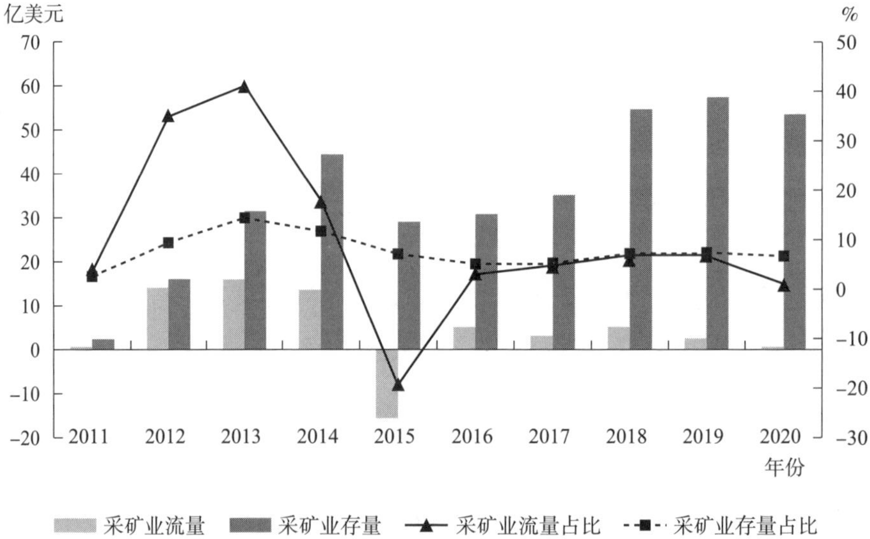

图 8-13　2011—2020 年我国对美国采矿业直接投资情况

资料来源：历年商务部、国家统计局和国家外汇管理局《中国对外直接投资统计公报》。

从投资存量看，2011—2019 年，我国采矿业对美国直接投资存量呈波动上升趋势，大致分为两个阶段：2011—2014 年为第一阶段，我国采矿业对美国直接投资存量迅速由 2.33 亿美元增加至 44.42 亿美元，在全行业投资存量中所占比重也由 2.6%波动上升至 11.7%；2015—2019 年为第二阶段，2015 年我国采矿业对美国直接投资流量出现负值，投资存量大幅下降至 29.02 亿美元，在全行业的比重也降至 7.1%。此后 4 年间，我国采矿业对美国直接投资存量逐年增长，增速放缓。2020 年，由于我国采矿业对美国直接投资收缩，采矿业直接投资存量同比下降 6.7%，为 53.5 亿美元，在全行业的比重较上年略有下降。

六、我国采矿业对大洋洲的直接投资

大洋洲国家投资环境总体良好，同我国具有良好的经济互补关系，也是我国重要的投资合作伙伴。我国对大洋洲直接投资主要分布在澳大利亚、新西兰、萨摩亚等国家，投资区域较为集中。

截至 2020 年，我国对大洋洲的直接投资存量为 401.1 亿美元，主要分布在 5 个行业领域：采矿业（43.6%）、租赁和商务服务业（12.6%）、金融业（10.3%）、房地产业（8.5%）及制造业（5.9%），采矿业投资存量高居首位。

2013—2017 年，我国采矿业对大洋洲直接投资存量持续增长，由 116.9 亿美元增长至 224.0 亿美元，增长率波动下降。此后，我国采矿业对大洋洲直接投资存量连续 3 年下降，2020 年为 175.1 亿美元，比上年减少 16.3%，但总体来说依然保持在较高水平。2014—2020 年，我国采矿业对大洋洲直接投资存量在全行业对大洋洲直接投资存量中所占比重逐年下降，由 65.5%降至 43.7%，但采矿业仍是我国对大洋洲直接投资的主业，投资存量占比在全部投资行业中始终稳居第 1 位（见图 8-14）。

澳大利亚是世界上重要的矿产资源国，我国已经成为澳大利采矿业最大的投资国。从投资流量看，2011—2014 年我国采矿业对澳大利亚直接投资流量波动增加，由 20.05 亿美元增加至 30.85 亿美元，各年度在全行业直接投资流量中占比均在 60%以上；2015 年我国采矿业对澳大利亚直接投资流量骤降至 3.47 亿美元，此后两年持续增加；2020 年我国采矿业对澳大利亚直接投资流量骤降至 1.51 亿美元，降幅达 80.7%，在全行业中的占比也降至 12.6%（见图 8-15）。

从投资存量看，2011—2017 年，我国采矿业对澳大利亚直接投资存量持续增加，2014 年后增长率有波动减小趋势。2018 年由于我国矿业企业资金撤回或转移投资，采矿业对澳大利亚直接投资流量出现负值，导致当年采矿业直接投资存量明显下降，降幅达 5.0%。2020 年我国采矿业对澳大利亚直接投资存量降至 161.11 亿美元，降幅达 16.8%。在新冠肺炎疫情影响之下，澳大

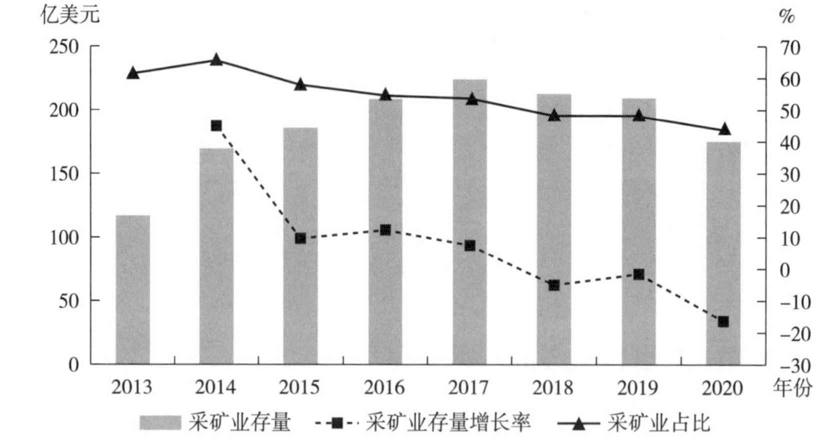

图 8-14　2013—2020 年我国对大洋洲采矿业直接投资存量及在全行业中占比

资料来源：历年商务部、国家统计局和国家外汇管理局《中国对外直接投资统计公报》；增长率由已有数据计算得出。

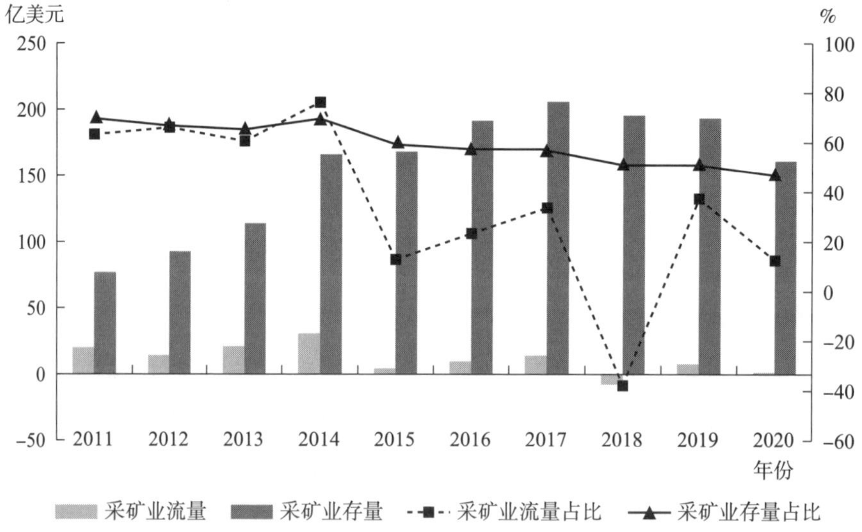

图 8-15　2011—2020 年我国对澳大利亚采矿业直接投资情况

资料来源：历年商务部、国家统计局和国家外汇管理局《中国对外直接投资统计公报》。

利亚政府也采取了一系列措施对冲疫情对矿业的冲击，如延缓或下调行业税费、增加本土投资、鼓励油气勘探等。

2011 年以来，我国采矿业对大洋洲直接投资存量在全行业对大洋洲直接投资存量中所占比重逐年下降，由 69.7%减少至 59.0%，但总体仍保持在较高水平，说明采矿业依然是我国对澳大利亚直接投资的重点行业，在未来很长一段时间内，矿产、能源领域依然是我国企业在澳大利亚的投资重点。

第三节　我国采矿业对外直接投资方式

我国企业对外直接投资方式主要分为新建投资和跨国并购。由于现有公开资料中无法获得我国采矿业海外新建投资以及勘查投资的数据，本节重点分析我国采矿业的跨国并购。我国采矿业企业可根据对外投资方式分为直接投资（境内投资者）和在海外设立直接投资企业（境外企业）。

2013 年至今，随着全球经济增速放缓，矿产品价格不断下降，矿业公司利润缩水，我国矿业进入深度调整阶段，矿产品需求也正经历结构性调整。与此同时，投资主体也随之发生了变化，我国民营企业开始成为海外投资的主力。

2011—2016 年，我国采矿业对外直接投资主体有所增加，境内投资者数量呈波动上升趋势，由 468 家增加至 569 家。此后两年无明显变动，2019 年及 2020 年均有所收缩，下降为 501 家。境外企业数量在 2011—2014 年持续增加，其中 2012 年增幅最大，境外企业数量达 1308 家，同比增长 67.7%，2013—2014 年增幅有所下降。2015 年采矿业境外企业数量有所减少，2016 年回升至 1516 家。2016—2020 年，境外企业数量与境内投资者数量变动趋势基本一致；2016—2018 年波动较小，此后两年不断下降，2020 年降至 1339 家。具体见图 8-16。

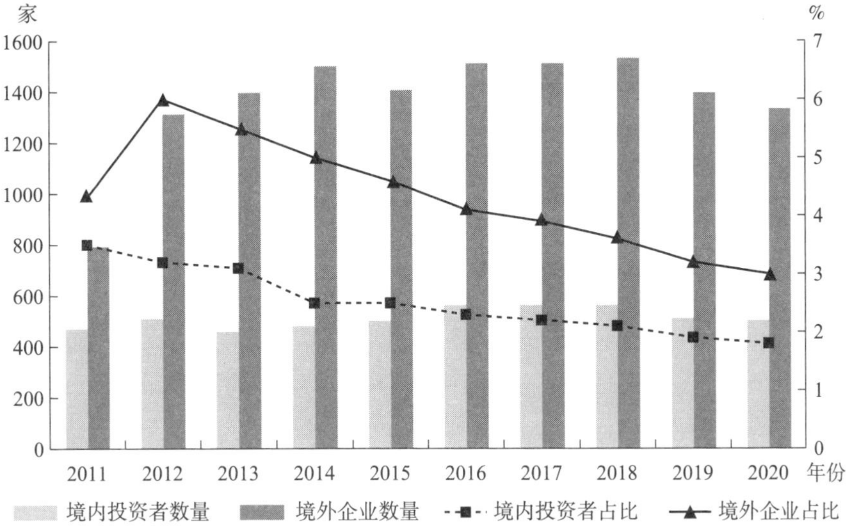

图 8-16　2011—2020 年采矿业对外直接投资投资者构成

资料来源：商务部、国家统计局和国家外汇管理局《中国对外直接投资统计公报》。

2011—2020 年，采矿业境内投资者数量占全行业境内投资者数量的比重逐年下降，由 3.5%降至 1.8%。采矿业境外企业数量占全行业境外企业数量的比重仅在 2012 年有所上升，达 6.0%，此后连续 8 年下降，2020 年仅为 3.0%。采矿业境内投资者和境外企业数量占全行业的比重下降，也充分反映了我国采矿业对外直接投资在近几年有所收缩的趋势。

跨国并购已成为我国企业对外直接投资的重要方式，对提升我国企业在全球价值链中的地位、服务国内经济转型升级发挥着重要作用，尤其对于矿业企业而言，跨国并购无疑是其弯道超车、实现跨越式发展的最佳途径。

2013—2019 年，我国采矿业跨国并购金额及其在全行业跨国并购金额中的比重波动下滑。2013 年被称为“市场化并购元年”，我国全行业并购金额达到 529.0 亿美元，采矿业仍然是跨国并购的主要方向，并购项目为 43 起，并购金额达 342.3 亿美元，占全行业并购金额总量的 64.7%。此后，受全球大宗商品市场持续低迷等因素影响，2014 年采矿业并购金额大幅下滑至 179.1 亿美元，比上年下降 47.7%，但仍保持在全行业首位。2015 年，我国采矿业跨国并购项目为 24 起，并购金额仅为 53.2 亿美元，与 2013 年相比降幅达到 84.5%。2016—2017 年采矿业并购金额有所回升，2018 年起再次呈现下降趋势，并在 2019 年降至近年来最低水平。2019 年采矿业并购项目仅 17 起，并购金额为 10.0 亿美元，仅占全行业并购金额的 2.9%(见表 8-2)。

表 8-2　2013—2020 年我国采矿业海外并购情况

年份	采矿业总计			全行业总计	
	项目数量/起	并购金额/亿美元	金额占比/%	项目数量/起	并购金额/亿美元
2013	43	342.3	64.7	424	529.0
2014	40	179.1	31.5	595	569.0
2015	24	53.2	9.8	579	544.4
2016	29	75.0	5.5	765	1353.3
2017	22	114.1	9.5	431	1196.2
2018	27	91.8	12.4	433	742.3
2019	17	10.0	2.9	467	342.8
2020	12	27.5	9.8	513	282.0

资料来源：商务部、国家统计局和国家外汇管理局历年《中国对外直接投资统计公报》。

2020 年，新冠肺炎疫情严重冲击了全球矿业并购市场，我国矿业企业把握机遇，积极参与全球并购活动，如洛阳钼业收购 Kisanfu 铜钴矿、山东黄金收购 Cardinal Resources 公司等，共完成并购金额 27.5 亿美元，同比增长 175.0%，在全行业并购金额中的占比也提升至 9.8%，但总体并购规模仍远低于 2019 年前的水平。

我国采矿业海外并购金额总体减少的原因可能有以下几个方面：

首先，矿业海外投资失败案例的出现导致矿业企业“望而却步”。矿业企业是我国第一批“走出去”的实践者，早在 2008—2012 年，金融危机就使各国资产出现深幅调整，我国企业尤其是矿业企业顺势开启抄底式的海外投资和并购潮。然而，由于全球经济环境持续恶化，我国矿业企业出手时机不对，加之缺乏并购经验和综合评估，投资成功的案例很少，对外投资饱受质疑。我国矿业对外直接投资“失败论”频见报端，使得我国政府和矿业企业对境外投资持审慎态度。

其次，受全球市场矿产品价格波动影响，大额交易并购活动相应减少。矿产品价格走势是矿业并购积极性的关键影响因素，如 2000—2012 年的并购活跃期正是矿产品价格不断攀升的时期。“中国需求”是全球矿业行业景气的重要推手，在我国经济增速放缓和增长方式转型过程中，矿产品需求也经历着结构性调整。同时，全球产能过剩导致矿产品价格下跌，全行业产能扩张紧迫性下降，资源类项目的投资直接受到影响，矿业投资收益更加难以预测，全球矿业跨境并购交易活跃度下降，我国企业海外并购热情有所减少。

最后，综合考虑财务风险和政策环境风险，企业参与海外项目的方式更加多样。以往我国矿业企业热衷的控股并购模式存在一系列弊端：不同于正常的经营资金需求，前期并购通常需要巨额资金，使企业产生规模巨大的现金流，给企业经营及下游项目的运行带来很大压力，如果没有合理融资渠道或强大实力的支撑，很难保证并购项目的顺利完成，稍有意外便可能破产；拿到股权后，企业需负责并购企业的管理和运营，这在一定程度上会受到被收购企业所在地文化的影响。目前，我国企业正在改变以往“财大气粗”的姿态，取而代之的是维护伙伴关系。大额并购的时代已经过去，以现金全盘收购的方式不再流行，我国企业越来越青睐参股而非控股、引入财务投资者、签订承购协议等其他矿山投资形式。

第九章

我国矿业投资效应分析

矿业是国民经济的基础性产业，具有不可替代的地位和作用。矿业投资是矿业发展的起点，一方面保障了矿业发展的可持续性，另一方面基于矿业发展产生了多方面效应。其中主要有以下四个效应：产业带动效应（分为前向效应和后向效应）、满足生产和生活消费需求效应、带动就业和增加收入效应、对外投资效应。

第一节　国内矿业投资对其他产业发展的带动效应

我国国内矿业投资对其他产业的带动效应可以通过采矿业在产业链上的前向关联和后向关联来反映。前向关联是指采矿业作为供给方推动相关产业发展的地位和作用，后向关联是指采矿业作为需求方拉动相关产业发展的地位和作用。

本节主要采用投入产出法，并利用国家统计局 2017 年发布的 149 个部门的投入产出表，分别测度煤炭开采和洗选业、石油和天然气开采业、黑色金属矿采选业、有色金属矿采选业、非金属矿采选业与其他产业的前向关联和后向关联，以说明我国采矿业在产业链中的地位和作用，并选取排名前 20 的产业进行结果展示，以此反映矿业投资对其他产业的影响。开采专业及辅助性活动和其他采矿业的前向效应和后向效应都不显著，所以本书不作分析。

投入产出法是在投入产出表的基础上研究经济系统各个部门间投入与产出相互依存关系的经济数量方法。产业间的关联可以利用完全消耗系数和完全分配系数进行测度。完全消耗系数即某产业生产单位产品需要其他产业产品直接消耗量和间接消耗量的总和，反映某产业产品生产过程对其他产业产品生产的拉动作用，即产业的后向关联或者后向效应。完全分配系数是直接分配系数和间接分配系数的加和，反映某产业产品被其他产业需要时，用于其他产业并对其他产业产生的推动作用，即产业的前向关联或者前向效应。

完全消耗系数用公式表示为

$$w_{ij}=a_{ij}+\sum_{k=1}^{n}w_{ik}a_{kj}\ (i,\ j=1,\ 2,\ 3,\ \cdots,\ n)$$

用矩阵形式表示，即

$$W=(I-A)^{-1}-I,$$

其中

$$W=\begin{bmatrix} w_{11} & \cdots & w_{1n} \\ \vdots & \ddots & \vdots \\ w_{n1} & \cdots & w_{nn} \end{bmatrix}$$

式中，w_{ij}为完全消耗系数，表示生产单位j产品所直接和间接消耗的i产品的数量之和；a_{ij}为直接消耗系数，表示生产单位j产品所直接消耗的i产品的数量，具体计算公式为$a_{ij}=\dfrac{x_{ij}}{X_j}$（$i$，$j=1$，2，3，…，$n$），直接消耗系数矩阵为$A$；$\sum_{k=1}^{n}w_{ik}a_{kj}$为间接消耗系数，表示通过$k$种中间产品形成的生产单位$j$产品对$i$产品的全部间接消耗量，其中$k$为中间产品部门。

完全分配系数用公式表示为

$$h_{ij}=r_{ij}+\sum_{k=1}^{n}h_{ik}r_{kj}\ (i,\ j=1,\ 2,\ 3,\ \cdots,\ n)$$

用矩阵形式表示，即

$$H=(I-R)^{-1}-I,$$

其中

$$H=\begin{bmatrix} h_{11} & \cdots & h_{1n} \\ \vdots & \ddots & \vdots \\ h_{n1} & \cdots & h_{nn} \end{bmatrix}$$

式中，h_{ij}为完全分配系数，表示j部门生产单位产品所消耗的i产品；r_{ij}为直接分配系数，表示j部门所消耗的作为中间产品的i产品在i产品总产出中的比例，具体计算公式为$r_{ij}=\dfrac{x_{ij}}{X_i}$（$i$，$j=1$，2，3，…，$n$），直接分配系数矩阵为$R$；$\sum_{k=1}^{n}h_{ik}r_{kj}$为间接分配系数，表示通过$k$种中间产品形成的$j$部门生产单位产品对$i$产品的全部间接消耗量，其中$k$为中间产品部门。

一、我国采矿业的前向效应

我国煤炭开采和洗选业作为产业链前端的基础产业，对绝大多数产业都有前向效应，即作为供给方能够影响相关产业的发展，排名前 20 的产业如表 9-1 所示。煤炭开采和洗选产品作为其他产业生产的投入，影响最大的前 5 个产业分别是电力、热力生产和供应（0.625791），房屋建筑（0.342663），钢压延产品（0.278290），煤炭开采和洗选产品（0.208760），基础化学原料（0.146405）。

表 9-1　煤炭开采和洗选业的前向效应

序号	产业	系数	序号	产业	系数
1	电力、热力生产和供应	0.625791	11	有色金属及其合金	0.078211
2	房屋建筑	0.342663	12	专用化学产品和炸药、火工、焰火产品	0.076128
3	钢压延产品	0.278290	13	农产品	0.066673
4	煤炭开采和洗选产品	0.208760	14	石膏、水泥制品及类似制品	0.058406
5	基础化学原料	0.146405	15	汽车零部件及配件	0.057365
6	土木工程建筑	0.138394	16	电子元器件	0.055763
7	煤炭加工品	0.125362	17	塑料制品	0.054759
8	金属制品	0.118709	18	有色金属压延加工品	0.054027
9	砖瓦、石材等建筑材料	0.105324	19	造纸和纸制品	0.053732
10	水泥、石灰和石膏	0.079656	20	商务服务	0.053233

我国的石油和天然气开采业作为产业链前端的基础产业，对绝大多数产业都有前向效应，即作为供给方能够影响相关产业的发展，排名前 20 的产业如表 9-2 所示。影响最大的前 5 个产业分别是精炼石油和核燃料加工品（1.741118）、房屋建筑（0.395371）、基础化学原料（0.331583）、道路货物运输和运输辅助活动（0.271650）、土木工程建筑（0.258025）。

表 9-2　石油和天然气开采业前向效应

序号	产业	系数	序号	产业	系数
1	精炼石油和核燃料加工品	1.741118	4	道路货物运输和运输辅助活动	0.271650
2	房屋建筑	0.395371	5	土木工程建筑	0.258025
3	基础化学原料	0.331583	6	燃气生产和供应	0.238012

续表

序号	产业	系数	序号	产业	系数
7	合成材料	0.229050	14	钢压延产品	0.113736
8	电力、热力生产和供应	0.207093	15	农产品	0.110444
9	商务服务	0.197940	16	电子元器件	0.098635
10	塑料制品	0.189457	17	汽车零部件及配件	0.094718
11	专用化学产品和炸药、火工、焰火产品	0.162639	18	汽车整车	0.087724
12	金属制品	0.125776	19	城市公共交通及公路客运	0.083655
13	有色金属及其合金	0.116464	20	专业技术服务	0.082611

我国黑色金属矿采选业作为产业链前端的基础产业，对绝大多数产业都有前向效应，即作为供给方能够影响相关产业的发展，排名前 20 的产业如表 9-3 所示。影响最大的前 5 个产业分别是钢压延产品（2.215576）、房屋建筑（0.897147）、金属制品（0.589628）、土木工程建筑（0.424413）、铁及铁合金产品（0.276720）。

表 9-3　黑色金属矿采选业的前向效应

序号	产业	系数	序号	产业	系数
1	钢压延产品	2.215576	11	采矿、冶金、建筑专用设备	0.083176
2	房屋建筑	0.897147	12	有色金属及其合金	0.076981
3	金属制品	0.589628	13	输配电及控制设备	0.071993
4	土木工程建筑	0.424413	14	电子元器件	0.068270
5	铁及铁合金产品	0.276720	15	建筑安装	0.067202
6	钢	0.264131	16	商务服务	0.066037
7	黑色金属矿采选产品	0.223342	17	电力、热力生产和供应	0.063707
8	汽车零部件及配件	0.166094	18	其他专用设备	0.060992
9	汽车整车	0.139204	19	石膏、水泥制品及类似制品	0.060291
10	其他通用设备	0.128926	20	有色金属压延加工品	0.052859

我国有色金属矿采选业对绝大多数产业都有前向效应，即作为供给方能

够影响相关产业的发展，排名前20的产业如表9-4所示。影响最大的前5个产业分别是有色金属及其合金（1.391205），有色金属压延加工品（0.952100），房屋建筑（0.370499），金属制品（0.352226），电线、电缆、光缆及电工器材（0.297576）。

表9-4　有色金属矿采选业的前向效应

序号	产业	系数	序号	产业	系数
1	有色金属及其合金	1.391205	11	其他通用设备	0.130753
2	有色金属压延加工品	0.952100	12	基础化学原料	0.123992
3	房屋建筑	0.370499	13	土木工程建筑	0.123406
4	金属制品	0.352226	14	商务服务	0.118755
5	电线、电缆、光缆及电工器材	0.297576	15	钢压延产品	0.116542
6	汽车零部件及配件	0.285846	16	计算机	0.113539
7	电子元器件	0.278051	17	专用化学产品和炸药、火工、焰火产品	0.104130
8	输配电及控制设备	0.194823	18	电力、热力生产和供应	0.095469
9	汽车整车	0.191100	19	电池	0.085600
10	通信设备	0.134845	20	泵、阀门、压缩机及类似机械	0.080676

我国非金属矿采选业对大多数产业都有前向效应，即作为供给方能够影响相关产业的发展，排名前20的产业如表9-5所示。影响最大的前5个产业分别是房屋建筑（0.524580），土木工程建筑（0.248022），水泥、石灰和石膏（0.190247），砖瓦、石材等建筑材料（0.177609），石膏、水泥制品及类似制品（0.133160）。

表9-5　非金属矿采选业的前向效应

序号	产业	系数	序号	产业	系数
1	房屋建筑	0.524580	5	石膏、水泥制品及类似制品	0.133160
2	土木工程建筑	0.248022	6	陶瓷制品	0.121847
3	水泥、石灰和石膏	0.190247	7	基础化学原料	0.112030
4	砖瓦、石材等建筑材料	0.177609	8	玻璃和玻璃制品	0.086467

续表

序号	产业	系数	序号	产业	系数
9	建筑装饰、装修和其他建筑服务	0.066521	15	建筑安装	0.033220
10	石墨及其他非金属矿物制品	0.066138	16	电子元器件	0.031665
11	农产品	0.044694	17	汽车零部件及配件	0.029953
12	耐火材料制品	0.044172	18	合成材料	0.028863
13	肥料	0.040517	19	塑料制品	0.028607
14	专用化学产品和炸药、火工、焰火产品	0.039782	20	金属制品	0.027734

二、我国采矿业的后向效应

后向关联效应指的是某产业对直接或间接地向本产业供给生产要素的产业产生的影响，反映对其他产业产生的需求拉动作用。

煤炭开采和选洗业发展需要相关产业的产品作为投入，从而作为需求方会拉动相关产业的发展，即具备后向关联效应。煤炭采选业拉动的排名前20位的相关产业如图9-1所示。图9-1中产业相应圆形面积的大小代表拉动作用大小，面积越大说明煤炭采选业对相关产业的需求拉动作用越大。其中，拉动作用最大的前5个产业依次是：煤炭开采和洗选产品（0.208760），电力、热力的生产和供应（0.089774），货币金融和其他金融服务（0.085359），商务服务（0.069273），钢压延产品（0.049484）。

石油和天然气开采业作为需求方其发展会拉动上游相关产业的发展，拉动的排名前20位的相关产业如图9-2所示；石油和天然气开采业拉动的前5个产业依次是：开采辅助活动和其他采矿产品（0.140526），电力、热力的生产和供应（0.062865），货币金融和其他金融服务（0.049923），采矿、冶金、建筑专用设备（0.039951），商务服务（0.037691）。

图9-3中产业是黑色金属矿采选业的上游产业，在黑色金属矿采选业有后向关联效应即有拉动作用的上游相关产业中排名前20位。黑色金属矿采选业后向关联效应最大的前五个产业依次是：黑色金属矿采选产品（0.223342）；电力、热力生产和供应（0.162109）；精炼石油和核燃料加工品（0.079827012）；货币金融和其他金融服务（0.054127）；商务服务（0.051459）。

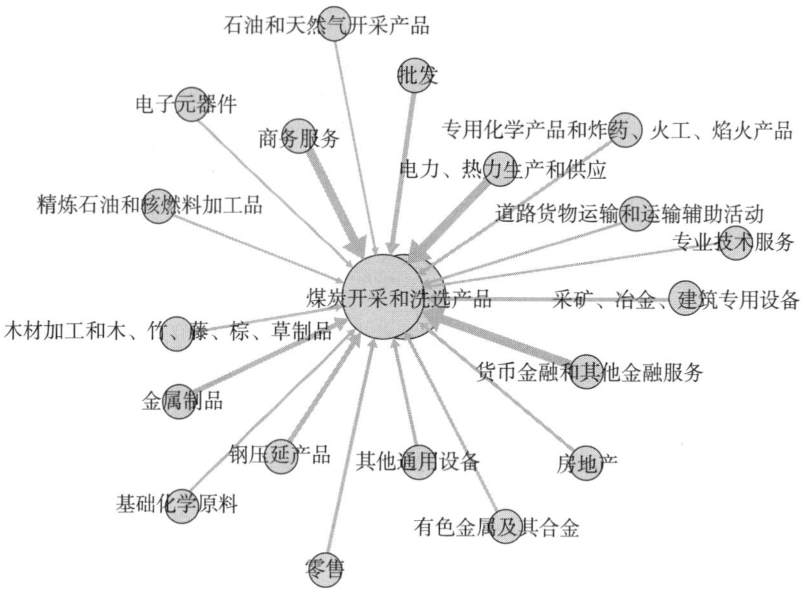

图 9-1 煤炭开采和选洗业对其他产业的拉动作用

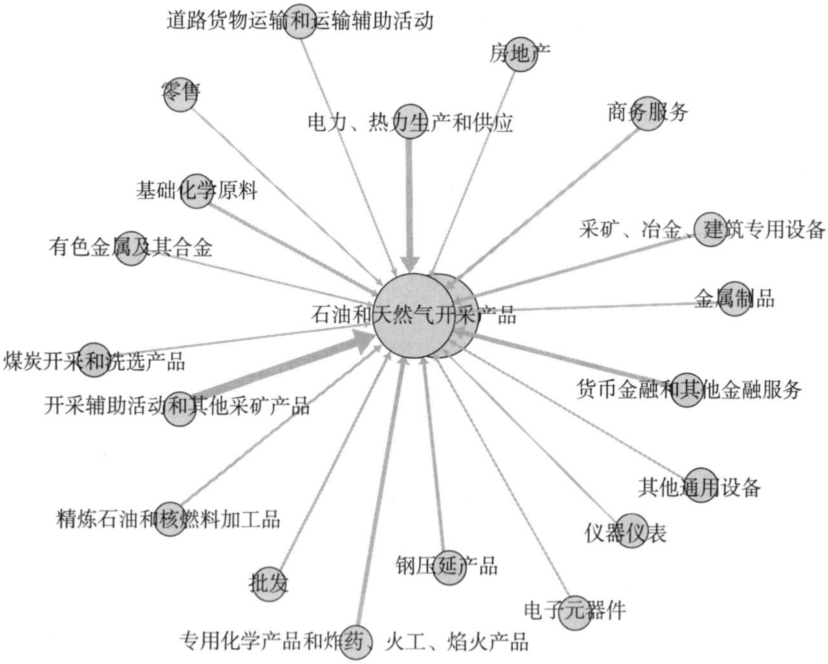

图 9-2 石油和天然气开采业对其他产业的拉动作用

图 9-4 所示为有色金属矿采选业具有后向关联效应的排名前 20 的相关产业，其中有色金属矿采选业发展对以下 5 个行业的需求拉动作用最大，分别

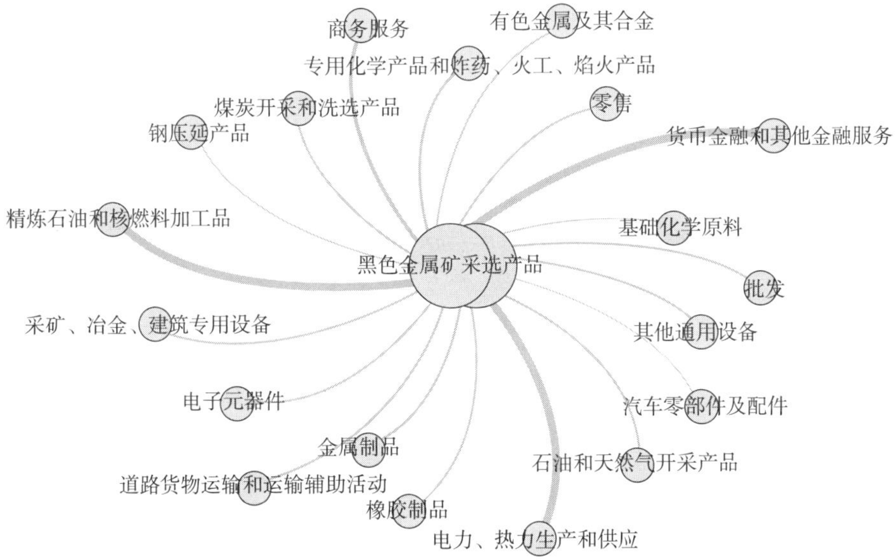

图 9-3　黑色金属矿采选业对其他产业的拉动作用

是电力、热力生产和供应业（0.171652）、精炼石油和核燃料加工品业（0.099212）、货币金融和其他金融服务业（0.083194）；专用化学产品和炸药、火工、焰火产品业（0.077225）和商务服务业（0.063072）。

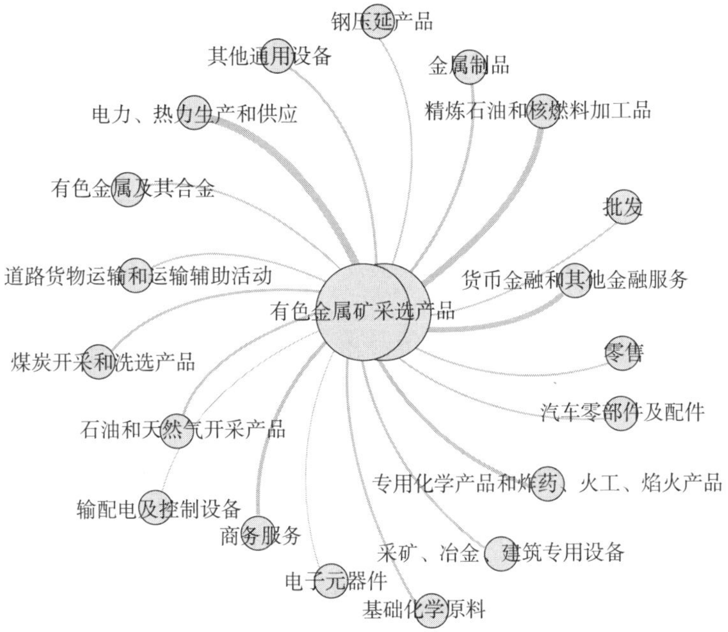

图 9-4　有色金属矿采选业对其它产业的拉动作用

我国非金属矿采选业对大多数产业都有后向效应，排名居前 20 位的产业如图 9-5 所示，影响最大的前 5 个产业分别是电力、热力生产和供应（0.145221）、精炼石油和核燃料加工品（0.095877）、专用化学产品和炸药、火工、焰火产品（0.082773）、货币金融和其他金融服务（0.074843）、石油和天然气开采产品（0.060557）。

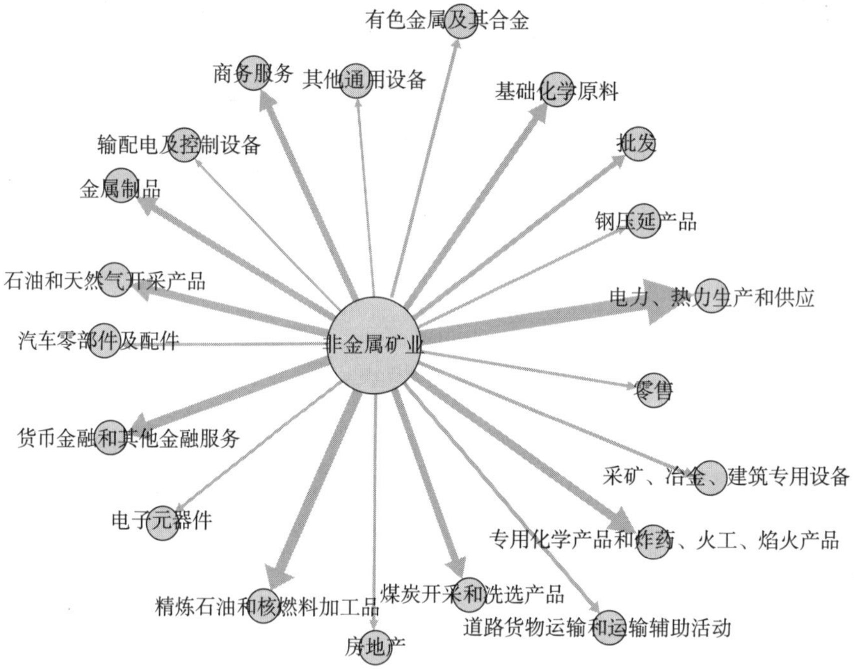

图 9-5　非金属矿产业对其他产业的拉动作用

第二节　矿业投资满足生产和生活消费需求的效应

各行各业的生产和广大人民群众的生活都需要持续不断的矿产资源供给，因而需要持续不断的矿业投资和矿业发展。人类生产和生活所需的矿产资源众多，能源是其中影响最大、最具重要性的，以能源为例可以说明矿业投资通过提供矿产资源产品而满足生产和生活消费的效应。

能源是行业发展的基础，各行各业的发展都不能缺少能源，其中第二产业中工业的能源消费总量最大，为 322503 万吨标准煤，占能源消费总量的 66%；在工业的能源消费总量中，制造业占比最大，为 83%。制造业作为国民经济的支柱产业，支撑着工业社会发展、先进装备及技术平台建设，是国家创造力、竞争力和综合国力的重要体现。因此，为满足各个行业不断增长的能源消费需求、保持能源供需的稳定，矿业投资是必不可少的（见表9-6）。

表9-6 2019年我国各行业能源消费量

行业	能源消费总量/万吨标准煤	煤炭/万吨	焦炭/万吨	原油/万吨	汽油/万吨	煤油/万吨	柴油/万吨	燃料油/万吨	天然气/亿立方米	电力/亿千瓦时
消费总量	487488	401915	46426	67268	13628	3950	14918	4690	3060	74866
农、林、牧、渔业	9018	2202	60		253	11	1475	1	1	1336
工业	322503	387268	46320	67259	262	11	1291	2613	2092	50698
采矿业	19233	23850	208	637	19	1	465	8	187	2777
制造业	268426	159894	46067	66622	216	10	770	2601	1405	38109
电力热力、燃气及水生产和供应业	34844	203524	45		27		56	4	501	9813
建筑业	9142	640	10		500	16	530	32	3	991
交通运输、仓储和邮政业	43909	283		9	6245	3689	9867	2025	341	1752
批发和零售业、住宿和餐饮业	13624	2378	17		288	15	204	10	62	3187
其他	27582	2598	6		2241	184	954	9	57	6264
民用生活	61709	6547	13		3839	23	597		502	10637

资料来源：国家统计局《中国统计年鉴2020》。

表9-7所示为我国1990—2019年生活能源消费量，2019年我国生活能源消费总量是1990年生活能源消费总量的3.9倍。由此可见，不断增长的生活能源消费量，也相应地需要由持续不断的矿业投资来满足。

表9-7 1990—2019年生活能源消费量

能源种类	1990年	1995年	2000年	2005年	2010年	2015年	2016年	2017年	2018年	2019年
合计/万吨标准煤	15799	15745	16695	27573	36470	50099	54209	57459	60436	61709
煤炭/万吨	16700	13530	8457	10039	9159	9347	9492	9283	7714	6547
煤油/万吨	105	64	72	25	21	29	26	28	25	23
液化石油气/万吨	159	534	858	1329	1537	2549	2955	3225	3147	2855
天然气/亿立方米	19	19	32	79	227	360	380	420	468	502

续表

能源种类	1990年	1995年	2000年	2005年	2010年	2015年	2016年	2017年	2018年	2019年
煤气/亿立方米	29	57	126	145	167	80	63	52	47	46
热力/百亿千焦	8972	12637	23234	52044	67410	93841	98623	106330	121684	128832
电力/亿千瓦·时	481	1006	1452	2885	5125	7565	8421	9072	10058	10637

资料来源：国家统计局《中国统计年鉴2020》。

第三节　国内矿业投资带动就业和增加收入的效应

作为与国计民生息息相关的基础工业，矿业在带动就业和增加国民收入方面发挥着关键性的作用。一直以来，矿业投资保证了矿业的持续发展，创造了大量的就业机会，也相应地为从业人员提供了稳定增长的收入，促进了居民的消费，进而带动了国民生产总值增长，促进了社会稳定和人民幸福指数提高。可以说，矿业投资为促进国民经济持续稳定地发展作出了重大贡献。2010—2020年我国采矿业各类单位就业人数和工资水平见表9-8。

表9-8　2010—2020年我国采矿业各类单位就业人数和工资水平

年份	城镇单位/万人	城镇单位平均工资/元	城镇集体单位/万人	城镇集体单位平均工资/元	国有单位/万人	国有单位平均工资/元	其他单位/万人	其他单位平均工资/元	城镇私营单位平均工资/元
2010	562	44196	18.8	23791	234.1	44904	309.1	44907	20981
2011	612	52230	20.4	30114	250.3	53387	340.9	52703	25519
2012	631	56946	20.6	35953	256.2	58534	354.2	57001	29684
2013	636	60138	15.8	39007	97.2	56317	523.4	61475	33081
2014	596	61677	13.3	41092	71.6	59765	511.7	62481	35819
2015	546	59404	10.7	42900	54.8	59673	480.3	59729	38192
2016	491	60544	9.4	42768	44.6	61638	436.9	60802	39600
2017	455	69500	7.7	44930	34.0	71402	413.6	69792	41236
2018	414	81429	4.1	55637	17.3	81234	393.0	81701	44096
2019	368	91068	3.2	65177	14.7	89567	349.9	91358	49675
2020	352	96674	3.0	70952	18.0	95817	331.0	96927	54563

资料来源：历年国家统计局《中国统计年鉴》。

在表 9-8 中，城镇单位从业人员是指有工作岗位的人员；城镇集体单位是指以生产资料的劳动群众集体所有制为基础的、独立的商品经济组织；国有单位是指国务院和地方人民政府分别代表国家履行出资人职责的国有独资企业、国有独资公司及国有资本控股公司，包括中央和地方国有资产监督管理机构和其他部门所监管的企业本级及其逐级投资形成的企业。

2010—2012 年，采矿业各类单位就业人员都在持续增加。2012—2020 年采矿业从业人员总体呈现先增加后下降的趋势，尤其在 2016—2020 年，采矿业从业人员逐年减少的趋势较为明显。

2010—2020 年，采矿业各类单位就业人员年平均工资呈递增趋势，国有单位增长较明显，城镇集体单位和城镇私营企业单位就业人员工资的增长速度较慢，二者相比，城镇集体单位工资高于城镇私营单位，工资差异主要源于各类单位投资资金链的完整程度和管理经营模式。

2020 年采矿业城镇单位就业人员有 352 万人，占城镇单位就业人员总数（17039 万人）的 2.07%。采矿业城镇集体单位就业人员有 3.0 万人，占城镇集体单位就业人员总数（271 万人）的 1.11%，平均年工资为 70952 元，低于城镇单位就业人员 96674 元的年平均工资。采矿业国有单位就业人员有 18.0 万人，占国有单位就业人员总数（5563 万人）的 0.32%。采矿业其他单位就业人员有 331.0 万人，占其他单位就业人员总数（11205 万人）的 2.95%。采矿业城镇私营单位就业人员年平均工资为 54563 元，低于城镇私营单位就业人员 57727 元的年平均工资。

第四节　我国矿业对外直接投资的效应

我国矿业对外直接投资的效应主要有五个方面，即矿产资源消耗替代效应、生产贸易转移效应、缩小国内矿产资源供需缺口效应、资本积累效应和技术进步效应。

一、矿产资源消耗替代效应

随着我国工业化进程的不断加快，对矿产资源的消耗越来越大，并且“作为世界加工厂”，很长时期内我国出口的产品多为资源投入高、产品附加值低的产品，因此我国矿产资源消耗量呈现快速增加的趋势。

对外矿业投资可以开发和利用国外的矿产资源，部分替代国内矿产资源的消耗，缓解国内矿产资源严重不足的局面，也有利于国内重要的矿产资源环境得到必要的休养生息，以维持我国生态环境的涵养。

二、生产贸易转移效应

传统的对外投资理论认为，在一国或地区资源有限的情况下，对外投资对出口和消费具有替代作用。现代研究表明，国际直接投资对原产品的国际贸易存在替代关系，又与新的国际贸易如中间产品的贸易、服务贸易等形成促进关系。

当矿产资源需要大量从其他国家进口时，矿业的对外直接投资可以替代矿产品贸易背后“从生产到出口即矿产资源的开发、生产以及贸易”的整个流程，从而对矿产资源的生产和贸易具备一定的掌控能力，在一定程度上可以规避生产贸易全流程中可能存在的风险。同时，在遵守东道国法律法规、树立国际环保意识的前提下，矿产资源开发生产过程中的污染也能够随着对外投资向海外转移，使国内生态环境的压力得到缓解。

三、缩小国内矿产资源供需缺口效应

我国既是矿产资源大国，也是人均矿产资源贫困国，矿产资源缺口较大，通过矿业对外直接投资能够有效缩小国内矿产资源的供需缺口。一方面，可以购买境外能源和矿产资源的开采权，或者并购东道国的矿业企业，对矿产资源进行开采，并根据国内需要以较低价格购入；另一方面，可以以项目合作的方式与东道国企业共同开发矿产资源，根据合同要求向国内输入，保证我国矿产资源进口数量及价格的稳定。矿业对外投资除了低价输入直接开采出的矿业原材料外，还可以进一步利用东道国的资源，如加工技术、生产设备和劳动力等将矿产资源进行就地加工，向国内输入半成品或中间产品，提升供应效率，弥补国内矿产品供应的不足。

四、资本累积效应

矿业对外直接投资一方面可使矿业企业获得投资回报，得到资本积累；另一方面可以拓宽利用外资的渠道，便于获得境外融资。矿业对外直接投资有很多是采用合资企业的形式，投资所用资本除了我国的外汇资金和设备以外，还包括在东道国市场和国际金融市场筹措的资金，因而矿业对外直接投资也成为我国拓宽利用外资渠道的一种新的有效手段。另外，我国在对外直接投资过程中存在着一个特殊的现象——资本回流，这种以享受我国政府给予外资企业的优惠政策为主要目的的资本流动，必然包含了其在国外筹措的资金，因此我国对外投资以及随后出现的资本回流客观上加大了我国国内利用外国直接投资的规模。

五、技术进步效应

矿业对外直接投资可以促进矿业企业的技术进步。我国矿业企业进入东道国，往往面临与当地企业或其他投资国龙头企业的激烈竞争。为提高竞争力，我国企业通常会学习外国企业的先进技术或进行自主创新，同时寻求更有效地利用现有生产资源的途径，以提升自身技术水平和生产效率。在境外的矿产资源勘查开发生产过程中，我国企业会以供应商、顾客、合作伙伴等身份与当地企业建立起业务联系网络，在这种前向或后向的业务关联活动中，我国企业能够获得由技术迭代及掌握新技术带来的效益，进而使自身的生产经营效率得到提高。并且，在各种形式的国际合作中，国内外人员的交流、合作也可能带来技术进步，不仅有助于我国企业自身的技术升级，也有助于提升全行业的技术水平。

第十章

矿业投资环境评估理论与方法

矿业投资活动有其特殊性、专业性和复杂性，因而我国企业无论在国内的矿业投资还是在国外的矿业投资，在获得成功经验的同时，也有很多失败的教训。究其原因，绝大多数是对矿业投资的内在规律把握不准，对目标投资区域的矿业投资环境评估失真。

矿业投资环境是一个错综复杂的大系统，包含诸多国内外因素，诸如政治、经济、军事、社会、文化、地域、技术、资源、宗教、国际关系等，某一项因素的变动会程度不同地改变投资环境，因而矿业投资环境是动态变化的。投资环境的优劣对于矿业投资的成败至关重要，无论企业进行投资决策还是政府制定相关政策，都必须充分考虑国内外矿业投资环境，因此对矿业投资环境的评估和分析非常重要。

进行矿业投资环境的评估和分析，首先需要确定科学的评估方法。在借鉴前人成果的基础上，我们尝试建立更合理的评估我国不同地区矿业投资环境的理论和方法。

第一节　国内外矿业投资环境评估理论与方法简述

通过文献梳理，可以看到国内外关于矿业投资环境的研究一直热度不减，关于矿业投资环境评估的研究成果非常丰富，这些成果无疑对于各国矿业投资的理论、实践以及政策制定都起到了重要的作用，但遗憾的是至今没有形成统一的、公认的投资环境评估理论与方法。

一、矿业投资理论的相关研究

矿业投资涉及投资环境评估、投资区位选择、投资方式选择、投资风险防范等，目前比较缺乏能够将这些内容纳入一个体系且逻辑一致地进行系统分析的矿业投资理论。

芬兰拉普兰塔科技大学的 Mikael Collan 教授等（2015）开发出了一种基

于系统思维的动态模型，该技术—经济模型从收益率的角度评价矿山活动，包括4种能够影响矿山收益率的因素。这4种因素相互联系，每种因素的变化都会影响其他3种因素，通过模拟各因素互动，得到矿业投资的可能效果。该模型模拟运行金属价格的5000种随机发展方向，之后对得到的结果进行检验，这些结果以分布图的形式呈现，其中包含能够得到高收益率的投资方式。这种方法有助于矿山企业做出投资决策，且可以指导矿山生产。

郑明贵（2011）发表的矿业投资决策理论与方法介绍了基于实物期权的矿业投资柔性决策模型、多目标综合评价的矿业投资决策模型、多因素层次模糊综合评价模型和矿业投资变权多目标柔性决策模型，并介绍了一个国外矿业投资项目和一个国内矿业投资项目的情况。刘勋涛（2016）的矿业投资开发决策理论与方法研究探讨了运用延迟实物期权进行矿业投资决策的模型，并据此对一个铜矿和一个铁矿的投资项目进行了分析。

刘慧芳（2006）提出企业进行国内外直接投资的三层次综合分析理论模型，模型的第一层次为最终目标层，表明企业进行投资生产经营活动的根本动力或最终目的是追求国内外净利润的和（$R_1^0+R_2^0$）尽可能大。模型的第二层次为直接目标层，表明企业想要实现（$R_1^0+R_2^0$）尽可能大，就必须考虑投资生产经营的总成本（C）、产品价格（P）、产品销量（Q）和相关税收（T），使得 P_1、P_2、Q_1、Q_2 尽可能大，使 C_1、C_2 和 T_1、T_2 尽可能小。模型的第三层次为影响因素层，列出了影响 C、P、Q 和 T 的国内外主要因素。在影响因素层的“其他因素”项中包括政治环境、社会安定、人文环境等没有被包括在别的项目中的因素。该模型可应用于对矿业投资的分析。

二、矿业投资环境包含因素的相关研究

矿业投资环境是产业投资环境的一种，是指在一定时期内待勘探、开发矿产所在国（或地区）拥有的影响或决定投资者进入并取得预期效益的各种因素的有机整体。矿业投资环境包括硬环境和软环境，对于矿业投资环境的评估，首先要确定矿业投资环境包含的因素（即影响矿业投资环境的主要因素）。

对矿业投资环境包含因素的研究成果有很多，不同的研究成果呈现不同的观点。周进生（1997）从地质潜力、政治环境、市场环境、法规环境、财政制度、金融条件、环境保护、经营条件等多个方面对我国矿业投资环境进行了简评。刘益康（2002）从法律、政策、行政、社区关系、地质资料可得性等方面指出我国在当时的矿业投资环境下应予以改进的方面。吴尚昆（2004）将构成矿业投资环境的影响因素分为四类，分别为国际因素、矿产资

源潜力因素、矿业政策及法律因素、经济及矿业税费因素。闫晶晶、沙景华（2006）围绕资源环境、财政环境、金融环境、行政环境、法规环境等方面定性分析了我国矿业外商投资环境现状。李志明等（2008）根据实践经验，把投资环境看作一个大系统，包括经济因素、政治与法律因素、基础设施因素、社会因素和自然人文因素。相楠、沙景华等（2009）构建了西部 12 省份矿业投资环境评价指标体系。

刘莎等（2010）将全球矿业投资环境评价指标归纳为政局稳定性、矿业政策、经济环境、基础设施、竞争环境、社会环境六大方面 13 个次级指标。张玉梅（2015）所在课题组向 24 个省（自治区、直辖市）的地勘单位、矿业公司和外商矿业投资企业发放调查问卷，从资源潜力、市场环境、政策法规、信息服务和基础设施等多个方面综合评价，根据统计的调查问卷结果分析我国矿业投资环境。陈俊楠（2016）通过梳理国内外关于矿业投资环境竞争力影响因素的研究成果，识别我国区域矿业投资环境竞争力的影响因素，主要包括资源禀赋、矿业发展程度、矿业市场化程度、矿业开放程度、矿业管理效能、地质资料服务和基础设施条件等多个方面。徐曙光、闫卫东等（2016）将影响矿业投资环境的各类要素分为资源因素与非资源因素，选择 10 个指标建立矿业投资环境的评价体系，各指标分别确定各自的评价标准，主要分类为矿产资源潜力、矿业投资外商准入、政治稳定性、基础设施和矿业权等共 19 个因素。

世界银行（1990）研究指出，影响跨国公司进行矿业投资的主要因素有矿业权的保证、稳定的税制、货币兑换的确定性、矿业法及其稳定性、允许设立外部账户、汇率及其管理政策、加速摊销与折旧等。杰姆·奥托（1992）对矿业投资环境的影响因素进行了系统研究，并在此基础上建立了由地质标准、政治标准、销售标准、法规标准、财政标准、金融标准、环境标准、经营标准、利润标准、其他标准等 10 项标准 70 个指标组成的矿业投资环境评价体系。美国贝里多贝尔集团主要从影响矿业投资的政治风险角度构建矿业投资环境评价体系，该体系考虑了 7 项标准，分别是：国家经济体系、国家政治体系、社会问题影响矿业的程度、因官僚或其他因素导致的在获得许可证上的延误、腐败程度、货币稳定性、税制。

加拿大弗雷泽研究所充分重视对外宣传与交流，以提高影响力。自然资源研究中心每年发布矿产勘查开发公司调查报告，旨在了解矿产资源潜力和公共政策因素（如税收和制度的不确定性）对勘查投资的影响。弗雷泽研究所的研究认为，影响矿业投资的因素包括 15 个指标，分别是：①有关现行法规的管理、解释或执行的不确定性；②有关环境法规的不确定性（法规的稳定性、法规流程的一致性和及时性、非科学法规）；③法规重复和不一致性（包括联邦/省、联邦/州、部门间重叠等）；④法律制度（法律程序公正、透明、无腐败、及时、高效管理等）；⑤税收制度（包括个人、公司、工资、资本和其他税种，以及税收规定的复杂性）；⑥有关有争议土地索赔的不确定性；⑦将荒野、公园或考古遗址等区域进行保护的不确定性；⑧基础设施（包括道路通行、电力供应等）；⑨社会经济协议/社区发展条件（包括当地的购买或加工要求，或提供学校或医院等社会基础设施）；⑩贸易壁垒（关税和非关税壁垒、利润汇回限制、货币限制等）；⑪政治稳定；⑫劳动法规/雇佣协议/工作中断；⑬地质数据库的质量（包括地图的质量和比例、易于访问信息等）；⑭安全级别（包括由于恐怖分子攻击造成的人身安全问题、罪犯、游击团体等）；⑮劳动力/技能的可用性。

三、矿业投资环境评估方法的相关研究

针对同样的投资环境，运用不同的评估方法可能会得到不同的结果。目前常用的评估方法有层次分析法、主成分分析法、因素分析法、AHP 模糊综合评价法、调查取样法等。

弗雷泽研究所自 1997 年开始发布年度矿业公司调查报告，使用的是抽样调查法。其调查报告主要依靠对矿业公司的问卷调查结果，调查各主要矿业公司对调查目标国家或地区矿业投资环境的评价，并在调查结果统计分析的基础上，提出各调查目标国家或地区“矿产潜力指数”“政策潜力指数”和“投资吸引力综合指数”，进而得出各调查目标国家或地区矿业投资环境的排序。贝里多贝尔公司的评价基于专家经验，对每项标准打分，然后将矿业投资的政治风险排序。贝里多贝尔公司的排序来自该公司在 50 多个国家工作的经验，同时参考了华尔街期刊的经济自由度指数，其所依据的原始信息和评价标准都没有对外公开，排序结果是定性而非定量的。

相楠、沙景华等（2009）采用层次分析法，朱利明（2011）考虑了动态预测体系，陈艳红、郑明贵等（2015）运用三角模糊树方法，陈俊楠（2016）采用专家调查法、问卷调查法和多层次加权综合评价方法，徐曙光、闫卫东等（2016）采用专家打分、主观赋予权重的方法，郑明贵、谢为（2014）以及文唯、郑明贵等（2016）运用变权模型和灰色关联相结合的方法，何金祥（2019）提出了主因素+核心要素法，这些学者的成果对矿业投资环境评估方法的丰富做出了重要贡献。

四、弗雷泽研究所投资环境评估方法

由于弗雷泽研究所的研究报告在全球有比较广泛的影响，因此本书对弗雷泽研究所的研究进行简要分析，以 2018 年弗雷泽研究所的矿业公司年度报告为例予以说明。

弗雷泽研究所自 1997 年每年进行一次调查，2018 年的调查时间是 8 月 21 日至 11 月 9 日。该研究所将调查问卷发放到世界各地从事矿业勘探、开发和其他与矿业有关的大约 2600 名公司经理或高管手中，收到 291 份个人回复，其中 266 人完成了问卷，25 人完成了部分问卷，收到 5 个以上调查回复的国家或地区可以纳入评估报告。2018 年评估了全球 83 个国家和地区。调查回复数介于 5~9 的国家和地区在报告中予以标注说明。关于中国的调查回复数为 5~9。由于调查回复不足，亚洲只有中国进入了调查报告。

调查问卷收集受访者针对自己熟悉地区的 15 个政策因素中的每一个因素对矿业投资的影响进行评价，评价分为 5 个档次：1——鼓励勘探投资；2——并不能阻止勘探投资；3——对勘探投资有温和的威慑作用；4——对勘探投资有强大的威慑力；5——由于这个因素，将不会在该地区进行勘探投资。

弗雷泽研究所构建了矿业投资综合吸引力指数，该指数由政策感知力指数和最佳实践矿业潜力指数综合而成，其中政策感知力指数的权重为 40%，矿业潜力指数的权重为 60%。

政策感知力指数（PPI）是先计算每个政策因素的平均得分值，将此得分值标准化，然后将 15 个政策因素的每一个得分相加，使用公式对得分进行归一化，生成最终的标准化政策感知力指数得分。政策最具吸引力的地区得分为 100 分，政策构成最大投资障碍的地区得分为 0 分。

将分数进行标准化的计算公式为

$$\frac{V_{\max}-V_i}{V_{\max}-V_{\min}}\times 100$$

最佳实践矿业潜力指数首先假设了一种“最佳实践”政策制度，包括世界一流的法规环境、高竞争力税收、无政治风险或不确定性、完全稳定的矿业制度。这个指数代表了一个地区的“纯”矿业潜力。

最佳实践矿业潜力指数根据地区的地质情况对“鼓励矿业投资”或“不抑制投资”进行排名。因为“鼓励”的回应对投资的态度比“不抑制”的回应更为积极，因此在计算这些指标时使“不抑制”的分值占到“鼓励”分值的一半。例如，对西澳大利亚州“最佳实践矿业潜力”评价时，78%的受访者认为其“鼓励投资”，20%的受访者认为其“对投资没有抑制”。因此，在2018年的调查中，西澳大利亚州的得分为88分（78个1分+20个0.5分）。另外，报告用15幅图显示了15个政策因素中的每个因素，以及被评为“鼓励投资”或“对投资没有抑制”的地区受访者回复的百分比。

在弗雷泽研究所的报告中，2014—2018年，中国的矿业投资综合吸引力指数、矿业投资政策感知力指数和矿业投资最佳实践矿业潜力指数的得分一直都比较低，排名一直很靠后，2018年世界排名分别是倒数第6位、倒数第10位、倒数第11位。

虽然弗雷泽研究所的矿业投资环境评估报告在世界范围内有较大影响力，但是分析其研究过程，可以判断其研究的得分和排名是存在可以质疑的地方的。

那么，我国的矿业投资环境到底怎么样？是否真如弗雷泽研究所报告显示的那么差？我国的矿业投资环境具体有哪些方面比较差？是什么原因导致的？这是我国政府、矿企和学术界应该清晰了解和把握的问题，为此我们有必要研究并构建一套能够客观评估我国矿业投资环境的方法和理论。

五、构建矿业投资环境评估理论与方法的思路

运用不同的评估理论和评估方法，即使对同一种投资环境进行评估和分析也会得出不一致的结果，从而使得评估分析结果的可信度难以保证，并且如果据此进行矿业投资实践或者矿业投资相关政策的制定，结果往往并不乐观。因此，进行矿业投资环境的评估和分析，首先需要确定科学的评估理论和方法。

目前国内外没有形成统一的、为大家所认可的矿业投资环境评估理论和方法，各种研究成果都是对科学的评估理论和方法的探索，本书借鉴现有各种成果中的有效部分，力求从不同的视角、用不同的方法研究矿业投资的内在规律，揭示矿业投资环境评估的内在逻辑，提出切实可行的矿业投资环境评估方法，这对于国内外矿业投资环境评估的理论方法研究来说是一个补充。

从实践方面说，切实可行的矿业投资环境评估理论和方法有助于我国政府和矿业企业正确地认识和把握矿业投资环境及其变动趋势，并且能够清楚地分析矿业投资环境形成及变化的深层原因，有助于我国政府和矿业企业针对矿业投资环境的变化采取相应的对策，对于我国矿业投资的可持续发展非常有必要，进而为保障社会经济持续稳定发展、造福国民起到应有的作用。

构建矿业投资环境评估方法需要解决几个方面的问题：什么是矿业投资环境？矿业投资环境包括哪些因素？这些因素对矿业投资有怎样的影响？影响矿业投资的途径是什么？怎样对矿业投资环境进行科学评估？具体来说，需要考虑以下几点：

从理论上揭示矿业投资内在的一般性规律，探讨可以解释和指导矿业投资决策的理论和方法。

从矿业投资的一般性规律中提取、分离影响矿业投资的主要环境因素。

对影响矿业投资的主要环境因素进行详细分解，罗列各主要影响因素所包含的次级影响因素，分析各个因素影响矿业投资的途径。

探讨对矿业投资环境进行综合评估的方法，重点对定量评估方法进行研究。

第二节 矿业投资的一般性理论模型

矿业投资与所有实业投资一样遵循一些共同的经济规律，但矿业投资又有其独特性，因此有必要首先研究矿业投资的一般性规律，再从中提取矿业投资环境及其评估的有效内容。

一、矿产资源获得保障的途径

从一个国家的角度考虑，国民经济发展所需要的矿产资源可以通过 3 个渠道获得：在国内进行矿业投资，勘探开发国内的矿产资源；从国外进口别的国家生产的矿产品；到国外进行矿业投资，勘探开发国外的矿产资源。简言之，一个国家的矿产资源可以通过国内外的矿业投资或者进口贸易获得。

矿业企业可以通过两个渠道获得经济利益：一个是将自己生产的矿产品在国内市场销售；另一个是将自己生产的矿产品出口到国外市场。矿产资源的勘探有其特殊性，勘探的产品是一种未来可能实现的矿产品。勘探企业的活动与开发企业的有所不同，但其经济利益与开发企业相同，也表现为投入和产出的比较。

我国拥有开放的经济系统，矿产资源的保障是在越来越一体化的全球经济环境中实现的。矿产品的进口和出口、国内企业在国内的矿业投资、国外企业在我国的矿业投资、我国企业在境外的矿业投资等都是我国矿产资源保障体系的有机组成部分。因此，研究矿业投资环境不能脱离对整个世界矿业系统的认识，不能忽略世界矿业投资的变化，只在自己的国家范围内就投资环境说投资环境，这样的环境评估是不全面的。

矿业投资是一个复杂的系统，是一个相对开放的全球化体系，矿业投资的安排是在全球范围内进行的。我国与其他国家之间的矿产品贸易和矿业投资合作关系、其他国家之间的矿产品贸易和矿产资源领域的投资合作关系、世界矿产品的价格变化等，都会对我国的矿业投资产生重要影响。矿业投资不仅需要考虑国内投资生产和销售的情况、国际市场的情况，也需要考虑国内外的市场价格、供给需求以及进出口问题。只有将这个系统中的各个方面考虑清楚，将相互的影响考虑清楚，以系统的观点进行分析才能得到比较科学的决策。

进口别的国家开发生产的矿产品需要考虑矿产品进口价格的波动、进口量的保障、各种成本的变化、政府政策的变化、其他不确定性风险等。国内投资是一个系统，需要考虑国内的资源禀赋、开采条件、资源环境保护、当地的社会经济影响、相关政策、其他不确定性风险等。国际投资是一个系统，需要考虑东道国的资源禀赋、开采条件、资源环境保护、当地的社会经济影响、相关政策、其他不确定性风险等。

二、矿业投资的一般性理论体系

无论从国家的角度还是从企业的角度来看，矿业投资考虑的都是未来的利益或收益。我们假定矿业企业的目标和国家的目标是一致的。

一般性理论应该是对矿业投资这一经济活动整体的、系统的、客观的描述，矿业投资相关各方在这个系统里既各自发展，也互相影响、互相制约。基于这样的认识体系，既可以将各方纳入一个体系中进行整体分析，也可以单独对体系中的每一方进行具体分析。

基于以上思考，得出构建模型的思路：一个矿业投资模型可以将各种情况容纳在一起，揭示各主要变量形成的总的影响规律。

首先要搞清楚矿业企业进行直接投资的目的，这是投资的根本问题，也是模型考虑的起点。矿业企业进行直接投资的产品具有特殊性，绝大多数是不可再生的矿产资源，很多矿产资源在各国国民经济发展中发挥着非常重要的作用，有些矿产资源由于被运用于高新技术以及军事装备领域，涉及了国家安全，因此受到更广泛的关注。所以，矿业企业的直接投资既可能是出于国家战略的考虑，也可能是出于矿业企业一般商业投资经营的考虑。

究其根本，无论是哪一个层次的考虑，矿业投资的最终目的都是要获得利益，这个利益可以是政府层面考虑的利益，也可以是企业或自然人层面考虑的利益。对于地质勘查的投资和开发生产的投资来说，也是可以纳入模型的。勘查单位进行地质勘查，其产品是勘查出来的矿产、矿权；开发生产单位进行矿产的开发生产，其产品是各种具体的矿产品；其共同点也还是获得利益。因此，我们将矿业直接投资的目的概括为获得利益，即使是出于战略的考虑也是为了获得国家利益。矿业投资活动从根本上说就是经济活动，因而可以归纳为对综合经济利益的获得。

对于地勘单位对外投资来说，无论是出于国家战略考虑还是出于企业发展的考虑，其指向都很明确，就是勘查得到有价值的矿产资源信息，储量大的矿就意味着产出大，其卖出矿权的价格就可以很高，不卖出去，即便是储备着，它也已经有了实际的价值，比如国家占有着、储备着。这个价值的衡量在于价格的计算。不过，价格的确定与所有商品的价格一样都是经济学永远的话题，就看是按照勘查当时的矿产品价格计算，还是按开发出来后当时的价格计算。矿产品价格是变化起伏比较大的，作为投资来说，不应该仅仅看投资时的价格，而应该是参考投资时的价格并更多考虑投资生产后的价格，也就是有价格的预测成分在内。

对于矿产资源开发生产的企业来说，进行国内或国外投资不外乎两种形式：新建或者并购。其最终目的也是通过投资开发生产矿产品。矿产品可以是为了满足本国经济发展的需求，在国内开发国内销售或者在国外开发通过贸易渠道运回国内销售，也可以是为了企业的商业利益而在全球范围内选择销售区域。

一般来说，各个国家都是首先开采本国矿产资源，发展相关下游制造业，随着制造业不断发展和壮大，本国矿产资源不断耗竭或成本提高，开始依赖进口矿产品以维系本国产能，随着进口资源产品价格的不断提高或者不能保障，本国企业开始转移资源开采地，到别的国家去投资矿产资源开发。

从理论上说，矿业投资的综合收益受到以下 6 个方面的影响：①矿产品生产和销售带来的收入。这是获得收益的必要条件，在其他条件不变时，销售收入越高，综合收益越高。②进行投资生产经营的总成本。总成本越高，综合收益越低。③矿产资源消耗。矿产资源是不可再生的、可枯竭的，在投资生产经营过程中消耗了矿产资源就意味着可持续性受到影响，也即后代使用矿产资源的可能性被损失掉了。因此，从可持续角度考虑，矿产资源消耗对综合收益的影响应为负面的。虽然从企业角度来讲，企业可能不太关心矿产资源的可持续性，但是国家对矿产资源可持续性的考虑会通过各种形式施加影响。④生态环境影响。矿业的投资生产经营势必会对生态环境造成负面影响，在世界各国越来越重视生态环境保护的形势下，矿业投资对生态环境的影响理应得到充分重视。⑤政府的管理措施。政府的管理措施对矿业投资生产经营综合收益的影响很大，有行政性的各种无法量化的管理措施的影响，有各种可量化的税费的影响，有的影响是正向的，有的影响是负向的。⑥其他不确定性因素。矿业投资的综合收益还会受到各种随机的、不确定性因素的影响，影响可能是正向的，也可能是负向的。

矿业投资的最终目标是获得综合收益，这个最终目标的实现受到以上六个方面的影响，具体再分析以上各个方面，不难发现它们各自又受到其他许多因素的影响，这许多因素的共同作用决定最终综合收益的形成。这种影响可以用图 10-1 简单勾勒出来。图中第三列众多的影响因素分为两类：一类是投资主体内部因素，即构成矿业企业自身投资能力的因素，一类是投资主体之外的因素即构成矿业投资环境的因素。由此图也可以明确地了解矿业投资环境对于矿业投资的成败、矿业投资收益的多少具有非常重要的影响。

矿业投资主体无论是政府还是企业（中央企业、地方国企、私企或其他形式的企业），投资的目的都是在既有条件下追求综合收益最大化，只不过收益的内涵和外延稍有不同。政府和矿业企业都追求综合收益最大化。矿业企业考虑的综合收益是企业自身的综合收益，政府所关注的综合收益是地区的或国家整体的综合收益。一般地，从矿业投资的经济性上说（有时有政治上的或者战略上的目标，这种情况不具有普遍性，应该做特殊或者个别讨论），利益的追求无非是以尽可能少的投入获得尽可能多的产出，或者说在既有条件下追求综合收益最大化。

矿业投资所关注的综合收益是投资经营期内各年的收益，是一个长期的收益过程，不能只考虑一年的收益，也不能只考虑投资前几年的收益。矿业投资的综合收益是一个随机变量，不仅应当考虑数学期望，即综合收益的平均数，还要考虑矿业投资综合收益的方差，因为方差表示的是综合收益偏离平均数的程度，方差小表示矿业投资综合收益的波动不是很大，还在可控范围内，如果是大起大落的综合收益，从投资的稳健性来讲不是很好。因此，方差比较小的矿业投资项目是比较可行的投资项目。

将以上思路简单表达为投资者追求整个投资生产经营时期内的综合收益在约束条件下尽量大，表示为定积分的形式，即

$$\max\int_0^T r(x)\,\mathrm{d}x$$

式中下限 0 即矿业投资启动的时间；上限 T 即矿山资源枯竭的时间或者矿山停止开采的时间；$r(x)$ 为收益函数。

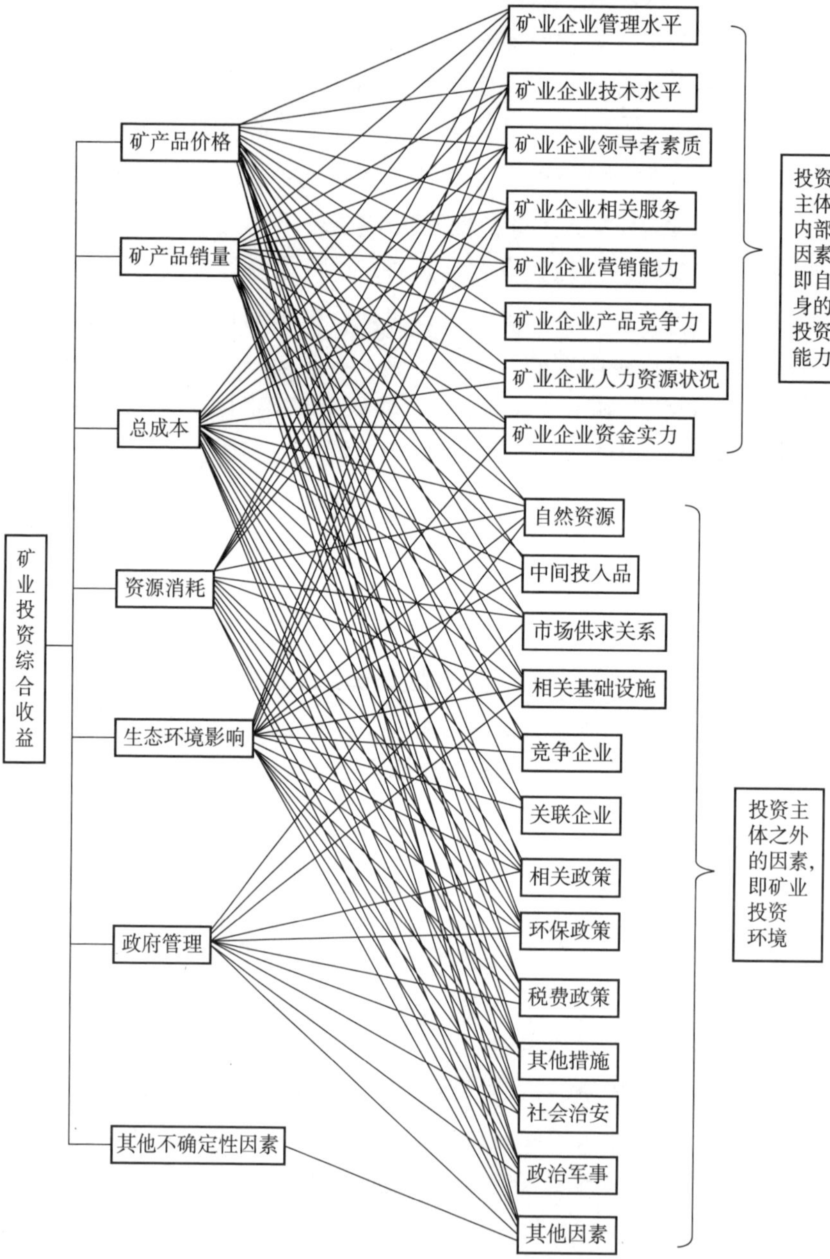

图 10-1 矿业投资的一般性规律

由于投资过程及投资的收益很难以连续的时间衡量或计算，现实中以一定间隔的时间点（如月、季度或年）衡量或计算更可行，所以以离散的形式表示综合收益最大化为

$$\max\sum_{t=1}^{n}R_t \qquad t=1,\ 2,\ \cdots,\ n$$

式中，n 为矿山资源枯竭的时间或者矿山停止开采的时间；R_t 即从第 1 年到第 n 年中第 t 年的综合收益；R_t 为一个随机变量，受多种因素的影响，一般情况下是倒“U”形的。

以 P 表示矿产品价格；以 Q 表示矿产品产量（或销量）；以 C 表示投资经营的总成本；以 F 表示矿产资源消耗；以 G 表示生态环境影响；以 T 表示政府相关政策措施的影响；以 u 表示其他不确定性因素；则 R_t 由其他几个变量共同决定，由此构建矿业投资一般性理论模型的数学表达式为

$$R_t=P_tQ_t-C_t(Q_t)-F_t(Q_t)-G_t(Q_t)-T_t+u_t \quad t=1,2,\cdots,n$$

式中，u_t 为随机扰动项，纳入了各种没有在前几项中包括的不确定性因素。

矿业投资是基于对今后收益的预测，投资时希望了解 E（R_t）能达到什么状况，同时也希望 Var（R_t）尽量小，也即波动尽可能小。

因此，更切合实际的矿业投资一般性理论模型的数学表达式为

$$\begin{cases}\max\sum_{t=1}^{n}E(R_t)=\max\sum_{t=1}^{n}E[P_tQ_t-C_t(Q_t)-F_t(Q_t)-G_t(Q_t)-T_t+u_t]\\ Var(R_t)\text{尽量小}\end{cases}$$

其中，Q_t 在一定程度上可以由矿业投资者控制。$Var(R_t)$尽量小是指投资者希望投资收益的方差较小，离散程度也较小。

政府或者矿业企业根据对今后收益的预期做出投资决策。企业关注最后结果，如果政府在资源和环境方面不加限制或者限制少、税费少，企业就会获益较多；如果政府想要提高综合收益，可以在资源和环境部分进行限制和征收税费。

三、模型中的影响因素

1. 矿产品价格（P）的影响因素

价格主要受供求关系的影响，理论模型为

$$P_t=P_0+a(D_t-S_t)$$

式中，P_0 表示一个基础的价格或均衡价格；P_t 在均衡价格附近波动；a 为供求差额对价格变动影响的参数，$a>0$，当 $S>D$ 时，价格 P_t 降低，当 $S<D$ 时，P_t 上涨。供给和需求都包括了国内外两种情况，比如在本国生产出口的是对世界市场的供给，满足了国外的需求。如果从国外进口同类产品，则是国外产品供给了国内需求，并且到底是在国内投资生产还是在国外投资生产，情况也都不同。在全球化的背景下，要把生产、销售和投资都放在全球范围内

考虑。

供求关系对于价格的影响是最主要的影响，其他具体化的影响都可以归于对供给和需求的影响，进而对价格产生影响。矿产品价格与矿产品供求之间互为因果关系，当矿产品价格上涨时会引起供给增加，供求关系失衡；当供求关系失衡时，例如需求大于供给，会引起矿产品价格上涨。理论上可以预测 $S=D$、$S>D$、$S<D$ 时矿产品价格的变化情况。

模型中，P 包括企业产品在国内销售的价格（P_1）和在国外销售的价格（P_2）。企业可以在本国生产向本国销售，可以在本国生产向国外销售，可以在国外生产向国外销售，可以在国外生产向本国销售，当然还可以选择这几种基本形式的各种组合形式。商品销售价格受很多因素的影响，如企业总成本的影响、企业国内外营销能力的影响、国内外市场供求状况的影响、国内外竞争企业和关联企业的影响、企业技术水平和管理水平的影响、国内外政策的影响、产品本身竞争力（如质量、品牌、差异化等因素）的影响。

2. 产量（销量）（Q）的影响因素

对于现实中的矿业企业来说，矿产品的销量与产量一般是不等量的，如果销量等于或者略微小于产量，就可能出现产量小于需求量的情况，失去获得更多收益的机会；如果销量小于产量太多则意味着积压，对于收益的获得也是非常不利的。在理论上，为了便于分析，我们假定产量和销量是相等的。

在矿业市场中，企业的销量（Q）等于市场的总销量减去其他同行竞争对手的销量，因而其销量与市场的总需求量有关、与同行竞争者的销量有关、与替代品的销量有关、与自己的产量有关，而本企业的矿产品产量受到投资地资源储量、资源品位、投资规模、技术水平及管理水平的影响。

模型中，Q 包括在国内销售产品的销量（Q_1）和在国外销售产品的销量（Q_2）。对于任何一家企业来说，无论是发达国家的企业还是发展中国家的企业，无论是生产性企业还是服务性企业，没有市场便不能生存，没有较大的销售量便不可能获得较多的利润，因此对销售数量的追求是所有企业必然的表现。世界上极个别企业利用产品的差异性制定产品的超高价、控制产品的生产量和销量不在本书的一般性讨论之列。

在影响因素中，与 Q 相关度较高的主要有企业国内外营销能力、国内外市场供求状况、国内外竞争企业与关联企业、企业技术水平和管理水平、国内外政策影响、企业产品本身的竞争力等。显然，矿业企业产品的销量还受到产品价格的影响，但由于经济问题的复杂性，很难在一个模型中设置完全不相关的或者完全独立的指标。在本书的理论模型中，P 是与 Q 并列的指标，虽然 P 和 Q 之间有一定的相关性，其数值大小相互影响，但我们只能将 P 和 Q 放在一个层次，而不能把它们中间的任何一个作为另一个的影响因素。

3. 总成本（C）的影响因素

将国内外的因素都考虑在内，企业进行矿业投资生产经营的国内外总成本为 C，C 的大小取决于国内外各种相关成本的大小。下标 1 表示国内的，下标 2 表示国外的。

$$C=C_1+C_2=(C_1^1+C_1^2+C_1^3+C_1^4+C_1^5+C_1^6+C_1^7+C_1^8+C_1^9)+(C_2^1+C_2^2+C_2^3+C_2^4+C_2^5+C_2^6+C_2^7+C_2^8+C_2^9)$$

C 中包括企业在国内购买投入品的成本（C_1^1）和在国外购买投入品的成本（C_2^1），企业既可以只在国内购买投入品，也可以只在国外购买投入品，还可以既在国内也在国外购买投入品。企业会选择成本较低的方式购买。在现代的企业生产中，由于投入品的种类较多，国际的商品贸易比较自由，企业同时在国内外购买投入品的情况更常见。

C 中包括企业在国内研究与开发的成本（C_1^2）和在国外研究与开发的成本（C_2^2）。大多数跨国企业的研究与开发都是在国内进行的，尤其是核心技术的研究与开发，但是随着全球经济一体化和跨国企业的进一步发展，研究与开发在东道国进行的越来越多。对于跨国企业来说，研究与开发的成本是比较大的一部分成本。在影响因素中，国内外技术水平是与企业国内外研究与开发成本直接相关的一项。事实上，国内外技术水平影响到 C、P 和 Q 的各个方面，这是一个显而易见的关系，在此不再赘述。

C 中包括企业投资生产经营涉及的国内运输成本（C_1^3）和国外运输成本（C_2^3）。国内的运输成本是指企业购买投入品和销售产品涉及的在国内部分的运费，国外的运输成本是指企业购买投入品或销售产品所涉及的国外部分的运费。企业在本国生产，但从国外进口投入品或将产品卖到国外，就会既有国内运输成本又有国外运输成本；企业在国外进行生产，但从本国购买投入品或将产品卖到本国，则也有国内外运输成本。只有当企业生产的投入品和产品的销售都在国内或都在国外时，才会出现只有国内运输成本或只有国外运输成本的情况。在影响因素中，与运输成本相关性较强的是国内外基础设施和国内外相关服务。

C 中包括企业国内的交易成本（C_1^4）和国外的交易成本（C_2^4）。国内的交易成本是指企业购买投入品和销售产品发生在国内市场部分的交易成本，国外的交易成本是指企业购买投入品和销售产品与国外市场发生联系所产生的交易成本。在影响因素中，与交易成本相关性较强的是国内外市场供求和国内外相关服务。

C 中包括企业国内营销成本（C_1^5）和国外营销成本（C_2^5），主要是指企业将自己的产品推向国内市场和国外市场时所投入的营销成本。在影响因素中，与营销成本相关性较强的是国内外市场供求、国内外竞争企业和关联企业、产品竞争力、企业营销能力、国内外相关服务等因素。

C 中包括企业国内融资成本（C_1^6）和国外融资成本（C_2^6）。国内融资成本是指企业在国内进行融资的成本，国外融资成本是指企业在国外金融市场、资本市场或以其他方式进行融资的成本。如果企业完全以自有资金投入，则可视企业的融资成本为0；如果企业需要通过国内外金融市场、资本市场或其他方式进行融资，则有相应的融资成本；如果不能得到融资，则可视企业的融资成本为无穷大。企业融资成本的大小主要受相关国家政策、法律、利率和汇率等因素的影响。在影响因素中，融资成本的主要影响因素表现为国内外市场供求与相关服务。

C 中包括企业在国内购买劳动力的成本（C_1^7）和在国外购买劳动力的成本（C_2^7）。如果企业只在本国生产经营，则只需要在本国雇用劳动者或雇用个别外国管理者或技术人员，我们把发生在本国的购买劳动力的成本都计入 C_1^7；如果企业在国外投资经营，则需要外派一部分本国人员并且在当地雇用劳动者，我们把这些成本都计入 C_2^7。本书所指的劳动者包括管理人员、技术人员和一般性的劳动者。在影响因素中，与之相关的是国内外劳动力状况。

C 中包括企业国内的管理成本（C_1^8）和国外的管理成本（C_2^8）。企业如果只在本国生产经营，则只有国内的管理成本；企业如果在国外有直接投资，则会增加在国外的管理成本。管理成本与企业的规模、组织结构、制度安排、人员素质、生产服务流程，以及管理水平等密切相关。企业的规模越大，管理成本就越高；企业的管理水平越低，管理成本就越高。在影响因素中，与企业管理成本密切相关的是企业的国内外管理水平。事实上，企业的管理水平与企业的技术水平一样，影响到企业生产经营的各个方面，从而影响到企业直接目标层的各个方面，因此所有企业出于生存、发展与获利的需要，都必然要重视技术水平和管理水平的提高。

C 中还包括其他一些可能出现的成本，不同的产业或企业会有所不同。考虑到模型的容量，我们把这些不易列举的项目都归入国内的其他成本

（$C_1^{\,9}$）和国外的其他成本（$C_2^{\,9}$），如通信成本、贸易与投资障碍所产生的成本、汇兑的成本、获取相关信息的成本等。

在总成本的构成中，任何一个部分成本的提高或者降低，都会导致总成本的提高或者降低，是同向同程度的变化。

4. 矿产资源消耗（F）的影响因素

模型中，$F(Q)$ 表示矿产品生产量为 Q 时矿产资源消耗的价值。矿业投资的作用对象是矿产资源，相对于不断增长的社会经济需求，矿产资源既是稀缺的也是可耗竭的。随着矿产资源的开发，资源的数量不断减少。矿产资源消耗受到地质条件、矿产资源丰富程度、地质工作程度的影响。矿产资源的可开采量是一个重要变量，受到资源储量、储藏条件、技术水平等的影响。

矿产资源条件在矿业投资中是一个统领的约束条件，如果矿产资源条件不够，那么后边的一切都可以不必考虑了，只有在满足条件的情况下才会考虑要不要投资，以及怎样投资的问题。在矿产资源储量丰富、产量大、地质条件差、采选技术水平差、管理水平差等情况下，矿产资源的消耗比较大。

5. 生态环境（G）的影响因素

模型中 $G(Q)$ 表示矿产资源产量（Q）对生态环境造成的影响，造成的影响以恢复生态环境所需要的价值补偿额来表示。

矿产资源的开发往往伴随着对生态环境的影响，只是有的矿产资源开发对生态环境影响比较严重，有的矿产资源开发对生态环境影响程度稍轻一些。一般来说，采选技术水平提高、矿业企业管理水平提高、生态环保意识增强，则对生态环境的影响降低。

6. 政府管理措施（T）的影响因素

与矿业投资相关的国内外政府管理措施众多，有的能够定量化描述，比如税费等，有的则难以进行定量化描述。模型中的 T 所表示的主要是能够用于计算的定量化的政策措施部分，而事实上，不能够定量化描述的政府管理措施最终也都会在不同的可定量化的指标中反映。因此，在这里对主要政府管理措施的影响因素做简略说明。

概括来说，矿业投资的有关政策、矿业法律法规体系、矿业管理框架和制度、矿业融资市场的管理、各种税费制度及政策、外汇管理法规和制度、国家宏观经济政策、股份参与限制、投资者权益保障、生态环境保护政策等，都直接影响矿业投资。矿业投资企业在绝大多数情况下对政府管理措施是没有影响力而只能接受的。

比如，矿业权审批和取得的难度以及效率、矿业权市场化程度的高低、国家持股比例、重视环保禁止采矿、出口禁令、权益金增加、出口税调整、资源税增加、环境税增加、碳税增加等，都由政府的政策与相关管理措施决定，对矿业投资的影响非常大，但矿业企业对此只能接受。

在进行定量计算分析时，模型中的 T 包括国内税收（T_1）和国外税收（T_2），T_1 包括企业在国内进行生产和销售所涉及的各种税，如增值税、所得税等，如果有投入品的进口，则还包括进口税。T_2 包括企业在国内生产将产品销往国外所涉及的进出口税、在国外生产时涉及的投入品和产品的进出口税，以及在东道国生产销售时所涉及的东道国国内的各种税。在影响因素中，国内外政策与 T 的大小密切相关。

除了以上影响因素外，国内外还存在着各种不确定性因素可能对矿业投资产生影响。例如，投资区域的政治局势是否稳定，是否发生战争、政变、罢工、暴乱等，国家间的经贸关系是否出现破裂，是否发生自然灾害，是否出现意外事故等。矿业投资企业对于这一大类因素是无法控制、难以施加影响的，只能在一定程度上做出预防和规避。但是一旦发生，对矿业投资的影响往往是很大的。

我们在进行国内矿业投资环境分析时，对于政治稳定性、战争、暴乱等极端事件不做考虑，是因为我们国内稳定和平的具体情况而定的。

第三节　我国矿业投资环境包含的影响因素

矿业投资环境是指在一定时期内待勘探、开发矿产所在国（或地区）拥有的影响或决定投资者进入并取得预期效益的各种因素的有机整体。评估我国矿业投资环境，首先需要明确矿业投资环境包含哪些因素。为此，我们结合矿业投资的一般性理论模型、矿业投资过程、问卷调查，以及专家咨询进行筛选和确定。

一、根据矿业投资一般性理论模型和投资过程进行初选

根据图 10-1 可知，矿业投资的影响因素分为两大类：一类是矿业企业自身的内部因素，这些因素构成了矿业企业的投资能力或者竞争力；另一类是矿业企业之外的因素，这些因素构成了矿业企业的投资环境。所有不

是出于矿业企业自身情况的、影响矿业投资综合收益实现过程的因素都属于矿业投资环境的因素，由此可以粗略地罗列矿业投资环境的主要影响因素。

为了对国内矿业投资过程有更全面深入的了解，2019 年 5 月，我们在江西赣州进行了较全面深入的实地调研。矿业投资活动从矿产资源开始，到矿产资源的勘探、开采、初加工、加工，再到矿产品应用于各个领域，无论从横截面来看，还是从时间维度或者发展过程来看，都涉及方方面面的外部因素，这些外部因素都是影响矿业投资盈亏甚至成败的重要因素，因而也就是矿业投资环境的构成因素。根据矿业投资一般性理论模型所罗列的矿业投资环境包含的主要影响因素，正是其中的绝大部分内容。根据对矿业投资过程的分析，我们将这些主要外部影响因素进行修改和补充，更明确、更具体化为 21 个因素以及其他不确定的随机因素，如图 10–2 所示。

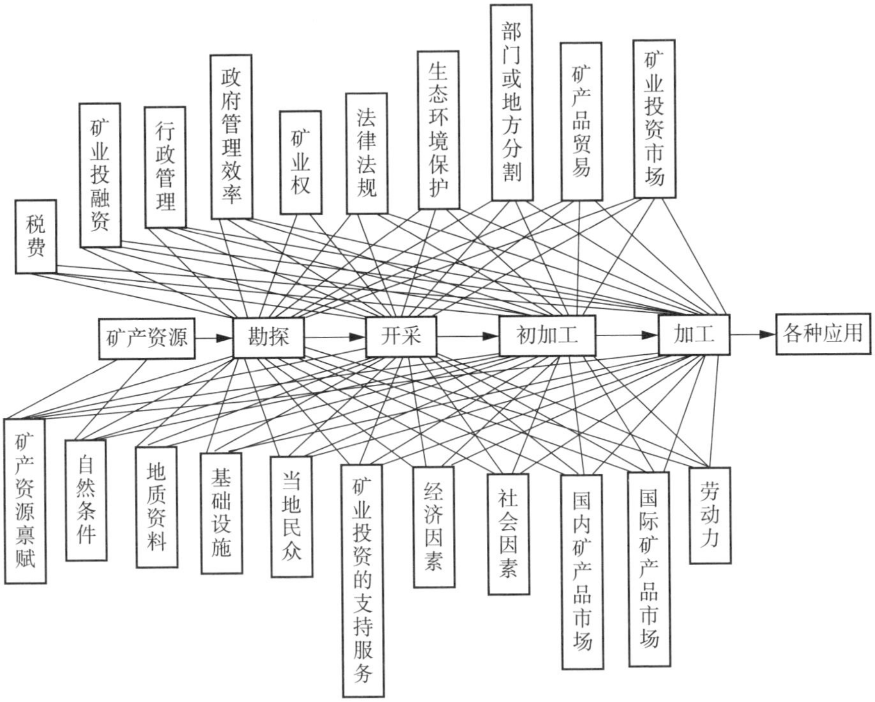

图 10–2　矿业投资过程中的影响因素

进一步地，根据这 21 个因素涉及的矿业投资基础知识，以及参考现有国内外研究矿业投资环境的文献，这 21 个影响因素各自又包括几个方面的内容，这些具体内容形成第二层次的影响因素。例如，基础设施因素包括交通运输、水利供应、电力供应、教育设施、医疗设施和通信设施等方面的具体内容；政府管理效率因素包括审批时长、问题解决效率、管理的透明度等方面的具体内容。由此，初步筛选了关于矿业投资环境评估的 21 个一级指标和 88 个二级指标，如表 10-1 所示。

表 10-1　国内矿业投资环境评估的影响因素指标

	第一层影响因素	第二层影响因素
矿业投资环境	矿产资源禀赋	储量
		品位
		种类
		易开采性
		国内外地位
	地质资料	是否全面
		是否易使用
		技术上可行
		信息服务
	税费	资源税
		增值税
		所得税
		权益金
		排污费
		税费稳定性
	政府管理效率	审批时长
		问题解决效率
		管理的透明度
	法律法规	资源法
		环境法
		合同制度
		企业产权限制
		准入门槛
		法律法规稳定性
	国内矿产品市场	价格
		需求
		竞争性
		有序性
矿业投资环境	自然条件	气候
		地理位置
		自然灾害
		地质条件
	基础设施	交通运输
		水利供应
		电力供应
		教育设施
		医疗设施
		通信设施
	行政管理	审批程序
		行政命令
		领导换届
		监管力度
		政府对企业干预
	部门或地方分割	地方保护主义
		多部门管理
		管理部门协调程度
	矿业权	矿业权取得
		矿业权转让
		矿业权效力
		矿权交易市场
		招拍挂比例
	国际矿产品市场	价格
		需求
		竞争性
		有序性

续表

	第一层影响因素	第二层影响因素		第一层影响因素	第二层影响因素
矿业投资环境	矿产品贸易	国内贸易	矿业投资环境	经济因素	国际经济形势
		进出口贸易			国内经济形势
		进出口限制			地区发展水平
		进出口鼓励			地方财政收入
	社会因素	就业率		当地民众	环保意识强弱
		社会保障			谈判协调难度
		治安状况			民风民俗多少
	劳动力	劳动力储备			对采矿的态度
		劳动力成本		矿业投资市场	垄断竞争性
		劳动人员素质			投资竞争者情况
	生态环境保护	生态红线		矿业投融资	融资便利性
		地质公园			融资利率
		农用地水源地			融资期限
		环保组织			融资限制
	矿业投资的支持服务	技术支持			投资限制
		信息支持			有关方信用
		咨询服务		其他不确定性因素	

以上所列因素是在我国进行国内矿业投资环境评估时使用的，因为国内政局稳定，没有战争等严重风险，国内各个地区矿业投资所面对的军事战争环境、政治环境、体制环境等都是一样的，所以不需要加入政治、军事、国家关系等极端环境因素。

如果对国际矿业投资环境进行评估，就一定要加入政治、军事、国家关系等极端因素，因为不同国家的政治环境、法律环境、政策环境和社会环境差异较大，这一点与国内投资环境评估不同。另外，还要加入一些涉及国家间贸易和投资的重要经济和政策因素。

二、根据问卷调查获得信息的方法进行筛选

矿业投资环境究竟包括哪些影响因素，目前国内外对此并没有形成统一的认识，我们初步筛选了 21 个一级指标和 88 个二级指标，以期构建矿业投资环境评价的指标体系。评价指标体系构建得是否合理非常重要，我们筛选

的这些指标是否合理，是否太过冗余或者有所遗漏，是否符合矿业投资的实践活动，还需要通过科学的调查研究获得支持和佐证，需要有熟悉矿业投资实践的业内专家和相关人员进行判断。因此，我们设计了调查问卷，向熟悉矿业领域业务、了解行业现实情况的调查对象发放问卷，以获取符合实际的信息支持，从而确定矿业投资环境评估指标体系及其权重。

为此，在 2019 年 10 月 17 日召开的全国地勘基金座谈会上，我们采取不记名方式进行了问卷调查，调研结果仅供研究使用。

1. 调查对象

参加会议的人员主要是各省自然资源厅地勘处的处长和地勘基金管理中心的主任，项目组发放了 53 份调查问卷，回收了 41 份，问题回答完全的有效问卷有 35 份，问题回答不完全的问卷有 6 份，这 6 份中有 1 份只有 1 个选项漏选，有 1 份结构性问题回答不完全，但开放性问题回答得比较认真，这两份问卷在结果分析时可以参考，但统计中没有计入。

回收的 41 份问卷的答卷者情况如下：男性有 37 人，女性有 4 人；31~40 岁的有 12 人，41~50 岁的有 11 人，51~60 岁的有 18 人；在地矿行业工作的时间主要分布于 6~15 年（17 人）和 25 年以上（16 人）；学历层次是博士的有 6 人，是硕士的有 11 人，是本科的有 21 人；就职于勘查基金管理部门的有 24 人，地勘基金管理中心的有 10 人。

根据以上情况可以判断，答卷者来自全国各省（区、市），都是在地勘行业工作时间较长、对行业有充分的了解和认识、既有相应的理论知识也有相应的实践管理经验的人员。因此，他们填写的调查问卷的结果有较高的可信度。

2. 调查问卷基本情况

调查问卷分为结构性问题和开放性问题两部分。结构性问题部分设计了 23 道小题，针对矿业投资环境包括哪些因素及这些因素的影响程度排序；开放性问题部分设计了 3 道小题，了解答卷者对当前我国矿业投资环境的认识和建议。开放性问题可以让答卷者充分表达自己的看法和理由。

调查问卷中列出了根据矿业投资一般性理论模型和矿业投资过程分析所选定的 21 个第一层次的环境因素和 88 个第二层次的环境因素；对每一个环境因素列出了影响程度很大、较大、不大和较小 4 个选项，答卷者普遍认为影响很大、较大和不大的因素被保留，普遍认为影响较小的因素被删除。

调查问卷在有关第一层次和第二层次矿业投资环境因素的问题部分设置了请答卷者补充其他环境因素的部分，答卷者可以对问卷中没有列出的环境因素进行补充。从答卷结果来看，有个别问卷补充了影响因素，但补充的影响因素实质上可以归于已列出的影响因素中，与问卷中设计的没有明显的不同。

3. 问卷调查结果

根据调查问卷的统计结果可以看到，调查问卷设计的第一层次 21 个环境因素和第二层次 88 个环境因素基本覆盖了大家所考虑到的环境因素，没有特别需要增加或删减的，并且得到了第一层次和第二层次环境因素影响程度的排序情况。表 10-2 是第一层次环境因素影响程度从强到弱的排名及得分。第二层次环境因素的影响程度排名及得分数据比较繁杂，并且后续研究中有变动，就不在此列出了。

表 10-2 第一层次环境因素影响程度排名及得分

排序号	环境因素	综合分值	排序号	环境因素	综合分值
1	矿业权	279	12	基础设施	161
2	矿产资源禀赋	268	13	国际矿产品市场	155
3	生态环境保护	248	14	当地民众	142
4	国内矿产品市场	248	15	自然条件	127
5	税费	228	16	矿产品贸易	119
6	行政管理	222	17	矿业投资市场	109
7	法律法规	211	18	矿业投融资	90
8	政府管理效率	209	19	劳动力	64
9	部门或地方分割	195	20	社会因素	62
10	地质资料	177	21	矿业投资的支持服务	52
11	经济因素	172			

从排名情况可以看出，答卷者认为矿业权、矿产资源禀赋、生态环境保护、国内矿产品市场和税费的影响作用很大，排名前 5 位，这与我国目前的现实情况非常符合。

本次问卷调查的对象主要是地勘单位管理人员，对于矿业企业和其他有关方面的调查没有做。如果是对矿业投资环境进行评价，则调查对象的来源构成不同对调查结果是有影响的，但是这次问卷是对矿业投资环境构成因素的调查，所以调查对象集中于地勘单位管理人员对调查结果应该不会有太大影响。

三、专家咨询研讨确定

评价指标体系的确定非常重要，如果指标筛选有所遗漏，则可能忽略了一些重要的投资环境因素，评价的结果会与实际情况产生较大偏差。如果偏差导致对矿业投资环境的评价不如实际的矿业投资环境好，矿业企业就有可能因为对风险的担忧而减少投资或错过投资机会；如果偏差导致对矿业投资环境的评价比实际的矿业投资环境好，矿业企业就有可能忽视了风险的存在而承受投资的亏损，甚至失败。同时，无论偏差是哪一种情况，对矿业投资环境的误判都有可能影响政府相关管理政策制定的指向性和有效性。如果评价指标过于繁杂冗余，则会增加评价的工作量和难度，甚至可能由于一些指标的数据无法获得而影响评价工作的完成。评价工作无法完成或者评价结果与实际偏离都不是进行矿业投资环境评价所能接受的。

因此，在通过调查问卷基本确定评价指标体系后，对于该评价指标体系是否可以应用于现实实践中对我国的矿业投资环境进行评估，我们又进行了多次小范围的专家咨询研讨。在此基础上，进一步对矿业投资环境评估中可能遇到的各种情况进行了讨论分析，进一步修改并完善了评价指标体系。最终确定，对于我国矿业投资环境的评估分为矿业投资硬环境评估、矿业投资软环境评估和矿业投资环境综合评估。硬环境包括地质资料、基础设施、各类保护区域情况和自然及地理条件 4 个一级指标以及相对应的 11 个二级指标；软环境包括相关税费、政府管理效率、法律法规执行情况等 13 个一级指标以及相对应的 45 个二级指标。具体内容如第五节表 10-3、10-4 所示。

第四节　我国矿业投资环境评估的方法

一、设计评估方法的思路

（1）矿业投资是一个长期的、动态的过程，因而矿业投资环境也是长期的、动态变化的。矿业投资环境由现有投资环境和未来投资环境变化两部分构成，是进行投资环境评估应该考虑的内容，只对目前的投资环境做出评价是不够的，还应进行预评估。

很多时候，对矿业投资环境的评估是需要预测的，不可能完全根据以前的数据进行评估，除非投资环境是稳定不变的。对于不断发生变化的投资环境因素来说，以历史的表现作为估计未来的依据虽有一定的意义，但不应该是全部。因为在很多情况下，对于一个计划中的矿业投资项目来说，很多有重要影响的投资环境因素是没有历史数据可以使用的。

（2）必须定量评估与定性评估相结合，不能完全依赖对大量历史数据的模拟和总结，因为世界是不断发展变化的，一个从未出现过的事情的变化，可能会对矿业投资产生严重影响，因此必须不断地紧密关注每一个元素的变化。不确定性因素的出现就是风险，绝对不能教条式地根据模型或者计算的数字进行判断。也就是说，定量分析必须结合定性分析，这样的研究结果才是负责任的。

矿业投资环境因素众多，每一种因素的变化也有多种可能，单纯地用定量分析模型评价，往往会与现实情况有较大的差异，以往很多研究成果出现了这种情况，是因为定量分析方法比较死板，模型中的因素是固定的，变量也是相对固定的，而且很多无法定量的信息被排除在外，而这些因素可能是非常重要的、影响很大的。当这些因素发生变化并产生较大影响时，定量方法考虑不到因而反映不出来。因此，投资环境评价必须将定量分析方法和定性分析方法结合起来，只有进行综合分析才是有价值的、可信的。

定性评估需要综合各种知识，紧密关注时事发展动态进行实地调研、问卷调查和访谈，了解实际情况，结合典型案例进行归纳、演绎、提炼和总结。

（3）整体评价矿业投资环境，首先需要明确各个环境因素的重要性，也就是在投资环境评估中各自的权重。权重应该是可根据具体情况变化的。

（4）评估方法尽量简单化，就是使用者可以比较容易地得到一个可参考的综合评价结果。做出来的东西既要给出比较严谨的、学术的、理论的思路和逻辑，也要便于在现实的投资实践或投资管理活动中直接使用。

（5）进行投资环境的预评估时，需要考虑投资环境因素发生的概率是多少，估算出投资环境的数学期望，这个概率可以根据专家的经验进行分析评价后给出。

（6）评估的方法要有助于了解哪些因素对投资环境起到了正面的或者负面的影响，或者对投资环境评价的得分起到了什么作用，而不仅仅是通过复杂的方法得到一个看不到中间实际含义的最终排序。

二、定量评估方法

1. 影响因素所对应的指标及指标值的确定

由于投资环境因素有些是有客观数据的，可以定量描述，有些是没有客观数据的，只能定性描述，因此在投资环境评估的指标体系中，既有定性指标也有定量指标。要对矿业投资环境进行定量评估，就需要确定相应的指标及指标值的算法。

（1）完全根据调查问卷结果确定指标值的方法。由于定性指标给出量化值需要对矿业实际工作情况有比较多的了解，所以获得评价指标得分值的合理方法是对了解矿业投资情况的人员进行广泛的调查，采用调查问卷可以达到调查覆盖面比较广的效果。

评价指标中还有一些定量指标，这些指标的得分值也根据调查问卷获得，但其具体数据可以在分析评价结果的时候进行一定的辅助。

调查问卷将每个评价指标所对应的环境因素情况分为 4 个等级：好、较好、一般、较差。由调查对象根据对实际情况的了解评价每个环境因素的等级；预先设定每个等级的对应分值；根据所有调查问卷在每个指标上的评价等级对应的分值求和后取平均值，得到的平均值即评价对象在相应评价指标上的指标值。例如，管理的透明度只能定性说明，可以分为很透明、比较透明、一般透明、不透明 4 个等级，分别赋值 10、8、4、1，对某一地区管理透明度的评分是将 n 个调查对象给出的评分求平均值。

（2）充分利用指标客观数据确定指标值的方法。这种方法首先把指标分成只能定性说明的指标、可以替代进行定量评价的定性指标、有数据的定量指标三类，不同的指标运用不同的方法确定指标值。

①只能定性说明指标的指标值确定。依据前述完全根据调查问卷结果确定指标值的方法，这里不再赘述。

②可以替代的定性指标的指标值确定。某些指标表面看是定性指标，但可以通过一定的替代进行定量评价的，则用替代的办法得到指标的数值。

例如，矿业权审批的效率表面看是一个定性指标，很多时候人们根据主观判断来说明效率高或效率低，也可以尝试通过一定程度的替代设置其为一个定量指标，比如用矿业权审批的时间来反映，可以设置为

$$审批效率=\frac{实际审批所用的时间}{审批一般需要的时间}$$

或者

$$审批效率=\frac{某地实际审批所用的时间}{全国平均审批所用的时间}$$

③有数据的定量指标的指标值确定。有数据的定量指标的分值根据有序度函数公式计算。公式为

$$定量指标值=\frac{指标实际值-指标的临界点下限值}{指标的临界点上限值-指标的临界点下限值}$$

在计算指标值之前，首先要确定指标的临界点上限值和临界点下限值。临界点上下限值必须根据不同的指标，以及不同指标在不同条件下的具体情况合理确定。

例如，资源税是有数据的，我国资源税的数据是指标的实际值，可以选择世界上资源税的最大值和最小值作为临界点的上下限，也可以根据分析的情况进行一定幅度的浮动，由此也可以了解我国资源税这一影响因素在国际比较中的情况。

再如，地方财政收入也是有数据的，在我国不同地区的数据是不同的，可以选择我国各地区地方财政收入的最大值和最小值作为临界点的上下限，也可以根据具体分析的情况进行一定幅度的浮动，由此也可以了解地方财政收入这一影响因素在国内各地区比较的情况。

2. 投资环境评估的常权重确定

在进行矿业投资环境评估时对权重的赋值不同，综合评估的结果就会不同，因此应客观地确定权重赋值。

（1）第一层次影响因素的权重。我们在调查问卷中设计了答卷者对于第一层次影响因素根据影响重要程度进行排序的问题。根据排名给出得分值，排名为第 1 至第 n，得分值为 n 至 1，即排名第 1 的指标得分值为 n，排名第 n 的指标得分值为 1。根据所有答卷者对评价指标的排序情况得到指标的所有评价分值，将每一个指标的所有评分值求和得到其综合分值 a_i，$i=1$，2，…，n。

对综合分值 a_i 进行归一化处理，所得分值作为权重 r_i。

$$r_i = \frac{a_i}{\sum_{i=1}^{n} a_i}$$

（2）第二层次影响因素对第一层次影响因素的权重。调查问卷在每一个第一层次影响因素下设计了多个第二层次影响因素，并对每一个第二层次影响因素设置了影响程度很大、较大、不大和较小 4 个等级选项。将答卷者对第二层次影响因素在很大、较大、不大和较小 4 个影响程度上的勾选看作投票，则每个影响因素在 4 个影响程度上的得分计算公式为

$$得票比例 = \frac{得票数}{总投票数}$$

将 4 个等级分别给定分值，很大为 u_1，较大为 u_2，不大为 u_3，较小为 u_4。

记向量 $U=(u_1,\ u_2,\ u_3,\ u_4)$，记向量 $B_i=(b_{i1},\ b_{i2},\ b_{i3},\ b_{i4})$。式中，$U$ 为不同影响程度的分值；B_i 为第 i 个第二层次影响因素对第一层次影响因素

的影响作用在每个等级调查结果中的得分，则第 i 个第二层次影响因素对第一层次影响因素的影响作用综合分值为

$$UB'_i = \sum_{j=1}^{4} u_i b_{ij}$$

对综合分值进行归一化，得到该影响因素对第一层次影响因素的权重（W_i）

$$W_i = \frac{\sum_{j=1}^{4} u_i b_{ij}}{\sum_i \sum_j u_i b_{ij}}$$

由于影响因素数量比较大，每一个影响因素的权重数据都比较小，也可以放大 100 倍，以百分数来表示权重，这样变换不会改变投资环境的评价和排序。

3. 投资环境评估的变权重计算

借鉴郑明贵等学者的方法，评价时如果考虑到评价指标数值的变动，希望体现指标数值变动对指标权重的影响，则可以采用一定的方法将权重进行变化。

变权重以 w_i（x_1，…，x_m）表示，即权重 w_i 与 x_1，…，x_m 的变化有关，如果 w_i 随着 x_1，…，x_m 的增加而增加，则称为激励性变权重；如果 w_i 随着 x_1，…，x_m 的增加而减少，则称为惩罚性变权重。

$$w_i(x_1, \cdots, x_m) = \frac{w_i^{(0)} x_i^{a-1}}{\sum_{i=1}^{m} w_i^{(0)} x_i^{a-1}}$$

式中，$w_i^{(0)}$ 表示常权重，当 $a>1$ 时，公式为激励性变权公式；当 $0<a<1$ 时，公式为惩罚性变权公式；当 $a=1$ 时，为常权重公式。

在实际操作中，a 的取值根据评估模型和实际情况而定。

4. 考虑某些因素的变化

这个主要体现在 x_{ij} 的数值确定上。投资环境评估也应当考虑影响因素的变化，尤其是对今后的发展进行动态的预测或者预判。某些指标滞后一期或者滞后几期，应该可以在评估中得到体现。有的指标数值的确定可以加上其滞后期的影响，或者加上整体的滞后期的影响。比如，矿产品价格不仅影响当期矿业投资还会滞后一到两期，也就是矿产品的当期价格 P_t 和滞后期的价格 P_{t-1}、P_{t-2} 都会影响当期的矿业投资环境。

5. 投资环境综合评估值

以 x_{ij} 表示第一层次位次为 i、第二层次位次为 j 的影响因素的指标值。以

w_{ij}表示第一层次位次为 i、第二层次位次为 j 的影响因素最终对矿业投资环境产生影响的权重，$w_{ij}=r_i w_j$，则矿业投资环境综合评估值为

$$z=\sum_i\sum_j w_{ij}x_{ij}=\sum_i\sum_j r_i w_j x_{ij}$$

三、评估方法的应用

矿业投资环境评估不能仅仅局限于对评估地区进行排序，还应该包含更多的实际意义。本书所研究的矿业投资环境评估方法，评估结果不仅可以排序，而且可以直接在评估的过程中发现哪些影响因素是存在问题的，对矿业投资环境有负面影响，哪些影响因素是比较好的，对矿业投资环境有正面影响，使得政府知道可以通过什么措施、通过调整哪些方面来改善矿业投资环境。矿业投资企业也可以通过判断自己是否可以接受或者适应这种投资环境，来决定是否进行矿业投资。

运用本书的方法对矿业投资环境进行评估有助于以下几个方面的实现：

评估结果的针对性分析。对于投资环境评估的结果可以做总结分析，也可以做深度的、有针对性的剖析，从中了解各个影响因素对各个地区的作用。分析计算过程中各个影响因素的分值情况，就可以找出有积极作用的影响因素，也可以找出有消极作用的影响因素，并且可以了解其影响程度的大小。

政策含义解析。在对评估结果进行总体分析和针对性分析的基础上，了解各个影响因素的影响作用、影响途径和影响机理，可以有针对性地分析哪些政策因素对此有相应的影响作用，以及影响的方向和影响的程度，从而可以设想通过相应的政策措施达到改善矿业投资环境的目的。

改善对策的模拟。本书所提出的矿业投资环境评估模型也可以给出对政策的仿真模拟。可以对某一个或者某几个影响因素进行假定的改变，相应地就可以得到矿业投资环境评估结果的改变情况，从而预判如果实施某一项政策或者某几项政策，可以引起哪些影响因素的变化，从而最终改变投资环境的情况。

这种评价方法首先对于国内矿业投资环境的评价有用，可以对 31 个省（区、市）进行投资环境评价，可以为政府政策的制定提供参考和数据支持，也可以为国外企业投资于中国提供参考。如果要进行国外矿业投资环境评估，只需要另外加入 2 个独立的小模块即可，非常方便实现。如前文所述，这 2 个独立的小模块是关于相关国家的政治、军事、国家关系等极端因素，以及关于国家间贸易和投资的重要经济和政策因素。

第五节　我国矿业投资环境评估方法试用与优化

矿业投资环境的评估指标体系以及评估方法是否科学合理、是否具有可操作性、是否可以得到符合现实的评估结果，需要经过实际使用来进行检验，在使用的过程中发现可能面对的问题并逐步优化。为此，我们在 2020 年对我国整体的矿业投资环境以及各省（区、市）的矿业投资环境进行了研究性的试用，分为矿业投资硬环境评估、矿业投资软环境评估，以及将软环境和硬环境结合起来进行的矿业投资环境的综合评估。评估使用的是常权重评估方法，各评价指标的重要程度及指标值完全根据调查问卷得到。

一、调查问卷情况

2020 年，我们通过问卷星设计了网上调查问卷，在各省（区、市）地勘基金管理机构，中国地矿经济学会会员单位，核工业、煤田、化工等工业地质部门，矿业行业相关的投资机构等范围内进行了发放。据此对我国除台湾、香港、澳门、北京、天津、上海和海南之外的 27 个省（区、市）的矿业投资环境进行了试评估。

从答卷者的情况看，93.67%的答卷者当前在被评估省（自治区、直辖市）工作，3.77%曾在被评估省（自治区、直辖市）工作，剩余 2.56%不曾在被评估省（自治区、直辖市）工作，但是在工作中有联系；答卷者中有 54%工作领域属于勘探企业，22.17%是其他相关的领域，8.3%是开采企业，5.58%是教学科研单位，5.13%是地勘基金（资金）管理机构，4.07%是政府管理部门，0.6%是会计服务，0.15%是行业协会；64.25%就职于地质矿产部门，10.86%就职于其他行业，7.99%是自然资源管理部门，7.54%是煤炭工业部门，3.47%是核工业部门，2.71%是有色工业部门，1.51%是冶金工业部门，1.06%是建材工业部门，0.6%是黄金工业部门；6.94%是单位负责人，24.28%是单位部门负责人，39.52%是一般工作人员，28.66%是高级职称，24.74%是中级职称，10.71%是初级职称，0.75%是退休人员（职务或职称，1 人可多选）；77.22%是本科及以上学历；7.09%是 29 岁及以下，43.14%是 30-39 岁，26.85%是 40-49 岁，21.42%是 50-59 岁，1.51%是 60 岁及以上；76.92%人群在矿政及地矿行业工作时间超过 10 年，23.08%工作时间在 9 年及以下；73.91%曾参与或管理过 3 项及以上地质勘查项目，26.09%参与过 2 项及以下；54.3%答卷者曾参与或管理项目的投资总额在 1000 万元及以上，

10.41%曾参与或管理项目的投资总额在501-999万元，35.29%是在500万元及以下；经费来源大多来自省级财政，占比56.86%，其次为社会资金，占比46.3%（经费来源，1人可多选）；之后依次为本单位自筹、中央财政，占比分别为44.49%和40.42%。由此可见，答卷者关于矿业投资都有比较充分的专业知识、对所评估的地区都有相当程度的了解。

二、我国矿业投资环境评价指标及权重

根据上一节所述矿业投资环境评价指标的常权重计算方法，分别得到我国矿业投资硬环境各个指标的权重和矿业投资软环境各个指标的权重，如表10-3和表10-4所示。

表10-3　我国矿业投资硬环境评价指标及权重

序号	一级指标	权重	二级指标	权重
1	地质资料	0.2353	是否全面	0.2930
			是否易搜集使用	0.3456
			是否技术上可行	0.3724
2	基础设施	0.2695	交通运输	0.2572
			水利供应	0.2523
			电力供应	0.2473
			通讯设施	0.2432
3	各类保护区域情况	0.2844	矿区涉及生态保护红线区的情况	0.4755
			矿区涉及农用地、水源地的情况	0.5345
4	自然及地理条件	0.2108	自然条件	0.5179
			矿区位置与城市距离	0.4821

表10-4　我国矿业投资软环境评价指标及权重

序号	一级指标	权重	二级指标	权重
1	相关税费	0.0968	资源税	0.170767
			增值税	0.157742
			所得税	0.157742
			权益金	0.191028
			排污费	0.151954
			税费稳定性	0.170767
2	政府管理效率	0.0875	审批时长	0.350685
			解决问题的效率	0.334246
			管理的透明度	0.315069

续表

序号	一级指标	权重	二级指标	权重
3	法律法规执行情况	0.0893	矿产资源法	0.197479
			环境保护法	0.197656
			合同制度	0.189582
			相关准入门槛	0.197108
			法律法规执行的稳定性	0.218175
4	社会因素	0.0678	就业率	0.320000
			社会保障	0.326667
			治安状况	0.353333
5	行政管理	0.0902	审批程序	0.247116
			监管	0.259325
			政府对企业干预	0.256321
			领导换届的影响	0.237238
6	部门或地方分割	0.0753	地方保护主义	0.343243
			多部门管理	0.321622
			管理部门可协调性	0.335135
7	矿业权	0.0988	矿业权取得的难易程度	0.21366
			矿业权转让的难易程度	0.197898
			矿业权属保护力度	0.201401
			矿业权交易市场	0.194396
			公开出让比例	0.192645
8	经济因素	0.0729	地区发展水平	1.000000
9	当地民众	0.0596	环保意识	0.332981
			可协调性	0.334343
			对矿产勘查开发的态度	0.332676
10	劳动力	0.0625	劳动力储备	0.327814
			劳动力成本	0.344371
			劳动人员素质	0.327815
11	矿业投资市场	0.0768	市场充分竞争性	0.341251
			政府对市场的干预	0.334728
			市场公平性	0.324021

续表

序号	一级指标	权重	二级指标	权重
12	矿业投融资	0.0689	融资便利	0.253883
			融资成本	0.256667
			融资时长	0.243884
			投融资方信用	0.245566
13	矿业投资的支持服务	0.0536	技术支持服务	0.483754
			信息和咨询支持服务	0.516246

三、矿业投资环境评估值计算方法

1. 矿业投资硬（软）环境评估值

矿业投资硬环境和矿业投资软环境的评估总分采用的计算方法是一样的。

以 X_{ij}表示第一层次位次为 i、第二层次位次为 j 的影响因素的指标值。

以 W_{ij}表示第一层次位次为 i、第二层次位次为 j 的影响因素最终对矿业投资硬（软）环境产生影响的权重，则 $w_{ij}=r_i w_j$

则矿业投资硬（软）环境的定量评估值为：

$$z = \sum_i \sum_j W_{ij} x_{ij} = \sum_i \sum_j r_i w_j X_{ij}$$

2. 矿业投资环境综合评估值

评估对象的矿业投资环境包括了硬环境和软环境，根据硬环境和软环境包含的因素的数量以及在矿业投资中影响作用的大小，将硬环境和软环境的权重设定为 4 ∶ 6，依此权重可以计算出评估对象矿业投资环境的综合评估值。

以 Z_1表示硬环境评估值，以 Z_2表示软环境评估值，则矿业投资环境的综合评估值为 $Z=4Z_1+6Z_2$。

四、试用情况小结

通过对我国整体以及 27 个省（区、市）矿业投资环境的试评估，我们得到了很积极的反馈，评估过程顺畅、可操作性强，可以实现我们设计评估方法时的主要设想，评估结果与现实情况相符程度比较高，不仅能够反映各省（区、市）矿业投资环境的整体情况，还能够反映各省（区、市）矿业投资环境中具有优势的方面以及存在不足的方面。评估的方法及结果可以为后续进行矿业投资环境改善的政策模拟以及政策制定提供可行的方法和路径支持。

然而，在评估方法的试用过程中我们也发现了一些问题，需要在后续的研究中进行改善和优化。

调查问卷的优化。调查问卷设计的内容直接影响到问卷回收的内容，因而直接影响到调查的结果。在后续的研究中我们会对设计的调查问卷进行微调。

评价指标体系的优化。目前的评价指标体系比较全面地覆盖到了矿业投资环境的各方面，但还不是很精炼，个别指标也不是很准确，在后续的研究中会对指标体系进行个别指标的调整和精炼。

尽可能纳入客观性数据。本次试评估的评价指标值确定采用的是第一种方法即完全依赖调查问卷，因而不可避免地带有答卷者较多的主观判断，当答卷者的信息不够全面准确时或者不同答卷者内心的评判标准不同时，依赖答卷所进行的评估的结果会受到一定程度的影响。因此，在后续的研究中确定评价指标值我们会采用第二种方法，即没有客观数据的定性指标的值借助于调查问卷，有客观数据的指标尽可能用客观数据，将客观数据合理纳入评估过程，以得到更客观的评估结果。考虑到矿业投资环境的动态变化，进一步也可以尝试使用变权重的评估方法。

提高问卷回收率。本次试评估收回答卷的分布情况不尽如人意，一些省份的答卷数量较多，而一些省份的答卷数量较少，数量差距比较大。调查问卷的回收在国内外的研究中都存在这个问题，这是共性的问题。例如，在全球有广泛影响的弗雷泽研究所每年所做的世界矿业投资环境报告，由于一些国家的答卷返回数量过少，甚至达不到 5 份，根本无法进行评估，无法纳入报告。弗雷泽研究所 2020 年的矿业投资环境报告，亚洲没有一个国家进入报告。比较而言，我国矿业投资环境调查问卷返回情况尚可，希望在后续的研究中能够尝试一些提高问卷回收率的方法、能够获得更全面的信息反馈。

第十一章

我国矿产资源开发投资管理

我国是矿业大国，拥有丰富的矿产资源和较为齐全的矿产种类，已建立起较为完善的矿产资源及开发投资管理体系。我国的矿政管理机构是自然资源部，自然资源部的主要职责是履行全民所有土地、矿产、森林、草原、湿地、水、海洋等自然资源资产所有者职责和所有国土空间用途管制职责，拟订自然资源和国土空间规划及测绘、极地、深海等法律法规草案，制定部门规章并监督检查执行情况；负责自然资源调查监测评价；负责自然资源统一确权登记工作、自然资源资产有偿使用工作、自然资源的合理开发利用及矿产资源管理工作；负责建立空间规划体系并监督实施；负责统筹国土空间生态修复；负责组织实施最严格的耕地保护制度；负责管理地质勘查行业和全国地质工作；负责落实综合防灾减灾规划相关要求，组织编制地质灾害防治规划和防护标准并指导实施；负责监督实施海洋战略规划和发展海洋经济；负责海洋开发利用和保护的监督管理工作；负责测绘地理信息管理工作；推动自然资源领域科技发展；开展自然资源国际合作；督察各项重大方针政策、决策部署及法律法规的执行情况；管理国家林业和草原局及中国地质调查局；完成党中央、国务院交办的其他任务。

本章主要从矿产资源法律体系、矿产资源使用权管理、矿产资源储量管理、矿产资源环保制度、矿产资源税费制度、矿产资源勘查开发监督管理、矿产资源地质资料管理等方面系统梳理我国矿产资源开发投资管理的主要方面。

第一节　我国矿产资源法律体系

矿产资源法律体系由现行的和即将制定的有关矿产资源开发、利用、保护的法律、法规、规章和其他规范性文件组成。我国现行的矿产资源法律体系是以《中华人民共和国宪法》为统领，以《中华人民共和国矿产资源法》等专业法为主干，辅之以矿产资源管理法规和矿产资源管理规章的法律体系，在执行过程中还涉及具有法律效力的其他规范性文件，见图 11-1。

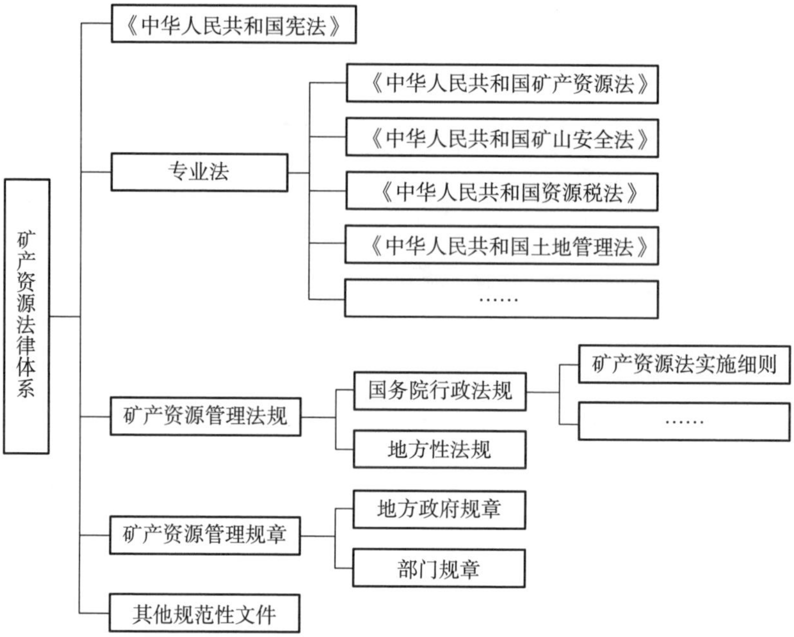

图 11-1　我国矿产资源管理法律体系

一、《中华人民共和国宪法》

《中华人民共和国宪法》（简称《宪法》）是国家的根本大法，在整个国家的法律体系中具有最高的法律地位和法律效力。《宪法》对我国矿产资源的产权关系和利用做出了明确规定。矿产资源立法要受《宪法》的指导。《宪法》于 1982 年 12 月 4 日第五届全国人民代表大会第五次会议上通过，此后在 1988 年、1993 年、1999 年、2004 年和 2018 年进行了五次修改。

《宪法》第九条规定："矿藏、水流、森林、山岭、草原、荒地、滩涂等自然资源，都属于国家所有，即全民所有；由法律规定属于集体所有的森林和山岭、草原、荒地、滩涂除外。国家保障自然资源的合理利用，保护珍贵的动物和植物。禁止任何组织或者个人用任何手段侵占或者破坏自然资源。"我国矿产资源立法以此为依据。该规定也确立了矿产资源行政管理应遵循的根本宗旨是保护矿产资源国家所有权益，保障矿产资源的合理利用，禁止侵占或者破坏矿产资源的一切行为，这是一切矿产资源行政管理的出发点与落脚点。

《宪法》确立了矿产资源的所有权归国家。国家对其领土范围和管辖海域范围内的矿产资源享有主权，国务院代表国家行使对矿产资源的所有权。矿产资源所有权是指作为所有者的国家依法对矿产资源享有的占有、使用、收益和处分的权利。

占有权是指国家对矿产资源行使实际控制权利，即矿产资源的所有权属于国家。作为特殊民事主体，国家对矿产资源的占有是名义上或法律上的占有。使用权是指为实现国家利益，国家根据矿产资源的性质和用途对其进行开发利用的权利。收益权是指国家基于使用矿产资源而取得收益的权利，即国家通过矿产资源行政管理机关授权其他民事主体占有和使用矿产资源，这些民事主体通过占有、使用矿产资源所取得的利益，上交国家一部分作为所有者收益。处分权是指国家在事实上或法律上决定矿产资源命运的权利，即国家作为所有权人对矿产资源行使支配权。处分权可分为事实上的处分权和法律上的处分权，事实上的处分权是指变更或消灭矿产资源，法律上的处分权包括设置和出让探矿权、采矿权等。

二、矿产资源相关法律

矿产资源相关法律是关于矿产资源勘查、开发利用和保护的立法，由全国人民代表大会及其常务委员会制定，其效力仅次于《宪法》。与矿产资源相关的专门法包括《中华人民共和国矿产资源法》《中华人民共和国矿山安全法》《中华人民共和国资源税法》《中华人民共和国土地管理法》。

（一）《中华人民共和国矿产资源法》

《中华人民共和国矿产资源法》（简称《矿产资源法》）于1986年3月19日第六届全国人民代表大会常务委员会第十五次会议上通过，自1986年10月1日起施行。1996年8月29日，第八届全国人大常委会第二十一次会议通过了《全国人民代表大会常务委员会关于修改〈中华人民共和国矿产资源法〉的决定》，对《矿产资源法》进行了第一次修正。2009年8月27日第十一届全国人民代表大会常务委员会第十次会议上《全国人民代表大会常务委员会关于修改部分法律的决定》对《矿产资源法》进行了第二次修正，仅修正了该法中引用的规定名称，并无任何法律条款的修改。

现行的《矿产资源法》全文共7章53条，包括总则、矿产资源勘查的登记和开采的审批、矿产资源的勘查、矿产资源的开采、集体矿山企业和个体采矿、法律责任和附则部分。

《矿产资源法》明确矿产资源属于国家所有，由国务院行使国家对矿产资源的所有权，地表或者地下矿产资源的国家所有权不因其所依附的土地所有权或者使用权的不同而改变。国家保障矿产资源的合理开发利用，遵循统一规划、合理布局、综合勘查、合理开采和综合利用的方针对矿产资源进行勘查和开发。勘查、开采矿产资源必须依法分别申请，经批准取得后办理登记，国家保障依法设立的矿山企业开采矿产资源的合法权益，实行探矿权、采矿权有偿取得和依法转让制度，对矿产资源勘查实行统一的区块登记管理制度。

《矿产资源法》规定了勘探报告的审批、地质资料的管理、矿山企业的审批等内容；明确了开采不同种类矿产资源的审批部门，禁止任何单位和个人进入他人依法设立的矿山企业矿区范围内采矿。

《矿产资源法》规定了区域地质调查按照国家统一规划进行，明确了对矿区具有工业价值的共（伴）生矿产进行综合评价，并计算其储量；对于某些特定的矿产，必须采用人民政府有关主管部门规定的普查勘探方法；矿产勘探报告及勘查资料实行有偿使用。

开采矿产资源必须采取合理的开采顺序、开采方法和选矿工艺，对具有工业价值的共（伴）生矿产应当统一规划、综合开采；开采矿产资源，应节约用地、保护环境，并具备保障安全生产的必要条件；在进行开发建设时，非经批准，不得压覆重要矿床。

《矿产资源法》对于无证开采，破坏性开采，超越批准范围开采，盗窃、抢夺矿山企业和勘查单位的矿产品和其他财物，买卖、出租或者以其他形式转让矿产资源等违法行为规定了相应的处罚措施。

（二）《中华人民共和国矿山安全法》

《中华人民共和国矿山安全法》（简称《矿山安全法》）于1992年11月7日第七届全国人大常委会第二十八次会议上通过，中华人民共和国主席令第65号公布，根据2009年8月27日中华人民共和国主席令第18号《全国人民代表大会常务委员会关于修改部分法律的决定》进行修正。

现行的《矿山安全法》全文共8章50条，包括总则、矿山建设的安全保障、矿山开采的安全保障、矿山企业的安全管理、矿山安全的监督和管理、矿山事故处理、法律责任和附则部分。

《矿山安全法》规定矿山企业必须具有保障安全生产的设施，建立、健全安全管理制度，采取有效措施改善职工劳动条件；明确了不同区域矿山安全工作的监督部门。

《矿山安全法》规定国务院管理矿山企业的主管部门制定矿山安全规程和行业技术规范，矿山设计相关项目要符合矿山安全规程和行业技术规范；矿山建设工程安全设施竣工后，由管理矿山企业的主管部门验收，并须有劳动行政主管部门参加。

《矿山安全法》规定矿山开采必须具备保障安全生产的条件，执行开采不同矿种的矿山安全规程和行业技术规范；矿山使用的有特殊安全要求的设备、器材、防护用品和安全检测仪器，必须符合国家安全标准或者行业安全标准，要定期检查、维修；矿山企业必须对危害安全的事故隐患采取预防措施；明确了矿山企业、矿长、企业职工、企业工会在矿山企业的安全管理中的职责，以及县级以上各级人民政府劳动行政主管部门对矿山安全工作的监督和管理职责。

《矿山安全法》明确矿山事故发生后，矿山企业必须立即组织抢救；一般矿山事故由矿山企业负责调查和处理；重大矿山事故由政府及其有关部门、工会和矿山企业按照行政法规的规定进行调查和处理。

《矿山安全法》对于擅自施工、安全设施未经验收或者验收不合格擅自投入生产、矿山企业不具备安全生产条件而强行开采、矿山企业主管人员违章指挥或对矿山事故隐患不采取措施因而发生重大伤亡事故等违法行为规定了相应的处罚措施。

（三）《中华人民共和国资源税法》

2019 年 8 月 26 日，《中华人民共和国资源税法》于第十三届全国人民代表大会常务委员会第十二次会议上通过，自 2020 年 9 月 1 日起施行，全文共 17 条。

《中华人民共和国资源税法》规定资源税由税务机关依照本法和《中华人民共和国税收征收管理法》的规定征收管理，税目、税率依照税目税率表执行，并按照该表实行从价计征或者从量计征，纳税人应按月或者按季向应税产品开采地或者生产地的税务机关申报缴纳资源税；明确了免征和减征资源税的各类情形及纳税人、税务机关及其工作人员违法的处罚措施。

（四）《中华人民共和国土地管理法》

《中华人民共和国土地管理法》（简称《土地管理法》）于 1986 年 6 月 25 日第六届全国人民代表大会常务委员会第十六次会议上通过，先后于 1988 年、2004 年、2019 年进行三次修正，全文共 8 章 87 条。

《土地管理法》规定除国家重点扶持的能源基础设施用地可以划拨方式取得外，其他矿业用地应当以出让等有偿使用方式取得；以出让等有偿使用方式取得国有土地使用权的建设单位，按照国务院规定的标准和办法，缴纳土地使用权出让金等土地有偿使用费和其他费用后，方可使用土地。

《土地管理法》规定采矿用地需改变该幅土地建设用途的，应当经有关人民政府自然资源主管部门同意，报原批准用地的人民政府批准。其中，在城市规划区内改变土地用途的，在报批前，应当先经有关城市规划行政主管部门同意。

《土地管理法》规定地质勘查需要临时使用国有土地或者农民集体所有土地，由县级以上人民政府自然资源主管部门批准。其中，在城市规划区内的临时用地，在报批前应当先经有关城市规划行政主管部门同意。土地使用者应当根据土地权属，与有关自然资源主管部门或者农村集体经济组织、村民委员会签订临时使用土地合同，并按照合同的约定支付临时使用土地补偿费。

三、矿产资源管理法规

矿产资源管理法规包括行政法规和地方法规两个部分。

行政法规是由国务院颁布的有关矿产资源管理法律实施细则，以及矿产资源行政管理过程中一些具体问题的规范性文件，如《中华人民共和国矿产资源法实施细则》《中华人民共和国土地管理法实施条例》《矿产资源监督管理暂行办法》《矿产资源开采登记管理办法》《采矿权探矿权转让管理办法》《矿产资源补偿费征收管理规定》《土地复垦条例》《地质灾害防治条例》《地质资料管理条例》等。在我国矿产资源管理法律体系中，行政法规的效力仅低于法律。

地方法规是省、自治区、直辖市的人民代表大会及其常务委员会根据本行政区域的具体情况和实际需要，在不与宪法、法律、行政法规相抵触的前提下，制定的有关矿产资源开发利用和保护的规范性文件。地方法规的效力低于宪法、法律和行政法规。

四、矿产资源管理规章

矿产资源管理规章主要包括部门规章和地方政府规章。

部门规章是国务院各部委根据法律、行政法规在各自的权限范围内发布的有关矿产资源管理的命令、决定，用来规范矿产资源管理部门日常活动的具体行为，如《违反矿产资源法规行政处罚办法》《地质资料管理条例实施办法》《矿产资源登记统计管理办法》《国土资源行政复议规定》《国土资源信访规定》等。部门规章的效力低于行政法规。

地方政府规章是指省、自治区、直辖市和设区的市、自治州的人民政府根据法律、行政法规和本省、自治区、直辖市的地方性法规制定的规范性文件。从效力上，政府规章低于法律、行政法规和地方法规，也不得与部门规章相冲突。

除上述内容外，完善的矿产资源管理法律体系还包括具有法律效力的其他规范性文件，如对矿产资源法律的立法解释、司法解释、行政解释等文件，各级政府或有关部门下发的对外管理的文件等。这些不同层次的矿产资源管理法律法规构成了我国矿产资源的法律体系，为我国矿产资源的法制管理奠定了基础。

第二节 我国矿产资源使用权管理

矿产资源使用权，包括探矿权和采矿权。矿业权管理，是国土资源行政管理机关为实现国家矿产资源所有权益，保护矿业权人合法权利的基本要求，对矿业权从有偿设立到注销进行管理的全过程。

一、我国矿业权管理制度演化历程

自《矿产资源法》颁布以来，我国的矿业权制度经历了起步阶段、有偿出让实践阶段、协议出让严控阶段，目前已进入矿业权出让全面市场化阶段。

（一）矿业权制度起步阶段

1986—1996 年是矿业权制度起步阶段。1986 年 3 月 19 日，第六届全国人大常委会第 15 次会议通过《矿产资源法》，第 3 条规定“国家保护合法的探矿权和采矿权不受侵犯，保障矿区和勘查作业区的生产秩序、工作秩序不受影响和破坏”“采矿权不得买卖、出租，不得用作抵押”。1986 年 4 月 12 日，第六届全国人民代表大会第 4 次会议通过了《中华人民共和国民法通则》，第 81 条规定“国家保护合法的采矿权”。随着这两部法律的出台，我国初步建立起矿业权制度，此阶段探矿权、采矿权是无偿取得的。

在起步时期，有关矿业的法律法规中仅提及探矿权和采矿权，并没有界定两权的概念、主体、客体、内容、法律关系等。经过多年实践，国务院于 1994 年 3 月 26 日颁布《中华人民共和国矿产资源法实施细则》，对探矿权、采矿权及探矿权人、采矿权人的概念进行了权威界定。

（二）矿业权有偿出让实践阶段

1996—2003 年是矿业权有偿出让实践阶段。1996 年 8 月 29 日，第八届全国人大常委会第 21 次会议通过了《关于修改〈中华人民共和国矿产资源法〉的决定》，对《矿产资源法》进行了第一次修正。《矿产资源法》第一次修正后，第 5 条规定“国家实行探矿权、采矿权有偿取得的制度”，第 6 条规定“探矿权人在完成规定的最低勘查投入后，经依法批准，可以将探矿权转让他人”“已取得采矿权的矿山企业，因企业合并、分立，与他人合资、合作经营，或者因企业资产出售以及有其他变更企业资产产权的情形而需要变更采矿权主体的，经依法批准可以将采矿权转让他人”，标志着探矿权、采矿权有偿取得和依法转让制度在法律层面的正式确立。

1998 年 2 月 12 日，国务院同时颁布《矿产资源勘查区块登记管理办法》《矿产资源开采登记管理办法》《探矿权采矿权转让管理办法》，提出探矿权和采矿权不分类，以申请审批和招标、出让方式有偿出让，标志着我国矿业权出让制度正式从无偿出让到有偿出让。

（三）矿业权协议出让严控阶段

2003—2016 年是矿业权协议出让严控阶段。2003 年 6 月 11 日，国土资源部印发《探矿权采矿权招标拍卖挂牌管理办法（试行）》（国土资发〔2003〕197 号），增加了矿业权拍卖、挂牌出让等相关规定。2006 年 1 月 24 日，国土资源部发布《关于进一步规范矿业权出让管理的通知》（国土资发〔2006〕12 号），增加协议出让方式，列举了允许协议出让的四种情形。2012 年 5 月 15 日，国土资源部发布《国土资源部关于严格控制和规范矿业权协议出让管理有关问题的通知》（国土资发〔2012〕80 号），规定了准许以协议方式出让探矿权、采矿权的五种情形。2015 年 8 月 24 日，国土资源部修改了该通知部分内容，分为从严控制协议出让、严格规范协议出让、其他规定三个部分。

（四）矿业权出让全面市场化阶段

2017 年至今是矿业权出让全面市场化阶段。2017 年 2 月 27 日，中共中央办公厅、国务院办公厅印发《矿业权出让制度改革方案》，确定了新一轮矿业权制度改革方向。该改革方案提出，要坚持市场竞争取向，充分发挥市场配置资源的决定性作用，进一步扩大市场竞争出让范围。方案提出从全面推进矿业权竞争性出让和严格限制矿业权协议出让两个方面改革矿业权出让方式。

2019 年 12 月 31 日，自然资源部发布《自然资源部关于推进矿产资源管理改革若干事项的意见（试行）》（自然资规〔2019〕7 号，简称“7 号文件”）。7 号文件明确规定全面推进矿业权竞争性出让；严格控制矿业权协议出让，明确了矿业权以协议方式出让的范围和条件；开展砂石土等直接出让采矿权的“净矿”出让，积极推进其他矿种的“净矿”出让等。7 号文件的出台，表明矿业权竞争性出让全面落地，标志着我国矿业权出让全面进入竞争性出让时代。

二、矿产资源使用权管理基本制度

国家通过矿业权管理的一系列制度改革，逐步形成了矿业权审批登记的“三分一统一区划”的管理制度。

（一）分类别出让

根据矿产资源的赋存特征和地质勘探工作程度，将矿产资源分为高风险、低风险和无风险三类情形。低风险、无风险矿种的探矿权、采矿权，主要以招标、拍卖、挂牌的方式出让；对高风险勘查的矿种，则是通过申请在先的方式来保护风险勘查的积极性（各省根据实际情况进行调整）。

（二）分级审批

根据《矿产资源法》及其配套法规的规定，对探矿权实行部省二级审批登记。7 号文件要求，自 2020 年 5 月 1 日起，除石油、烃类天然气、页岩气、天然气水合物、放射性矿产、钨、稀土、锡、锑、钼、钴、锂、钾盐、晶质石墨 14 种重要战略性矿产以外的矿产资源的矿业权出让、登记下放至地方。

（三）分方式出让

我国现行的矿业权出让分为非市场竞争出让和市场竞争出让两类。非市场竞争出让主要指通过协议方式和先申请先取得方式出让的探矿权，以及排他性的探矿权转采矿权；市场竞争出让主要指通过招标、拍卖、挂牌的方式公开竞争出让探矿权、采矿权。

（四）统一配号

自 2008 年起，各级登记管理机关申请审批矿业权必须向自然资源部矿业权统一配号系统提交相关信息，获取系统统一配发的勘查许可证证号和采矿许可证证号后才能发证。

（五）矿业权设置区划

2015 年 8 月 18 日，《国土资源部关于做好矿业权设置方案审批或备案核准取消后相关工作的通知》（国土资规〔2015〕2 号）提出，将矿业权设置方案与矿产资源规划中的勘查开采规划区块有机融合，统一为“矿业权设置区划”。《全国矿产资源规划（2016—2020 年）》中提到各级规划应按要求开展矿业权设置区划，优化矿山布局，原则上一个勘查开采规划区块为一个主体，严禁将矿产地化大为小和分割出让。对高风险矿产，原则上不划定勘查规划区块，达到详查以上（含详查）勘查程度的应划定开采规划区块。对低风险矿产，要依据资源赋存状况和地质构造条件，划定勘查开采规划区块。对砂石粘土等无风险矿产，划定集中区、备选区，也可根据管理需要划定开采规划区块，明确准入条件和矿山地质环境治理恢复措施，实行有偿出让。

三、探矿权管理

（一）探矿权的定义

《中华人民共和国矿产资源法实施细则》第 6 条规定：探矿权是指在依法取得的勘查许可证规定的范围内，勘查矿产资源的权利。探矿权的主体为取得勘查许可证获得探矿权的单位或个人，客体为批准的区块范围内特定的矿产资源。探矿权具有排他性，即在批准的区块范围和期限内不允许设立第二个探矿权，也不允许任何其他单位和个人在该区块内勘查矿产资源。

（二）管理规定

探矿权管理主要依据《矿产资源勘查区块登记管理办法》（国务院第 240 号令）。《矿产资源勘查区块登记管理办法》于 1998 年 2 月 12 日由国务院发布，2014 年 7 月 29 日根据《国务院关于修改部分行政法规的决定》进行修订。其中对探矿权申请审批、延续、有偿取得、保留等进行了明确的规定。

1. 探矿权申请审批

《矿产资源勘查区块登记管理办法》第 6 条规定了探矿权申请人申请探矿权时应向登记管理机关提交的资料：申请登记书和申请的区块范围图；勘查单位的资格证书复印件；勘查工作计划、勘查合同或者委托勘查的证明文件；勘查实施方案及附件；勘查项目资金来源证明；国务院地质矿产主管部门规定提交的其他资料。申请勘查石油、天然气的，还应当提交国务院批准设立石油公司或者同意进行石油、天然气勘查的批准文件以及勘查单位法人资格证明。

第 8 条规定登记管理机关应当自收到申请之日起 40 日内，按照申请在先的原则作出准予登记或者不予登记的决定，并通知探矿权申请人。对申请勘查石油、天然气的，登记管理机关还应当在收到申请后及时予以公告或者提供查询。

2. 探矿权延续

勘查许可证有效期届满，探矿权人需要继续探矿的，可根据《矿产资源勘查区块登记管理办法》第 10 条办理延续登记手续。第 10 条规定勘查许可证有效期最长为 3 年；但是，石油、天然气勘查许可证有效期最长为 7 年。

需要延长勘查工作时间的，探矿权人应当在勘查许可证有效期届满的 30 日前，到登记管理机关办理延续登记手续，每次延续时间不得超过 2 年。

探矿权人逾期不办理延续登记手续的，勘查许可证自行废止。

石油、天然气滚动勘探开发的采矿许可证有效期最长为 15 年；但是，探明储量的区块应当申请办理采矿许可证。

3. 探矿权有偿取得

《矿产资源勘查区块登记管理办法》第 12 条规定国家实行探矿权有偿取得的制度。探矿权使用费以勘查年度计算，逐年缴纳。

第 16 条规定探矿权可以通过招标投标的方式有偿取得。登记管理机关组织评标，采取择优原则确定中标人。中标人缴纳本办法第 12 条、第 13 条规定的费用后，办理登记手续，领取勘查许可证，成为探矿权人，并履行标书中承诺的义务。

4. 探矿权保留

《矿产资源勘查区块登记管理办法》第 21 条规定探矿权人在勘查许可证有效期内探明可供开采的矿体后，经登记管理机关批准，可以停止相应区块的最低勘查投入，并可以在勘查许可证有效期届满的 30 日前，申请保留探矿权。但是，国家为了公共利益或者因技术条件暂时难以利用等情况，需要延期开采的除外。

保留探矿权的期限，最长不得超过 2 年，需要延长保留期的，可以申请延长 2 次，每次不得超过 2 年；保留探矿权的范围为可供开采的矿体范围。

在停止最低勘查投入期间或者探矿权保留期间，探矿权人应当依照本办法的规定，缴纳探矿权使用费。

探矿权保留期届满，勘查许可证应当予以注销。

四、采矿权管理

（一）采矿权的定义

《中华人民共和国矿产资源法实施细则》第 6 条第 2 款对采矿权进行了界定。采矿权是指在依法取得的采矿许可证规定的范围内，开采矿产资源和获得所开采的矿产品的权利。取得采矿许可证的单位或者个人称为采矿权人。《矿产资源法》规定，开采矿产资源必须依法申请取得采矿权；采矿权不得买卖、出租，不得用作抵押；国家保护合法的采矿权不受侵犯；任何单位和个人不得进入他人已取得采矿权的矿区范围内采矿。

采矿权主体是指经国家矿管部门审查批准的，独立享有矿产资源开采权利并承担相应法律义务的法人、自然人和其他组织，同时允许外国公司、企业和其他经济组织或个人，按中国法律及行政法规的规定在中国及其管辖的其他海域开采矿产资源。但在此范围内的主体只有具备了特定的行为能力及相关实质要件，方能成为实际的采矿权主体。

《中华人民共和国矿产资源法实施细则》第 11 条到第 14 条分别对国有矿山企业、集体矿山企业、私营矿山企业及个体采矿者的资质要求做出了不同规定，其共同必备的实质要件大致包括：开采范围与其开采能力、矿山服务年限相适应；对拟开采的矿产资源实施合理的开采方案；保障安全生产的能力；环境保护、防治污染的能力；承担与开采矿产资源直接相关的其他连带责任的能力。

（二）管理规定

采矿权管理主要依据《矿产资源开采登记管理办法》（国务院令第 241 号）。《矿产资源开采登记管理办法》于 1998 年 2 月 12 日由国务院发布，2014 年 7 月 29 日根据《国务院关于修改部分行政法规的决定》进行修订。其中对采矿权申请审批、延续、有偿取得、变更等进行了明确的规定。

1. 采矿权申请审批

《矿产资源开采登记管理办法》第 5 条规定了采矿权申请人申请办理采矿许可证时应向登记管理机关提交的资料：申请登记书和矿区范围图；采矿权申请人资质条件的证明；矿产资源开发利用方案；依法设立矿山企业的批准文件；开采矿产资源的环境影响评价报告；国务院地质矿产主管部门规定提交的其他资料。

申请开采国家规划矿区或者对国民经济具有重要价值的矿区内的矿产资源和国家实行保护性开采的特定矿种的，还应当提交国务院有关主管部门的批准文件。

申请开采石油、天然气的，还应当提交国务院批准设立石油公司或者同意进行石油、天然气开采的批准文件以及采矿企业法人资格证明。

《矿产资源开采登记管理办法》第 6 条规定登记管理机关应当自收到申请之日起 40 日内，作出准予登记或者不予登记的决定，并通知采矿权申请人。

2. 采矿权延续

《矿产资源开采登记管理办法》第 7 条规定采矿许可证有效期按照矿山建设规模确定：大型以上的，采矿许可证有效期最长为 30 年；中型的，采矿许可证有效期最长为 20 年；小型的，采矿许可证有效期最长为 10 年。采矿许可证有效期满，需要继续采矿的，采矿权人应当在采矿许可证有效期届满的 30 日前，到登记管理机关办理延续登记手续。

采矿权人逾期不办理延续登记手续的，采矿许可证自行废止。

3. *采矿权有偿取得*

《矿产资源开采登记管理办法》第 9 条规定国家实行采矿权有偿取得的制度。采矿权使用费，按照矿区范围的面积逐年缴纳，标准为每平方公里每年 1000 元。第 13 条规定采矿权可以通过招标投标的方式有偿取得。登记管理机关组织评标，采取择优原则确定中标人。中标人缴纳本办法第 9 条、第 10 条规定的费用后，办理登记手续，领取采矿许可证，成为采矿权人，并履行标书中承诺的义务。

4. *采矿权变更*

《矿产资源开采登记管理办法》第 15 条规定了采矿权人向登记管理机关申请变更登记的情形：变更矿区范围的；变更主要开采矿种的；变更开采方式的；变更矿山企业名称的；经依法批准转让采矿权的。

五、探矿权采矿权的转让

《探矿权采矿权转让管理办法》（国务院令第 242 号）于 1998 年 2 月 12 日由国务院发布，2014 年 7 月 29 日根据《国务院关于修改部分行政法规的决定》进行修订，对探矿权和采矿权的转让管理进行了明确规定。

第 3 条规定了探矿权、采矿权可以转让的情形：①探矿权人有权在划定的勘查作业区内进行规定的勘查作业，有权优先取得勘查作业区内矿产资源的采矿权。探矿权人在完成规定的最低勘查投入后，经依法批准，可以将探矿权转让他人。②已经取得采矿权的矿山企业，因企业合并、分立，与他人合资、合作经营，或者因企业资产出售以及有其他变更企业资产产权的情形，需要变更采矿权主体的，经依法批准，可以将采矿权转让他人。

第 5 条规定了转让探矿权应当具备的条件：自颁发勘查许可证之日起满 2 年，或者在勘查作业区内发现可供进一步勘查或者开采的矿产资源；完成规定的最低勘查投入；探矿权属无争议；按照国家有关规定已经缴纳探矿权使用费、探矿权价款；国务院地质矿产主管部门规定的其他条件。

第 6 条规定了转让采矿权应当具备的条件：矿山企业投入采矿生产满 1 年；采矿权属无争议；按照国家有关规定已经缴纳采矿权使用费、采矿权价款、矿产资源补偿费和资源税；国务院地质矿产主管部门规定的其他条件。

国有矿山企业在申请转让采矿权前，应当征得矿山企业主管部门的同意。

第 8 条规定了探矿权人或者采矿权人在申请转让探矿权或者采矿权时，应当向审批管理机关提交的资料：转让申请书；转让人与受让人签订的转让合同；受让人资质条件的证明文件；转让人具备本办法第 5 条或者第 6 条规定的转让条件的证明；矿产资源勘查或者开采情况的报告；审批管理机关要求提交的其他有关资料。国有矿山企业转让采矿权时，还应当提交有关主管部门同意转让采矿权的批准文件。

第 10 条规定申请转让探矿权、采矿权的，审批管理机关应当自收到转让申请之日起 40 日内，作出准予转让或者不准转让的决定，并通知转让人和受让人。

准予转让的，转让人和受让人应当自收到批准转让通知之日起 60 日内，到原发证机关办理变更登记手续；受让人按照国家规定缴纳有关费用后，领取勘查许可证或者采矿许可证，成为探矿权人或者采矿权人。

批准转让的，转让合同自批准之日起生效。

不准转让的，审批管理机关应当说明理由。

第三节　我国矿产资源储量管理

矿产资源储量管理是我国最早行使的地矿行政管理职能，贯穿矿产资源调查、规划、管理、保护和合理利用的全过程，主要包括矿产储量评审备案管理、矿产资源储量统计管理、矿山储量动态监管、矿产资源储量信息发布、矿山闭坑阶段资源储量结算管理、压覆矿产资源审批管理等方面。

一、矿产资源储量管理的变革

2019 年 12 月 31 日，自然资源部发布《自然资源部关于推进矿产资源管理改革若干事项的意见（试行）》（自然资规〔2019〕7 号，简称“7 号文件”），明确了储量管理改革内容和方向，其中涉及的主要变化如下。

固体矿产勘查阶段由 4 个阶段调整为 3 个阶段。为最大化降低社会认知和信息交易成本，按照“有没有”“有多少”“可采多少”的逻辑，将矿产勘查分为普查、详查、勘探三个阶段。

改革矿产资源储量分类。科学确定矿产资源储量分类分级，将固体矿产简化为资源量和储量两类，资源量按地质可靠程度由低到高分为推断资源量、控制资源量和探明资源量三级，储量按地质可靠程度和可行性研究的结果，分为可信储量和证实储量两级；油气矿产分为资源量和地质储量两类，资源量不再分级，地质储量按地质可靠程度分为预测地质储量、控制地质储量和探明地质储量三级。

取消矿产资源储量登记事项。取消矿产资源储量登记事项，简化归并评审备案和登记事项，缩减办理环节和要件，提高行政效率。

明确评审备案范围和权限。按照 7 号文件的改革要求，缩减了矿产资源储量政府直接评审备案范围，由原来 18 种情形减为 4 种，评审备案要件由 10 余件减为 3 件，受理时限由原来 15 天减至 5 个工作日，评审备案时限由原来 110 天减至 60 个工作日，极大地减轻了矿业权人负担。

二、矿产资源储量评审备案管理

2020 年 5 月 19 日发布的《自然资源部办公厅关于矿产资源储量评审备案管理若干事项的通知》（自然资办发〔2020〕26 号），根据《矿产资源法》有关规定和“7 号文件”，对矿产资源储量评审备案管理有关事项进行规定。

该通知明确了矿产资源储量评审备案的性质；介绍了申请评审备案的矿产资源储量报告的具体内容及需编制报告申请评审备案的情形：探矿权转采矿权、采矿权变更矿种或范围、油气矿产在探采期间探明地质储量、其他矿产在采矿期间累计查明矿产资源量发生重大变化（变化量超过 30%或达到中型规模以上的），以及建设项目压覆重要矿产，应当编制符合相关标准规范的矿产资源储量报告，申请评审备案。

自然资源部负责本级已颁发勘查或采矿许可证的矿产资源储量的评审备案工作，其他由省级自然资源主管部门负责。评审备案自受理之日起 60 个工作日（不含申请人补正修改时间）内完成，并书面告知申请人评审备案结果。需修改或补充相关材料的，申请人应在 20 个工作日内提交。要重点对工业指标、地质勘查及研究程度、开采技术条件、矿石加工选冶技术性能研究和综合勘查综合评价等的合规性合理性进行审查，符合国家法律法规政策、技术标准要求的，自然资源主管部门予以评审备案。

三、矿产资源储量统计管理

《矿产资源登记统计管理办法》于 2003 年 12 月 30 日国土资源部第 12 次部务会议通过，2004 年 1 月 9 日国土资源部令第 23 号公布；根据 2020 年 4 月 29 日自然资源部第 3 次部务会议，《自然资源部关于第三批废止和修改的部门规章的决定》（自然资源部令第 7 号）修正。全文共 5 章 18 条，包括总则、矿产资源统计、统计资料管理、法律责任和附则部分。

《矿产资源登记统计管理办法》明确了矿产资源统计的概念，是指县级以上人民政府自然资源主管部门对矿产资源储量变化及开发利用情况进行统计的活动。由自然资源部负责全国矿产资源统计的管理工作，县级以上地方人民政府自然资源主管部门负责本行政区域内矿产资源统计的管理工作，但石油、天然气、页岩气、天然气水合物、放射性矿产除外。

《矿产资源登记统计管理办法》规定了矿产资源统计应当使用由自然资源部统一制定并经国务院统计行政主管部门批准的矿产资源统计基础表及其填报说明，明确了矿产资源统计基础表的内容。规定了采矿权人应当于每年 1 月底前完成矿产资源统计基础表的填报和报送工作；开采石油、天然气、页岩气、天然气水合物和放射性矿产的，采矿权人应当于每年 3 月底前完成。明确了县级自然资源主管部门的统计职责。

《矿产资源登记统计管理办法》规定了自然资源主管部门应当建立矿产资源统计资料档案管理制度，加强对本行政区域内矿产资源统计资料、统计台账及数据库的管理；自然资源主管部门审查和现场抽查矿产资源统计资料时，探矿权人、采矿权人和建设单位应当予以配合，并如实提供相关数据资料等。

《矿产资源登记统计管理办法》对于采矿权人虚报、瞒报、拒报、迟报矿产资源统计资料，拒绝接受检查、现场抽查或者弄虚作假等违法行为规定了相应的处罚措施。

四、矿山储量动态监管

与矿山储量动态监管相关的规范性文件包括《关于全面开展矿山储量动态监督管理的通知》《自然资源部办公厅关于规范矿山储量年度报告管理的通知》《自然资源部办公厅关于完善矿产资源储量动态更新机制做好矿产资源国情调查工作的通知》等。

矿山储量动态监管的总体要求是明确分工，落实责任；精心部署，扎实推进；培育机构，规范服务；健全制度，严格程序。矿产资源储量登记统计、矿产资源补偿费征收和矿业权评估等必须以经审查的矿山储量年报为依据。矿山企业要在每年 12 月 31 日前完成地质测量工作，建立矿山技术档案和资源储量台账，并在下一年 1 月底前，将矿山储量年报报送国土资源管理部门。矿山储量年报的内容包括：保有和累计查明资源储量、基础储量、资源量；当年开采和损失资源储量；当年勘查、计算变化的资源储量；矿石质量变化情况；下一年度开采拟动用资源储量；与矿产资源储量管理有关的其他情况。

五、矿产资源储量信息发布制度

我国矿产储量信息披露制度随着矿业市场的健全不断变更，可以划分为三个阶段。第一个阶段是矿业市场建立前时期（1953 年至 1992 年）；第二个阶段是矿业市场初建时期（1992 年至 2017 年）；第三阶段是矿业市场健全时期（2017 年至今）。

根据《自然资源部关于做好矿产资源储量统计工作的通知》（自然资发〔2020〕158 号）规定：矿产资源储量统计信息发布时，应严格执行《固体矿产资源储量分类》（GB/T 17766—2020）和《油气矿产资源储量分类》（GB/T 19492—2020）等标准和文件要求。

自然资源主管部门应在门户网站及时发布本行政区矿产资源储量统计信息。发布矿产资源储量统计信息或提供有关信息服务时，应当严格遵守国家保密和政府信息公开的法律法规，对于矿产资源储量统计中涉及的国家秘密、属于单个统计调查对象的商业秘密、个人信息和重要数据，应当予以保密。

油气矿业权人发现的控制地质储量、预测地质储量和其他矿产探矿权人查明的矿产资源储量（探矿权转采矿权情形的除外），主要用于矿产资源储量管理和基础研究工作，不纳入矿产资源储量统计信息发布范围。

六、矿山闭坑资源储量结算管理

关闭矿山残留矿产资源储量的统计管理及数据填报工作，由矿产资源所在地县级或市级的自然资源主管部门负责，但涉及石油、天然气、页岩气、天然气水合物、放射性矿产的，由自然资源部负责。

非油气矿产原则上以闭坑地质报告为依据，无闭坑地质报告的以最近年度的矿山储量年报为依据，由自然资源主管部门填写《矿产资源储量统计信息表》，于矿山关闭年度的下一年 1 月底前录入矿产资源储量数据库；油气矿产以储量结算报告为依据，由矿业权人填写《油气矿产资源储量结算统计信息表》，于储量结算年度的下一年 1 月底前报自然资源部。

七、压覆重要矿产资源审批管理

根据《自然资源部关于推进矿产资源管理改革若干事项的意见（试行）》（自然资规〔2019〕7 号）、《国土资源部关于进一步做好建设项目压覆重要矿产资源审批管理工作的通知》（国土资发〔2010〕137 号，以下简称 137 号文件）等规定：压覆石油、天然气、放射性矿产的，或压覆《矿产资源开采登记管理办法》附录所列矿种（石油、天然气、放射性矿产除外）累计查明资源储量数量达大型矿区规模以上的，或矿区查明资源储量规模达到大型并且压覆占 1/3 以上的，由自然资源部审批；其他涉及建设项目压覆重要矿产的，由省级自然资源主管部门负责评审备案。

根据 137 号文等文件规定，建设项目压覆已查明重要矿产资源的，涉及的审批备案流程以及需取得的批复文件如下。

建设项目选址前，建设单位应向省级自然资源部门查询拟建项目所在地区的矿产资源规划、矿产资源分布和矿业权设置情况。确需压覆重要矿产资源的，建设单位应根据有关工程建设规范确定建设项目压覆重要矿产资源的范围，委托具有相应地质勘查资质的单位编制建设项目压覆重要矿产资源评估报告。

有关材料经建设项目所在省（区、市）自然资源管理部门初审同意后，将以下材料（纸质和电子版各 1 套）报自然资源部：①关于压覆重要矿产资源的申请函；②关于压覆重要矿产资源的评估报告及评审意见书；③省级自然资源管理部门出具的关于压覆重要矿产资源的初审意见；④要求提交的其他有关资料。

建设项目压覆已设置矿业权矿产资源的，新的土地使用权人还应同时与矿业权人签订协议，协议应包括矿业权人同意放弃被压覆矿区范围及相关补偿内容。补偿的范围原则上应包括：①矿业权人被压覆资源储量在当前市场条件下所应缴的价款（无偿取得的除外）；②所压覆的矿产资源分担的勘查投资、已建的开采设施投入和搬迁相应设施等直接损失。

建设单位应在收到同意压覆重要矿产资源的批复文件后 45 个工作日内，到项目所在地省级自然资源管理部门办理压覆重要矿产资源储量登记手续。45 个工作日内不申请办理压覆重要矿产资源储量登记手续的，审批文件自动失效。

八、矿产资源储量技术标准管理

随着自然资源管理体制的不断改革，矿产资源储量技术标准也在不断完善。与矿产资源储量有关的技术标准较多，包括《固体矿产资源储量分类》（GB/T 17766—2020）、《固体矿产地质勘查规范总则》（GB/T 13908—2020）、《矿产地质勘查规范 煤》（DZ/T 0215—2020）、《矿产地质勘查规范 油页岩、石煤、泥炭》（DZ/T 0346—2020）、《油气矿产资源储量分类》（GB/T 19492—2020）、《石油天然气储量估算规范》（DZ/T 0217—2020）、《石油天然气地质勘查总则》（DZ/T 0344—2020）等。

第四节 我国矿产资源环保制度

矿业开发与生态环境保护是对立统一的关系，环保政策对矿业投资影响很大。《矿产资源法》第 32 条规定开采矿产资源，必须遵守有关环境保护的法律规定，防止污染环境。本节先对《矿山地质环境保护规定》进行介绍，《矿山地质环境保护规定》是其他与矿产资源环保相关制度的基础；然后从绿色发展的角度对矿山复垦制度、矿山地质环境恢复和综合治理及绿色矿山 3 方面进行介绍；最后补充 3 条控制线，明确矿产资源企业的不可开发区域。

一、矿山地质环境保护规定

《矿山地质环境保护规定》于 2009 年 2 月 2 日国土资源部第 4 次部务会议上审议通过，2019 年 7 月 16 日自然资源部第 2 次部务会议上修改。

《矿山地质环境保护规定》明确提出 26 字的矿山地质环境保护原则：预防为主、防治结合，谁开发谁保护、谁破坏谁治理、谁投资谁受益。第 9 条规定自然资源部负责全国矿山地质环境的保护工作，县级以上地方自然资源主管部门负责本行政区的矿山地质环境保护工作。第 10 条明确矿山地质环境保护规划应当包括的内容：矿山地质环境现状和发展趋势；矿山地质环境保护的指导思想、原则和目标；矿山地质环境保护的主要任务；矿山地质环境保护的重点工程；规划实施保障措施。国家鼓励开展矿山地质环境保护科学技术研究，推广先进技术和方法；国家鼓励企业、社会团体或者个人投资，对已关闭或者废弃矿山的地质环境进行治理恢复。

《矿山地质环境保护规定》要求采矿权申请人申请办理采矿许可证时，应当编制矿山地质环境保护与土地复垦方案，报有批准权的自然资源主管部门批准。矿山地质环境保护与土地复垦方案应当包括下列内容：矿山基本情况；矿区基础信息；矿山地质环境影响和土地损毁评估；矿山地质环境治理与土地复垦可行性分析；矿山地质环境治理与土地复垦工程；矿山地质环境治理与土地复垦工作部署；经费估算与进度安排；保障措施与效益分析。矿山关闭前，采矿权人应当完成矿山地质环境保护与土地复垦义务。采矿权人在申请办理闭坑手续时，应当经自然资源主管部门验收合格，并提交验收合格文件。采矿权转让的，矿山地质环境保护与土地复垦的义务同时转让。

二、矿山复垦制度

《矿山地质环境保护规定》第 2 条中提到开采矿产资源涉及土地复垦的，依照国家有关土地复垦的法律法规执行。与土地复垦相关的法律法规主要是《土地复垦条例》和《土地复垦条例实施办法》。《土地复垦条例》于 2011 年 2 月 22 日国务院第 145 次常务会议上通过。《土地复垦条例实施办法》于 2012 年 12 月 11 日国土资源部第 4 次部务会议上审议通过，自 2013 年 3 月 1 日起施行，根据 2019 年 7 月 24 日《自然资源部关于第一批废止和修改的部门规章的决定》进行修订。

《土地复垦条例》第 3 条规定生产建设活动损毁的土地按照“谁损毁，谁复垦”的原则，由生产建设单位或者个人（以下称土地复垦义务人）负责复垦。第 10 条规定露天采矿等地表挖掘所损毁的土地，地下采矿等造成地表塌陷的土地，堆放采矿剥离物、废石、矿渣、粉煤灰等固体废弃物压占的土地，能源、交通、水利等基础设施建设和其他生产建设活动临时占用所损毁的土地属于生产建设活动损毁的土地。

（一）矿业用地复垦监管制度

《土地复垦条例》第 5 条对行政部门的监督管理职责进行规定，“国务院自然资源主管部门负责全国土地复垦的监督管理工作，县级以上地方人民政府自然资源主管部门负责本行政区域土地复垦的监督管理工作，县级以上人民政府其他有关部门依照本条例的规定和各自的职责做好土地复垦有关工作”。

（二）矿业用地复垦资金保障制度

拥有健全的资金保障制度是高效推进矿业用地复垦工作的关键。《土地复垦条例》第 15 条规定，土地复垦义务人应当将土地复垦费用列入生产成本或者建设项目总投资。第 18 条规定土地复垦义务人不复垦或者复垦验收中经整改仍不合格的，应当缴纳土地复垦费，由有关自然资源主管部门代为组织复垦。《土地复垦条例实施办法》将上述规定进一步细化，第 16 条规定土地复垦义务人应当与损毁土地所在地县级自然资源主管部门在双方约定的银行建立土地复垦费用专门账户，按照土地复垦方案确定的资金数额，在土地复垦费用专门账户中足额预存土地复垦费用。此外，第 23 条规定县级自然资源主管部门应当加强对土地复垦义务人使用土地复垦费用的监督管理，发现有不按照规定使用土地复垦费用的，可以按照土地复垦费用使用监管协议的约定依法追究土地复垦义务人的违约责任。

三、矿山地质环境恢复和综合治理

2016年7月1日，国土资源部发布《关于加强矿山地质环境恢复和综合治理的指导意见》（国土资发〔2016〕63号），以“创新、协调、绿色、开放、共享”的新发展理念统领矿山地质环境恢复和综合治理工作，实现2025年建立起动态监测体系、全面掌握和监控全国矿山地质环境动态变化情况的目标。

（一）历史遗留废弃矿山生态修复

2019年12月24日，自然资源部发布《关于探索利用市场化方式推进矿山生态修复的意见》（自然资规〔2019〕6号，简称《意见》），主要解决矿山生态修复历史欠账多、现实矛盾多、投入不足等突出问题，修复原则是“谁破坏、谁治理”“谁修复、谁受益”。

1. 据实核定矿区土地利用现状地类

地方各级自然资源主管部门要据实调查矿区土地利用现状、权属、合法性。对已有因采矿塌陷确实无法恢复原用途的农用地，经省级自然资源主管部门会同相关部门组织核实并征得土地权利人同意，报自然资源部核定后，可以变更为其他类型农用地或未利用地，涉及耕地的据实统筹进行核减，其中涉及永久基本农田的按规定进行调整补划，并纳入国土空间规划。耕地核减不免除造成塌陷责任人的法定应尽义务。

2. 强化国土空间规划管控和引领

市、县级人民政府编制国土空间规划时，应充分考虑历史遗留矿山和正在开采矿山的废弃矿区土地利用现状和开发潜力、土壤环境质量状况、水资源平衡状况、地质环境安全和生态保护修复适宜性等，尊重土地权利人意见，结合生态功能修复和后续资源开发利用、产业发展等需求，按照宜农则农、宜建则建、宜水则水、宜留则留原则，合理确定矿区内各类空间用地的规模、结构、布局和时序，优化国土利用格局，为合理开发和科学利用创造条件。

3. 鼓励矿山土地综合修复利用

历史遗留矿山废弃国有建设用地修复后拟改为经营性建设用地的，在符合国土空间规划前提下，可由地方政府整体修复后，进行土地前期开发，以公开竞争方式分宗确定土地使用权人；也可将矿山生态修复方案、土地出让方案一并通过公开竞争方式确定同一修复主体和土地使用权人，并分别签订生态修复协议与土地出让合同。历史遗留矿山废弃国有建设用地修复后拟作为国有农用地的，可由市、县级人民政府或其授权部门以协议形式确定修复主体，双方签订国有农用地承包经营合同，从事种植业、林业、畜牧业或者渔业生产。

对历史遗留矿山废弃土地中的集体建设用地，集体经济组织可自行投入修复，也可吸引社会资本参与。修复后国土空间规划确定为工业、商业等经营性用途，并经依法登记的集体经营性建设用地，土地所有权人可出让、出租用于发展相关产业。

各地依据国土空间规划在矿山修复后的土地上发展旅游产业，建设观光台、栈道等非永久性附属设施，在不占用永久基本农田以及不破坏生态环境、自然景观和不影响地质安全的前提下，其用地可不征收（收回）、不转用，按现用途管理。

4. 实行差别化土地供应

各地可依据国土空间规划，利用矿山修复后的国有建设用地发展教育、科研、体育、公共文化、医疗卫生、社会福利等产业，符合划拨用地目录的，可按有关规定以划拨方式提供土地使用权，鼓励土地使用人在自愿的前提下，以出让、租赁等有偿方式取得土地使用权。矿山修复后的国有建设用地可采取弹性年期出让、长期租赁、先租后让、租让结合的方式供应。

5. 盘活矿山存量建设用地

各地将正在开采矿山依法取得的存量建设用地和历史遗留矿山废弃建设用地修复为耕地的，经验收合格后，可参照城乡建设用地增减挂钩政策，腾退的建设用地指标可在省域范围内流转使用。其中，正在开采的矿山将依法取得的存量建设用地修复为耕地及园地、林地、草地和其他农用地的，经验收合格后，腾退的建设用地指标可用于同一法人企业在省域范围内占用同地类农用地的新采矿活动。

在符合国土空间规划和土壤环境质量要求、不改变土地使用权人的前提下，经依法批准并按市场价补缴土地出让价款后，矿山企业可将依法取得的国有建设用地修复后用于工业、商业、服务业等。

6. 合理利用废弃矿山土石料

对地方政府组织实施的历史遗留露天开采类矿山的修复，因削坡减荷、消除地质灾害隐患等修复工程新产生的土石料及原地遗留的土石料，可以无偿用于本修复工程；确有剩余的，可对外进行销售，由县级人民政府纳入公共资源交易平台，销售收益全部用于本地区生态修复，涉及社会投资主体承担修复工程的，应保障其合理收益。

7. 加强监督管理

地方各级自然资源主管部门要加强工作指导，做好日常监督管理，建立健全政府、矿山企业、社会投资方、公众共同参与的监督机制，探索建立修复企业诚信档案和信用积累制度。

（二）矿山环境治理恢复基金制度

2017年11月，财政部、自然资源部、环境保护部联合发布《关于取消矿山地质环境治理恢复保证金建立矿山地质环境治理恢复基金的指导意见》（财建（2017）638号，简称《指导意见》），明确取消保证金制度，落实企业的矿山地质环境治理恢复责任，以建立基金的方式筹集治理恢复资金。

《指导意见》要求各地结合实际情况，制定本地区的矿山地质环境治理恢复基金管理办法，确保制度办法切实可行。根据《指导意见》，企业通过建立基金的方式，筹集治理恢复资金。矿山企业按照满足实际需求的原则，根据其矿山地质环境保护与土地复垦方案，将矿山地质环境恢复治理费用按企业会计准则相关规定预计弃置费用，计入相关资产的入账成本，在预计开采年限内按照产量比例等方法摊销，并计入生产成本。同时矿山企业需在其银行账户中设立基金账户，单独反映基金的提取情况。基金由企业自主使用。

《指导意见》要求地方各级国土资源部门会同环境保护部门建立动态化的监管机制，加强对企业矿山地质环境治理恢复的监督检查。对于未按照矿产地质环境保护与土地复垦方案开展恢复治理工作的企业，列入矿业权人异常名录或严重违法失信名单，责令其限期整改。对于逾期不整改或整改不到位的，不得批准其申请新的采矿许可证或者申请采矿许可证延期、变更、注销，不得批准其申请新的建设用地。对于拒不履行矿山地质环境恢复治理义务的企业，有关主管部门将对其违法违规信息建立信用记录，纳入全国共享平台并向社会公布，根据有关法律法规对其进行处罚并追究其法律责任。

（三）合并编报制度

2017年1月3日，《国土资源部办公厅关于做好矿山地质环境保护与土地复垦方案编报有关工作的通知》（国土资规〔2016〕21号）明确了施行矿山企业矿山地质环境保护与治理恢复方案和土地复垦方案合并编报制度。矿山企业不再单独编制矿山地质环境保护与治理恢复方案、土地复垦方案。合并后的方案以采矿权为单位进行编制，即一个采矿权编制一个方案。方案名称为“矿业权人名称+矿山名称+矿山地质环境保护与土地复垦方案”。

编制、重新编制、修订矿山地质环境保护与土地复垦方案的情形如下：

采矿权申请人在申请办理采矿许可证前；在办理采矿权变更时，涉及扩大开采规模、扩大矿区范围、变更开采方式；办理采矿权延续时，矿山地质环境保护与土地复垦方案超过适用期或方案剩余服务期少于采矿权延续时间；矿山企业原矿山地质环境保护与治理恢复方案、土地复垦方案其中一个超过适用期的或方案剩余服务期少于采矿权延续时间的。矿山地质环境保护与土地复垦方案的编制按照《矿山地质环境保护与土地复垦方案编制指南》执行。

四、绿色矿山

2010 年 8 月 13 日，国土资源部发布《关于贯彻落实全国矿产资源规划发展绿色矿业建设绿色矿山工作的指导意见》（国土资发〔2010〕119 号，简称《指导意见》），其中要求矿山企业要认真履行社会责任，全面开展绿色矿山建设，矿山企业是绿色矿山建设主体，要按照绿色矿山建设的有关条件和循环经济的发展模式，不断加强规范管理，切实履行社会责任，加大投入，改进生产工艺，优化生产布局，加强环境保护，促进资源开发、环境保护与矿区和谐的协调发展。《指导意见》从依法办矿、规范管理、综合利用、技术创新、节能减排、环境保护、土地复垦、社区和谐、企业文化 9 个方面制定了国家级绿色矿山基本条件。

2017 年 3 月 22 日，国土资源部、财政部、环境保护部、国家质检总局、银监会、证监会联合印发《关于加快建设绿色矿山的实施意见》（国土资规〔2017〕4 号，简称《实施意见》）。

《实施意见》明确了黄金行业、冶金行业、化工行业、非金属矿行业、有色金属行业、石油和天然气开采行业、煤炭行业、绿色矿业发展示范区的绿色矿山建设要求，是第一个国家级的行业标准，填补了国内外关于绿色矿山国家级行业标准的空白，具有里程碑意义。同时提到加大对绿色矿山的政策支持：①实行矿产资源支持政策，对实行总量调控矿种的开采指标、矿业权投放，符合国家产业政策的，优先向绿色矿山和绿色矿业发展示范区安排，符合协议出让情形的矿业权，允许优先以协议方式有偿出让给绿色矿山企业。②保障绿色矿山建设用地，支持绿色矿山企业及时复垦盘活存量工矿用地，并与新增建设用地相挂钩。将绿色矿业发展示范区建设与工矿废弃地复垦利用、矿山地质环境治理恢复、矿区土壤污染治理、土地整治等工作统筹推进。③加大财税政策支持力度。财政部、国土资源部在安排地质矿产调查评价资金时，在完善现行资金管理办法的基础上，对开展绿色矿业发展示范区的地区符合条件的项目适当倾斜。④创新绿色金融扶持政策。鼓励银行业金融机构在强化对矿业领域投资环境健康、安全和社会风险评估及管理的前提下，研发符合地区实际的绿色矿山特色信贷产品，在风险可控、商业可持续的原则下，加大对绿色矿山企业在环境恢复治理、重金属污染防治、资源循环利用等方面的资金支持力度；支持政府性担保机构探索设立结构化绿色矿业担保基金，为绿色矿山企业和项目提供增信服务。鼓励社会资本成立各类绿色矿业产业基金，为绿色矿山项目提供资金支持；推动符合条件的绿色矿山企业在境内中小板、创业板和主板上市以及到“新三板”和区域股权市场挂牌融资。

五、三条控制线

2019 年 10 月，中共中央办公厅、国务院办公厅印发了《关于在国土空间规划中统筹划定落实三条控制线的指导意见》（简称《指导意见》），三条控制线为生态保护红线、永久基本农田、城镇开发边界。

矿产资源的开发受到生态保护红线的限制。《指导意见》中提到生态保护红线是指在生态空间范围内具有特殊重要生态功能、必须强制性严格保护的区域，包括具有重要水源涵养、生物多样性维护、水土保持、防风固沙、海岸防护等功能的生态功能极重要区域；生态极敏感脆弱的水土流失、沙漠化、石漠化、海岸侵蚀等区域；其他经评估目前虽然不能确定但具有潜在重要生态价值的区域。在生态保护红线内，自然保护地核心保护区原则上禁止人为活动，其他区域严格禁止开发性、生产性建设活动，在符合现行法律法规的前提下，除国家重大战略项目外，仅允许对生态功能不造成破坏的有限人为活动。涉及矿产资源开发的有：因国家重大能源资源安全需要开展的战略性能源资源勘查，公益性自然资源调查和地质勘查；自然资源、生态环境监测和执法；经依法批准进行的非破坏性科学研究观测、标本采集；重要生态修复工程。

第五节　我国矿产资源税费制度

我国矿产资源税费制度是一套由矿产资源法、税法及其附属法规、国家资源政策等组成的，调整矿产资源勘查、开发过程中诸多经济关系的管理制度的总和。本节主要从税费制度演变及税费种类进行介绍。

一、我国矿产资源税费制度演化历程

（一）资源税费并存格局形成阶段

1982—1986 年为资源税费并存格局形成阶段。新中国成立后，我国实行

计划经济体制，矿产资源采用“无偿开采制度”。1982 年 1 月 30 日，国务院发布的《中华人民共和国对外合作开采海洋石油资源条例》（国发 19 号）规定“参与合作开采海洋石油资源的中国企业、外国企业，都应当依法纳税，缴纳矿区使用费”，这是我国有偿开采的萌芽。1984 年 9 月 18 日，国务院发布《中华人民共和国资源税条例》（草案），标志着资源税费制度的建立，资源税和矿区使用费的出现形成了“税费并存”的格局。

（二）资源税费制度框架形成阶段

1986—1996 年是我国资源税费制度框架形成阶段。1986 年，全国人大常委会审议通过《矿产资源法》，第 5 条规定“开采矿产资源必须按照国家有关规定缴纳资源税和资源补偿费”。第 25 条规定“矿床勘探报告及其他有价值的勘查资源实行有偿使用”。《矿产资源法》的实施，标志着矿产资源有偿开采制度的正式确立，无偿开采制度退出历史舞台。

1994 年，我国进行了全面税费制度改革，于 1 月 1 日开始实行《中华人民共和国资源税暂行条例》（简称《资源税暂行条例》），将税费征收范围由过去的煤炭、石油、天然气、铁矿石等少数几种资源扩大到原油、天然气、煤炭、其他非金属矿原矿、黑色金属矿原矿、有色金属矿原矿和盐等 7 种资源。同年 4 月 1 日，国务院发布实施《矿产资源补偿费征收管理规定》，确立了矿产资源补偿费征收管理制度，这标志着矿产资源有偿使用进入实践与操作层面。

（三）矿产资源税费制度日益完善阶段

1996 年至今是我国矿产资源税费制度日益完善阶段。1996 年《矿产资源法》第一次修订，矿产资源有偿使用的制度建设取得重大进展，矿业权配置由之前的行政无偿授予为主，发展为以招标、拍卖、挂牌等竞争方式为主。

2010 年，资源税计征方式开始改革，设立油气资源税改革试点，将计征方式由“从量计征”改为“从价计征”。2011 年 9 月 30 日，国务院对《资源税暂行条例》进行二次修改，扩大从价定率的资源税计征范围，油气资源税改革推广至全国。

2014 年财政部、国家税务总局发布《关于实施煤炭资源税改革的通知》，决定实施煤炭资源税从价计征。2015 年 5 月 1 日起，又将稀土、钨、钼等纳入从价计征范围。

2016 年财政部和国家税务总局发布《关于全面推进资源税改革的通知》（财税〔2016〕53 号）。2017 年国务院发布《矿产资源权益金制度改革方案》（国发〔2017〕29 号），改革内容包括对其他矿产资源实施从价计征改革；将矿产资源补偿费等收费基金并入资源税；推动矿产资源权益金制度改革，将探矿权采矿权价款调整为矿业权出让收益，探矿权采矿权使用费整合为矿业权占用费，将矿山环境治理恢复保证金调整为矿山环境治理恢复基金。

2019 年，全国人民代表大会常务委员会通过《中华人民共和国资源税法》（简称《资源税法》），资源税“由规升法”，使税目、税率、减免税政策等有了更为严格的规范。《资源税法》简化了纳税申报，降低了税收遵从成本，原暂行条例规定纳税人的纳税期限为 1 日、3 日、5 日、10 日、15 日或者 1 个月，由主管税务机关根据实际情况具体核定，《资源税法》则规定资源税按月或者按季申报缴纳；对资源税税目进行了更精确的分类；将减征和免征资源税的情形进行区分。

2020 年 6 月 28 日，财政部、税务总局发布《关于资源税有关问题执行口径的公告》（财政部税务总局公告 2020 年第 34 号），以贯彻落实《资源税法》。该公告对资源税应税产品销售额的定义、自用应税产品应当缴纳资源税情形、特殊情形下确定应税产品销售额的方法等政策问题进行明确和细化。

二、矿产资源税费种类

矿业企业涉及的税费主要包括三类：第一类是针对所有企业普遍征收的税费，包括增值税、城市维护建设税、教育费附加、企业所得税、房产税、印花税、城镇土地使用税、环境保护税、车船税、社保费、残保金、水利建设基金和工会经费等；第二类是针对矿业企业征收的税费，主要包括资源税、矿产资源补偿费、探矿权使用费、采矿权使用费、探矿权价款、采矿权价款、矿区使用费、矿权登记费、耕地占用税等；第三类是各地根据实际情况制定的资源性收费、基金，例如矿产资源管理费、使用费、增值保护费、林业补偿费、电力基金、水资源费、渔业资源费、育林基金、重新改造基金、林改保护费、土地复垦保证金等。

（一）资源税

资源税是以各种应税自然资源为课税对象、为了调节资源级差收入并体现国有资源有偿使用而征收的一种税，是对自然资源征税税种的总称。资源税从性质上划分，可分为一般资源税和级差资源税。一般资源税就是国家对国有资源，如我国《宪法》规定的城市土地、矿藏、水流、森林、山岭、草原、荒地、滩涂等，根据国家的需要，对使用某种自然资源的单位和个人，为取得应税资源的使用权而征收的一种税。级差资源税是国家对开发和利用自然资源的单位和个人，由于资源条件的差别所取得的级差收入课征的一种税。表 11-1 所示为部分矿产资源的税目和税率情况。

表 11-1 部分矿产资源的税目和税率情况

税目		税率
能源矿产	原油	6%
	天然气、页岩气、天然气水合物	6%
	煤	2%~10%
	煤成（层）气	1%~2%
	铀、钍	4%
	油页岩、油砂、天然沥青、石煤	1%~4%
	地热	1%~20%或每平方米1~30元
金属矿产	黑色金属	1%~9%
	有色金属	2%~12%
非金属矿产	矿物类	1%~12%
	岩石类	1%~10%
	宝玉石类	4%~20%
水气矿产	二氧化碳气、硫化氢气、氦气、氡气	2%~5%
	矿泉水	1%~20%或者每立方米1~30元
盐	钠盐、钾盐、镁盐、锂盐	3%~15%
	天然卤水	3%~15%或者每吨（或者每立方米）1~10元
	海盐	2%~5%

资料来源：依据《中华人民共和国资源税法》税率表精简合并。

（二）矿产资源补偿费

根据《矿产资源法》的有关规定，国务院于1994年2月27日（国务院令第150号）发布《矿产资源补偿费征收管理规定》（1997年7月3日国务院令第222号修改），明确在中华人民共和国领域和其他管辖海域开采矿产资源，应当依照规定缴纳矿产资源补偿费。矿产资源补偿费是矿产资源国家所有权在经济上的实现形式，由中央和地方共享，地矿主管部门会同同级财政部门负责征收。

1. 征收程序

①缴费人应在规定期限内进行纳费申报，填报《矿产资源补偿费纳费申报表》；②提交已开采矿产品的矿种、产量、销售数量、销售价格和实际开采回采率等各项数据资料；③自然资源主管部门按照矿产资源补偿费计征公式对企业提交的纳费申报表进行审查，并结合采矿企业实际生产能力、实际生产规模等因素，按照规定核定纳费人的纳费数额。

2. 收费标准

《矿产资源补偿费征收管理规定》第 5 条规定，矿产资源补偿费按照下列方式计算：征收矿产资源补偿费金额=矿产品销售收入×补偿费费率×开采回采率系数，开采回采率系数=核定开采回采率/实际开采回采率。

3. 费率

矿产资源补偿费以从价法计征，按矿种对费率进行分档，大体为矿产品销售收入的 1%~4%，平均为 1.18%。具体的补偿费费率见表 11-2。其中，原油、天然气矿产资源补偿费费率为零的执行依据是 2014 年 9 月 26 日财政部和国家税务总局发布的《关于调整原油、天然气资源税有关政策的通知》（财税［2014］73 号）。

表 11-2　部分矿产资源补偿费费率

费率	矿产名称
0	原油、天然气
0.5%	矿盐
1%	石油、煤炭、煤成气、石煤、油砂
2%	黑色金属矿产、有色金属矿产、非金属矿产、天然沥青、油页岩
3%	放射性矿产、稀有金属矿产、稀土金属矿产、稀散元素矿产、气体矿产
4%	贵金属矿产、离子型稀土矿产、宝石、玉石、宝石级金刚石及矿泉水

资料来源：依据《矿产资源补偿费征收管理规定》精简合并。

4. 去向管理

市级自然资源主管部门负责征收的矿山企业，由纳费人按月填写《矿产资源补偿费纳费申报表》，经市国土资源主管部门审查确认后按 5∶5 的比例，分别缴入中央和地方金库。各区县所负责征收的矿产资源补偿费按国务院第 150 号令等规定，填写《市财政缴款书》和《中央矿产资源补偿费专用缴款书》，分两次上缴国库，每年 7 月 1 日以前将上半年征收的矿产资源补偿费按 5∶5 比例分别缴入中央和地方金库，下一年度的 1 月 1 日前将上年度下半年征收的矿产资源补偿费按规定分别缴入中央和地方金库，由市局进行监督。

5. 减免优惠

采矿权人有下列情形之一的，经省级地矿主管部门会同同级财政部门批准，可免缴矿产资源补偿费：从废石（矸石）中回收矿产品的；按照国家规定经批准开采已关闭矿山的非保安残留矿体的。

采矿权人有下列情形之一的，经省级地矿主管部门会同同级财政部门批准，可减缴矿产资源补偿费：从尾矿中回收矿产品的；开采未达到工业品位的或者未计算储量的低品位矿产资源的；依法开采水体下、建筑物下、交通要道下的矿产资源的；由于执行国家定价而形成政策性亏损的。

外国企业及其在中国设立的办事机构、代表处投资开采回收非油气矿产资源主矿种之外的共（伴）生矿的，享受减半缴纳共（伴）生矿产品的矿产资源补偿费政策；利用尾矿的，免缴矿产资源补偿费；采用先进技术使国内现有技术难以开发利用的矿产资源得到开发利用的，享受减半缴纳矿产资源补偿费 3 年的政策。

外国企业及其在中国设立的办事机构、代表处与中方探矿权人及采矿权人合作进行非油气矿产资源勘查与开采，通过技术投入使开采回采率、选矿回收率和综合利用率高于国内同类企业水平的，享受减半缴纳矿产资源补偿费 3 年的政策。对高于国内同类企业水平多开采出的矿产品部分，免缴矿产资源补偿费。

外国企业及其在中国设立的办事机构、代表处到西部地区投资开采《外商投资产业指导目录》中鼓励类非油气矿产资源的，享受免缴矿产资源补偿费 5 年的政策。

（三）探矿权使用费

探矿权使用费是国家将探矿权出让给探矿权人，按规定向探矿权人收取的费用。它是按勘查年度、按探矿权所占用的区块面积计算缴纳的费用。国家实行探矿权使用费减免制度，经探矿权人申请，登记管理机关批准，对符合规定条件的探矿权使用费可以减缴或者免缴。第一个勘查年度至第三个勘查年度，每平方公里每年缴纳 100 元，从第四个勘查年度起每平方公里每年增加 100 元，最高不超过每平方公里每年 500 元。

（四）采矿权使用费

采矿权使用费是国家将矿产资源开采权出让给采矿权人，按规定向采矿权人收取的准予使用权利的费用。采矿权使用费按照矿区范围的面积逐年缴纳，标准为每平方公里每年 1000 元。根据矿产资源开采登记管理办法规定，遇到下列情况可以申请减缴、免缴采矿权使用费：开采边远贫困地区矿产资源的；开采国家紧缺矿种的；因自然灾害等不可抗力造成矿山企业严重亏损或者停产的；国务院自然资源主管部门和国务院财政部门规定的其他情形。

（五）探矿权价款

根据《矿产资源勘查区块登记管理办法》有关规定："申请国家出资勘查并已经探明矿产地的区块的探矿权，探矿权申请人除依照本办法的规定缴纳探矿权使用费外，还应当缴纳经评估确认的国家出资勘查形成的探矿权价款。"探矿权价款按照国家有关规定，可以一次缴纳，也可分期缴纳，缴纳期限最长不得超过 2 年。国家出资勘查形成的探矿权价款，由国务院自然资源主管部门会同国务院国有资产管理部门认定的评估机构进行评估。评估结果由国务院自然资源主管部门确认。国家对探矿权价款实行与探矿权使用费相同的申请减免制度。

（六）采矿权价款

采矿权价款是指国家将其出资勘查形成的采矿权出让给采矿权人，按规定向采矿权人收取的价款。采矿权价款以自然资源管理机关确认的评估价格为依据，一次或分期缴纳，缴纳期限最长不得超过 6 年。此外，自然资源部登记发证的矿业权，采矿权价款在 3000 万元以下的原则上一次性缴清；由地方登记发证的矿业权，采矿权价款一次性缴清的标准由各省根据本省实际情况制定。分期缴纳价款的采矿权人，应在价款评估备案后 2 个月内向自然资源管理部门提交申请和分期缴款方案。自然资源管理部门对分期缴纳价款的期限、金额等进行审核后发出"缴款通知书"。

（七）权益金制度

2017 年 4 月，国务院印发《矿产资源权益金制度改革方案》（简称《改革方案》），涉及四项主要措施和三项配套政策。四项主要措施包括整合税费制度、改革征收方式、调整收益分配比例和收入纳入一般公共预算。

1. 整合税费制度

按照《改革方案》，在矿业权出让环节将探矿权采矿权价款调整为矿业权出让收益；在矿业权占有环节将探矿权采矿权使用费整合为矿业权占用费；在矿产开采环节组织实施资源税改革，将矿产资源补偿费并入资源税；在矿山环境治理恢复环节将矿山环境治理恢复保证金调整为矿山环境治理恢复基金。

2. 改革征收方式

按照《改革方案》，征收方式进行三个改革：一是将探矿权采矿权使用费调整为矿业权占用费，仍主要依据占地面积、单位面积按年定额征收，但征收标准可根据矿产品价格、经济发展实行动态调整；二是将探矿权采矿权价款调整为矿业权出让收益后，主要以招标、拍卖、挂牌等竞争方式确定，不再有评估方式；三是矿山环境治理恢复基金由矿山企业单设会计科目，按照销售收入的一定比例提取并计入企业成本，提取资金用于开展矿山环境保护和综合治理。

3. 调整收益分配比例

根据《改革方案》，对收益分配比例进行调整：资源税收入仍主要归地方财政所有（海洋石油除外）；探矿权采矿权价款调整为矿业权出让收益后，中央财政与地方财政分享比例为4∶6，去除五五分成模式；探矿权采矿权使用费调整为矿业权占用费后，中央财政与地方财政分享比例为2∶8。

4. 收入纳入一般公共预算

根据《改革方案》，矿业权出让收益、矿业权占用费将纳入一般公共预算管理，不再体现特殊用途，由各级财政统筹用于地质调查和矿山生态保护修复等方面的支出。

三项配套政策包括将矿业权出让收益、矿业权占用费纳入一般公共预算管理，由各级财政统筹用于地质调查和矿山生态保护修复等方面支出；取消国有地勘单位探矿权采矿权价款转增国家资本金政策；建立健全矿业权人信用约束机制。

第六节　我国矿产资源勘查开采监督与地质资料管理

本节主要介绍矿产资源勘查开采监督管理和矿产资源地质资料管理。矿产资源勘查开采监督管理是自然资源主管部门履行矿产资源勘查开采行政管理职责，通过年检、督察、核查等方式对矿产资源勘查、开采活动进行监管的行为。矿产资源地质资料管理关系着矿产资源开采的质量、效率及工程的安全可靠性。

一、矿产资源勘查开采监督管理

国家矿权管理部门对矿业权勘查、开发情况进行监督管理，主要包括矿业年检、矿产督察和矿业权核查。

（一）矿业年检

每年的10月份进行探矿权年检，3月份进行采矿权年检。矿权人向矿权管理部门总结汇报年度工作情况，每年必须完成。

年检制度的原则是“谁发证，谁负责检查”。年检制度的具体实施者是市、县等基础自然资源部门，县级自然资源部门负责矿权的实地检查工作，省级自然资源部门负责矿权的抽样检查。

（二）矿产督察

设置矿产督察员岗位，并制定相应的管理办法，包括矿产督察员的选聘和解聘、矿产督察员工作要求、责任和权力、自律要求、考核、经费管理等。明确矿产督察员的职责包括：每年应有不少于 4 次的现场督察，提交有矿产督察员、矿山企业负责人签字的《矿产现场督察备案表》；督促采矿权人按照督察意见进行整改，对逾期未按要求整改的，及时向督察员办公室和县级国土资源主管部门提出处理意见或立案调查的建议；每半年向督察员办公室和县级国土资源主管部门书面提交督察工作报告；总结和报告矿产资源开采的先进典型和经验；完成督察员办公室交办的其他工作。

（三）矿业权核查

2009 年起，按照自然资源部《关于开展全国矿业权实地核查工作的通知》（国土资发〔2008〕59 号）规定，全国各地自然资源部门组织矿业权人开展矿业权的核查工作。核查分为自查、互查，即矿权人先自查自己的工作情况，再委托自然资源部门指定机构互查。同时，自然资源部门的监察大队也会进入矿区检查勘查作业情况，标志着自然资源部门的核查工作由审查矿权人的工作报告向实地检查勘查转变。

二、矿产资源地质资料管理

我国地质资料管理实行国家、省（自治区、直辖市）两级管理体制，即国务院地质矿产主管部门负责全国地质资料汇交、保管、利用的监督管理；省（自治区、直辖市）人民政府负责本行政区内地质资料的汇交、保管、利用与监督管理。

按照《地质资料管理条例》《地质资料管理条例实施办法》的要求，管理部门要组织地勘单位和矿业权人汇交地质资料，加快资料保管和信息集群化工作，向社会公众提供优质服务，确保为我国经济社会发展提供基础地质资料和矿产资源资料服务。

地质资料管理的对象包括原始资料、成果资料、实物资料三种形式。原始资料是在进行地质工作时直接形成或采集的，以各种载体类型存在的原始记录、数据及中间性资料等，包括野外记录、手图、实验数据等；成果资料是对在各类地质工作过程中直接形成或采集的记录资料进行综合研究，并按一定的规范格式编制形成的以文字、图表、声像等形式存在的最终地质工作成果，主要形式有各类地质报告等；实物资料是在进行地质工作时直接采集的，反映地质现象、岩矿石结构和元素组成的自然物质以及经加工形成的实物材料。

地质资料管理的过程是地质资料的汇交、保管、利用、监督。我国对地质资料实行统一的汇交制度。汇交人应依法依规向相应的地质资料馆藏机构汇交原始资料、成果资料、实物资料。原始地质资料采取部分汇交原则，载体形式上可仅为电子文档；成果地质资料需进行全部汇交，载体形式包括纸质和电子；实物地质资料采用分类筛选机制，分为Ⅰ类、Ⅱ类和Ⅲ类，分别由不同的单位进行保管。地质资料汇交管理制度是一项约束公众行为的法律制度，又是一项为公众提供服务的法律制度，凡是在中华人民共和国领域及管辖海域从事地质调查和矿产资源工作的单位和个人，必须履行向国家汇交地质资料的义务。

根据《地质资料管理条例》规定，地质资料汇交人应当按照下列规定的期限汇交地质资料。

探矿权人应当在勘查许可证有效期届满30日前汇交。

除下列情形外，采矿权人应当在采矿许可证有效期届满的90日前汇交：属于阶段性关闭矿井的，自关闭之日起180日内汇交；采矿权人开发矿产资源时，发现新矿体、新矿种或者矿产资源储量发生重大变化的（变化量超过30%或达到中型规模以上的），自生产勘探工作结束、提交成果报告后180日内汇交。

因违反探矿权、采矿权管理规定，被吊销勘查许可证或者采矿许可证的，自处罚决定生效之日起15日内汇交。

工程建设项目地质资料，自该项目竣工验收之日起180日内汇交。

其他地质资料，自地质工作项目结束之日起180日内汇交。

第十二章

我国各地区矿业投资基础条件

矿业投资的成败在很大程度上受到矿业投资环境的影响。在通过逐步修改完善形成确定的评估方法并对各地进行可靠的矿业投资环境评估之前，有必要对各省（自治区、直辖市）矿业投资环境中的一些客观情况进行梳理，包括矿产资源情况、基础设施、各类保护区域情况、自然及地理条件、地区经济发展水平、个别的政策措施等，这些情况是当地影响矿业投资的基础条件。

本章主要根据各省（自治区、直辖市）政府发布的规划、报告以及政府官方网站上的相关信息，结合调查问卷的结果，对我国除台湾、香港、澳门、北京、天津、上海和海南之外的 27 个省（自治区、直辖市）的矿业投资基础条件进行阐述，根据四大经济区域划分为 4 节进行呈现，分别为东北地区、东部地区、中部地区和西部地区。

第一节　东北地区矿业投资基础条件

一、辽宁省

辽宁省地质成矿条件好，矿产资源丰富并且种类齐全。截至 2020 年已发现各类矿产 128 种，其中战略性矿产资源有 25 种，已探明资源储量的矿产有 121 种。对国民经济有重大影响的 45 种主要矿产，在辽宁省就有 36 种，并且有 620 处矿产地，已经形成钢铁、能源、有色、机械、化工、建材等门类齐全的矿业经济体系。辽宁的菱镁矿埋藏浅并且质地优良，保有矿石量达 25.6 亿吨，是具有国际优势的矿种。辽宁在全国范围内具有优势的矿种还有金刚石、硼、铁、滑石、玉石和石油等，硼和铁矿以及金刚石居全国首位，滑石、玉石居全国第 2 位，石油居第 4 位，煤、煤层气、天然气、锰、钼和金等 16 种矿产也是辽宁省比较有优势的资源。

辽宁省矿产资源主要体现为“三多二少”的特点，即铁矿与菱镁矿特大和大型矿床多、金属矿产共（伴）生组分多、贫矿多；有色金属大型矿床少、富矿少。铁矿、菱镁矿、滑石矿、硼矿为优势矿种，铁矿主要分布在鞍山、本溪、辽阳地区；菱镁矿、滑石主要分布在鞍山、营口、辽阳地区；硼矿主要分布在丹东、营口地区。

辽宁省目前有八大矿产资源体系，分别是有色金属、贵重金属、冶金辅助原料非金属、能源、黑色金属、化工原料非金属、建材与其他非金属矿产、水气资源等。它们具有四个基本特点：一是矿产地集中，便于规模开发；二是埋藏浅，适宜露天开采；三是矿产资源较丰富，配套性好；四是共（伴）生矿产多，综合利用价值大。辽宁省是我国开发利用矿产资源程度较高的矿业大省。

辽宁省自然条件较好，水利、电力供应和交通运输以及通信等基础设施都很完善。对矿业投资来说，辽宁省各类基础设施的建设是具有优势的。在推进交通基础设施建设方面，辽宁省重点推进 4 项任务，计划实施重点项目 38 个。推进以沈阳为中心的城际轨道交通网建设，加快沈白高铁建设；加快推动沈阳机场二跑道和大连新机场建设；开工建设阜奈高速并进一步推进京哈高速公路绥中（冀辽界）至盘锦段改扩建项目等公路建设；加快既有泊位扩能改造和港口公共设施提质升级等。在推进能源基础设施建设方面，辽宁省以提升清洁能源生产消费比重为导向，计划实施重点项目 39 个，有序推进核电、油气、可再生能源、非化石能源以及电力项目。辽宁省一系列的基础设施推进计划，为矿业投资营造了良好的环境。

辽宁省比较薄弱的一个方面是各类保护区域比较多，矿区涉及生态保护红线区的情况很多，涉及农用地、水源地的情况也比较多，这对矿业投资的发展具有较大的影响。

在矿山生态环境保护和生态恢复等方面，坚持明确责任和规定义务，要求排放污染物的矿山企业作为环境保护和污染防治的责任主体，建立环境保护责任制度，对其排放污染物的行为以及造成的环境污染和生态破坏承担责任，此外矿山企业要对矿山地质环境保护和治理恢复承担主体责任。开采矿产资源造成矿山地质环境破坏的，矿山企业应当依法治理，保护和恢复生态环境。2019 年辽宁省 11 家矿山企业进入国家绿色矿山名录。

辽宁省自然资源厅将 2020 年确定为绿色矿山建设全面推进年，近年来先后推行了《辽宁省绿色矿山建设实施方案》《辽宁省绿色矿山考评标准（试行）》和《绿色矿山建设第三方评估办法》等文件和制度来推进矿业发展方式转变和保护矿山生态。在推进生态环保基础设施建设方面，辽宁省计划实施重点项目 70 个。首先推进节能和能效提升、循环经济、资源综合利用、节水改造等建设；其次推进大规模的绿化行动并且大力实施重点区域治理；再次推进自然保护地建设和陆海统筹、区域联动以及生态环境保护修复等；最后落实海绵和智慧城市的建设理念，并进一步加强对供排水和雨水的利用，以及供热和气、垃圾和污水等基础建设。

2019 年，辽宁省调整了矿业相关条例，对矿山综合治理各方面作了严格规范，强化了问题导向，积极引导建立布局合理、节约高效、环境优美、安全稳定的矿山开发建设新格局，同时也明确了政府在综合治理中的职责以及监管力度。此外还明确了各级政府及相关部门在矿山建设、检查验收、安全生产、生态环保、地质恢复等方面的监管职责，在立法层面构建了政府负责、部门协同、企业治理、群众参与的工作体系。同时对矿企转型和矿山建设坚持宽严相济、有保有压，同时还要求加快矿山企业技术、工艺和装备改造，促进传统矿山产业结构战略性调整和优化升级，增强矿山企业的可持续发展能力。对新增矿山坚持严格准入条件，规定新建、扩建、改建矿山项目应当符合国家有关生态保护、矿产资源规划以及产业政策等。在申请新立矿业权时，应当具备依法编制环境影响报告书、获得生态环境部门的批准文件、履行矿山环境恢复治理义务、未纳入矿业权人异常名录或者严重违法失信名单等条件。对矿山安全生产坚持突出重点、依法从严，还提出矿山企业应当建立安全风险分级管控和隐患排查治理双重预防机制，及时发现事故隐患，规定县级以上人民政府应当组织有关部门按照国家和省有关规定制定尾矿库综合治理实施方案，按照职责分工对本地区尾矿库进行治理。

2019 年辽宁省地区生产总值为 24909.4 亿元，相比上年增长了 5.5%。第一产业增加值为 2177.8 亿元，第二产业增加值为 9531.2 亿元，第三产业增加值为 13200.4 亿元。2020 年全省实现地区生产总值 25114.9 亿元，相比上年增长 0.8%。第一产业增加值为 2284.6 亿元，第二产业增加值为 9400.9 亿元，第三产业增加值为 13429.4 亿元。

二、吉林省

吉林省的核心矿带区在东部长白山区的吉南成，该地蕴藏着丰富的矿产资源，是全国 16 个重点成矿区带之一。截至 2020 年，全省已发现各类矿产资源 185 种（以亚矿种计），其中查明资源储量的矿产有 138 种，已开发利用的矿产有 96 种。

从总量上看，吉林省是一个矿产资源小省，可供开发的大中型矿产地较少。油页岩、硅灰石、陶粒页岩、矿泉水等是吉林省储量丰富的优势矿产资源，查明资源储量位居全国前列。吉林省矿产资源有两个特点：一是主要矿产既有区域分布的广泛性又有资源储量的相对集中性；二是矿产种类比较齐全，既有能源矿产又有重要的金属矿产，还有非金属矿产及水气矿产，为资源优化配置奠定了基础。

吉林省自然条件具有优势，交通运输、水利供应、电力供应以及通信设施都很完善。2019 年吉林省货物运输总量为 4.88 亿吨，运输起降航班达 12.23 万架次，铁路营业里程为 4876.75 公里，公路总里程为 10.67 万公里，其中等级公路总里程为 10.20 万公里，高速公路总里程为 3583.54 公里，为其矿业投资的发展提供了便利。

吉林省不利于矿业投资的方面是拥有较多的保护区，矿区涉及生态保护红线区和农用地、水源地的情况比较多。吉林省总体生态环境呈特殊的多样性和相对的整体性，而且可恢复性和保护程度较好。东中部低山丘陵森林覆盖率较高，是松花江流域的重要江段，水资源和矿产资源丰富。1999 年国家批准吉林省为生态建设试点省，2001 年实施《吉林省生态省建设总体规划纲要》。生态省建设以来，吉林省实施一系列生态保护建设措施。2016 年 6 月开始，吉林省政府在全省范围内开展生态保护红线划定工作，依法在重点生态功能区、生态环境敏感区和脆弱区等区域划定生态保护红线，并且实现 2020 年底前全省生态安全格局基本形成、国土生态空间得到有效保护、生态系统服务功能总体改善的目标。

吉林省自然资源厅发布了《吉林省矿产资源总体规划（2021—2025 年）》，计划到 2025 年，资源安全保障基本实现自主可控，开发利用结构布局不断优化，资源高效利用水平不断提升，绿色矿业发展机制基本形成，矿政管理体系完善有效，构建形成勘查有序、开采合理、利用高效、布局优化、绿色低碳的矿业高质量发展新格局。提出要鼓励开展硅藻土产业资源整合，破解低端产能过剩、恶性竞争等问题，发展壮大临江、长白优质硅藻土矿产业园区，进一步推动产业规模化；积极促进矿山企业规模化经营，逐步优化矿山规模结构，以煤炭、建筑用石料等矿产为重点，大幅度减少小型矿山的数量；根据国家产业政策，结合经济社会发展需求、矿产资源供需形势及资源环境承载能力调控开发利用强度；按照“政府引导、企业主建、分类实施、全面推进”的原则全力推进绿色矿山建设，将资源利用、环境保护与节能减排作为绿色矿山建设的工作核心，创新资源节约集约和循环利用，加快绿色环保技术工艺装备升级换代，加大矿山地质环境治理恢复力度，推进矿区土地复垦，加快推进绿色矿山建设。到 2025 年，大中型正常生产运营绿色矿山建成比例达到 40%以上，小型及以下正常生产运营绿色矿山建成比例达到 25%以上，形成绿色矿山建设新格局。

2019 年吉林省实现地区生产总值 1416. 6 亿元，相比上年增长 1. 5%。第一产业完成增加值 162. 8 亿元，第二产业完成增加值 510. 3 亿元，第三产业完成增加值 743. 5 亿元。2020 年，全省实现地区生产总值 1452. 6 亿元，比上年增长 2. 5%。第一产业完成增加值 201. 4 亿元，第二产业完成增加值 510. 8 亿元，第三产业完成增加值 740. 4 亿元。

三、黑龙江省

黑龙江省位于我国东北边疆，总面积达 45. 4 万平方公里，居全国第六位，是我国位置最北、纬度最高的省份，是亚洲与太平洋地区陆路通往俄罗斯和欧洲大陆的重要通道，是我国沿边开放的重要窗口和能源工业基地。

黑龙江省是矿产资源大省，资源种类较多。截至 2020 年底，全省共发现各类矿产 136 种（含亚种），已开发利用的有 61 种，探明资源量的有 88 种。在查明资源储量的矿产中，种类最多的是非金属矿产，其次是金属矿产，再次是能源和水气矿产。石油、天然气、钼矿、铜矿、石墨、高岭土、水泥用大理岩等矿产居全国前十位。

黑龙江省矿产资源分布广泛又相对集中。石油、天然气主要集中在松辽盆地的大庆一带；煤炭则分布在东部；黑色、有色金属矿产主要分布于大兴安岭、小兴安岭、双鸭山和哈尔滨一带；贵金属矿产分布在黑河、大兴安岭、伊春、牡丹江等地；非金属矿产主要分布在东部和中部地区。其矿区按规模统计，大型的有 126 处，中型的有 178 处，小型的有 590 处，因此全省矿区矿产资源储量规模以中小型为主。非金属矿产属于黑龙江省优势矿产类型，其中石墨储量极为可观，开发利用前景广阔，并且金属矿产开发利用程度也比较高，能源矿产已成为黑龙江省的支柱产业之一。矿业在全省发展中占有重要地位。

黑龙江省自然及地理条件一般，水利供应、电力供应、通信设施和交通运输都较为发达；基础设施为矿业投资提供了便利条件。黑龙江省各类保护区比较多，但矿区涉及生态保护红线区和农用地、水源地的情况不是很多。

黑龙江省各级自然保护区共有 222 处、740. 37 万公顷。具有生物多样性保护功能的生态功能区有 29 个，分布在大兴安岭、小兴安岭、张广才岭地区，三江平原及松嫩平原的部分地区也有分布。具有水源涵养功能的生态功能区共有 11 个，分布在大兴安岭的大部分地区、小兴安岭的伊春地区以及张广才岭的南部地区。具有土壤保持功能的生态功能区有 27 个，分布在省内各大河流的流域地区。具有沙漠化控制功能的生态功能区有 6 个，分布在松嫩平原的西部地区。具有防洪蓄洪功能的生态功能区有 11 个，分布在三江平原的北部地区和松嫩平原的西部地区。具有蓄滞洪功能的生态功能区有 1 个，为松嫩平原西南部沙化与盐渍化控制生态区。具有防洪保护功能的生态功能区有 6 个，为黑龙江省的各大城市及周围地区。具有自然人文景观保护功能的生态功能区有 23 个，分布较为分散，大部分在小兴安岭及张广才岭的南部地区，三江平原及松嫩平原有零散分布。具有产品提供功能的生态功能区有 13 个，分布在三江平原及松嫩平原的大部分地区。

黑龙江省要求加快新探矿权生成，对重点成矿区带进行科学分析论证，集中布设探矿权；深入梳理已发现的地质异常区和矿产地，形成新的探矿权；对现有探矿权的勘查进展情况、预期成果和履约情况进行专项清理，依法依规分类处置，并将结果向社会公开。在矿业投资方面，要求对因市场因素或企业自身原因停产、半停产的矿山，支持和引导其进行技术创新、产品创新，淘汰落后产能，提高市场竞争力；加大招商引资力度，支持有实力的大型企业集团对停产、半停产矿山进行收购、兼并、重组，盘活呆滞矿权，激活存量资源，提高资源利用效率。开展大型矿山与产业项目一体化招标。对勘查程度较高、预期成果较好、有望形成规模产业的重点勘查项目，对石墨、煤炭、铁、钼、铜等重点优势资源储量规模达到大型、特大型的重点矿山，组织开展矿产资源与产业深加工项目一体化招标，加快重要优势资源精深加工步伐。

黑龙江省对新立探矿权、采矿权实行合同管理。探矿权人非因不可抗力不能履行合同、未完成最低勘查投入、不及时汇交地质资料、圈而不探的，采矿权人无正当理由未按期进行矿山建设或未达到合同约定的精深加工要求的，列入“黑名单”，依照法律规定和合同约定予以处理。在审批方面，要求实行矿业权管理全面公开。审批程序公开，公开矿业权办理流程、报件清单、审批时限；审批过程公开，实行网上报件、窗口受理，严格做到接办分离、联网审查、集体会审、限时办结；审批结果公开，搭建“互联网+矿业权管理”平台，对全省矿业权配置情况及矿业权信息进行公开公示，便于社会查询，接受社会监督。

2019 年，黑龙江省实现地区生产总值 13612.7 亿元，比上年增长 4.2%。第一产业增加值为 3182.5 亿元，第二产业增加值为 3615.2 亿元，第三产业增加值为 6815.0 亿元。2020 年，全省实现地区生产总值 13698.5 亿元，比上年增长 0.6%。第一产业增加值为 3438.3 亿元，第二产业增加值为 3483.5 亿元，第三产业增加值为 6776.7 亿元。

第二节　东部地区矿业投资基础条件

一、河北省

河北省是矿产资源大省，地层发育较为齐全，地质构造复杂，岩浆活动频繁，成矿地质条件有利，形成了较为丰富的矿产资源。截至2020年，已发现各类矿产130种，列入《2020年河北省矿产资源储量表》的有73种，矿产地有1530处，其中大型的有217处，中型的有360处，小型的有953处。能源矿产有166处、金属矿产有876处、非金属矿产有461处。煤炭、铁矿、金矿、钼矿、水泥用灰岩、冶金用白云岩、地热等资源储量丰富。矿产资源储量居全国前5位的有冶金用白云岩、铁矿等39种；位次在6~10的有钼矿、铝土矿、盐矿等20种。主要矿产煤的资源储量为229.01亿吨，居全国第12位；铁矿资源储量为95.16亿吨，居全国第3位；钼矿资源储量为86.93万吨，居全国第10位；金矿资源储量为269.11吨，居全国第18位；冶金用白云岩资源储量为12.63亿吨，居全国第5位；水泥用灰岩资源储量为55.88亿吨，居全国第12位。

河北省矿产资源特点可简单概括为：矿产种类较多，资源储量丰富，矿产地分布相对集中，但小型矿床多大型矿床少，非金属矿产多金属矿产少，贫矿多富矿少。主要矿产分布相对集中。矿产资源主要分布在太行山和燕山山区，区域特色明显。煤炭主要分布在唐山、邯郸、邢台、张家口，铁矿主要分布在唐山、邯郸、邢台、承德，金、银等贵金属矿产主要分布在唐山、张家口、承德、石家庄，铅、锌、铜、钼等有色金属矿产主要分布在张家口、保定、承德，石灰岩、白云岩等建材类非金属矿产主要分布在浅山区，地热资源主要分布在河北平原中北部。

河北省自然及地理条件具有优势，交通运输、水利供应、电力供应以及通信设施都很完善。河北省是京津冀的一部分，经过多年的发展，京津冀都市圈区域铁路交通基本形成了网络，主要有以北京为中心向四面放射的京哈、京沪等主干线，以运煤为主的朔黄和大秦等干线。目前京津冀都市圈区域铁路主要承担跨省区中长途客货运输任务，东西分布干线以向港口运输煤炭为主。河北省内铁路主要承担省内各大电厂、矿企、疏港的能源及线路周边民用物资的运输任务。河北省内丰富的铁路干线为矿企的发展提供了便利条件。

河北省矿区涉及生态环境保护红线区以及农用地、水源地的情况比较少。河北省当前呈现“两屏、两带、多点”的生态格局，其保护红线主要有坝上高原防风固沙生态保护红线、燕山水源涵养—生物多样性维护生态保护红线、太行山水土保持—生物多样性维护生态保护红线、河北平原河湖滨岸带生态保护红线、海岸海域生态保护红线等。主要分布于承德、张家口、唐山北部山区、秦皇岛中北部山区、保定、石家庄、邢台、邯郸西部山区、沧州、衡水、廊坊局部区域。

河北省 2020 年通过了资源相关税费的整改，明确了 106 种资源的税目和适用税率，结合法律已明确了石油、天然气等资源税目税率，将对 115 种资源征收资源税，并且进一步细化了《资源税暂行条例》中的税目种类、名称和范围，使资源税税目数量有了大幅增加。新增了 77 种资源的税率，全部为储量较少或未开采的资源；调增了 34 种资源的税率，主要是资源储量较多有一定竞争优势，或者开采方式为露天开采对周边环境污染较大的；平移了 4 种资源税率，分别是石油、天然气、铜、海盐；下调了 1 种资源税率。同时资源税法改变了部分资源计征方式，并且明确了开采尾矿不再免税。

2019 年河北省政府办公厅提出了完善矿产资源税费制度，全面推进矿业权竞争性出让，严格限制协议出让，合理调节矿产资源收入，有效遏制私挖乱采、贱卖资源行为。实施意见提出要坚持落实矿山企业责任，督促企业合理开发利用矿产资源和治理恢复矿山环境，促进矿产资源集约节约利用。坚持按照事权与财权相统一的原则，兼顾矿产所在地利益，合理确定矿产资源收入在省、市、县（市、区）的分享比例。实施意见将探矿权、采矿权价款调整为矿业权出让收益，矿业权出让收益为中央与地方共享收益；将探矿权、采矿权使用费整合为矿业权占用费。实施资源税改革，对绝大部分矿产资源品目实行从价计征，使资源税与反映市场供求关系的资源价格挂钩，建立税收自动调节机制，增强税收弹性。在矿山环境治理恢复环节，将现行的矿山环境治理恢复保证金调整为矿山环境治理恢复基金，由矿山企业单设会计科目，按照销售收入的一定比例计提，计入企业成本，由企业统筹用于矿山环境保护和综合治理。

河北省经济发展水平较好，2019 年全省地区生产总值为 35104. 5 亿元，比上年增长 6. 8%。第一产业增加值为 3518. 4 亿元，第二产业增加值为 13597. 3 亿元，第三产业增加值为 17988. 8 亿元。2020 年全省地区生产总值为 36206. 9 亿元，比上年增长 3. 1%，第一产业增加值为 3880. 1 亿元，第二产业增加值为 13597. 2 亿元，第三产业增加值为 18729. 6 亿元。

二、山东省

山东省矿产资源种类齐全、资源丰富、成矿专属性强、区域特色明显，有利于集约化开发和形成产业优势。截至2020年底，山东省已发现矿产148种，查明资源量矿产91种。其中，能源矿产有7种、金属矿产有27种、非金属矿产有54种、水气矿产有3种。金、铁、煤、石油、地热、岩盐、石膏、石墨、滑石、石灰岩、饰面石材等优势和特色矿产总量居全国前列或占有相当比例。“十三五”期间，新增金资源量966.32吨，新增铁资源量2.54亿吨，新增煤资源量4.69亿吨。新发现大型矿产地金12处、铁4处、煤4处、岩盐3处。胶东地区成为世界第三大金矿区，莱芜张家洼铁矿成为全国最大的矽卡岩型富铁矿，稀土、金刚石、岩盐等均取得新进展。矿产资源为山东省经济社会发展提供了重要的物质基础和矿物原料，为矿业投资提供了有利的基础。

山东是矿业大省，矿业是其基础性产业。对矿产资源的开发利用形成了诸多以矿业及其相关产业为支撑的矿业型城市。东营以油气开发和石油化工为主，淄博、枣庄、济宁和临沂等以煤及相关产业为主，莱芜以冶金为主等。依托丰富的矿产资源，山东黄金、冶金、有色金属、石油化工、化肥、无机化工、建材等领域不断发展壮大，设有探矿权975个，勘查矿种以金、铁、煤、地热等为主。山东省矿山数量由2015年的2520个优化至2020年的930个，大中型矿山比例由24.0%提高到63.7%。

山东省交通运输、水利供应、电力供应以及通信设施建设完善。2019年10月15日，交通运输部确定山东省为第一批交通强国建设试点地区。2019年山东省沿海港口总泊位数达到597个，其中万吨级以上的有307个，且有青岛、日照和烟台3个超3亿吨的大港。内河通航里程达到1150公里，内河港口通过能力达到4567万吨，吞吐量达到7920万吨。

山东省自然与地理条件具有优势，矿区涉及生态保护红线区、农用地和水源地的情况比较少。山东省位于我国东部沿海、黄河下游，境域包括半岛和内陆两部分，山东半岛突出于渤海、黄海之中，同辽东半岛遥相对峙；内陆部分自北而南与河北、河南、安徽、江苏4省接壤。《山东省生态保护红线规划（2016—2020年）》划定了陆域生态保护红线区域533个，具有生物多样性维护、土壤保持、防风固沙和水源涵养四种功能，占全省陆域面积的13.2%。生态保护红线区以较少的面积比重保护了全省大部分的重要生态用地和自然生态系统，对山东省保障生态系统功能、支撑经济社会可持续发展具有重要的作用。

山东省坚持简政放权，不断推进审批制度改革，完善矿产资源分级分类管理制度，建立了省级和17个市级矿业权交易机构，实行矿业权有偿取得制度。坚持阳光行政，完善管理制度，建立社会主义市场经济条件下的勘查开发监督管理体系，规划空间管理得到深化，划定的14类规划功能分区为规划实施提供了有力抓手，规划信息数据库管理上了新台阶，科技管矿成效斐然，为矿业投资提供了一定的政府支持。矿山地质环境保护与治理工作深入推进，修复完成历史遗留露天矿山1800余处。制定出台绿色矿山建设管理办法，发布绿色矿山建设地方标准，有280个矿山被纳入绿色矿山名录，其中90个矿山入选全国绿色矿山名录，数量位居全国第二。入选国家绿色勘查示范项目8个，4个绿色矿业发展示范区获批建设，绿色矿山建设走在全国前列。

山东省经济发展水平高，2019年全省地区生产总值为71067.5亿元，比上年增长5.5%。第一产业增加值为5116.4亿元，第二产业增加值为28310.9亿元，第三产业增加值为37640.2亿元。2020年全省实现地区生产总值73129.1亿元，比上年增长2.9%。第一产业增加值为5363.8亿元，第二产业增加值为28612.2亿元，第三产业增加值为39153.1亿元。

三、福建省

福建省位于我国东南沿海，全省陆地面积为12.4万平方公里，海域面积为13.6万平方公里。截至2020年底，已发现矿产138种，列入全省矿产资源储量表的非普通建筑用砂类固体矿产有102种，其中能源矿产有1种（煤）、金属矿产有28种、非金属矿产有73种。已上表矿区1752个，其中大型矿区有54个、中型矿区有146个。稀土、钼、萤石、叶蜡石、高岭土、玻璃用砂、饰面用花岗岩、地热、矿泉水等矿产为福建省优势矿产。福建省矿产资源种类相对齐全，能源、黑色金属、有色金属、贵金属、稀有金属、稀土金属、非金属等矿种均有分布。矿产资源特点为“三多”“三少”“一集中”，即非金属矿产种类多，金属矿产伴（共）生组分多，贫矿多；大型、特大型金属矿床少，富矿少，能源矿产种类少；主要矿产形成及空间分布受区域性构造—岩浆活动的影响，具有集中分布的特点，主要分布在龙岩、三明、南平等闽西北地区，地热主要分布在闽东南沿海。

福建省自然条件好，交通运输、水利供应、电力供应、通信设施等基础设施完善，为矿业发展提供了有利的外部条件。福建省铁路交通跨入了高铁时代，路网密度是全国平均水平的2倍，高速公路路网密度居全国第三位，实现了县县通高速。拥有厦门和福州两大跨入亿吨港行列的港口、6个民航机场，航线有近400条，通达世界主要城市。

福建省矿区涉及生态保护红线区的情况比较多，也有一些涉及农用地和水源地的情况，对矿产资源的勘探与开发有一定影响。福建全省依据生态系统服务功能的重要程度将生态保护红线体系分为两级管控，分别为红线区域和黄线区域。红线区域包括对我国东南沿海和福建省域生态安全至关重要的区域，是全省生态安全的底线。实行最严格的管控措施，禁止一切与生态保护无关的开发建设活动，禁止进行工业化城镇化开发和围填海工程等海洋开发活动。黄线区域包括对市域县域生态安全十分重要、目前保护力度较弱、生态系统有所退化、需要在国土空间开发中限制进行大规模高强度工业化城镇化开发的区域，允许适度的不影响主导生态功能的开发建设活动，以保持区域生态产品供给能力。

对于探矿权与采矿权，福建省早在2002年就试行了对石灰岩等15种非金属矿采用招标拍卖挂牌的方式公开竞争出让，2006年扩大至所有矿种。2017年开展矿业权出让制度改革试点，已基本建成了“竞争出让更加全面，有偿使用更加完善，事权划分更加合理，监管服务更加到位，矿群关系更加和谐”的矿业权出让制度。在矿业权公开出让比例方面，坚持市场竞争取向，充分发挥市场的资源配置作用，遵循矿业发展规律。2018年福建省印发了《福建省自然资源产权制度改革实施方案》，明确主要任务为加快推进自然资源产权登记、适度扩大自然资源产权权能、建立健全自然资源产权交易市场、加强自然资源产权保护、强化自然资源产权行使监管，涉及矿产资源方面的探矿权、采矿权、抵押权、矿产品经营权等。由此可以看出，福建省对于矿业权属的保护力度比较大，在符合法律规定及用途管制的前提下，能够做到保护矿产资源使用权人的自主权，允许矿产资源使用权人根据自然资源的具体情况进行合理开发利用，为矿业投资提供了良好的外部环境。

在监管体系方面，福建省自然资源厅自主开发建设的阳光矿政系统，基于省自然资源厅门户网站提供信息公开、网上服务、矿政监督等服务，以实现矿业权信息更加公开透明、网上服务更加方便快捷、监督管理更加精准有效。该系统的启动上线，标志着省自然资源厅将矿业权多种信息融合，向社会主动公示公开、实时查询并接受监督的统一门户平台正式建立，对福建省的矿产资源管理将产生积极的影响。

福建省经济发展水平较高。2019年福建省实现地区生产总值42395.00亿元，比上年增长7.6%。第一产业增加值为2596.23亿元，第二产业增加值为20581.74亿元，第三产业增加值为19217.03亿元。2020年全省实现地区生产总值43903.90亿元，比上年增长3.6%。第一产业增加值为2732.32亿元，第二产业增加值为20328.80亿元，第三产业增加值为20842.78亿元。

四、江苏省

江苏省纵跨华北陆块、秦岭造山系和扬子陆块三大地质构造单元，地层、构造和岩浆岩等地质条件较为复杂。截至 2020 年底，已发现各类矿产 133 种，其中已查明资源储量的有 69 种，矿产地有 596 处，岩盐、芒硝、凹凸棒石粘土、高岭土、金红石、水泥用灰岩、陶瓷土等是江苏省特色和优势矿产。江苏省内资源储量在全国排名靠前的有铌钽矿、玻璃用大理岩、凹凸棒石粘土、钛矿（金红石）等矿产。目前开发利用的以能源、建材、化工原料及其他非金属矿为主，主要有煤炭、水泥用灰岩、岩盐、芒硝、凹凸棒石粘土、金红石等，其中煤炭和铁、铜、铅、锌等金属矿产供应主要依靠省外、国外供给。其矿产资源表现为“三多三少”：矿产种类多、人均占有少；小型矿床多、大型矿床少，中小型矿床占 83%；非金属矿多、金属矿少。矿产资源分布相对较集中：徐州地区主要有煤炭、铁、水泥用灰岩、岩盐、石膏、硬质高岭岩、钛铁矿砂矿等；连云港地区主要有磷、钛（金红石原生矿）、陶瓷土；淮安地区主要有岩盐、芒硝、石油、凹凸棒石粘土；扬州—泰州—盐城地区主要有石油（天然气）；南京—镇江地区主要有煤炭、铁、铅锌、水泥用灰岩、石膏、锶、磷、凹凸棒石粘土；常州地区主要有煤炭、水泥用灰岩、岩盐、芒硝、陶瓷土；苏州—无锡—南通地区主要有高岭土、陶瓷土、铁、铅锌、水泥用灰岩。

江苏省交通运输、水利供应、电力供应以及通信设施建设完善。截至 2020 年，全省综合交通枢纽空间布局基本确立，初步形成宁镇扬、苏锡常通泰盐、连徐淮宿三大交通枢纽板块。全省公路、铁路、水运、航运四种运输方式累计完成综合货运量 27.5 亿吨，同比增长 3.3%；完成综合货物周转量 10885 亿吨公里，同比增长 4.7%。与 2017 年相比，全省多式联运货运量、重点港口集装箱铁水联运量增长 30% 以上，内河集装箱运输量达到 50 万标箱，运输结构调整取得明显成效。与亚太、欧洲联系的国际海陆联运网络进一步完善，综合交通枢纽地位得到巩固提升。2020 年全省累计完成港口货物吞吐量 29.7 亿吨，同比增长 4.7%；其中外贸吞吐量达 5.6 亿吨，同比增长 4.0%。

江苏省自然及地理条件具有优势，矿区涉及生态保护红线区、农用地和水源地情况比较多。江苏地处中国东部沿海地区中部，长江、淮河下游，东濒黄海，北接山东，西连安徽，东南与上海、浙江接壤，是长江三角洲地区的重要组成部分。江苏省地貌包含平原、山地和丘陵三种类型，跨江滨海，湖泊众多，水网密布，海陆相邻。2018 年省政府印发《江苏省国家级生态保护红线规划》，最终确定了 15 大类 811 块陆域生态空间保护区域，总面积为 23216.24 平方公里，占全省陆域国土面积的 22.49%。其中，国家级生态保护红线陆域面积为 8474.27 平方公里，占全省陆域国土面积的 8.21%；生态空间管控区域面积为 14741.97 平方公里，占全省陆域国土面积的 14.28%。

积极推进绿色矿山建设，部、省发证的固体矿产生产矿山有 80%达到绿色矿山建设要求，完成了绿色矿山建设规划目标。截至 2020 年，全省有 72 家矿山列为国家级和省级绿色矿山试点单位，其中 36 家被列入全国绿色矿山名录。徐州沛县、淮安盐盆和洪泽盐盆绿色矿业发展示范区成功入选全国绿色矿业发展示范区名录。岩盐水溶法充填开采等 7 项技术被列入国家《矿产资源节约与综合利用先进适用技术推广目录》。在全国率先划定山体资源特殊保护区，共划定 517 个山体资源特殊保护区，总面积为 1960.55 平方千米，占全省山体资源总面积的 64%。

“十三五”期间，江苏省在东海—新沂、连云港—泗洪、宁镇、宁芜、溧水等成矿远景区以及金坛、洪泽、淮安、师寨等地盐盆，以铜、金、锶、金红石、石榴子石、磷、岩盐、芒硝等矿产为目标，统筹各级财政和引导社会资本实施勘查项目，共投入地质勘查资金 2.7 亿元，新发现大中型矿产地 8 个。苏北盆地地热（干热岩）勘查取得重大突破。社会资金积极投入地热勘查，25 口地热井成功出水。2020 年非油气矿山数达 178 个，年开采总量为 1.07 亿吨，矿山年平均规模由 18 万吨提升到 60 万吨，大中型矿山比例约 56%，其中固体矿产开采矿山的大中型比例约为 75%。沿海地区综合地质调查、苏南现代化建设示范区综合地质调查、城市地质调查等取得重大成果。

全面实行矿业权竞争性出让。除规定可以协议出让的矿业权外，其他矿业权以招标、拍卖、挂牌方式公开竞争性出让，出让底价由有出让权限的自然资源主管部门根据评估价、基准价等集体研究确定，全省矿业权竞争性出让全部纳入各级政府公共资源交易平台实施；规范矿业权协议出让价，严格限定矿业权协议出让范围；实施《固体矿产资源储量分类》（GB/T17766—2020）新国家标准。在矿产资源勘查、开采和管理各相关领域按照新标准实施，加强矿产资源储量数据库建设，做好矿产资源储量新老标准数据转换。

江苏省经济发展水平高。2019 年全省实现地区生产总值为 99631.5 亿元，比上年增长 6.1%。第一产业增加值为 4296.3 亿元，第二产业增加值为 44270.5 亿元，第三产业增加值为 51064.7 亿元。2020 年全省实现地区生产总值 102718.90 亿元，比上年增长 3.1%。第一产业增加值为 4536.7 亿元，第二产业增加值为 44226.4 亿元，第三产业增加值为 53955.8 亿元。2020 年，江苏省人均 GDP 达 12.5 万元，居全国各省、自治区之首。

五、浙江省

浙江省地处我国东南沿海，长江三角洲南翼；东濒东海，北与上海市、江苏省接壤，南接福建省，西与安徽省、江西省相连。省内地层发育较好，构造岩浆活动强烈，变质作用剧烈，成矿条件良好。其矿产资源的特征总体表现为“非金属矿产丰富、金属矿产不足、能源矿产匮乏”。截至2020年底，全省开发利用的矿产有46种，包括34种非金属矿产、10种金属矿产、1种能源矿产（地热）与1种水气矿产（矿泉水）。从矿产储量来看，石煤、明矾石、叶蜡石、水泥用凝灰岩、建筑用凝灰岩等储量居全国首位，萤石居全国第2位。开发利用的矿山规模以大中型矿山为主，全省有大型矿山314个，有中型矿山92个。

浙江省水利、电力供应和交通运输以及通信等基础设施都很完善。2019年，全省公路总里程为12.18万公里，其中高速公路里程为4643公里，铁路营运里程为2842公里，内河航道里程为9767公里，铁路、公路和水运完成货物周转量12391亿吨公里，比上年增长7.4%。2020年末，全省公路总里程为12.31万公里，其中高速公路为5096公里，实现陆域县县通高速。铁路营运里程为3159公里，内河航道里程为9758公里，铁路、公路和水运货物周转量为12323亿吨公里，比上年下降0.5%。目前，全省共有民航机场7个，率先成为拥有三大千万级机场的省份之一，杭州萧山国际机场成为全国第五大航空口岸；杭州传化公路港、嘉兴现代物流园、宁波（镇海）大宗货物海铁联运物流枢纽港等6个物流园区入围国家级物流示范园区；累计创建3批共20家省级物流示范园区；邮政快递服务网络全面覆盖，建制村直接通邮率和快递网点乡镇覆盖率均达100%，国际网络通达范围扩大。

浙江省自然及地理条件好，矿区涉及生态红线保护区、农用地、水源地的情况正逐年减少。浙江省位于我国东南沿海，处于典型亚热带季风气候区，多样的地质水文条件孕育了复杂多样的生态系统，其中以森林、湿地、海洋三大生态系统最为突出。截至2020年底，全省森林覆盖率为61.15%，位居全国前列；省级以上自然保护区有27个，其中国家级11个、省级16个。全省生态保护红线总面积为3.89万平方公里，占全省国土面积和管辖海域面积的26.25%。其中，陆域生态保护红线面积为2.48万平方公里，占全省陆域国土面积的23.82%；海洋生态保护红线面积为1.41万平方公里，占全省管辖海域面积的31.72%。全省形成了“三区一带多点”的生态保护红线格局，其中，“三区”为浙西南山地丘陵生物多样性维护和水源涵养区、浙西北丘陵山地水源涵养和生物多样性维护区、浙中东丘陵水土保持和水源涵养区，主要的生态功能为生物多样性维护、水源涵养和水土保持。“一带”为浙东近海生物多样性维护与海岸生态稳定带，主要的生态功能为生物多样性维护。“多点”为部分省级以上禁止开发区域及其他保护地，具有水源涵养和生物多样性维护等功能。

浙江省矿业权交易严格按照国土资源部印发的《矿业权交易规则》中的规定，全省行政区域内的矿业权出让、竞争方式转让交易活动统一在国土资源部门设立的省级或市级矿业权交易平台进行；矿业权出让人和矿业权交易平台应按规定做好矿业权交易信息公告公示的发布工作，并且矿业权交易平台要做好矿业权交易情况统计工作，建立健全矿业权交易统计台账。

浙江省矿业权总数从 2015 年的 1688 个缩减到 2020 年的 958 个，自然保护地内的 12 个矿业权有序退出，探矿权勘查区块总面积从 6559 平方公里减少到 1153 平方公里，采矿权占用土地总面积从 252 平方公里减少到 165 平方公里，且 80%以上集聚在开采区内。在矿产资源管理制度方面，严格管控“净矿”出让、网上交易以及矿业权协议出让；进一步规范工程采矿管理、财政出资地质勘查工作；基本建立了矿地综合开发利用机制。

截至 2020 年底，浙江省已经全面完成绿色矿山建设三年专项行动，346 家矿山按照国家行业标准建成绿色矿山，64 家矿山纳入全国绿色矿山名录，4 个勘查项目列为全国第二批绿色勘查示范项目。

浙江省经济发展水平高。2019 年浙江省实现地区生产总值 62352 亿元，比上年增长 6.8%。第一产业增加值为 2097 亿元，第二产业增加值为 26567 亿元，第三产业增加值为 33688 亿元。2020 年全省地区生产总值为 64613 亿元，比上年增长 3.6%。第一产业增加值为 2169 亿元，第二产业增加值为 26413 亿元，第三产业增加值为 36031 亿元。

六、广东省

广东省成矿地质条件优越，矿产资源种类齐全。2020 年全省共发现矿产 151 种，其中已查明资源储量的矿产有 105 种，矿产地有 2988 处。矿产资源分布区域相对集中。铅、锌、铜、钨、锡、钼等有色金属以及铁、锰等黑色金属主要分布在韶关、河源、梅州、肇庆、茂名等市；金、银等贵金属以及铌、钽等稀有金属主要分布在肇庆、茂名、佛山、惠州等市；已查明稀土矿产地和稀土资源潜力区主要分布在韶关、清远、肇庆、河源、梅州、揭阳等市；优质高岭土、油页岩等主要分布在湛江、茂名等市；地热、矿泉水全省各地均有分布。

广东省查明资源储量排名全国前十的矿种有 69 种，主要有稀土、铌、钽、锆、油页岩、高岭土、玻璃用砂、锡、银、硫铁矿、铅、锌、钨等矿种。有色金属、稀有稀土金属及建材非金属等矿种具有较好的资源开发潜力。铅、锌、钨、锡、稀土、硫铁矿、高岭土、水泥用灰岩、建筑用花岗岩、玻璃用砂、地热、矿泉水等为省内优势矿种，具有较好的开发利用基础。煤、陆域石油及天然气等能源矿产以及铁、铝、磷等矿产资源的成矿地质条件较差，可开发利用的资源潜力有限。

广东省已开发利用的矿产有 82 种，其中能源矿产有 4 种，金属矿产有 13 种，非金属矿产有 63 种，水气矿产有 2 种。截至 2020 年底，全省非油气矿山有 1121 个，以非金属矿山为主。其中，金属矿山有 71 个，非金属矿山有 916 个，水气矿山有 134 个。大中型生产规模矿山有 328 个，占全省矿山总数的 29.3%。

广东省基础设施完备，交通运输、水利供应、电力供应、通信设施都很好，为矿业发展提供了良好的外部环境。2020 年，全省高铁运营里程达 2065 公里，总里程居全国前列，五年新增里程 704 公里；城际铁路运营里程达 476 公里；高速公路通车里程达 10488 公里，连续七年居全国第一，五年新增里程约 3500 公里；民航机场旅客年吞吐能力达 1.5 亿人次，多年居全国前列。通江达海、干支衔接的航道网络基本建成，沿海主要港口航线通达全球 100 多个国家和地区，全省港口货物年吞吐能力达 19.2 亿吨，集装箱年吞吐能力达 6600 万标箱。

广东省自然及地理条件具有优势，矿区涉及生态红线区的情况比较多，涉及农用地、水源地的情况一般。广东地处大陆最南部，地貌类型复杂多样，有山地、丘陵、台地和平原，地势总体北高南低，全省山脉大多与地质构造的走向一致，以北东—南西走向居多。广东省将珠江三角洲核心区划定为限制开采区，同时将全省陆域自然保护区、重要湿地、生态严格控制区及基本农田保护区等 237 处区域划定为禁止开采区。

政府要求除对经济价值高、资源条件好的金、银等贵金属和对环境影响小的地热、矿泉水，以及总量控制指标范围内的建筑用石矿可适度开发外，其他矿种需要限制开采。设置建筑用石矿采矿权需要经过严格选址，并征求相关部门意见。要求加强矿山地质环境恢复治理与土地复垦等工作来减少对环境造成的影响。

2019 年，广东省自然资源厅深化“放管服”改革，不断精简申报材料、简化审批手续、优化审批环节、压缩审批时间、提高审批效率，取得了较好的成效。建立健全监管制度机制，推动阳光资金、阳光审批、阳光执法等三大阳光工程的实施，打造申请、受理、审核、审批“一体化”运作的矿业权审批登记管理信息系统。同时推进公正廉洁高效，健全完善内部管理、执法查处、执法协作等自然资源执法管理监督工作机制，积极探索重点区域违法用地智能视频监控体系建设，推动制度创新，从空间规划、用地审批、查处整改、考核约束、严格问责等多环节遏制违法用地。切实强化对部门预算资金、政府采购、招投标的全流程监管，深化对专项资金分配使用的全过程监管，确保资金阳光透明运行。

2020 年 7 月 29 日广东省第十三届人民代表大会常务委员会表决通过关于广东省资源税具体适用税率等事项的决定，明确 155 个实行幅度税率的税目税率，除明确了已探明储量并实际开采的税目税率外，对其余税目适用税率也一并明确。广东省制定了《关于进一步规范采矿权审批登记和矿产资源监督管理工作的通知》，完善土地和矿业权审批管理。

广东省经济发展水平高。2019 年广东省地区生产总值为 107671. 07 亿元，比上年增长 6. 2%。第一产业增加值为 4351. 26 亿元，第二产业增加值为 43546. 43 亿元，第三产业增加值为 59773. 38 亿元。2020 年广东省地区生产总值为 110760. 94 亿元，比上年增长 2. 9%。第一产业增加值为 4769. 99 亿元，第二产业增加值为 43450. 17 亿元，第三产业增加值为 62540. 78 亿元。

第三节　中部地区矿业投资基础条件

一、山西省

山西省是资源开发利用大省，有丰富的矿产资源，在全国矿业经济中占有重要的地位。截至 2020 年底，全省共发现矿产资源 120 种，其中查明资源储量的有 65 种。煤层气、铝土矿、镁矿、耐火粘土保有查明储量位居全国第一，煤炭保有查明储量位居全国第三。具有资源优势并在国民经济发展中占有重要地位的矿产有煤、煤层气、铝土矿、铁矿、铜矿、金红石、镁矿、冶金用白云岩、耐火黏土、铁矾土等 10 种。全省共有大同、宁武、河东、霍西、西山、沁水六大煤田及浑源等 7 个煤产地，91 个县（市、区）已查明有煤炭资源分布，含煤面积达 6. 2 万平方千米；铝土矿埋深 400 米的浅含矿面积约为 1. 7 万平方千米；石灰岩、白云岩出露面积达 2. 34 万平方千米。矿石类型齐全，煤炭有褐煤、烟煤、无烟煤等类型，铁矿有磁铁矿、赤铁矿和菱铁矿等类型，耐火黏土有高铝黏土、硬质黏土、半软质黏土和软质黏土等类型，石灰岩有电石用灰岩、水泥用灰岩、熔剂用灰岩、玻璃用灰岩、建筑用灰岩等类型，白云岩有耐火材料用、熔剂用、冶镁用等类型。共（伴）生矿产较多，在查明资源储量的65种矿产中，涉及共（伴）生矿产36种。与铝土矿共生的有耐火黏土、山西式铁矿等，伴生的有镓、稀土、稀有稀散元素等；与煤炭共（伴）生的有煤层气、高岭土、软质黏土等，金、银、铜、铅、锌矿常常相互共（伴）生。

山西省水利供应、电力供应、通信设施和交通运输都比较发达。2019年铁路投资393亿元，公路建设投资245亿元，水利投资431亿元，外送电通道和电网建设投资125亿元，低热值煤发电项目投资205亿元。2020年初全省公路线路里程达14.4万公里，民用航空航线达242条。货物运输量达21.9亿吨，增长3.7%。煤层气（煤矿瓦斯）发电装机容量超过100万千瓦，晋城市总装机容量达28.4万千瓦，成为全国最大的煤层气发电基地，也是世界上瓦斯发电最集中、装机规模最大的区域。同时，国家在山西境内建成了陕京一线、陕京二线、陕京三线、榆济线、西气东输等东西向的过境管线；山西投资建成连接111个县（市、区）的省内管线，输气管道总长度达8610公里，形成“贯穿东西、纵穿南北”的“三纵十一横、一核一圈多环”的输气管网系统。

山西省自然及地理条件较好，矿区涉及生态红线区、农用地、水源地的情况比较多。山西地处黄河流域中部，地势呈东北斜向西南的平行四边形，是典型的为黄土所覆盖的山地高原，地势东北高西南低。高原内部起伏不平，河谷纵横，地貌有山地、丘陵、高原、盆地、台地等，其中山地、丘陵占80%。2020年全省共完成46个自然保护区和19个泉域重点保护区内的312宗矿业权退出处置工作；完成涉及饮用水水源地保护区、森林公园、湿地公园、地质遗迹、风景名胜区、文物等保护区内131宗矿业权的退出、变更工作。

为统筹推进矿山生态修复治理，山西省编制印发《山西省矿山地质环境保护与治理规划（2018—2025年）》《山西省“十四五”“两山七河一流域”生态保护和生态文明建设、生态经济发展规划》，加强矿山地质环境保护源头管控，抓好“两山七河一流域”生态修复治理，扎实实施黄河流域生态保护和高质量发展国家战略。全省已遴选150座省级以上绿色矿山（其中国家级有83座、省级有67座）。

山西省积极推进煤炭管理体制改革，在全国率先清理规范涉煤收费项目。取消面向煤炭的行政事业性收费和违规收费项目，推进煤炭资源税从价计征改革，从低确定税率。实施煤焦公路销售体制改革，取消对相关企业的行政授权、煤焦公路运销票据和各类煤焦公路检查站点。推动煤炭供给革命，大幅提高清洁能源和可再生能源比例，巩固涉煤清费成果，全面落实煤炭资源税从价计征改革政策，推进煤炭行政审批制度改革，再取消、调整、下放一批涉煤行政审批事项。对新设矿业权依法实行招拍挂，完善矿业权二级交易市场，探索建立矿业权转让超额收益调节机制。“十三五”期间形成了以三大油气公司为主体、省属国企和民营企业广泛参与的多元投资格局。截至2020年底，全省境内已设置的煤层气及油气矿业权由“十二五”末的48个增加到89个，登记面积为4.65万平方千米。新出让煤层气探矿权35个，其中以综合评标方式出让23个区块；批准煤炭矿业权人增列煤层气矿业权7宗，促进了采煤采气一体化；在全国率先以网上竞价方式挂牌出让2个区块，实现出让收益9.2亿元，终结了无偿取得煤层气探矿权的历史；在全国率先挂牌出让3个废弃矿井煤层气抽采试验区块，打响了关闭煤矿剩余资源再利用的“第一枪”。

按《环境空气质量指数（AQI）技术规定（试行）（HJ633—2012）》的评价，2019年山西省有11个地级市空气达标天数在128~301天，全省森林覆盖率为20.5%。为持续改善生态环境，修订新的环境保护法，进一步加强大气、水污染防治，抓好主要污染物减排，实施林业“六大工程”。同时推进重点领域和重点行业节能降耗工作，实施工业能效提升计划，在重点耗能行业全面推行能效对标，大力发展清洁燃煤发电、煤基能源深度转化、热电联产集中供热，推广燃煤锅炉和窑炉污染控制技术。“十三五”期间，全省矿山地质环境恢复治理累计投入资金245.15亿元，矿山地质环境恢复治理面积近1040平方千米，矿区土地复垦率达到50%以上。积极化解煤炭过剩产能，关闭煤矿138座，共退出产能10289万吨，居全国第一。稳妥推进煤矿减量重组，完成100座煤矿减量重组，共淘汰落后产能2160万吨。大力发展煤炭优质产能，释放优质产能12244万吨/年。

2019年山西省实现地区生产总值17026.68亿元，比上年增长6.2%。第一产业增加值为824.72亿元，第二产业增加值为7453.09亿元，第三产业增加值为8748.87亿元。2020年全省地区生产总值为17651.93亿元，比上年增长3.7%。第一产业增加值为946.68亿元，第二产业增加值为7675.44亿元，第三产业增加值为9029.81亿元。

二、河南省

河南省地质条件复杂、形态多样，是我国地质条件比较优越的省份之一。截至2020年底，已发现各类矿产144种，其中查明资源储量的矿产有110种，查明非油气类矿区1506处。优势矿产为钼、金、铝、银等“四大金属矿产”

以及天然碱、盐矿、耐火黏土、萤石、珍珠岩、水泥用灰岩、“高铝三石”（蓝晶石、矽线石、红柱石）、石墨等“八大非金属矿产”。劣势矿产主要是磷矿、硼矿、铜矿、富铁矿、铬矿、铂族金属矿等。铁矿95%为贫矿，磷矿资源贫乏，铜、锌资源较为紧张。重要矿产新增资源量继续保持全国前列，保有资源量居全国第1位的有10种，居前3位的有36种，居前5位的有50种，居前10位的有74种。共生和伴生矿产地占矿产地总数的61%，煤炭和铝土矿等复合矿区较多。“十三五”期间，河南省首次发现锡、稀土、页岩气矿产。

河南省水利供应、电力供应、通信设施和交通运输都比较发达。2019年全省的货物运输总量达到21.86亿吨，货物运输周转量达到8595.74亿吨公里，机场货邮吞吐量达到52.42万吨，铁路营业里程达到6080.26公里，其中高铁里程为1915.15公里，高速公路通车里程为6966.76公里，基础设施健全。2020年全省货物运输总量为21.91亿吨，比上年增长0.23%，货物运输周转量为8690.52亿吨公里。

河南省自然及地理条件较好，地表形态复杂多样，山地、丘陵、平原、盆地等地貌类型齐全。主要矿产资源集中度较高，具有组合优势，适合综合勘查和互补型开发，有利于建立规模化、集约化矿业及矿产品深加工体系。河南省地处中原经济区的核心地带，拥有丰富的矿产资源、土地资源以及地理区位方面的优势，因此建立了规模较大的煤炭、石油、电力、有色、冶金、建材、化工工业，这些以矿产资源为基础的产业已经成为全省经济发展的支柱产业，并且以矿业为依托建设了平顶山、焦作、鹤壁、灌阳4个省辖市级和义马、舞钢、灵宝、永城、登封、新密和栾川等多个市（县）级的资源型城市。

河南省矿区涉及生态保护红线区比较多，涉及农用地和水源地情况不太多，涉及各类保护区域面积较少。河南省生态保护红线面积大约为16835.70平方公里，占全省国土面积的10.08%，涉及全省18个省辖市113个县（市、区）。主要分布于北部的太行山区，西部的小秦岭、崤山、熊耳山、伏牛山和外方山区，南部的桐柏山和大别山区，零星分布于南水北调中线干渠沿线、黄河干流沿线、淮河干流沿线、豫北平原和黄淮平原。

河南省的矿山开采占用、损坏土地面积达8.11万公顷，历史遗留及责任人灭失亟待治理矿区面积达2.78万公顷，并且“三区两线”内的面积达0.47万公顷，矿山开采尾矿及固体废弃物积存总量有86728万吨，矿坑水等废水、废液年排放总量有48081万立方米。“十三五”期间绿色矿山建设初见成效，发布了绿色矿山建设河南省系列地方标准，初步建成了政府引导、企业主建、第三方评估、社会监督的绿色矿山建设工作体系，全省共完成矿山地质环境治理面积 45.3 万亩。

河南省要求严禁在自然保护区内新设矿业权，将自然保护区内已设的矿业权全部纳入处置范围。按照确定自然保护区范围、清理核实矿业权情况、实施矿业权处置、组织开展检查验收、处理相关证照和退还矿业权价款的程序有序进行，切实保障矿业权人的合法权益。在分类处置方面，一是要将未经主管部门批准的矿山予以关闭。二是对于已过期的矿业权，依法由登记机关予以公告废止。三是勘查开采范围与自然保护区重叠的，扣除重叠部分，并与自然保护区保持适当间距；勘查开采范围大部分或全部与自然保护区重叠的，依法有序退出。“放管服”改革持续推进，矿业权申请办理实现“一网通办”，全面实施矿业权竞争性出让，对建筑石料类采矿权实行“净矿”出让。建立了以信用约束为核心的矿业权人信息公示制度，储量管理改革全面推进，建设项目压覆重要矿产资源实现网上查询。

河南省经济发展水平较高。2019 年河南省地区生产总值为 54259.20 亿元，比上年增长 7.0%。第一产业增加值为 4635.40 亿元，第二产业增加值为 23605.79 亿元，第三产业增加值为 26018.01 亿元。2020 年河南省地区生产总值为 54997.08 亿元，比上年增长 1.4%。第一产业增加值为 5353.74 亿元，第二产业增加值为 22875.33 亿元，第三产业增加值为 26768.01 亿元。

三、湖北省

湖北省矿产资源丰富，截至 2020 年已发现 150 种矿产，查明资源储量矿产 91 种。在湖北省已发现矿产中，钛矿（金红石）、磷矿、溴、碘、石榴子石、泥灰岩、累托石粘土、建筑用砂岩的查明资源储量居全国首位，为湖北省的优势矿产。此外，湖北省有 20 种矿产资源储量居全国省域资源储量排名的第 2～5 位，有 29 种矿产的资源储量居全国省域资源储量排名的第 6～10 位。能源及部分金属矿产资源短缺，呈现缺煤、少油、乏气的特征；部分金属矿产资源严重短缺，例如铂族金属、钾盐、铬铁矿等；金、铁、铜、硫等资源虽较为丰富，但矿产品自给能力不断下降，后备储量不足；铝、钨、锡、钼、锑等资源比较缺乏。湖北省资源分布集中，地域特色明显。鄂东南地区的矿产资源以富铁、富铜和金等为主；鄂西、鄂西南地区的矿产资源以磷、硫、高磷赤铁矿等为主；鄂东北地区主要的矿产资源有重稀土、钛、萤石等；鄂中南地区主要的矿产资源有石油、岩盐、石膏、芒硝等；煤炭主要分布于鄂西南、鄂东南和鄂中地区的宜昌市、恩施州、黄石市、咸宁市、荆门市。湖北省整体矿床规模偏小，全省共有已查明储量的固体矿产地 1916 处，其中，特大型有 2 处，大型有 164 处，中型有 333 处，小型及小矿有 1417 处。全省 70%以上的金属矿床为共生矿床，80%以上的金属矿床伴生多种有用组分，综合利用前景好，但利用技术难度大，如有色金属和稀有金属矿产的 80%、金矿的 84%、银矿的 80%的资源储量均来自共（伴）生矿床。

湖北省水利供应、电力供应、通信设施和交通运输等基础设施完善。2019 年，湖北省全省公路总里程达 289029. 20 公里，增长 5. 1%；高速公路总里程达 6860. 32 公里，增长 7. 8%。2020 年，公路总里程达 289960. 44 公里，增长 0. 3%；高速公路总里程达 7229. 81 公里，增长 5. 4%。

湖北省自然及地理条件优越，地处长江中游，东连安徽，南界湖南、江西，西部与重庆接壤，北接河南，西北和陕西毗邻。矿区涉及生态保护红线区的情况较多，涉及农用地、水源地的情况较少。湖北省生态保护红线总面积为 4. 15 万平方公里，占全省国土面积的 22. 30%。湖北省生态保护红线总体呈现“四屏三江一区”的基本格局。“四屏”指鄂西南武陵山区、鄂西北秦巴山区、鄂东南幕阜山区、鄂东北大别山区四个生态屏障，主要生态功能为水源涵养、生物多样性维护和水土保持。鄂西南武陵山区的红线面积占该区国土面积的 41. 14%；鄂西北秦巴山区的红线面积占该区国土面积的 32. 48%；鄂东南幕阜山区的红线面积占该区国土面积的 36. 94%；鄂东北大别山区的红线面积占该区国土面积的 13. 57%。“三江”指长江、汉江和清江干流的重要水域及岸线。“一区”指以江汉平原为主的重要湖泊湿地，主要是实现生物多样性维护和洪水调蓄等生态功能。

湖北省经济发展水平较好。2019 年全省完成地区生产总值 45828. 31 亿元，比上年增长 7. 5%。第一产业的增加值为 3809. 09 亿元，第二产业的增加值为 19098. 62 亿元，第三产业的增加值为 22920. 60 亿元。2020 年全省完成地区生产总值 43443. 46 亿元，比上年下降 5. 2%。第一产业的增加值为 4131. 91 亿元，第二产业的增加值为 17023. 90 亿元，第三产业的增加值为 22287. 65 亿元。

四、湖南省

湖南省地跨南岭、鄂西—湘西、钦—杭等三大重点成矿区带，成矿地质条件优越，矿产资源禀赋好，资源远景潜力大，素有“有色金属之乡”和“非金属之乡”之称。目前已发现各类矿产 146 种，获得探明储量的有 111 种。其中，能源矿产有 7 种，金属矿产有 39 种，非金属矿产有 63 种，水气矿产有 2 种。实施地质勘查项目（含续作项目）247 个，新发现大中型矿产地 8 处。从矿产保有资源储量的全国排名来看，石煤、铋、锑、铌（褐钇铌铁砂矿)、铍(氧化铍)、普通萤石、玻璃用白云岩、海泡石粘土等8种矿产保有资源储量居全国第一位;钒、钨、锡、锆(锆锆石)、轻稀土(独居石砂矿)、镉、重晶石、建筑用白云岩等8种矿产保有资源储量居全国第二位;探明储量的矿种保有资源储量居全国前三位的有23种,居全国前十位的有70种。

湖南省自然及地理条件良好,水利、电力供应和交通运输以及通信等基础设施都很完善。经济区位独特,既位于东南沿海发达地区的腹地范围,又位于东部沿海地区与西部内陆地区的结合地带,具有承东启西、北联南进的区位优势。2019年全省公路通车里程达24.1万公里,比上年末增长0.2%。其中,高速公路通车里程达6802公里,比上年末增加77公里。截至2019年末铁路营业里程达5271公里,其中高速铁路里程达1986公里。2020年末公路通车里程达24.11万公里,比上年末增长0.2%。其中高速公路通车里程达6951公里,比上年末增加149公里。2020年铁路营业里程达5630公里,其中高速铁路里程达1996公里。

湖南省比较薄弱的一个方面是矿区涉及生态保护红线区、农用地、水源地的情况较多。湖南省生态保护红线区域面积为4.28万平方千米,占湖南省全省国土面积的20.23%。全省生态保护红线区域格局为"一湖三山四水":"一湖"为洞庭湖(主要包括东洞庭湖、南洞庭湖、横岭湖、西洞庭湖等自然保护区和长江岸线),主要发挥生物多样性维护、洪水调蓄等生态功能。"三山"包括武陵—雪峰山脉生态屏障,主要发挥生物多样性维护与水土保持等生态功能;罗霄—幕阜山脉生态屏障,主要发挥生物多样性维护、水源涵养和水土保持等生态功能;南岭山脉生态屏障,主要发挥水源涵养和生物多样性维护等生态功能,是南方丘陵山地的重要组成部分。"四水"为湘资沅澧(湘江、资水、沅江、澧水)的源头区及重要水域。

湖南省国土资源厅出台了《湖南省国土资源厅关于改进矿业权审批有关事项的通知》,从明确和调整下放部分矿业权审批管理权限、优化矿业权审批程序、精简矿业权审批资料等方面出发,着力提高湖南省矿业权审批效率。探矿权年检改由县市区国土资源局管理和组织实施,明确采矿权探矿权审批由市级国土资源局主管,将地热采矿审批登记权限委托给市州县国土资源局;严格矿业权审批时限管理,省厅所有矿业权审批环节必须在40个工作日内办理完毕;进一步精简探矿权审批登记和采矿权审批登记资料,降低矿业权人的经济负担。

湖南省矿业权出让收益和矿业权占用费由财政部门负责征收管理,具体征收工作由国土资源管理部门负责。自然资源部登记的矿业权,其出让收益和占用费由省国土资源厅负责征收。省国土资源厅登记的矿业权，其出让收益和占用费委托矿业权所在地的县（市、区）国土资源行政主管部门负责征收。其中，矿业权范围跨县（市、区）行政区域的，由省国土资源厅指定的县（市、区）国土资源行政主管部门负责征收。按照兼顾矿产资源国家所有与矿产地利益原则，保持现有省、市、县三级财力格局总体稳定。

湖南省鼓励社会资本参与地质勘探经济建设，积极探索通过政府和社会资本合作、政府奖补等机制，改革完善湖南省引入社会资本投入地质找矿政策。2015 年 9 月湖南省国土资源厅、湖南省财政厅出台了《关于鼓励社会资本投资地质找矿工作的通知》，明确了社会资金投资项目范围，鼓励社会资本投资国家鼓励勘查的矿种和地方经济发展急需且具有较好市场前景的矿种勘查。

湖南省经济发展水平较高。2019 年全省地区生产总值为 39752. 1 亿元，比上年增长 7. 6%。第一产业增加值为 3646. 9 亿元，第二产业增加值为 14947. 0 亿元，第三产业增加值为 21158. 2 亿元。2020 年全省地区生产总值为 41781. 5 亿元，比上年增长 3. 8%。第一产业增加值为 4240. 4 亿元，第二产业增加值为 15937. 7 亿元，第三产业增加值为 21603. 4 亿元。

五、江西省

江西省是矿产资源大省，是全国主要的有色、稀有、稀土矿产基地之一。截至 2020 年底，发现各类矿产 193 种，查明有资源储量的矿产 153 种，其中能源矿产有 5 种，金属矿产有 49 种，非金属矿产有 97 种，水气矿产有 2 种，列入 2020 年江西省矿产资源储量表的矿产有 129 种，保有资源量居全国前十位的有 80 种，其中重稀土矿约占全国的 2/3，钨矿、铜矿、钽矿、锂矿、普通萤石分别占全国总量的 46. 8%、9. 7%、41. 6%、22. 7%、15. 4%，在全国乃至全球具有重要影响力。

江西省矿产资源勘查开发情况在全国具有代表性和典型性。2016 年以来，江西省地质找矿以铜、铅、锌、金、银、钽铌、锂、锡、富铁等重要矿产为重点，兼顾萤石、黑滑石、硅灰石、盐矿、水泥用灰岩、高岭土、陶瓷土、硅石、晶质石墨等非金属矿山和地热水等矿产资源的勘查，取得了丰硕成果。硅灰石矿普查和钽铌矿勘探两个项目入选全国 2018 年度十大地质找矿成果，朱溪钨铜科技创新与重大突破项目获得 2018 年国土资源科学技术一等奖。江西省已经建成了煤炭、黑色金属、有色金属、建材、化工、盐业六大矿业体系。江西省优势矿产资源有铜、钨、稀土、钽铌、金和银等金属矿产，黑滑石、高岭土、陶瓷土（瓷石）、萤石、硅灰石、硅石（粉石英）、饰面用石材等新兴非金属矿产，以及地热、矿泉水等液体矿产。江西省的钨矿和离子型稀土矿在世界矿业领域具有重要影响，享有“世界钨都”和“稀土王国”的美誉。

江西省矿产资源的种类和分布表现为五大优势和三大不足。五大优势：一是矿产种类较齐全，分布各具特色；二是优势矿产资源在全国地位突出；三是矿产资源集中分布，有利于规划布局、综合勘查和进行大规模开发；四是非金属矿有巨大的发展潜力；五是地热、矿泉水资源丰富，有广阔的开发利用前景。三大不足：一是大宗用量的矿产资源存在不足或短缺的问题；二是多数有色金属矿共（伴）生组分多，综合利用难度较大；三是部分矿种小矿多、分布散，贫矿多、富矿少。

江西省自然及地理条件较好，水利、电力供应和交通运输以及通信等基础设施都很完善。截至 2020 年底，江西省铁路营运里程达 4941 公里，高速公路通车里程达 6233 公里。目前全省已实现县县通高速，打通 28 个出省通道，形成了“四纵六横八射十七联”的高速公路网，达到了“纵贯南北、横跨东西、覆盖全省、连接周边”的高速公路网格局。江西民用航空运输网以南昌为核心，通过赣州、九江、井冈山、景德镇、宜春等城市连接国内和全球各地，南昌昌北国际机场是国内及国际客运及货运的航空枢纽。同时，江西的水路运输也十分发达，南昌、九江为重要内河港口，九江港是江西省第一大港口、长江十大港口之一，水运干线形成以赣江和信江为两纵、长江和昌江为两横的格局。完善的基础设施为矿业的发展提供了便利条件。

江西省比较薄弱的一个方面是矿区涉及生态保护红线区、农用地、水源地的情况较多，有较多的各类保护区不利于矿业投资的发展。对于生态环境的修复工作，江西省积极安排生态环境治理工程。其中，赣南寻乌县、信丰县等历史遗留稀土矿区地质环境治理示范工程成效显著，其采用的“宜林则林、宜耕则耕、宜建则建、宜水则水”方法可以在全国范围内推广，具有示范效应。景德镇、萍乡等资源枯竭型城市矿山地质环境治理恢复重点工程有明显成效，显著改善了矿区及周边生态环境。另外为了保护环境，江西省设立禁止开采区，主要包含省级以上自然保护区、重要饮用水水源保护区、省级以上地质公园（地质遗迹保护区）、国家重点保护的不能移动的历史文物和名胜古迹所在地，以及国家和地方规定的其他禁止开采的区域，与具有生态环境保护功能的限制勘查区一致，也可称为限制勘查禁止开采区。江西省共划定禁止开采区 110 处，面积达 4179.29 平方千米。其他没有区域范围的，在市县级矿产资源总体规划中具体落实。

江西省在矿业权管理方面遵循自然资源部有关规定。2019 年 12 月 31 日，自然资源部发布了《关于推进矿产资源管理改革若干事项的意见（试行）》，自 2020 年 5 月 1 日起正式实施。要求新设采矿权须符合采矿权设置区划，不符合要求的不得新立。探转采需满足相应矿种的准入条件，符合条件的方可设置。已设的采矿权调整和矿业权整合，根据规划布局、产业调整的要求或矿业权人提出申请，按发证权限由同级人民政府进行规划调整并审查通过后实施。对国家规划矿区内的稀土矿开采规划区块，按国家相关要求进行管理。其他情况严格按照国土资源部、省人民政府的有关文件执行。

2019 年江西省实现地区生产总值 24757.5 亿元，比上年增长 8.0%。第一产业增加值为 2057.6 亿元，第二产业增加值为 10939.8 亿元，第三产业增加值为 11760.1 亿元。2020 年全省地区生产总值为 25691.5 亿元，比上年增长 3.8%。第一产业增加值为 2241.6 亿元，第二产业增加值为 11084.8 亿元，第三产业增加值为 12365.1 亿元。

六、安徽省

安徽地处我国东南部，全省国土面积为 14.01 万平方公里，约占全国国土总面积的 1.45%。其承东启西，连南接北，是国家中部崛起战略重点发展区域，是承接东部产业转移示范区、连接东西部地区的重要纽带。安徽省作为矿产资源大省，矿产种类齐全、资源储量丰富，截至 2020 年全省已发现的矿种为 128 种。查明资源储量的矿种为 110 种，其中能源矿产有 2 种、金属矿产有 25 种、非金属矿产有 81 种、水气矿产有 2 种。“十三五”期间，全省新发现大中型矿产地 59 处，其中大中型金属矿产地有 20 处。

安徽省自然及地理条件良好，交通运输、水利供应、电力供应以及通信等基础设施建设情况完善。2019 年安徽省全年货物运输量达 36.8 亿吨，货物运输周转量达 10217.4 亿吨公里。全年港口货物吞吐量达 5.5 亿吨，较上年增长 8.5%。全省民航机场旅客吞吐量达 1367.7 万人次，较上年增长 11%，其中合肥新桥机场旅客吞吐量达 1228.2 万人次。2020 年，受新冠肺炎疫情影响，安徽省全年货物运输量达 37.4 亿吨，较上年增长 1.6%。货物运输周转量达 10209.2 亿吨公里，较上年下降 0.1%。全年港口货物吞吐量达 5.4 亿吨。

安徽省比较薄弱的一个方面是矿区涉及农用地、水源地和生态保护红线区的情况很多。安徽省红线区面积为 22426.55 平方公里，占全省土地面积的 16.01%。禁止开发区红线和其他保护地红线进行叠加（去除重叠部分）后的面积为 10917.00 平方千米，占全省土地面积的 7.79%。安徽省生态保护红线区域形成了“两屏两轴”的基本空间格局：“两屏”为皖西山地生态屏障和皖南山地丘陵生态屏障，主要发挥生物多样性维护、水土保持、水源涵养等生态功能；“两轴”为长江干流及沿江湿地生态廊道、淮河干流及沿淮湿地生态廊道，主要发挥湿地生物多样性维护等生态功能。

安徽省境内有我国重要的秦岭—淮河地理分界线，气候、生物、土壤等生态要素均表现出明显的纵横双向过渡特征。安徽省既是我国南北方的过渡地带，也是承东启西的重要纽带，生态区位和地理位置十分重要。安徽省境内大别山区和皖南山区是长江、淮河和新安江水系诸多中小型河流的发源地及水库水源涵养区，也是我国生物多样性保护重点区域。沿江、沿淮湿地具有重要的洪水调节功能，能够保障长江下游、淮河中下游沿岸城市的防洪安全。

安徽省矿业权市场建设逐步完善。2010 年 10 月以后，根据国土资源部的统一要求，建立了全省统一的矿业权有形市场，成立了全省土地和矿业权交易中心，矿业权出让、转让一律进入矿业权交易中心固定的交易场所公开交易，同时制定了一系列规章制度和交易规则，在省政务服务中心设立交易窗口。2015 年出台了《安徽省矿业权出让管理办法》，实行矿业权有计划向市场投放，并按照省政府的统一要求，将矿业权出让交易纳入全省统一的公共资源交易平台。

安徽省经济发展水平较高。2019 年安徽省地区生产总值为 37114. 0 亿元，比上年增长 7. 5%。第一产业实现增加值 2915. 7 亿元，第二产业实现增加值 15337. 9 亿元，第三产业实现增加值 18860. 4 亿元。2020 年全省地区生产总值为 38680. 6 亿元，比上年增长 4. 2%。第一产业实现增加值 3184. 7 亿元，第二产业实现增加值 15671. 7 亿元，第三产业实现增加值 19824. 2 亿元。

第四节 西部地区矿业投资基础条件

一、陕西省

陕西省地质成矿条件优越，陕北蕴藏优质盐、煤、石油、天然气等矿产；关中有煤、钼、金、非金属建材、地热等矿产；陕南出产有色金属、贵金属、黑色金属及各类非金属矿产。全省已发现各类矿产 138 种（含亚矿种），其中已查明资源储量的矿产有 91 种。探明矿产地有 1057 处，其中大型矿产地有 245 处，中型矿产地有 237 处，小型矿产地有 559 处。在对国民经济有重要价值的 15 种矿产中，石油保有储量排全国第 3 位，煤、天然气、水泥灰岩保有储量均排全国第 4 位。石油、天然气、钼、金、石灰岩不仅储量可观，而且品级、质量较好，在国内市场有明显优势，但铁、铜、铝、磷等，要么贫矿多要么探明含量少，无可供规划矿区。

陕西省水利供应、电力供应、通信设施和交通运输都较为发达。2018 年提出了交通强省建设目标，随后制定了《全省交通运输决胜全面建成小康社会开启交通强省建设新征程三年行动计划（2018—2020 年）》。该计划立足交通运输行业，从强化枢纽省份地位、加快综合交通建设、奋力建设交通强省、办好人民满意交通、推动高质量发展 5 个方面提出了具体的目标任务。2019 年陕西省交通固定资产投资达到 774. 8 亿元，同比增长 11. 3%，高速公路项目投资达到 430. 1 亿元，同比增长 33. 6%，为矿业的发展提供了良好的外部条件。

陕西省自然及地理条件比较好，矿区涉及大面积的生态保护红线区，涉及农用地、水源地的情况一般。陕西纵跨三个气候带，南北气候差异较大，位于我国内陆腹地，地势南北高、中间低，有高原、山地、平原和盆地等多种地形。北部是黄土高原区，中部是关中平原区，南部是秦巴山区，有许多闻名全国的峰岭，如华山、太白山、终南山、骊山，是国家黄土高原—川滇生态屏障、北方防沙带和大江大河水系的重要组成部分。根据《全国生态功能区划》（修编版）、《陕西省主体功能区规划》，陕西省涉及多个国家重点生态功能区域，包括秦巴生物多样性保护与水源涵养功能区、陕北黄土丘陵沟壑土壤保持功能区、陕中黄土丘陵土壤保持功能区和鄂尔多斯高原防风固沙功能区，并且黄土高原生态屏障和秦巴山地生态屏障具有水土保持、生物多样性维护、水源涵养的功能。此外，陕西的长城沿线防风固沙林带是我国北方防沙带的重要组成部分，汉丹江两岸生态安全带是南水北调水源和水质的重要保护区域。

2017 年，陕西省财政厅会同省国土资源厅根据《国务院关于印发矿产资源权益金制度改革方案的通知》和《财政部国土资源部关于印发〈矿业权出让收益征收管理暂行办法〉的通知》精神和省政府要求，制定了《陕西省矿业权出让收益征收管理实施办法》。2020 年 7 月 30 日陕西省十三届人大常委会第十九次会议表决通过《陕西省实施〈中华人民共和国资源税法〉授权事项方案》，陕西省财政厅、国家税务总局陕西省税务局、陕西省自然资源厅联合公告。

陕西省自然资源厅在推进矿业权阳光审批方面，一是进一步加强信息公开，通过门户网站、政务服务网站对信息进行公开，促进矿业权审批规范化、法治化。二是不断优化内部审批流程，严格限制自由裁量权，不得要求矿业权人提供清单范围以外的资料，不得擅自增设或减少审批条件。三是多举措提升监管效能，杜绝领导干部违规插手矿业权审批，探索建立矿业权人评议制度和设立意见信箱，主动接受矿业权人监督，全面提升监管效能。

2019 年陕西省地区生产总值为 25793. 17 亿元，比上年增长 6. 0%。第一产业增加值为 1990. 93 亿元，第二产业增加值为 11980. 75 亿元，第三产业增加值为 11821. 49 亿元。2020 年全省地区生产总值为 26181. 86 亿元，比上年增长 1. 5%。第一产业增加值为 2267. 54 亿元，第二产业增加值为 11362. 58 亿元，第三产业增加值为 12551. 74 亿元。

二、内蒙古自治区

内蒙古自治区的矿产资源在品种、数量、储量、规模等方面均具有很大的优势，其矿产种类多、分布较集中、资源潜力大。截至 2020 年已查明资源储量的矿产共有 124 种，列入《内蒙古自治区矿产资源储量表》的矿产有 119 种（不包括由自然资源部统计管理的石油、天然气和目前未统计汇总的地热、矿泉水），上表矿产地有 2150 处，其中大中型矿产地有 891 处。全区有 45 种矿产的保有资源储量居全国前三位，有 103 种矿产的保有资源储量居全国前十位，其中，煤炭、铅、锌、银、稀土、铌、锗、普通萤石、晶质石墨等矿产是自治区的优势矿产。

内蒙古自治区煤炭、稀土等重要矿产资源储量丰富，相关产业发展潜力巨大，已形成地质调查、勘查、采选、冶炼、加工和应用的完整产业链。能源矿产品种齐全。石油、天然气集中分布于鄂尔多斯盆地、二连盆地（群）、开鲁盆地和海拉尔盆地（群）。煤炭保有资源量为 5179. 13 亿吨，居全国第一位，占全国煤炭保有资源总量的 29. 02%，且大部分具有煤田构造简单、煤层稳定、厚度大、埋藏浅、易于露天开采等特点，具备建设特大型能源基地的资源条件，对全国能源结构和布局有重要影响。内蒙稀土资源得天独厚，保有稀土氧化物资源量居全国第一位，包头被誉为“稀土之都”，其稀土资源量占全国总量的 83. 7%。有色金属矿产资源储量丰富、分布集中，具有规模开发条件，主要分布在呼伦贝尔西部、大兴安岭中南段和狼山地区，此 3 个地区有色金属量占全区总量的 95%以上，是我国重要的有色金属原材料供应基地。非金属矿产分布广泛，普通萤石、晶质石墨、高岭土、盐、石膏、芒硝、天然碱等矿产优势明显。

内蒙古的交通运输、水利供应、电力供应以及通信设施建设情况良好。2019 年完成货物运输总量 19. 8 亿吨、铁路货运量 8. 7 亿吨、公路货运量 11. 1 亿吨。货物运输周转量为 4634. 0 亿吨公里，其中，铁路货物周转量为 2679. 5 亿吨公里，公路货物周转量为 1954. 5 亿吨公里。

内蒙古自然及地理条件较好，矿区涉及生态保护红线区比较多，涉及农用地、水源地的情况比较少。自治区位于我国的北部边疆，全区总面积为118.3万平方千米，占我国土地面积的12.3%，是我国第三大省区。东、南、西依次与黑龙江、吉林、辽宁、河北、山西、陕西、宁夏和甘肃8省区毗邻，跨越三北（东北、华北、西北），靠近京津；北部同蒙古和俄罗斯接壤，国境线长4200千米。内蒙古地势较高，平均海拔为1000米左右，是我国四大高原中的第二大高原。截至2020年底，内蒙古建立各级各类自然保护区182个，总面积达1267.04万公顷，占内蒙古国土面积的10.71%，其中有国家级自然保护区29个、自治区级自然保护区60个。

2019年内蒙古造林面积完成90.9万公顷，退耕还林工程造林面积完成2.7万公顷，天然林资源保护工程造林面积完成5.8万公顷，京津风沙源治理工程造林面积完成12.5万公顷，“三北”防护林五期工程造林面积完成10.5万公顷。全区森林面积为2614.9万公顷，森林覆盖率达到22.1%。内蒙古的呼伦贝尔大草原是世界上天然草原保留面积最大的地方，锡林郭勒大草原是我国最早的草地自然保护区，也是我国草原自然状态保存最好的地区，安盟科尔沁湿地珍禽自然保护区和呼伦湖自然保护区也是我国最好的鹤类资源宝库。

内蒙古的现代煤化工、稀土新材料等产业规模均居全国前列，基地建设取得重要进展，已初步建成了锡林郭勒、呼伦贝尔、鄂尔多斯三大煤电基地，蒙西、蒙东两大新型煤化工基地。随着矿业转型升级，内蒙古积极化解过剩产能以实现优势矿产行业的持续健康发展，全区煤炭、钢铁产量明显下降，有色金属矿山产量有所增长，由“一煤独大”逐步向产业多元转变。开展了萤石开发利用示范工程，在采选利用关键技术方面取得较大创新，提高了重要非金属资源的产品附加值。加强了对锗煤、焦煤、无烟煤的保护利用，严禁超规模生产，多管齐下实现有效保护。在自然保护区内已退出矿业权592个。矿山数量由2015年的4776家减少到2020年底的3393家，大中型矿山数量由579家增加到955家，大中型矿山比例由12.12%提高到28.15%。矿山企业积极开展科技创新和技术革新，资源综合利用与节能减排水平逐年提高，“三率”（开采回采率、选矿回收率、综合利用率）指标达到国家“三率”指标最低要求。

内蒙古强化找矿突破行动，积极引导各类资金投入。“十三五”期间累计投入矿产勘查资金42.6亿元，新增大中型矿产地117处，其中，大型矿有63处、中型矿有54处。重要矿产成果突出，新增煤炭1136.14亿吨，铜金属量有145.9万吨，金金属量有323.8吨，锡金属量有33.3万吨，钼金属量有

23.1 万吨，晶质石墨矿物量有 4475.2 万吨，新发现那仁乌拉钨铋银多金属、维拉斯托锂多金属、查干文都日晶质石墨等大中型矿床。银、铅、锌等优势矿产取得重大突破，新发现了复兴屯、东花脑特银多金属、呼勒图锌多金属等一批大中型矿床。地方财政投入 1.7 亿元，安排地热勘查项目 48 个，实现了地热勘查重大突破，积累了丰富的勘查经验。

内蒙古下发并实施《内蒙古自治区人民政府关于深化煤炭资源市场化配置的意见》，新的煤炭矿业权全部以招拍挂方式进行市场化出让；积极推动构建与市场经济体制相适应的矿业权行政审批制度，完善“窗口集中办理制”和“网上审批制”等电子监察举措，严格规范审批行为，积极创新审批方式；制定《内蒙古自治区绿色矿山建设方案》等一系列制度措施，绿色矿山建设得到了矿山企业的积极响应。自治区已有 381 家矿山纳入绿色矿山名录，其中，67 家矿山被纳入全国绿色矿山名录，3 个绿色矿业发展示范区内的 141 家矿山已有 55 家被纳入全国绿色矿山名录。

2019 年内蒙古自治区的地区生产总值为 17212.6 亿元，比上年增长 5.2%。第一产业增加值为 1863.2 亿元，第二产业增加值为 6818.9 亿元，第三产业增加值为 8530.5 亿元。2020 年内蒙古自治区地区生产总值为 17359.8 亿元，比上年增长 0.9%。第一产业增加值为 2025.1 亿元，第二产业增加值为 6868.0 亿元，第三产业增加值为 8466.7 亿元。

三、云南省

云南省地处我国西南边陲，北回归线横贯本省南部，全省土地总面积为 39.41 万平方公里，占全国总面积的 4.1%。云南省为山地高原地形，山地面积为 33.11 万平方公里，占全省土地总面积的 84%；高原面积为 3.9 万平方公里，占全省土地总面积的 10%；盆地面积为 2.4 万平方公里，占全省土地总面积的 6%。全省河川纵横，湖泊众多。云南省成矿条件优越，矿产资源极为丰富，尤以有色金属及磷矿著称，被誉为“有色金属王国”，是得天独厚的矿产资源宝地。云南矿产资源的特点可以总结为：一是矿种全，现已发现的矿产有 157 种，已探明储量的有 85 种；二是分布广，金属矿遍及 108 个县（市），煤矿在 116 个县（市）有发现，其他非金属矿产各县都有；三是共（伴）生矿多，利用价值高，全省共（伴）生矿床约占矿床总量的 31%。全省有 82 种矿产查明资源储量排在全国前 10 位，其中，铅、锌、锡、磷、铜、银等 31 种矿产含量居全国前 3 位。同时，云南能源资源得天独厚，特别是水能、煤炭资源储量较大，开发条件优越；地热能、太阳能、风能、生物能有较好的开发前景。

云南省自然条件良好，水利供应、电力供应、通信设施等基础设施方面发展较好。全省综合交通投资建设取得新成绩，公路水路投资居全国第一。全省“八出省五出境”铁路主骨架、“七出省五出境”高速公路骨架、“两网络一枢纽”航空网、“两出省三出境”水运通道建设加快推进，互联互通通道更加完善。全省快速推进了一大批重大基础设施工程建设，县域高速公路“能通全通”工程加快推进，91 个县域通高速公路，县域通高率为 70.54%，成贵高铁正式开通运营，渝昆高铁先期段开工建设，威信、镇雄通高铁，玉溪、宣威、河口通动车，江川、丽江、宝山、陇川、兰坪通用机场建成通航。目前，云南全省的交通运输正处于高速发展状态，交通情况的改善能够有力推动矿业的高质量发展。

云南省比较薄弱的一个方面是矿区涉及生态保护红线区和农用地、水源地的情况比较多。云南省的生态保护红线区域面积为 11.84 万平方公里，占全省土地面积的 30.90%。全省生态保护红线区域的基本格局呈“三屏两带”，主要是实现生物多样性维护、水土保持、水源涵养等生态功能。“三屏”为青藏高原南缘滇西北高山峡谷生态屏障、哀牢山—无量山山地生态屏障、南部边境热带森林生态屏障。“两带”为金沙江、澜沧江、红河干热河谷地带，东南部喀斯特地带。大面积的生态保护区域在一定程度上限制了矿区的勘探和开发，给矿企的发展带来了挑战。

云南省通过了《云南省资源税税目税率计征方式及减免税办法的决定》，于 2020 年 9 月 1 日起与《中华人民共和国资源税法》同步施行。根据相关授权，云南统筹考虑生态环境保护、矿业转型升级、资源节约和合理利用、应税资源禀赋、开采条件、企业负担、环境治理以及税收征管等因素，坚持资源在保护中开发、保护优先的原则，对税率结构进行了优化。

为深入贯彻自然资源部《关于推进矿产资源管理改革若干事项的意见（试行）》的有关规定，云南省自然资源厅制定出台了《关于贯彻落实自然资源部推进矿产资源管理改革若干事项的实施意见（试行）》《关于深化矿产资源同一矿种同级管理工作的通知》《关于推进净采矿权出让工作的通知》《关于推进矿产资源储量管理改革的通知》4 个矿产资源管理规范性文件，与自然资源部文件同步实施。将生态文明建设贯穿于矿产资源管理的全过程，深化矿业权竞争性出让和严管严控协议出让，稳步推进“净矿”出让，深化同一矿种同级管理，调整探矿权登记期限，推进矿产资源储量管理改革。

2019 年云南省地区生产总值为 23223.8 亿元，比上年增长 8.1%。第一产业增加值为 3037.6 亿元，第二产业增加值为 7961.6 亿元，第三产业增加值为 12224.6 亿元。2020 年全省地区生产总值为 24521.9 亿元，比上年增长

5.6%。第一产业增加值为3598.9亿元，第二产业增加值为8287.5亿元，第三产业增加值为12635.5亿元。

四、贵州省

贵州省矿产资源种类丰富，名列全国前十位的矿产达53种，尤以煤、磷、铝土矿、汞、锑、锰、金、重晶石、硫铁矿、稀土、镓、水泥原料、砖瓦原料以及多种用途的石灰岩、白云岩、砂岩等矿产最具优势，在全国占有重要地位。全省煤炭已探明保有储量为111.3亿吨，居全国第五位，煤质良好，煤种齐全，分布集中，有利于大中型矿区的建设。除煤炭外，已探明储量的矿产资源有91种，其中居全国前五位的有29种。铝土矿已探明保有储量为6859.1万吨，居全国第三位，矿石质量优良；磷矿石品位高，已探明保有储量为5.4亿吨，居全国第三位；汞矿、锰矿、重晶石与锗矿的保有储量均居全国首位；饰面用辉绿岩、碘矿与硫铁矿的保有储量居全国第二位；钒矿、稀土矿、镓矿、钪矿与熔炼水晶的保有储量居全国第三位；黄金、铅锌、硫铁矿、冰洲石、矿泉水等均有广阔的开发前景。矿产资源大多集中在能源丰富、开发条件好的乌江流域。

贵州省自然条件良好，交通运输、电力供应以及通信等基础设施建设较好，水利供应比起交通、电力和通信来说稍微薄弱一些。2019年末贵州全省公路通车里程为20.5万公里，比上年末增长4.0%，其中，高速公路通车里程为7004.5公里，增长8.6%。内河航道里程为3755.1公里，增长0.3%。2020年贵州省公路通车里程为20.7万公里，其中高速公路通车里程为7607.0公里。内河航道里程为3957.8公里，比上年末增长5.4%。贵州省良好的基础设施可以为矿业投资提供良好条件。

贵州省比较薄弱的一个方面是矿区涉及农用地、水源地和生态保护红线区的情况比较多，相较而言，涉及生态保护红线区的情况更多一些。贵州省生态保护红线区面积为4.59万平方千米，占全省土地总面积的26.06%。全省形成了“一区三带多点”的生态保护红线格局：“一区”即武陵山—月亮山区，主要发挥生物多样性维护和水源涵养等生态功能；“三带”即乌蒙山—苗岭、大娄山—赤水河中上游生态带和南盘江—红水河流域生态带，主要发挥水源涵养、水土保持和生物多样性维护等生态功能；“多点”即各类点状分布的禁止开发区域和其他保护地。

贵州省地处云贵高原，东靠湖南省，南邻广西壮族自治区，西毗云南省，北连四川省和重庆市，是一个山川秀丽、气候宜人、资源富集、民族众多的内陆山区省，位于长江和珠江两大水系上游交错地带，是“两江”上游和西南地区的重要生态屏障，是重要的水土保持和石漠化防治区，是国家生态文明试验区。贵州省地形主要是高原和山地，素有“八山一水一分田”之说。贵州省全省地貌可概括为高原山地、丘陵和盆地三种基本类型，其中92.5%的面积为山地和丘陵；岩溶地貌发育非常典型，喀斯特（出露）面积为10.91万平方公里，占全省土地面积的61.9%，境内岩溶分布范围广泛，形态类型齐全，地域分异明显，形成一种独特的岩溶生态系统。

贵州省全面推进矿业权审批制度改革，实行统一的矿业权审批网络化管理，在省级发证的矿业权审批中，不再将市、县级国土资源部门的审核意见作为前置审核事项由市、县级国土资源局出具书面意见，改为在省级矿业权审批流程中增设市、县级国土资源部门协办，将各级各部门的审核、审批工作统一纳入省国土资源电子政务办公系统进行管理。

贵州省是国家确定的6个矿业权出让制度改革试点省份之一，矿业权制度的改革为矿业投资环境的改善奠定良好基础。2018年，《贵州省矿业权出让制度改革试点实施方案》中提出用3年左右时间，总结形成可复制、可推广的矿业权出让贵州经验，建成“竞争出让更加全面，有偿使用更加完善，事权划分更加合理，监管服务更加到位”的矿业权出让制度。针对贵州省需要改革的突出问题，从完善矿业权竞争出让制度、严格限制矿业权协议出让，承接、下放审批权限，强化监管服务等三大点16个方面进行探索。

2019年贵州省的地区生产总值为16769.4亿元，比上年增长8.3%。第一产业增加值为2280.6亿元，第二产业增加值为6058.5亿元，第三产业增加值为8430.3亿元。2020年贵州省的地区生产总值为17826.6亿元，比上年增长6.3%。第一产业增加值为2539.9亿元，第二产业增加值为6211.6亿元，第三产业增加值为9075.1亿元。

五、四川省

四川省位于我国西南部，地处长江上游，全省地貌东西差异大，地形多种多样。全省由四川盆地、川西北高原和川西南山地三大部分构成，地处上扬子西缘、西南三江、松潘—甘孜和秦岭—大别山等重要成矿带，成矿地质条件优越，矿产资源丰富。截至2020年底，四川省共发现矿产136种、矿产地2882处（不包括石油、页岩气、煤层气、地热），具有查明资源量的矿产129种。查明资源量居全国首位的重要矿产资源有8种，其中天然气、页岩气、钒、钛、锂等矿产累计查明资源量分别占全国总量的20.7%、65.5%、32.0%、81.6%和50.8%，资源优势明显。

四川省矿产资源的特点可以总结为：一是资源总量大，但人均占有量低于全国平均水平；资源种类丰富，但多数矿种储量小。除钒钛磁铁矿、岩盐、芒硝、铅锌、硫、铁矿、石棉、云母、金、磷、水泥灰岩等储量可满足开发需要外，多数矿产资源都存在资源数量少、质量差、探明矿山不足的问题。二是大型或特大型矿床分布集中，区域特色明显，有利于建设综合性的矿物原料基地。矿产集中分布在川西南（攀西）、川南、川西北三个区：川西南以黑色、有色金属和稀土资源为优势，其他矿产也很丰富且组合配套好，是我国冶金基地之一；川南以煤、硫、磷、岩盐、天然气为主的非金属矿产种类多，蕴藏量大，是我国化工工业基地之一；川西北的稀贵金属（锂、铍、金、银）和能源矿产资源丰富，是潜在的尖端技术产品的原料供应地。三是部分重要矿产以贫矿和低品质矿为主，富矿不足。除铅、锌、镉、银、岩盐、钙芒硝等品位稍高外，其他矿产多为中贫矿。四是矿床的共（伴）生矿多。攀西的钒钛磁铁矿为铁、钒、钛共生，川南的煤矿为煤、硫共生，川西北的锂矿为锂、铍共生。共（伴）生矿多，虽具有重要的综合利用价值，但增加了采矿和选冶工艺难度。

四川省自然与地理条件一般，其交通运输、水利供应、电力供应、通信设施等基础设施较为完善。截至 2020 年底，全省城市（县城）道路长度突破 3 万公里，城市建成区平均路网密度为 7.03 公里/平方公里，全省建成区道路面积率达到 14.18%；成都市轨道交通线路投运 9 条（其中地铁线路 8 条，有轨电车线路 1 条），运营里程为 558 公里，居全国第四位；全省铁路营业里程为 5312 公里，比上年末增长 4.4%；全省公路总里程为 39.4 万公里，比上年末增加 5.7 万公里；全省高速公路建成里程为 8140 公里，内河港口年集装箱吞吐能力达 250 万标箱。

四川省矿区涉及生态红线保护区的情况较多，涉及农用地、水源地的情况较少。四川省形成了“四轴九核”的生态保护红线空间分布格局，“四轴”指大巴山、金沙江下游干热河谷、川东南山地以及盆中丘陵区；“九核”指若尔盖湿地（黄河源）、雅砻江源、大渡河源、大雪山、沙鲁里山、岷山、邛崃山、凉山—相岭和锦屏山。目前，四川省脆弱的生态系统得到较好保护修复。森林覆盖率提升至 40.03%，草原综合植被盖度提升至 85.8%。大熊猫国家公园成功建立，生物多样性保护地位得到巩固，川西林盘保护修复相继展开，历史遗留矿山生态修复稳步推进。

四川省 334 宗与自然保护区重叠的矿业权已基本按照“封闭井硐、拆除设备、实施植被恢复”3 个标准整改到位。在 334 宗退出自然保护区的矿业权中，探矿权有 197 宗，采矿权有 137 宗。四川省制定了自然资源保护区矿业权关停、退出及实施生态恢复的具体工作方案，实行“一矿一策”分类管理，明确每宗矿业权整改路线图、时间表，确保按要求、保质保量整改完成。四川省自然资源厅印发《矿业权出让收益评估工作管理办法（试行）》，压缩了各环节办理时限要求，评估工作开展时间整体上从原来的 6 个月压缩到 60 个工作日，评估需要收取的资料也较原来大幅减少。

四川省经济发展水平比较高。2019 年四川省地区生产总值为 46615.8 亿元，比上年增长 7.5%。第一产业增加值为 4807.2 亿元，第二产业增加值为 17365.3 亿元，第三产业增加值为 24443.3 亿元。2020 年四川省地区生产总值为 48598.8 亿元，比上年增长 4.3%。第一产业增加值为 5556.6 亿元，第二产业增加值为 17571.1 亿元，第三产业增加值为 25471.1 亿元。

六、重庆市

重庆市地处我国西南地区，位于长江上游，是一座独具特色的“山城、江城”，地貌以丘陵、山地为主，其中山地占 76%。重庆市矿产资源颇具特色，目前已发现矿产 70 种，其中查明资源储量的有 44 种、开发利用的有 24 种。页岩气、天然气、锰、铝土矿、锶、毒重石等矿产资源丰富，在全国具有一定的特色和优势。全市矿产资源分带明显，分布相对较集中，城口县、秀山县的锰，黔江区、南川区、武隆区的铝土矿，大足区、铜梁区的锶，城口县的毒重石资源丰富。石灰岩、砂岩、页岩等建材类矿产资源分布广泛，是生产机制砂石、水泥的重要原材料，为工程建设提供了最基础且不可或缺的建筑材料。截至 2020 年底，全市共有 916 个采矿权。其中，天然气、页岩气采矿权有 38 个，非油气采矿权有 878 个。

重庆市交通运输、水利供应、电力供应以及通信设施都十分完善；2020 年 1—11 月，重庆市西部陆海新通道 3 种运输方式均超过年度目标的 95%，西部陆海新通道正在高质量发展。与此同时，通道的辐射范围也在不断拓展，西部陆海新通道已辐射 96 个国家和地区的 250 个港口。东盟是该通道最重要的市场，目前已辐射东盟 8 个国家的 20 个港口，涵盖新加坡、林查班、曼谷、海防等重要海运节点。跨境运输方式为矿业投资提供了更多渠道。

重庆市自然及地理条件较好，各类保护区较多，但矿区涉及生态红线保护区和农用地、水源地的情况较少。在生态环境保护方面，重庆市政府修改了生态文明建设要求的相关内容。在立法目的中增加了“促进矿产资源开发利用与环境保护协调、可持续发展”的内容，在适用范围中增加了“保护”的内容，在管理原则中增加了“生态优先、绿色发展”的内容，专门增设了“矿山地质环境保护”。

在矿业的管理制度及法律法规方面，重庆市人民政府统一领导全市矿产资源勘查、开采和保护管理工作，区县（自治县）人民政府加强对矿产资源勘查、开采和保护活动的组织领导，乡镇人民政府、街道办事处协助区县（自治县）人民政府依法维护本辖区内矿产资源的勘查、开采、保护工作秩序。规划自然资源主管部门负责本行政区域内矿产资源勘查、开采和保护的监督管理工作，生态环境、应急、水利、林业、能源、税务等部门依据各自职责做好相关管理工作。在行政管理方面，重庆市严格落实“放管服”改革要求。简政放权，在探矿权、采矿权审批的相关条款增加了可以委托区县（自治县）审批的内容。进一步压缩审批许可时限，由国家规定的“40 日”压缩至“30 日”。

对于矿业权的配置方式，重庆市要求矿业权应当采取招标、拍卖、挂牌的方式进行配置。按照矿产资源权益金制度改革要求，删除了“资源补偿费”“探矿权使用费”“采矿权使用费”等方面的规定，增加了“矿业权出让收益”“矿业权占用费”的规定。《重庆市矿产资源管理条例》增设专章对矿山地质环境保护作出规范。“明确了矿业权人要坚持‘预防为主、防治结合’原则，按照国家和重庆市相关规定、技术规范履行矿山地质环境保护与土地复垦义务。”

2019 年重庆市地区生产总值为 23605. 77 亿元，相比上年增长 6. 3%。第一产业增加值为 1551. 42 亿元，第二产业增加值为 9496. 84 亿元，第三产业增加值为 12557. 51 亿元。2020 年全市实现地区生产总值 25002. 79 亿元，比上年增长 5. 9%。第一产业增加值为 1803. 33 亿元，第二产业增加值为 9992. 21 亿元，第三产业增加值为 13207. 25 亿元。

七、广西壮族自治区

广西壮族自治区成矿地质条件优越，矿产资源相对丰富。截至 2020 年，区内已发现矿产 172 种，其中已查明资源储量矿产有 132 种，有 88 种矿产保有资源储量居全国前十位，稀土、锑、锰、钛、镓、铪、钪、高岭土、膨润土、方解石、熔剂用灰岩、化肥用灰岩、建筑用大理岩等矿产资源储量居全国前三位。铝、锡、锰、锑等重要矿产在国家资源安全保障中处于重要地位，在查明资源储量中，锰、锑分别占全国查明总量的 23. 79%、14. 05%，居全国第二位，铝土矿、锡矿分别占全国查明总量的 17. 37%、14. 19%，居全国第四位。全区矿产资源分布地域差异明显，有色金属矿产优势突出，素称“有色金属之乡”，是我国十大有色金属产区之一。

广西壮族自治区交通运输、电力供应以及通信等基础设施较好，比较而言水利供应稍显薄弱。根据广西交通运输厅印发的《广西基础设施补短板

“交通网”建设三年大会战实施方案（2020—2022年）》，2020—2022年计划实施重点项目151个，总投资约为4885亿元，力争到2022年实现广西“市市通高铁”“县县通高速”。铁路方面重点加快建设对外高标准客运通道和西部陆海新通道干线铁路，着力解决疏港铁路“最后一公里”问题。公路方面结合广西新一轮高速公路网规划，重点建设西部陆海新通道和对接粤港澳大湾区高速公路通道重点项目，基本实现乡乡通二级（或三级）公路。水运方面重点建设北部湾港高等级航道、锚地等配套项目，着力打通内河“一干七支”航道及解决碍航问题。

广西壮族自治区的自然及地理条件一般，矿区涉及生态保护红线区的情况较多，涉及农用地、水源地的情况也较多，对矿业投资的发展具有一定的影响。陆海统筹后全区生态保护红线面积为6.276万平方千米，占全区土地面积的25.68%。全区已经基本形成了“两屏四区”的生态保护红线格局：“两屏”为桂西生态屏障和北部湾沿海生态屏障，主要实现水源涵养、海岸生态稳定、生物多样性维护的生态功能。“四区”为桂东北生态功能区（包括都庞岭、越城岭、萌渚岭山地）、桂西南生态功能区（西大明山地）、桂中生态功能区（包括大瑶山地）、十万大山生态保护区，主要实现水源涵养、水土保持、生物多样性维护等生态功能。此外，生态保护红线区还包括桂东南云开大山地、西江上游源头区等。

在法律法规执行情况方面，广西壮族自治区加强基层综合执法队伍建设，进一步加强卫片执法，严格按照《中华人民共和国矿产资源法》和最高人民法院、最高人民检察院发布的《关于办理非法采矿、破坏性采矿刑事案件适用法律若干问题的解释》，对非法采矿和破坏性采矿行为进行查处，加大对矿产资源法规和打击违法采矿案件的宣传力度。

2019年，广西壮族自治区的地区生产总值合计21237.14亿元，比上年增长6.0%。第一产业增加值为3387.74亿元，第二产业增加值为7077.43亿元，第三产业增加值为10771.97亿元。2020年，广西壮族自治区的地区生产总值（GDP）为22156.69亿元，比上年增长4.3%。第一产业增加值为3555.82亿元，第二产业增加值为7108.49亿元，第三产业增加值为11492.38亿元。

八、甘肃省

甘肃省地处我国西部地区，位于黄河上游，区域内有闻名中外的古丝绸之路和新亚欧大陆桥，使甘肃省成为西北地区连接中、东部地区的桥梁和纽带，成为贯通东亚与中亚、西亚、欧洲的陆上交通通道。甘肃省矿产资源比较丰富，矿产种类比较齐全，有色金属和贵金属资源优势明显。截至2020年底，全省已发现各类矿产 119 种（含亚矿种 180 种），其中已查明资源储量的有 77 种（含亚矿种 114 种）。列入《甘肃省矿产资源储量表》的固体矿产有 99 种，其中能源矿产有 2 种，金属矿产有 36 种，非金属矿产有 61 种。共探明矿产地 1402 处，其中大型矿产地有 126 处，中型矿产地有 197 处，小型矿产地有 1079 处。已查明资源储量居全国首位的有镍、钴、铂、钯、锇、铱、铑、钌、硒、铸型用粘土、凹凸棒石粘土等 11 种矿产。此外，铬、锌、钨、金、碲、普通萤石（矿石）、重晶石等 32 种矿产已查明资源储量居全国前五位。

甘肃省的自然条件较好，交通运输、水利供应、电力供应以及通信设施都很完善。中国铁路兰州局集团有限公司营业里程达 5698.8 公里，其中高铁里程为 1263.8 公里，管辖宝兰高铁、兰新客专、银兰客专、陇海、兰新、兰渝、兰青、包兰、宝中、干武、太中、定银、中川、天平（天华）、西平、敦煌 16 条干线和其他 14 条支线，连接着甘、宁、青、新、蒙、陕、川 7 省（区），是西北交通运输和经济建设的大动脉。在水利方面，甘肃省古浪生态移民暨扶贫开发黄花滩调蓄供水工程实现建设任务过半。甘肃省一系列的基础设施推进计划为矿业投资提供了较好的基础条件。

甘肃省矿区涉及生态保护红线区的情况很多，涉及农用地、水源地的情况也比较多，对矿产投资的发展具有一定的影响。全省共有 56 个自然保护区，其中有 21 个国家级自然保护区。全省有 12 个国家地质公园、24 个省级地质公园。初步划定的生态保护红线区涵盖了全省 13 类 269 个禁止开发区和其他保护地，总面积为 9.68 万平方千米，占全省土地面积的 22.73%，占全省红线面积的 79.34%。甘肃省生态保护红线区划定的范围主要为水源涵养、生物多样性、水土保持、防风固沙、禁止开发区等五类生态功能区。

甘肃省应税矿产品适用税率按照《甘肃省资源税税目税率表》执行。对目前已探明储量但尚未开采的矿产品，开采并生产经营后根据税目税率表所属应税矿产品税率幅度的最低税率征收。在矿业权管理方面，截至 2019 年 12 月 31 日，全省共设置非油气探矿权 916 宗，其中部级发证 212 宗，省级发证 704 宗。全省探矿权优势勘查矿种集中在金、铜、铁、铅锌等金属矿产。金矿勘查主要集中在酒泉、甘南、陇南、天水；铜矿勘查主要集中在酒泉、张掖、陇南、天水；铅锌矿勘查主要集中在陇南、酒泉；铁矿勘查主要集中在酒泉、张掖。

2019 年甘肃省地区生产总值为 8718.3 亿元，比上年增长 6.2%。第一产业增加值为 1050.5 亿元，第二产业增加值为 2862.4 亿元，第三产业增加值为 4805.4 亿元。2020 年甘肃省地区生产总值为 9016.6 亿元，比上年增长

3.4%。第一产业增加值为1198.1亿元，第二产业增加值为2852.0亿元，第三产业增加值为4966.5亿元。

九、青海省

青海省位于祖国西部，雄踞世界屋脊青藏高原的东北部。青海北部和东部同甘肃省相接，西北部与新疆维吾尔自治区相邻，南部和西南部与西藏自治区毗连，东南部与四川省接壤，是连接西藏、新疆与内地的桥梁。青海省矿产种类多，共（伴）生矿产多，小矿多，矿产地分散，矿产资源储量相对集中。目前已发现各类矿产135种，查明矿产88种，单矿种产地数为1121个，其中大型的有184个，中型的有224个，小型的有713个。在已探明的矿种保有资源储量中，有56个矿种居全国前十位。青海省处于欧亚板块与印度板块的衔接部位，区内地质构造复杂，成矿地质作用多样。全省主要成矿区（带）由北向南划分为：祁连成矿带、柴达木盆地北缘成矿带、柴达木盆地成矿区、东昆仑成矿带、三江（金沙江、澜沧江、怒江）北段成矿带等。其中，祁连成矿带以有色金属、石棉、煤为主；柴达木盆地北缘成矿带以贵金属、有色金属、煤炭为主；柴达木盆地以石油、天然气、盐类矿产为主；东昆仑成矿带以有色金属、贵金属矿产为主；三江北段成矿带以铜、铅、锌、钼等有色金属矿产为主。按矿产种类的区域分，大致有“北部煤，南部有色金属，西部盐类和油气，中部有色金属和贵金属，东部非金属”的特点。

青海省自然及地理条件一般，交通运输、水利供应、电力供应以及通信设施都较为完善，截至2020年末，青海省铁路营运里程达3023公里，其中高速铁路里程达218公里。公路通车里程达8.5万公里，比上年末增加0.1万公里，其中高速公路里程达4069公里。电网总装机达4030万千瓦。其中清洁能源装机占比超九成，新能源装机占比超六成，全年发电量达948.4亿千瓦时，同比增长7.4%。

青海省矿区涉及生态保护红线区和农用地、水源地的情况不是很多。2020年末，全省有11个自然保护区，总面积为21.78万平方千米，其中有7个国家级自然保护区，总面积为20.74万平方千米。青海省于2020年5月底初步形成了生态保护红线区划定成果，主要是将具有重要功能的江河源头水源涵养区、冰川雪山和珍稀野生动物栖息地划入红线区，增加了科学评估得出的5.12万平方千米水源涵养和生物多样性极重要区。目前，初步划定的全省生态保护红线区总体格局为“一屏一带三区”，符合国家生态保护红线区划定要求和分布意见建议，与全国和青海省生态安全格局相吻合。

青海省十三届人大常委会第十八次会议通过了《青海省资源税税目税率

及优惠政策实施方案》，该方案明确了青海省资源税税目税率、计征方式和优惠政策具体办法，于 2020 年 9 月 1 日与《中华人民共和国资源税法》同步施行。该方案将青海省开发利用的 64 个矿种归并列举为 54 个税目，明确了税率、部分税目计征方式和税收优惠政策。为了加强对矿产资源的勘查、开采、利用和保护，根据《中华人民共和国矿产资源法》和有关法律、法规，结合实际情况，青海省制定了《青海省矿产资源管理条例》。

青海省加强矿产资源管理、规范和指导矿产资源调查评价与勘查、优化和调整矿产资源开发利用布局、提升矿产资源对全省经济社会可持续发展的支撑保障和服务能力。《青海省矿产资源总体规划（2016—2020 年）》严格按照习近平总书记视察青海时提出的“四个扎扎实实”的要求和中央、省委省政府关于“生态保护第一、尊重群众意愿”的要求，充分体现了绿色发展和生态保护优先的理念，对全省地质勘查、矿产开发的思路、目标、范围、布局和工作方式进行了规划。该规划突出绿色勘查、绿色矿山建设，加强绿色矿业示范区建设，统筹协调好矿产资源勘查开发与生态环境保护的关系。

2019 年，青海省地区生产总值为 2965. 95 亿元，比上年增长 6. 3%。第一产业增加值为 301. 90 亿元，第二产业增加值为 1159. 75 亿元，第三产业增加值为 1504. 30 亿元。2020 年，青海省实现地区生产总值 3005. 92 亿元，比上年增长 1. 3%。第一产业增加值为 334. 30 亿元，第二产业增加值为 1143. 55 亿元，第三产业增加值为 1528. 07 亿元。

十、宁夏回族自治区

宁夏回族自治区地处我国西北内陆地区，东邻陕西，西北接内蒙古，南连甘肃，面积达 6. 64 万平方千米。在地形上分为三大板块：一是北部引黄灌区，地势平坦，土壤肥沃，素有“塞上江南”的美誉。二是中部干旱带，干旱少雨，风大沙多，土地贫瘠，生存条件较差。三是南部山区，丘陵沟壑林立，部分地域阴湿高寒。自治区目前已发现各类矿产 49 种（含亚矿种），可供开采的有 22 种，以煤炭为主，其次为建材非金属矿产，油气和金属矿产较少。煤炭、石膏、石灰岩等沉积型矿产是自治区的优势矿产，煤炭保有资源量居全国第 9 位，石膏居全国第 3 位，水泥用灰岩居全国第 14 位。全区固体矿产矿区共有 341 处，油气矿区有 10 处。2020 年自治区能源矿产探明资源量为煤炭 73. 84 亿吨、镁矿 1767. 15 万吨、冶金用石英岩 217. 44 万吨、石膏 65080. 88 万吨、水泥用灰岩 24913. 55 万吨。

宁夏回族自治区自然及地理条件一般，交通运输、水利供应、电力供应和通信设施都较为发达。2020 年铁路运营里程达 1645 公里，较 2015 年提高

47%；全区公路通车总里程达 3. 69 万公里，较 2015 年增长 11%。2020 年 12 月 26 日，银西高铁正式开通运营。银西铁路作为国家《中长期铁路网规划》中"八纵八横"高铁网的重要组成部分，通过西安枢纽与西成、大西、徐兰等高铁衔接，实现与全国高铁网的互联互通。良好的基础设施建设为其矿业投资的发展提供了便利。

宁夏回族自治区各类保护区较多，但矿区涉及生态保护红线区、农用地、水源地的情况不是很多。全区生态保护红线区包括生物多样性维护、水源涵养、防风固沙、水土流失、水土保持 5 种生态功能类型，总面积达 12863. 77 平方公里，占全区国土面积的 24. 76%。生态保护红线区在空间上呈现"三屏一带五区"的分布格局："三屏"是指贺兰山生态屏障、六盘山生态屏障、罗山生态屏障；"一带"是指黄河岸线生态廊道；"五区"为东部毛乌素沙地防风固沙区、西部腾格里沙漠边缘防风固沙区、中部干旱带水土流失区、东南黄土高原丘陵水土保持区、西南黄土高原丘陵水土保持区。

为促进资源节约集约利用、加强生态环境保护，根据《中华人民共和国资源税法》的授权规定，宁夏回族自治区结合实际，制定《宁夏回族自治区资源税税目税率表》。根据《国务院关于印发矿产资源权益金制度改革方案的通知》，自治区财政厅、自然资源厅制定了《宁夏回族自治区矿业权出让收益征收管理实施办法》，内容包括总则、征收、缴款以及监管。

宁夏回族自治区自然资源厅按照"统一审批系统、统一数据平台、统一审核标准、统一办理时限"工作原则，通过统一系统办理矿业权审批。优化审批程序，在线申报、并联审批、精简事项。根据矿业权审批实际，大幅压缩审批时限，其中，新立需 15 个工作日，延续、变更需 20 个工作日，划定矿区范围需 25 个工作日，注销需 30 个工作日。同时简化要件，使用电子证书。矿业权审批流程细化，设置受理、会审、决定、送达等环节。

2019 年宁夏全区地区生产总值为 3748. 48 亿元，比上年增长 6. 5%。第一产业增加值为 279. 93 亿元，第二产业增加值为 1584. 72 亿元，第三产业增加值为 1883. 83 亿元。2020 年宁夏全区实现地区生产总值 3920. 55 亿元，比上年增长 4. 6%。第一产业增加值为 338. 01 亿元，第二产业增加值为 1608. 96 亿元，第三产业增加值为 1973. 58 亿元。

十一、西藏自治区

西藏自治区位于我国的西南边陲，面积达 122. 84 万平方公里，约占我国总面积的 1/8，仅次于新疆维吾尔自治区。国境线长达 3842 公里，是我国西南边陲的重要门户，战略位置十分重要。西藏位于青藏高原的西部和南部，占青藏高原面积的一半以上，海拔 4000 米以上的地区占全区总面积的 85.1%，素有“世界屋脊”和“地球第三极”之称，是世界上海拔最高的地方。西藏目前已发现的矿种（亚种）有 103 种，查明矿产资源储量的矿种有 49 种，矿床、矿点及矿化点有 3000 余处。其中发现能源矿产 5 种，已查明资源储量 3 种；发现金属矿产 32 种，已查明资源储量 19 种；发现非金属矿产 64 种，已查明资源储量 26 种；发现水气矿产 2 种，已查明资源储量 1 种。全区已发现的优势矿产资源主要有：铜、铬、铅锌银多金属、钼、铁、锑、金、盐湖锂硼钾矿、高温地热、天然矿泉水等，均具有广阔的找矿前景。在查明矿产资源储量的矿产中，铬和铜的保有资源储量、盐湖锂矿资源远景及高温地热储量在全国排名第一。

西藏自治区交通运输、水利供应、通信设施都比较好，电力供应设施完善程度相对一般。截至 2020 年底，公路通车里程已突破 11.7 万公里，较“十二五”末增长 50%。在水利供应方面，西藏水能集中在东南部地区，约占全区的 70%，仅雅鲁藏布江干流的天然水能蕴藏量即达 8000 万千瓦，雅鲁藏布江干流上可建水电站的河段和地点就有 10 多处。如果在雅鲁藏布江下游大场弯峡谷附近开凿一条 36 公里的隧道，将江水由巴宜区的派区直接引到墨脱县的里冬桥，便可获得 2190 米的落差，可建起装机容量为 4000 万千瓦的巨型水电站，会成为世界最大的水电站。

西藏自治区自然及地理条件居于比较劣势，矿区涉及生态保护红线区和农用地、水源地的情况不多。西藏是青藏高原的主体，野生动植物资源、水资源丰富，在调节气候、水源涵养与水土保持、生物多样性保护等方面发挥着不可替代的作用。另外，西藏生态环境十分脆弱，在全球气候变暖的大背景下，生态环境保护的任务十分艰巨。目前，西藏已建立各类自然保护区 47 处，湿地保护区面积达 430.80 万公顷，占全区自然湿地的 2/3。藏羚羊、野牦牛、黑颈鹤等 125 种国家重点保护的珍稀野生动物和 1200 个西藏特有植物物种得到有效保护，江河湖泊水质优良，土壤环境质量总体良好。

在生态环境保护方面，西藏自治区按照自然资源部门确定的生态保护红线、自治区相关规划确定的环境质量底线和资源利用上限，开展生态环境综合评价，将全区行政区域从生态环境保护角度划分为优先保护单元、重点管控单元、一般管控单元 3 个环境管控单元。优先保护单元是自治区生态保护的重点区域，约占全区国土面积的 90%；重点管控单元主要包括一些开发强度高、污染物排放强度大的区域，以及环境问题相对集中的区域，约占全区国土面积的 0.8%；一般管控单元为优先保护单元、重点管控单元以外的区域。

西藏自治区资源税的税目、税率，依照《中华人民共和国资源税法》所附《资源税税目税率表》和《西藏自治区资源税税目税率表》执行。2019 年西藏自治区自然资源厅印发了《西藏自治区铜、铅、锌等 31 个矿种矿业权出让收益市场基准价》。关于矿业权审查审批事项，西藏自治区自然资源厅详细列出清单，包括审批流程图和申报材料要求。《西藏自治区矿产资源勘查开发监督管理办法》规定，除国家批准勘查开发的重要矿产资源外，全区行政区域内矿业权的设置和流转，按照法律法规规定的审批权限，由国土资源主管部门审核。矿产资源勘查开发实行严格的门槛准入和资质审查制度，开采规模应与储量规模相适应。生产设备和地质、测量、采矿等专业技术人员应满足矿山生产的需要。

2019 年，西藏自治区实现地区生产总值 1697. 82 亿元，比上年增长 8. 1%。第一产业增加值为 138. 19 亿元，第二产业增加值为 635. 62 亿元，第三产业增加值为 924. 01 亿元。2020 年，西藏自治区实现地区生产总值 1902. 74 亿元，比上年增长 12. 1%。第一产业增加值为 150. 65 亿元，第二产业增加值为 798. 25 亿元，第三产业增加值为 953. 84 亿元。

十二、新疆维吾尔自治区

新疆维吾尔自治区与西藏、青海、甘肃 3 省区相邻，周边与蒙古、俄罗斯等 8 个国家接壤；陆地国界线为 5742. 1 公里，约占全国陆地国界线的四分之一，是我国面积最大、交界邻国最多、陆地国界线最长的省级行政区。新疆矿产资源丰富，种类全、储量大、开发前景广阔，是我国战略资源的重要基地。现已发现矿产 152 种，占全国已发现矿产的 87. 86%。储量居全国首位的有 12 种，居前两位的有 19 种，居前三位的有 10 种。煤炭累计探明资源储量 4500. 4 亿吨，石油累计探明地质储量 62. 59 亿吨，天然气累计探明地质储量 1. 12 万亿立方米。铁、铜、金、铬、镍、稀有金属、盐类矿产、建材非金属等资源蕴藏丰富。根据 2021 年新疆维吾尔自治区统计年鉴的数据，新疆主要矿产资源保有量包括：铁矿 29. 75 亿吨、铬铁矿 181. 23 万吨、铜矿 961. 57 万吨、铅矿 769. 81 万吨、锌矿 2760. 04 万吨、铝土矿 55. 26 万吨、镍矿 172. 26 万吨、煤 4500. 43 亿吨。

新疆维吾尔自治区的交通运输、水利供应、通信设施、电力供应等基础设施建设正逐步完善。全区正在加快交通基础设施建设，“疆内环起来，进出疆快起来”取得重大进展，综合交通网络不断健全。2020 年，全区公路通车里程达 20. 9 万公里、五年新增 3 万公里，其中高速公路里程达 5500 公里、新增 1184 公里，全区所有地州市迈入高速公路时代。“十三五”期间新增支线机场4个，民用机场总数达22个，以乌鲁木齐国际机场为核心、支线机场为支撑的“空中丝绸之路”初具规模。铁路营运里程达7398公里，五年新增1530公里，铁路通到了全区所有地州市。开行乌鲁木齐至西安的动车，新疆铁路客运融入全国高速铁路主网。在水利基础设施建设方面，玉龙喀什、大石峡、莫莫克等21座大中型水库加快建设，建成阿尔塔什、卡拉贝利、吉音、苏巴什等18座大中型水库，全区水库库容达到230亿立方米，五年增加35.63亿立方米，特别是叶尔羌河、车尔臣河等重点河流控制性水利枢纽工程的建成，从根本上解决了叶尔羌河千年水患。

在能源基础设施建设方面，按照国家“三基地一通道”的战略定位，加快石油天然气勘探开发，建成塔里木3000万吨油田，勘探发现新疆玛湖、吉木萨尔两个10亿吨级大油田；先后建成“疆电外送”、“西气东输”、大型煤电煤化工基地、新能源基地等一批重大工程，实现750千伏输变电工程地州全覆盖，全区电力装机规模超过1亿千瓦，达到10253万千瓦，“疆电外送”超过3000亿千瓦时，2020年突破1000亿千瓦时。

新疆维吾尔自治区的自然及地理条件一般，矿区涉及生态保护红线区的情况比较多，涉及农用地、水源地的情况比较少，对矿业投资的发展具有一定的影响。2020年全区完成造林面积14.67万公顷、退耕还林面积6.16万公顷，森林覆盖率达5.0%。自治区级以上自然保护区有28个，其中国家级自然保护区有15个，自治区级自然保护区有13个，保护区总面积达1987.5万公顷。全区划分了水源涵养、水土保持、绿洲服务、防沙固沙、地表水源和地下水源、特殊保护6类生态环境功能区，确定生态环境保护红线区，指导全区的资源开发和产业合理布局。全区编制形成“三线一单”成果，将生态保护红线、环境质量底线、资源利用上限约束落实到环境管控单元。

2019年新疆维吾尔自治区实现地区生产总值13597.11亿元，比上年增长6.2%。第一产业增加值为1781.75亿元，第二产业增加值为4795.50亿元，第三产业增加值为7019.86亿元。2020年新疆维吾尔自治区实现地区生产总值13797.58亿元，比上年增长3.4%。第一产业增加值为1981.28亿元，第二产业增加值为4744.45亿元，第三产业增加值为7071.85亿元。

第十三章

总结与建议

矿产资源的供给和需求、矿业投资、矿业投资环境是我国矿业发展中具有紧密内在联系的几个方面，本书梳理了我国主要的能源矿产、有色金属、黑色金属、稀有金属的供给需求，分析了我国采矿业固定资产投资和地质勘查投资，探讨了对我国矿业投资环境进行评估的理论和方法，简要介绍了我国矿业投资环境中的一部分客观性内容，包括我国矿产资源开发投资管理，以及除香港、澳门、台湾、北京、上海、天津、海南之外的 27 个省（自治区、直辖市）的矿业投资基础条件。

一、我国矿产资源供给与需求

《全国矿产资源规划（2016—2020 年）》（简称《规划》）首次将石油、天然气等 24 种矿产列入战略性矿产目录。本书没有涉及非金属矿产的供给与需求，只对能源矿产和金属矿产中的一部分进行分析。

（一）能源矿产的供给与需求

1. 我国是全球最大的煤炭生产国和消费国，煤炭的主体能源地位难以改变

我国煤炭资源储量居世界第四位，煤炭产量和消费量均居世界第一位，其中煤炭消费量占全球消费总量的一半，与世界其他国家煤炭消费总和基本持平。煤炭在我国一次能源消费中占据主导位置。煤炭消费主要集中在工业领域，我国有很多产业的煤炭消费量非常大，电力行业占煤炭消费量的比重最大，约为 50%，制造业的煤炭消费量占比居第二位，约为 40%。但是我国的煤炭产量远远不能满足国内的消费需求，只有用进口来补充缺口。我国煤炭进口量远远大于出口量，我国进口煤主要来自印度尼西亚和澳大利亚，进口煤种主要为动力煤。相较于世界主要煤炭大国，我国煤炭资源质量中等偏差、开采成本偏高、价格相对偏贵。大量进口煤炭部分挤压了国内煤炭的生产性消费。近年来我国煤炭产业集中度进一步提升。一方面，煤炭行业去产能加大了大型煤炭企业的兼并重组，在行业内形成了强强联合、强者恒强的竞争格局；另一方面，随着环保、安全生产、能耗控制等市场化措施的逐渐

趋严，小型煤炭企业的生存空间被大幅挤压，在竞争中处于劣势地位。伴随着我国经济发展水平的不断提高、工业的大力发展以及现代煤化工产业的升级优化，对煤炭的需求呈现显著的增长趋势，在国民经济的整体格局中煤炭占有举足轻重的战略地位，我国作为全球最大的煤炭生产国和消费国的地位难以发生变化。

2. 我国的石油需求依然强劲，对外依存度维持高位

随着工业化和城市化进程的稳步推进，我国石油消费呈现逐年增长的趋势，未来对石油这一战略性资源的需求还有较大的增长空间。虽然我国已经成为全球第六大的石油开采国，但是国内石油供需缺口很大，需要大量依赖进口。自 2018 年起我国成为世界第一大石油进口国，我国石油的对外依存度不断提高，从 2000 年的不足 30%到 2020 年的 73%。石油的对外依存度过高，一方面给我国能源安全带来隐患，另一方面国内经济发展容易受到牵制。2020 年我国最大的石油进口来源国是沙特阿拉伯，第二大石油进口来源国是俄罗斯，第三大石油进口来源国是伊拉克。我国石油进口的主要来源地是中东、非洲和俄罗斯等国家和地区，从这三个区域进口的石油总量占我国石油进口总量的 82%。中东仍然是我国石油进口的主要地区，占进口总额的 48%。当今世界地缘政治冲突加剧，一些国家加紧在全球布局争夺油气资源，我国石油对外依存度过高且石油来源地相对集中，面临的石油供给安全问题应予以高度重视。与此同时，我国国内油气勘探建设面临一些难题：油气的总资源量虽然十分丰富，但是布局比较零散，对勘探水平要求整体偏高，寻找新储量的难度增大；重大领域的接替仍不明确并面临可持续发展的挑战；低品位及非常规油气的效益开发难度较大等。这些问题的存在也意味着油气勘探开发的对象越来越复杂，规模增储及持续上产的难度越来越大。今后若干年内虽然我国石油的供给能力有望提升，但我国油气的对外依存度仍将持续提高，因此，保障石油供应安全，寻找替代资源以降低石油消耗，建立更加全面、开放的油气安全保障系统是我国能源领域的重要课题。

3. 我国天然气的需求持续增长，对进口依赖比较大

天然气同其他矿物能源比较，具有清洁洁净、使用便利、燃气效率高、当量热价格低廉等优点。我国天然气查明储量持续增长，2020 年比 2000 年增长了 513%。四川、新疆和陕西 3 个西部省份是我国天然气储量和产量最高的省份。我国天然气消费量逐年增长，增速波动变化，今后我国天然气需求的增长空间仍然很大。城镇燃气（包括一些工业、化工等用户）与工业燃气是我国天然气消费的主要种类，2020 年两者消费量约占全国天然气消费总量的

70%。基于对天然气的巨大需求，我国天然气的进口持续快速增长。我国主要进口液化天然气，液化天然气进口量不断增加，管道天然气进口量开始出现下降趋势。澳大利亚是我国最大的液化天然气进口来源国，2020 年我国从澳大利亚进口液化天然气 406 亿立方米，占比达 43.19%。其他进口来源国分别是卡塔尔、马来西亚、印度尼西亚。我国 2020 年气态天然气主要进口来源国是土库曼斯坦（62%）、哈萨克斯坦（14%）、缅甸（13%）、俄罗斯联邦（6%）、乌兹别克斯坦（5%）。

（二）稀有金属的供给需求

1. 我国稀土的供给收紧，需求和进口持续增长

我国是稀土资源储量大国，也是全球最大的稀土生产国和消费国。我国稀土生产可分为南北两大体系，其中南方工业体系以加工重稀土为主，北方工业体系以加工轻稀土为主。近年来随着国家意识到稀土作为战略资源的重要性，对稀土的开采与出口严加管制，国内供给总体收紧。自 2006 年以来我国开始实行稀土开采总量控制指标管理制度，旨在防治稀土资源的过度开采以及盲目竞争。此后，环保政策的出台也使得不少稀土矿山关停。稀土行业内部的整合使得稀土行业充斥众多杂乱小企业的局面得到了改善，基本形成了以大型稀土集团为主导的局面。2020 年我国稀土开采、冶炼与分离总量控制指标主要由六大集团完成。虽然 2020 年我国稀土矿开采总量控制指标为 14 万吨，较 2019 年增加了 0.8 万吨，但 2020 年国内产业发展对稀土的需求达到了 15.20 万吨，国内供给的稀土量仍不能满足市场需求。现阶段我国稀土冶炼分离技术的整体产能利用率并不高，约为 50%，反映了我国上游稀土矿供应受到了明显限制。我国是稀土出口大国，在国际市场上有着很重要的地位。由于大量稀土出口导致价格过低缺乏话语权，在 2009 年我国下调了稀土出口配额，我国稀土出口数量出现了大幅度的下跌，稀土价格上涨，但同时也引致一些国家的反对。2014 年我国取消了稀土出口配额，此后稀土出口数量上升，2018 年上涨到 5.30 万吨。同时，2014 年后我国稀土进口也逐年上升，2020 年我国稀土进口数量达到了 11.95 万吨。总体上，近几年我国稀土进出口呈现“进口激增，出口稳定”的格局。我国稀土主要进口来源国为缅甸、美国与马来西亚。近年来，对我国稀土的供给与需求影响显著的因素包括稀土“打黑”政策、稀土收储政策、稀土市场需求方向与国际因素等四个方面。

2. 我国锂和锆的需求持续增长，对外依存度高

我国的锂矿资源较为丰富，储量占全球储量的 25.7%，但我国锂矿资源

禀赋差，主要集中在青藏高原、云贵高原、甘孜州以及阿尔泰等地，资源的赋存环境较差、开采难度较大。

锂是新能源汽车和储能技术发展过程中不可缺少的资源，随着新一轮科技革命与产业变革的来临，高技术矿产成为各国利益争夺的焦点。锂资源上游供应链的安全问题对我国新兴技术产业的发展有着重要的作用。2008 年以来我国锂需求增加，产量快速攀升。我国锂产量除 2014—2016 年有所降低外，其余年份逐年增加，2020 年达到 1.33 万吨。我国锂的消费量近年来呈现稳定增长的态势，2020 年我国锂消费量达到 22.90 万吨，国内供需缺口很大，需要大量进口，从而导致我国锂矿资源的对外依存度高。我国进口碳酸锂与出口氢氧化锂数量较多。在 2018 年之前碳酸锂的进口数量要高于氢氧化锂的出口数量，在 2018 年之后氢氧化锂出口数量大幅度提升，并超过了碳酸锂的进口数量。2020 年我国进口碳酸锂达到 5.01 万吨，出口氢氧化锂达到 5.66 万吨。我国碳酸锂主要进口来源国为智利与阿根廷，我国氢氧化锂主要出口国为日本与韩国。

锆在原子能行业、航空航天行业等方面有着重要的作用，随着我国战略性新兴产业的飞速发展，锆对我国的国家安全以及新兴产业的发展有着重要意义。我国锆资源储量少，只占全球储量不足 1%，资源禀赋差、生产规模小、产量少。2008—2020 年，我国的锆产量除了在 2009 年减少到 13 万吨以外，基本呈现稳定发展的态势，年产量保持在 14 万吨。这主要是因为，一方面，近年来我国在锆矿的勘探方面没有实质性的进展，很多锆矿区的研究程度较低，潜在资源储量不够明确，限制了我国对锆矿的开发利用；另一方面，我国锆矿的开采多为小规模开采，开采的设备与技术都较为落后，产出的成本高、纯度低，许多低品位的锆砂矿被大量浪费。我国锆的消费量逐渐增多，目前锆的消费量已经占到全球锆消费量的一半以上。锆资源的供给和需求状况导致我国锆资源的对外依存度较高，锆矿砂及其精矿的进口在波动中增加，我国 2010 年的进口数量为 73.17 万吨，2020 年的进口数量为 108.45 万吨。未来我国仍将是世界锆需求与消费的重心。

（三）有色金属的供给与需求

1. 我国铝土矿的需求量巨大，国内供给率较低

我国铝土矿主要分布在广西、河南、贵州和山西，资源储量不丰富，总体品位较差，远不能满足日益增长的产业发展需求。尽管近些年铝土矿的探明储量在持续增加，但是铝土矿资源相对较少的基本格局无法得到根本扭转。我国已经连续多年是全球最大的原铝消费国，2020 年我国原铝消费量为 3780

万吨，占全球铝消费总量的一半以上。长期以来我国对原铝的消费需求主要集中在建筑、电力、包装、运输和消费品等领域。随着我国原铝消费的增长、氧化铝产能的持续释放和产量的快速增长，铝土矿的供应问题日益突出。尽管我国铝土矿产量丰富，但因消费量巨大，我国铝土矿自给率逐年降低、进口依存度逐年提升。2017—2020 年，我国铝土矿进口量连续四年保持 20%以上的增长。2020 年我国铝土矿产量达到 9270 万吨，是有史以来最高水平，但自给率仅为 34. 97%。我国的铝土矿以进口海外较高质量的三水铝土矿为主，占全球铝土矿进口量的 3/4。近几年，我国铝土矿进口来源国愈加多元化，如几内亚、澳大利亚与印度尼西亚等国。

2. 我国铜需求强劲，铜精矿等基本原料的供需矛盾持续加剧

我国铜矿资源的突出特点是中小型矿床多，大型、超大型矿床少，共（伴）生矿多、单一矿少。2006—2019 年我国铜矿查明资源储量已连续 13 年稳步增长，但储量较少。2010—2020 年我国铜矿产量整体呈现波动之势，2020 年我国铜矿产量为 172 万吨，占全球铜矿总产量的 8. 98%。我国铜矿产量从区域占比来看，生产地主要集中在华东地区，占比达 51. 84%。我国铜精矿产量自 2014 年起有下降趋势，于 2017 年下降至最低点，为 144. 93 万吨，随后几年产量逐步回升，到 2020 年已达 167. 32 万吨。自 2002 年以来我国一直是世界最大的铜消费国，2020 年我国的精炼铜消费量占全球精炼铜消费总量的 58. 5%，但我国是一个缺乏铜原料的国家，只有依靠大量进口才可以保障需求，对国际市场具有很大的依赖性。我国铜矿砂及其精矿的进口量从 2008 年的 518. 7 万吨增加到了 2020 年的 2178. 7 万吨。

3. 我国钨资源供给居世界首位，仅需要少量进口

钨是我国具有优势的资源，2010—2019 年我国钨查明资源储量逐年增加，集中分布在江西、湖南、河南三省，其查明资源储量合计约占全国总量的 87. 34%。世界钨精矿产量主要来自我国，自 2002 年起，我国对钨实行开采总量指标控制，每年限定产量，2019 年和 2020 年的指标均为 10. 5 万吨。近年来我国钨精矿年产量在 13 万~14 万吨。虽然国家政策强化调控，但是我国钨矿行业超采比较严重，多数年份钨精矿实际产量都超出开采配额的 50%以上。2020 年我国钨精矿产量在全球占比为 82. 14%，居世界第一位；居世界第二位的越南的钨精矿产量在全球占比仅为 5. 12%。我国也是世界上最主要的钨矿消费国。2014—2020 年我国钨精矿及矿砂进口量整体呈下降趋势，2020 年有所回升，进口量为 3172 吨，同比上升 11. 49%。相较于进口量，我国钨精矿及矿砂出口很少，2019 年出口量仅为 43 吨，2020 年没有钨矿砂及其精矿出口。

4. 我国铅和锌的供需比较平稳，都是净进口

我国铅矿产资源相对丰富，总体特点是贫矿多，富矿少；小矿多，大矿少；铅精矿产量居世界首位。我国也是世界上最大的精炼铅消费国，2020 年我国精炼铅消费量达到了 499.6 万吨，占世界消费总量的 43.3%。但由于冶炼产能发展过快，我国铅矿砂及其精矿的进出口贸易多年来呈净进口态势。2020 年我国铅矿砂及其精矿进口数量为 133.5 万吨，但出口数量仅为 0.003 万吨。我国主要的铅矿砂及其精矿进口地有俄罗斯、秘鲁、美国等。

我国的锌消费量从 1990 年至今稳步增长，从 2000 年开始一直为世界第一大消费国。2020 年我国精炼锌消费量为 6736.47 千吨，较 2019 年增长 1.49%，占全球精炼锌消费总量的 51.4%，已超过一半。我国是世界上最大的精炼锌生产国之一。随着国内锌需求的增长，锌冶炼原料供应紧缩。自 2003 年起，我国一直是锌矿砂及其精矿的净进口国。2020 年我国进口锌精矿 382.2 万吨，较 2019 年增长 20.3%，进口金额为 25.89 亿美元，进口依存度约为 47.65%。我国锌矿砂及其精矿进口主要来自澳大利亚和秘鲁。

（四）黑色金属的供给与需求

1. 我国铁矿石资源供需缺口大，对外依存度很高

我国铁矿石资源储量虽然丰富，但整体来看品位较低，可采储量较少；尽管我国铁矿石原矿产量很大，但现有产量和品质均不能满足国内钢铁生产企业的需求。2020 年我国铁矿石表观消费量全球排名第一，占全球铁矿石表观消费总量的 62.0%。我国铁矿石消费的强劲增长主要归因于经济的快速发展和国内用钢量的大幅增加。多年来我国对进口铁矿石的依赖程度很高，2020 年对铁矿石的进口依赖程度超过了 80%。我国铁矿石的进口来源广泛，涵盖了 30 多个国家，但集中度较高，从澳大利亚和巴西进口的铁矿石占据了主导地位，自 2014 年以来，我国从这两个国家进口的铁矿石量几乎占据了我国铁矿石进口总量的 80%，其中从澳大利亚进口的铁矿石量超过了 60%。从国际上看，全球铁矿垄断格局已经形成并不断加剧，我国铁矿石高度依赖进口，议价能力弱。

2. 我国锰、铬、钛矿资源对外依存度高，钒矿具有优势

我国的锰矿资源储量相对较少，可利用率较低，这也使得锰矿成为我国的短缺矿种之一。我国是全球最大的锰消费国之一，国内生产的锰难以满足我国的消费需求，从而导致供需缺口不断扩大。2012—2020 年我国港口锰矿石进口量总体上升，我国锰矿对外依存度高，按照金属量计算，对外依存度

已超过 60%。

我国铬矿资源匮乏，铬矿生产一直处于较低水平。我国铬矿石产量保持增长趋势，但仍然不能满足庞大的市场需求，2020 年我国铬矿石消费量达 1440 万吨，相较产量的缺口很大，故消费需求缺口主要由进口来弥补。进口铬矿成为满足冶炼需求的主要来源，每年铬矿进口量大，进口依赖度超过 90%。我国已成为全球最大的铬矿进口国。

我国钛资源禀赋不佳，钛矿品位低，多为共（伴）生矿。我国钛矿对外依存度高，处于高度依赖进口状态，加上选冶技术有限，高品质钛精矿也十分依赖进口。伴随着“大飞机计划”“空间站计划”“舰船建造计划”等的实施，航空航天工程、海洋工程增长，海洋油气开采、海水淡化崛起，高端钛材需求明显增长，对钛矿资源的需求也有所增长。

我国拥有丰富的钒矿资源，是全球重要的钒生产国，2009 年以来钒的年产量长期占据世界首位。同时我国也是世界上重要的钒铁出口国。

（五）贵金属的供给与需求

我国黄金勘探能力及开采冶炼技术不断提高，黄金资源量和产量不断增长，黄金产业得以迅猛发展。我国自 2007 年超过南非成为全球第一大黄金生产国以来，黄金产量一直位居全球第一。我国于 2013 年超过印度成为全球第一大黄金消费国，在全球黄金市场中占有非常重要的地位。从黄金的消费结构来看，主要分为金饰用金、工业用金和投资用金（含金币用金和金条用金）。我国每年从世界各地进口大量的黄金，没有黄金的出口配额。我国黄金产业集中度比较高，大企业逐步成为我国黄金产业发展的主要力量。我国四大黄金企业为紫金矿业、山东黄金、中金黄金和招金矿业。

我国银矿资源储量相对较低，自 2000 年白银市场开放以来，我国白银工业得到了突飞猛进的发展，查明资源量、产量和消费量都大幅提高。但是国内的生产量仍然难以满足需求，银矿砂和银精矿大量依赖进口来填补国内需求缺口。

二、我国的矿业投资

本书从采矿业固定资产投资状况、地质勘查投资状况、矿业对外直接投资状况、矿业投资效应等几个方面对我国的矿业投资进行了分析。

（一）采矿业固定资产投资状况

近年来我国采矿业固定资产投资整体保持“S”形增长趋势，2003—2013 年持续增长，2013 年达到峰值，此后逐年下降，2018 年起出现回升。从投资结构看，煤炭开采和选洗业、石油与天然气开采业固定资产投资在采矿业细分行业中高居前两位，非金属矿采选业、有色金属矿采选业、黑色金属矿采选业固定资产投资分别排在第三、四、五位。

受我国矿产资源分布情况的影响，我国矿业投资呈现区域分布不均衡的特征，2009—2020 年，采矿业固定资产投资额平均值前十位的省份分别是内蒙古、山西、陕西、新疆、河南、山东、湖南、四川、贵州、河北。

按建设性质划分的采矿业固定资产投资方式中，我国新建投资所占份额最多，改建和技术改造投资次之，扩建投资最少，均与全部投资变化趋势一致。2009—2017 年，新建投资在全部投资中占比呈增长趋势，扩建投资占比减少，改建和技术改造投资基本不变；2017 年以后，新建投资占比减少，扩建投资占比有所回升。

按隶属关系划分的采矿业固定资产投资方式中，地方财政投资与全部投资变化趋势一致，所占比重达到中央财政投资的两倍以上，是国内矿业投资的主力，约九成流向煤炭开采与洗选业、有色金属矿采选业及非金属矿采选业；中央财政投资约九成流向石油和天然气开采业。按控股情况划分的采矿业固定资产投资方式中，私人控股企业和国有控股企业始终是采矿业的投资主力，并且私有控股企业发挥着越来越重要的作用，集体控股企业投资所占比重较小；国有控股投资主要流向煤炭开采与洗选业及石油和天然气开采业，私人控股投资主要流向煤炭开采与洗选业及非金属矿选业。按登记注册类型划分的采矿业固定资产投资方式中，内资部分与全部投资变化趋势一致，所占比重达 98%以上；港澳台投资和外商投资量较小，对市场环境和供需因素变动更为敏感，一定程度上表现出随机的波动，主要流向石油与天然气开采业、煤炭开采与洗选业及有色金属采选业。由于采矿业处于工业链上游，决定着一个国家的工业原料和能源供给，与国民经济持续发展息息相关，因而矿业投资往往具有全局性和战略性，国家政策会相应地向内地投资者倾斜，同时控制港澳台投资和外商投资水平。

2009—2020 年我国私人控股投资在采矿业固定资产投资总额中的占比平均值为 47. 15%，国有控股投资占比平均值为 48. 90%，集体控股投资占比平均值为 3. 95%。私有控股采矿企业的固定资产投资在我国采矿业固定资产投资中发挥着越来越重要的作用，私人控股投资在 2009—2014 年实现了较大幅度的增长，同国有控股投资的差距越来越小，并在 2015 年首次超过了国有控股投资。2016 年、2018 年、2019 年、2020 年私人控股投资额都超过了国有控股的固定资产投资。

2012—2020 年，多数年份煤炭开采和洗选业企业、石油和天然气开采业企业的利润总额远高于其他行业；石油与天然气开采业投资利润率波动幅度非常大，最高达 67.6%，最低至-8.7%；有色金属矿采选业和非金属矿采选业投资利润率比较低，波动幅度比较小；煤炭开采和洗选业、黑色金属矿采选业投资利润率波动幅度居中。

（二）地质勘查投资状况

2007—2012 年，我国地质勘查投资总额逐年增长并达到顶峰的 1296.8 亿元，2013—2020 年勘查投资总额在较低数值上波动；从投资结构看，2007—2020 年，油气矿产勘查投资均远高于非油气矿产勘查投资，为我国地质勘查的主要投资方向；以 2011 年为转折点，油气矿产勘查投资在全部投资中占比呈先减后增趋势，非油气矿产勘查投资占比呈先增后减趋势；在非油气矿产勘查投资中，矿产勘查投入占据主导地位，水文地质、环境地质与灾害地质评价投资及地质科技与综合研究投资所占比重不断上升。

我国地质勘查投资主要由各级政府的财政投资和企事业单位的社会资金投资组成。长期以来，油气矿产勘查主要由中石油、中石化、中海油、延长石油等少数国有石油公司作为投资主体进行社会资金投资；在非油气矿产勘查投资中，2016 年来社会资金投资额及其在非油气矿产勘查投资中所占份额持续下降，财政资金投资在非油气矿产勘查投资中所占份额逐年上升，由 2016 年的 44.6%增加到 2020 年的 68.1%，在地质勘查投资中发挥着中坚作用。

在主要矿种勘查资金投入中，近年来煤炭和铁矿等大宗矿种矿产勘查投入在经历持续快速下滑后有所回升；贵金属勘查投入逐年下降，降幅有所缩小；有色金属矿产勘查投资呈现波动下降趋势；非金属勘查投资在经历持续下降后出现小幅回升。

2010 年以来，我国地质勘查投资成果显著，不断取得重大进展，我国的矿产资源供应能力明显增强。重要矿产新增查明资源储量波动较大，2020 年煤炭、铁矿、锰矿、铜矿、金矿、银矿勘探新增查明储量出现明显下降，钨矿、石油勘探新增查明储量有所上升。

（三）矿业对外直接投资状况

2004—2020 年我国采矿业对外直接投资流量存在较大波动。2004—2013 年波动增长，2013 年采矿业对外直接投资流量最高，为 248.1 亿美元。2014—2017 年持续下降，2018—2020 年有所回升。采矿业对外直接投资主要分布在石油与天然气开采、有色金属矿采选、黑色金属矿采选及煤炭开采与洗选业等领域。2006 年采矿业对外直接投资流量在全行业对外直接投资流量中的占比为 40.4%，达历史峰值。2014 年起采矿业对外直接投资存量在我国全行业对外直接投资存量中占比有所下降，2020 年降至 6.8%。2004—2020 年我国地质勘查业对外直接投资流量呈波动趋势，2016 年和 2017 年超过同年的采矿业对外直接投资流量。

截至 2020 年底，我国采矿业对各大洲直接投资存量由高到低分别为亚洲、拉丁美洲、欧洲、大洋洲、北美洲和非洲。近几年，我国采矿业在亚洲、欧洲、拉丁美洲、大洋洲的直接投资在全行业对外直接投资中的占比均出现下降，采矿业对非洲和北美洲的直接投资在全行业对外直接投资中的占比有所上升。

我国矿业企业对香港的直接投资以中转投资为主，其海外并购项目通常由香港地区再投资完成，香港地区凭借其政策和地理优势成为我国矿企走向世界的重要中转地。东盟与我国矿产资源互补性强，我国采矿业对东盟直接投资主要分布在新加坡、印度尼西亚、老挝、泰国、缅甸等国家。能源与矿产投资一直以来都是我国对非洲地区直接投资的重要领域。欧盟和俄罗斯是我国在欧洲进行采矿业直接投资合作最为主要的两大经济体，也是我国在欧洲地区最重要、最具影响力的贸易伙伴。近年来，我国采矿业对拉丁美洲直接投资存量持续下降。我国采矿业对北美洲的直接投资波动增长，主要分布在美国和加拿大。我国采矿业对大洋洲直接投资主要分布在澳大利亚、新西兰、萨摩亚等国家，投资区域较为集中。采矿业仍是我国对大洋洲直接投资的主业，投资存量占比在全部投资行业中始终稳居第一。澳大利亚是世界上重要的矿产资源国，我国已经成为澳大利亚采矿业最大的投资国。

2011—2016 年我国采矿业境内投资者数量波动上升，此后两年无明显变动，2019 年和 2020 年有所收缩；境外企业数量在 2011—2014 年持续增加，此后小幅波动，2019 年和 2020 年下降。2011—2020 年，采矿业的境内投资者数量在全行业境内投资者中所占比例逐年下降。跨国并购已成为我国企业对外直接投资的重要方式，对提升我国企业在全球价值链中的地位、服务国内经济转型升级发挥着重要作用，尤其对于矿业企业而言，跨国并购无疑是实现弯道超车、跨越式发展的最佳途径。2013 年我国采矿业跨国并购项目达 43 起，并购金额达 342.3 亿美元，占全行业并购金额总量的 64.7%。2013 年以后我国采矿业跨国并购金额及其在全行业跨国并购金额中的比重波动下滑。

（四）矿业投资效应

我国采矿业投资对其他产业发展具有带动效应。采矿业作为基础性产业，与各个产业的发展密切相关，对其他产业的带动作用可以通过在产业链上的前向关联和后向关联来反映。一方面，采矿业作为供给方推动相关产业发展，另一方面，采矿业作为需求方拉动相关产业发展。

采矿业作为供给方推动相关产业发展。煤炭开采和洗选产品作为其他产业生产的供给方，影响最大的前5个产业分别是电力、热力生产和供应，房屋建筑，钢压延产品，煤炭开采和洗选产品，基础化学原料。石油和天然气开采业作为供给方影响相关产业的发展，影响最大的前5个产业分别是精炼石油和核燃料加工品、房屋建筑、基础化学原料、道路货物运输和运输辅助活动、土木工程建筑。我国黑色金属采选业作为供给方影响最大的前5个产业分别是钢压延产品、房屋建筑、金属制品、土木工程建筑、铁及铁合金产品。我国有色金属采选业作为供给方影响最大的前5个产业分别是有色金属及其合金，有色金属压延加工品，房屋建筑，金属制品，电线、电缆、光缆及电工器材。

采矿业作为需求方拉动相关产业发展。煤炭开采和洗选业作为需求方，拉动作用最大的前5个产业依次是煤炭开采和洗选产品，电力、热力的生产和供应，货币金融和其他金融服务，商务服务，钢压延产品。石油和天然气开采业作为需求方拉动的前5个行业依次是开采辅助活动和其他采矿产品，电力、热力的生产和供应，货币金融和其他金融服务，采矿、冶金、建筑专用设备，商务服务。黑色金属矿采选业后向关联效应最大的前5个行业依次是黑色金属矿采选产品，电力、热力生产和供应，精炼石油和核燃料加工品，货币金融和其他金融服务，商务服务。有色金属矿采选业具有后向关联效应排名前5的行业分别是电力、热力生产和供应业，精炼石油和核燃料加工品业，货币金融和其他金融服务业，专用化学产品和炸药，火工、焰火产品业和商务服务业。

矿业投资能够满足对矿产资源的消费需求。各个行业的发展和人民的生活需要持续不断地矿产资源供给，并且需求的矿产资源众多，矿业投资具有满足其他行业生产消费需求和人民生活消费需求的效应。

矿业投资具有增加就业和增加收入的效应。矿业作为与国计民生息息相关的基础工业，在带动就业和增加国民收入方面发挥着关键性的作用，矿业的发展不仅提供了大量的就业机会，也提高了人民收入水平和消费水平，为促进国民经济持续稳定发展作出了重大贡献。

矿业对外投资具有诸多效应。例如在我国各种矿产资源有限的情况下带来的矿产资源消耗替代效应、生产贸易转移效应、缩小国内矿产资源供需缺口效应、资本积累效应以及技术进步效应。

三、我国矿业投资环境评估基础

我国矿业投资环境评估包括很丰富的内容，本书只探讨了我国矿业投资环境评估的理论和方法，简要介绍了矿业投资软环境中的我国矿产资源与开发投资管理，梳理了27个省（自治区、直辖市）矿业投资环境中的一部分基础条件。

（一）矿业投资环境评估理论和方法

1. 构建了矿业投资的一般性理论模型

矿业投资主体无论是政府还是企业（央企、地方国企、私企或其他形式企业），投资的目的都应该是在既有条件下的综合收益最大化，只不过收益的内涵和外延稍有不同。政府和矿业企业都追求综合收益最大化。矿业企业考虑的综合收益只是企业自身的综合收益，政府所关注的综合收益是地区的或者是国家的整体综合收益。矿业投资所关注的综合收益是投资经营时期内各年的收益，是一个长期的收益过程。矿产品价格、矿产品产量（或销量）、投资经营的总成本、矿产资源消耗、生态环境影响、政府相关政策措施以及其他不确定性因素等共同决定了矿业投资的综合收益。

2. 分析了矿业投资环境包含的影响因素

矿业投资的影响因素分为两大类，一类是矿业企业自身的内部因素，这些因素构成了矿业企业的投资能力或者竞争力；一类是矿业企业之外的因素，这些因素构成了矿业企业的投资环境。所有不是出于矿业企业自身情况的、影响矿业投资综合收益实现过程的因素都是属于矿业投资环境的因素。项目组根据矿业投资一般性理论模型分析筛选出矿业投资环境包含的影响因素，通过去矿业企业、相关管理部门等进行实地调研进一步分析筛选影响因素，向熟悉矿业领域业务、了解行业现实情况的调查对象发放问卷，以获取符合实际的信息支持，最后再经过专家咨询研讨，初步确定了矿业投资环境包含的影响因素，并相应确定了矿业投资环境的评价指标体系，最终确定对于我国矿业投资环境的评估，分为矿业投资硬环境评估、矿业投资软环境评估和矿业投资环境综合评估。硬环境包括地质资料、基础设施、各类保护区域情况和自然地理条件4个一级指标以及相对应的11个二级指标；软环境包括相关税费、政府管理效率、法律法规执行情况等13个一级指标以及相对应的45个二级指标。

3. 探讨了矿业投资环境的评估方法

借助调查问卷和专家咨询等初步确定了矿业投资环境评价指标体系各指标的权重；探讨了各影响因素所对应指标及指标值的计算方法；初步确定了矿业投资环境评估结果的分级方式。

（二）我国矿产资源与开发投资管理

矿业投资软环境包括很多方面，矿产资源与开发投资管理无疑是其中非常重要的方面。本书梳理了我国矿产资源与开发投资管理的一部分重要内容。

1. *矿产资源法律体系*

我国现行的矿产资源法律体系是以《宪法》为统领，以《中华人民共和国矿产资源法》等专业法为主干，辅之以矿产资源管理法规和矿产资源管理规章的法律体系，执行过程中还涉及具有法律效力的其他规范性文件。《宪法》对我国矿产资源的产权关系和利用做出了明确规定。矿产资源立法要受《宪法》的指导。《宪法》确立了矿产资源的所有权归国家。国家对其领土范围和管辖海域范围内的矿产资源享有主权，国务院代表国家行使对矿产资源的所有权。矿产资源所有权是指作为所有者的国家依法对矿产资源享有的占有、使用、收益和处分的权利。

矿产资源相关法律是关于矿产资源勘查、开发利用和保护的立法，由全国人民代表大会及其常务委员会制定，其效力仅次于《宪法》和基本法。与矿产资源相关的专门法包括《中华人民共和国矿产资源法》《中华人民共和国资源税法》《中华人民共和国矿山安全法》《中华人民共和国土地管理法》。

矿产资源管理法规包括行政法规和地方法规两个部分。矿产资源管理规章主要包括部门规章和地方政府规章。除此之外，完善的矿产资源管理法律体系还包括具有法律效力的其他规范性文件。这些不同层次的矿产资源管理法律法规构成了我国矿产资源的法律体系，为我国矿产资源的法制管理奠定了基础。

2. *矿产资源使用权管理*

我国矿产资源管理实行矿产资源所有权与使用权两权分离的制度。矿产资源使用权，又称矿业权、矿权，包括探矿权和采矿权。

《矿产资源法》颁布以来，我国的矿业权制度经历了起步阶段、有偿出让实践阶段、协议出让严控阶段，2017 年至今是矿业权出让全面市场化阶段。在起步时期，探矿权、采矿权是无偿取得的；有偿出让实践阶段从法律层面确定了我国矿业权出让制度正式从无偿出让到有偿出让；协议出让严控阶段对允许协议出让的情形做了具体的列举；矿业权出让全面市场化阶段从全面推进矿业权竞争性出让和严格限制矿业权协议出让两个方面改革矿业权出让方式，明确了矿业权协议方式出让的范围和条件，矿业权竞争性出让全面落地。

国家通过矿业权管理的一系列制度改革，逐步形成了矿业权审批登记的

“三分一统一区划”管理制度，即分类别出让、分级审批、分方式出让、统一配号、矿业权设置区划。

探矿权管理主要依据《矿产资源勘查区块登记管理办法》（国务院第240号令），采矿权管理主要依据《矿产资源开采登记管理办法》（国务院令第241号），探矿权和采矿权的转让管理主要依据《探矿权采矿权转让管理办法》（国务院令第242号），2014年7月29日《国务院关于修改部分行政法规的决定》对以上管理办法进行了修订，其中对探矿权申请审批、延续、有偿取得、保留等进行了明确的规定，对采矿权申请审批、延续、有偿取得、变更等进行了明确的规定，对探矿权和采矿权的转让进行了明确规定。

3. *矿产资源储量管理*

矿产资源储量管理，贯穿矿产资源调查、规划、管理、保护和合理利用的全过程，主要包括矿产储量评审备案管理、矿产资源储量统计管理、矿山储量动态监管、矿产资源储量信息发布、矿山闭坑阶段资源储量结算管理、压覆矿产资源审批管理等方面。2019年12月31日，自然资源部发布《自然资源部关于推进矿产资源管理改革若干事项的意见（试行）》（自然资规〔2019〕7号），明确了储量管理改革内容和方向，主要变化包括固体矿产勘查由4个阶段调整为3个阶段，改革矿产资源储量分类，取消矿产资源储量登记事项，明确评审备案范围和权限。2020年5月19日，自然资源部办公厅发布《关于矿产资源储量评审备案管理若干事项的通知》（自然资办发〔2020〕26号），对矿产资源储量评审备案管理有关事项进行了规定。2020年4月29日自然资源部第3次部务会议对《自然资源部关于第三批废止和修改的部门规章的决定》（自然资源部令第7号）进行了修正，是矿产资源储量统计管理的依据。矿山储量动态监管相关的规范性文件包括《关于全面开展矿山储量动态监督管理的通知》《自然资源部办公厅关于规范矿山储量年度报告管理的通知》《自然资源部办公厅关于完善矿产资源储量动态更新机制做好矿产资源国情调查工作的通知》等。《自然资源部关于做好矿产资源储量统计工作的通知》（自然资发〔2020〕158号）对于矿产资源储量信息发布做出了明确的规定。关闭矿山残留矿产资源储量的统计管理及数据填报工作，由矿产资源所在地县级或市级自然资源主管部门负责，但涉及石油、天然气、页岩气、天然气水合物、放射性矿产的，由自然资源部负责。《自然资源部关于推进矿产资源管理改革若干事项的意见（试行）》（自然资规〔2019〕7号）、《国土资源部关于进一步做好建设项目压覆重要矿产资源审批管理工作的通知》（国土资发〔2010〕137号）做出压覆重要矿产资源审批管理的相关规定。随着自然资源管理体制的不断改革，矿产资源储量技术标准也在不断完善，形成了较多的与矿产资源储量有关的技术标准。

4. *矿产资源环保制度*

矿业开发与生态环境保护是对立统一的关系，环保政策对矿业投资影响很大。《矿产资源法》第 32 条规定开采矿产资源，必须遵守有关环境保护的法律规定，防止污染环境。《矿山地质环境保护规定》于 2009 年 2 月 2 日国土资源部第 4 次部务会议审议通过，2019 年 7 月 16 日自然资源部第 2 次部务会议修改。《矿山地质环境保护规定》是其他与矿产资源环保相关制度的基础。《矿山地质环境保护规定》明确提出 26 字的矿山地质环境保护原则：预防为主、防治结合，谁开发谁保护、谁破坏谁治理、谁投资谁受益。

《矿山地质环境保护规定》第 2 条中提到开采矿产资源涉及土地复垦的，依照国家有关土地复垦的法律法规执行。与土地复垦相关的法律法规主要是《土地复垦条例》和《土地复垦条例实施办法》。2016 年 7 月 1 日，国土资源部发布《关于加强矿山地质环境恢复和综合治理的指导意见》（国土资发〔2016〕63 号），以“创新、协调、绿色、开放、共享”的新发展理念统领矿山地质环境恢复和综合治理工作。2017 年 11 月，财政部、自然资源部、环境保护部联合发布《关于取消矿山地质环境治理恢复保证金建立矿山地质环境治理恢复基金的指导意见》（财建（2017）638 号），明确取消保证金制度，落实企业的矿山地质环境治理恢复责任，以建立基金的方式筹集矿山环境治理恢复资金。

2010 年 8 月 13 日，国土资源部发布《关于贯彻落实全国矿产资源规划发展绿色矿业建设绿色矿山工作的指导意见》（国土资发〔2010〕119 号），2017 年 3 月 22 日，国土资源部、财政部、环境保护部、国家质检总局、银监会、证监会联合印发《关于加快建设绿色矿山的实施意见》（国土资规〔2017〕4 号），明确了全面开展绿色矿山建设的要求。2019 年 10 月，中共中央办公厅、国务院办公厅印发了《关于在国土空间规划中统筹划定落实三条控制线的指导意见》，三条控制线为生态保护红线、永久基本农田、城镇开发边界。矿产资源的开发受到生态保护红线的限制。

5. *矿产资源税费制度*

我国矿产资源税费制度是一套由矿产资源法、税法及其附属法规、国家资源政策等组成的，调整矿产资源勘查、开发过程中诸多经济关系的管理制度的总和。

我国矿产资源税费制度经历了资源税费并存格局形成、资源税费制度框架形成、矿产资源税费制度日益完善几个阶段，2019 年，全国人民代表大会常务委员会通过《中华人民共和国资源税法》，资源税“由规升法”，使税目、税率、减免税政策等有了更为严格的规范。2020 年 6 月 28 日，财政部、税务总局发布《关于资源税有关问题执行口径的公告》（财政部税务总局公告 2020 年第 34 号），以贯彻落实《中华人民共和国资源税法》。

矿业企业涉及的税费主要包括三类：第一类是针对所有企业普遍征收的税费，第二类是针对矿业企业征收的税费，第三类是各地根据本地实际情况制定的资源性收费、基金。

资源税是以各种应税自然资源为课税对象、为了调节资源级差收入并体现国有资源有偿使用而征收的一种税，是对自然资源征税的税种总称。资源税从性质上划分，可分为一般资源税和级差资源税。根据《矿产资源法》的有关规定，国务院于 1994 年 2 月 27 日（国务院令第 150 号）发布《矿产资源补偿费征收管理规定》（1997 年 7 月 3 日国务院令第 222 号修改），明确在中华人民共和国领域和其他管辖海域开采矿产资源，应当依照规定缴纳矿产资源补偿费。矿产资源补偿费是矿产资源国家所有权在经济上的实现形式，由中央和地方共享，地矿主管部门会同同级财政部门负责征收。探矿权使用费是国家将探矿权出让给探矿权人，按规定向探矿权人收取的费用。采矿权使用费是国家将矿产资源开采权出让给采矿权人，按规定向采矿权人收取的准予使用权利的费用。根据《矿产资源勘查区块登记管理办法》有关规定：“申请国家出资勘查并已经探明矿产地的区块的探矿权，探矿权申请人除依照本办法的规定缴纳探矿权使用费外，还应当缴纳经评估确认的国家出资勘查形成的探矿权价款。”采矿权价款是指国家将其出资勘查形成的采矿权出让给采矿权人，按规定向采矿权人收取的价款。2017 年 4 月，国务院印发《矿产资源权益金制度改革方案》，涉及四项主要措施和三项配套政策。四项主要措施包括整合税费制度、改革征收方式、调整收益分配比例和收入纳入一般公共预算。其中，收益分配比例调整为：资源税收入仍主要归地方财政所有（海洋石油除外）；探矿权采矿权价款调整为矿业权出让收益后，中央财政与地方财政分享比例为 4∶6，去除五五分成模式；探矿权采矿权使用费调整为矿业权占用费后，中央财政与地方财政分享比例为 2∶8。

6. 矿产资源勘查开采监督与地质资料管理

矿产资源勘查开采监督管理是自然资源主管部门履行矿产资源勘查开发行政管理职责，通过矿业年检、矿产督察、矿业权核查等方式对矿产资源勘查、开发活动进行监管。矿产资源地质资料管理关系着矿产资源开采的质量、效率及工程的安全可靠性。我国矿产资源地质资料管理实行国家、省（自治区、直辖市）两级管理体制，即国务院地质矿产主管部门负责全国地质资料汇交、保管、利用的监督管理；省（自治区、直辖市）人民政府负责本行政区内地质资料的汇交、保管、利用与监督管理。

（三）各省（自治区、直辖市）矿业投资基础条件

进行矿业投资环境的评估之前，有必要对各省（自治区、直辖市）矿业投资环境中的一些客观情况进行梳理，包括矿产资源情况、基础设施、各类保护区域情况、自然及地理条件、地区经济发展水平、个别的政策措施等，这些情况是当地影响矿业投资的基础条件。

整体来看，我国各省（自治区、直辖市）在矿产资源禀赋和经济发展水平方面的差异比较大；自然与地理条件、矿区涉及生态保护红线、涉及农用地和水源地方面有一定的差异，尤其是不同省（自治区、直辖市）矿区涉及生态保护红线的情况表现出一定的差异性；水利、电力供应、交通运输以及通信等基础设施条件有所区别，但大多数省（自治区、直辖市）之间的差距不大。各省（自治区、直辖市）矿产资源与开发投资管理情况本书略有提及，不进行更多介绍和分析。

东北地区。辽宁省和黑龙江省矿产资源丰富并且种类齐全，是我国开发利用矿产资源程度较高的矿业大省，吉林省是一个矿产资源小省。辽宁省和吉林省的自然条件较好，水利、电力供应、交通运输以及通信等基础设施都很完善，比较而言，黑龙江省自然及地理条件一般，水利供应、电力供应、通信设施和交通运输都较为发达；辽宁省和吉林省在矿业开发过程中涉及的农用地、水源地比较多；黑龙江省各类保护区比较多，但矿区涉及农用地、水源地的情况不是很多。东北三省的经济发展水平都有待提高。

东部地区。各省的自然及地理条件具有优势，交通运输、水利供应、电力供应、通信设施等基础设施都很完善。河北省和山东省都是矿产资源大省，矿产资源种类齐全，矿产资源丰富，矿业是省域经济的基础性产业；矿区涉及生态环境保护红线以及农用地、水源地的情况都比较少。广东省成矿地质条件优越，矿产资源种类齐全，福建省矿产资源种类相对齐全，广东和福建矿区涉及生态红线的情况都比较多。江苏省矿产资源种类相对比较多，资源量尚可，但人均占有少，非金属矿多、金属矿少；矿区涉及生态保护红线区、农用地和水源地情况比较多。浙江省矿产资源的特征总体表现为非金属矿产丰富、金属矿产不足、能源矿产匮乏，矿区涉及生态红线保护区、农用地、水源地的情况正逐年减少。广东省、山东省、江苏省、浙江省的经济发展水

平很高，福建省和河北省的经济发展水平较高。

中部地区。山西省、江西省和安徽省是矿产资源开发利用大省，有丰富的矿产资源，在全国矿业经济中占有重要的地位。山西省是我国重要的煤炭基地之一，江西省是我国主要的有色、稀有、稀土矿产基地之一，江西省矿产资源勘查开发情况在全国具有代表性和典型性。山西省、江西省和安徽省自然及地理条件都比较好，矿区涉及生态红线、农用地、水源地的情况都比较多。安徽省经济发展水平较好，江西省和山西省的经济发展水平有待提高。河南省是我国地质条件比较优越的省份之一，矿产资源丰富；湖北省矿产资源丰富，能源及部分金属矿产资源短缺；湖南省矿产资源禀赋好，资源潜力大。河南省和湖北省矿区涉及生态保护红线区比较多，涉及农用地和水源地情况比较少。湖南省矿区涉及生态保护红线区、农用地、水源地的情况都比较多。河南省、湖北省和湖南省的自然及地理条件都比较好，经济发展水平都比较高。中部地区 6 个省的水利供应、电力供应、通信设施和交通运输都比较发达。

西部地区。12 个省（自治区、直辖市）地域辽阔，各方面的差异相对来说比较大。陕西省和内蒙古自治区地质成矿条件优越，能源资源丰富，是我国重要的能源基地；内蒙古自治区的矿产资源在品种、数量、储量、规模等方面均具有很大的优势。内蒙古自治区稀土资源得天独厚，稀土资源量占全国总量的 83.7%。陕西省和内蒙古自治区的自然及地理条件比较好，电力供应、通信设施和交通运输等基础设施都较为发达，水利供应有待改善，生态脆弱区水资源短缺已成为煤炭规模开发的瓶颈。陕西省矿区涉及大面积的生态保护红线，涉及农用地、水源地的情况一般。内蒙古自治区矿区涉及生态保护红线区比较多，涉及农用地、水源地情况比较少。

云南省成矿条件优越，矿产资源极为丰富，尤以有色金属及磷矿著称；贵州省矿产资源种类丰富；四川省矿产资源种类丰富，但多数矿种储量小。云南省、贵州省和四川省自然与地理条件一般，四川省的交通运输、水利供应、电力供应、通信设施等基础设施较为完善，云南省和贵州省在水利供应、电力供应、通信设施等基础设施方面高速发展，逐步完善；云南省和贵州省矿区涉及农用地、水源地和生态保护红线的情况都比较多，四川省矿区涉及生态红线保护区的情况较多，涉及农用地、水源地的情况较少。四川省经济发展水平比较高，云南省和贵州省经济发展水平有待提高。

重庆市页岩气、天然气、锰、铝土矿、锶、毒重石等矿产资源丰富，在全国具有一定的特色和优势；广西壮族自治区有色金属矿产优势突出，俗称“有色金属之乡”，是我国 10 个重点有色金属产区之一。两地自然及地理条件较好，交通运输、水利供应、电力供应以及通信设施等基础设施完善，广西壮族自治区交通运输、水利供应、电力供应以及通信等基础设施比较好。重庆市各类保护区较多，但矿区涉及生态红线保护区和农用地、水源地的情况较少；广西壮族自治区的矿区涉及生态保护红线区、农用地和水源地的情况比较多。

甘肃省矿产资源比较丰富，矿产种类比较齐全，有色和贵金属资源优势明显；青海省矿产种类多，共生伴生矿产多，小矿多，矿产地分散，矿产资源储量相对集中；宁夏回族自治区矿产资源种类不多，以煤炭为主，其次为建材非金属矿产，油气和金属矿产较少。甘肃省的自然与地理条件较好，交通运输、水利供应、电力供应以及通信设施完善，矿区涉及生态保护红线区的情况很多，涉及农用地、水源地的情况比较多。青海省和宁夏回族自治区自然及地理条件一般，交通运输、水利供应、电力供应以及通信设施都较为完善，矿区涉及生态保护红线区和农用地、水源地的情况不是很多。

西藏自治区有 49 种查明矿产资源储量的矿种，但自然及地理条件居于比较劣势，交通运输、水利供应、通信设施等都在逐步改善，比较而言电力供应设施稍显薄弱。西藏自治区矿区涉及生态保护红线区和农用地、水源地的情况比较少，经济发展水平与东中部地区的差距比较大。

新疆维吾尔族自治区矿产资源丰富，种类全、储量大、开发前景广阔，是我国战略资源的重要基地。新疆的自然及地理条件一般，交通运输、水利供应、通信设施、电力供应等基础设施正在加快建设、逐步完善。矿区涉及生态保护红线区的情况比较多，涉及农用地、水源地的情况比较少。经济发展水平有待提高。

四、建议

我国是矿产资源生产大国和消费大国，多种重要的矿产资源供不应求，高度依赖进口，随着国民经济水平不断提高，我国重要矿产资源供不应求的形势还将继续甚至会加剧；虽然我国矿业投资在持续增长，然而依然难以满足我国经济发展的需要；我国的矿业投资环境是否有利于矿业投资的发展，需要进行客观的评估和分析。应对这些现实问题无疑需要政府相应的政策和管理，本书提出如下建议。

（一）加强部门联动合力支持矿业健康发展

矿业的管理和发展涉及自然资源、生态保护、财政税收、安全生产、农业、林业等相关部门，各部门行使不同的职能，制定相应的管理政策。地方政府贯彻落实政策，企业和个人则是各种政策实施和管理的对象。因此，制定涉及矿业发展的政策措施应当科学决策、慎重出台，在制定前应当充分征求各方意见，认真进行影响预评估，预判政策实施可能出现的问题，以及是否会与初心使命相悖，避免自然资源管理部门一家支持、其他部门不能形成合力的情况发生。

（二）高度重视战略性矿产资源的勘查开发和资源储备

战略性矿产资源是矿业产业链中的关键资源，无论是在保障国家经济安全、国防安全以及战略新兴产业的发展，还是在国家之间的博弈中都具有重要的作用，需要高度重视，科学审慎地管理。为提高我国战略性矿产资源保障能力，应建立战略性矿产资源潜力及竞争力动态评价机制，加强资源调查评价，适当提高资源勘查程度，科学合理地规划资源的开发利用，及时建立以战略性新兴产业矿产、优势矿种为主，以产品、产能和产地相结合，与我国资源安全形势相适应的矿产资源储备体系。

（三）以优化矿业营商环境为目标调整和完善相关政策

矿业是我国国民经济的重要基础产业，是国家战略安全的重要保障，具有投资大、周期长、风险高的特点。当前，国内矿业发展正处于国外环境复杂多变、国内产业转型升级深度调整的关键时期，国家应加强对矿业产业健康发展的引导，加快推进矿业领域“放管服”改革，不断优化矿业营商环境。以推进《矿产资源法》修订为契机，进一步加大矿业权人合法权益的保护力度，同时尽快改革和完善现有权益金制度，充分调动企业投资矿产勘查开发的积极性，保护投资人收益，切实减轻企业负担。

（四）加强统筹规划的同时鼓励地方制定差别化政策

我国幅员辽阔，各地的生态条件和资源禀赋差异较大，因此在制定政策时，应当充分考虑各地区的客观差异，在加强国家层面统筹规划的同时，注重发挥地方政府的主观能动性，防止政策制定“一刀切”。在协调生态环境保护与矿业发展方面，应根据生态环境修复的难易程度，在全面推广绿色勘查和绿色矿山政策基础上，根据生态自我修复功能强弱，在矿产勘查开发准入等方面采用差别化的管理制度。

（五）不断提高技术创新能力

建立健全矿业领域的技术创新组织系统、技术创新内部机制以及鼓励技术创新的制度体系；积极创建和完善有利于技术创新的人事、工资等激励机制，培养、吸引及留住技术创新型人才；加大矿产资源勘查开发的科研经费投入；建立技术创新风险基金及政府与地质勘查单位或矿业企业相结合担当风险的投资机制；加强产学研合作；积极推动国际合作，鼓励国外矿业公司与我国矿业企业、科研单位或高校进行科研合作和交流。通过多方面的努力提高我国矿业领域形成自己的核心技术能力，提高竞争优势。通过各种政策和管理措施积极推进矿业的技术进步、推动改革创新，发展与生态环境和谐的绿色矿业。

（六）加强对矿业境外投资的支持和管理

建立一套适应市场运作机制的管理体系以简化境外投资的审批手续，赋予矿业企业更多的投资决策权，放宽外汇管制，增强政府部门的服务意识，加强部门之间的相互协调，增强境外投资的战略规划，提高全球资源获得能力；在进一步加大政策性金融支持的同时，构建多层次境外投资保险制度，积极提供政府的配套服务，降低企业境外投资的成本及风险；加强对境外矿业投资企业的监督管理，强化行业自律和协调功能，在促进企业进行境外矿业投资的同时，防止企业境外投资活动的恶性竞争，遏制国有资产和外汇流失。建立境外风险评估监测体系，积极同资源国进行政治外交，建立良好的关系，为我国矿业企业对外直接投资创造优良的环境。

（七）保障矿产资源进口贸易利益

加快全球矿产资源战略性布局，开展多元化贸易合作，拓展境外矿产资源的供给渠道，形成稳定的进口来源，以应对可能的价格波动，甚至是贸易封锁所造成的不利影响。在矿产资源的进出口贸易中买卖双方的利益博弈无处不在，我国应提高博弈技巧和谈判艺术，研究针对性的反制措施；对于我国高度依赖进口的多种矿产资源，尤其是我国作为世界最大的或者是比较大的进口方的矿产资源，要了解出口方并不愿轻易失去我国这个大市场，从而在谈判中对出口方施加影响，在进出口双方的利益博弈中争取较大的话语权。

（八）构建我国矿业投资环境的常态化评估体系

确定科学合理的矿业投资环境评估理论与方法；建立全面且畅通的矿产资源及矿业投资的信息统计系统；积极推动矿业领域信息化、智能化建设，运用现代的网络电子化技术，统计并发布有关地质资料查询、矿产品贸易及矿业投资有关信息、各省（自治区、直辖市）矿业投资环境涉及的各方面信息；对我国矿业投资环境进行常态化年度评估，以利于矿业企业获取有效信息，进行相应的投资决策和经营管理；以利于政府相关部门对有关问题的及时了解，发现存在问题的领域或区域，针对性地进行调控和管理，并制定相应的政策措施；以利于我国矿产资源供需形势的稳定以及矿业投资的健康发展。

参考文献

[1]蔡鹏．中国进口煤炭运输船队发展规划研究[D]．大连：大连海事大学，2014.

[2]陈健．矿业勘查融资渠道的发展建议[J]．世界有色金属，2017(15)：179-180.

[3]陈瑞强，胡德勇．我国稀土产业发展面临的问题与建议[J]．中国有色金属，2019(2)：40-41.

[4]陈祖海，丁莹．资源税费制度演进及绿色转型政策选择[J]．中南民族大学学报(人文社会科学版)，2018，38(6)：134-138.

[5]代涛，高天明，文博杰．元素视角下的中国稀土供需格局及平衡利用策略[J]．中国科学院院刊，2022，37 (11)：1586-1594.

[6]董康银，孙仁金，李慧．中国天然气消费结构转变及对策[J]．科技管理研究，2016，36(9)：235-241.

[7]范晓唯．我国矿产资源权益金改革下的税费法律制度研究[D]．中国矿业大学，2018.

[8]范振林．矿产资源有偿使用及税费结构研究[J]．经济师，2015(6)：8-9.

[9]冯聪，薛亚洲．我国矿产资源节约与综合利用管理体制现状分析及建议[J]．中国矿业，2013，22(12)：21-25+42.

[10]冯丹丹，苏轶娜，胡德文，等．2018年度矿产资源经济形势分析及展望[J]．中国国土资源经济，2019，32(1)：30-35.

[11]冯立群．中国煤炭进口来源分析[D]．呼和浩特：内蒙古大学，2012.

[12]高振宇，高鹏，周颖．新形势下中国天然气供需重心变化情况分析[J]．中外能源，2019，24(6)：1-7.

[13]耿燕飞．煤炭行业区域管理体制创新研究[J]．现代国企研究，2015(12)：30.

[14]郭启光．中国煤矿安全规制俘获研究：形成机理、双重影响与治理效果[D]．大连：东北财经大学，2016.

[15]国家统计局编．中国统计年鉴：2020[M]．北京：中国统计出版社，2020.

[16]何金祥．一种新的矿业投资环境评估方法：主因素+核心要素法：以秘鲁为例[J]．国土资源情报，2019(3)：31-38.

[17]胡魁．对构建新时代矿产储量信息披露规则的若干建议[J]．中国国土资源经济，2018.

[18]黄冬梅．矿业企业视角下的我国矿业权管理制度改革建议[J]．国土资源情报，2017(3)：46-51.

[19]蒋承菘．再论地质矿产资源行政管理——纪念《矿产资源法》公布实施20周年[J]．国土资源通讯，2006(6)：37-41.

[20]靳松，彭晖，张福良，等．国内外保护地内矿业政策差异及影响分析[J]．中国矿业，2019，28(S2)：11-15.

[21]景韬，王娟．完善矿产资源税费体系的思考[J]．税务研究，2018(3)：99-104.

[22]雷晓力，胡永达，杜轶伦．我国锂供需形势分析及对策建议[J]．中国矿业，2016，25(S1)：25-26+51.

[23]李刚．关于完善矿产资源权益金制度的政策建议[J]．中国矿业，2018，27(1)：46-49.

[24]李刚．基于产权视角的国外矿产资源税费制度及启示[J]．中国国土资源经济，2017，30(3)：26-30.

[25]李海婷．我国矿业产业结构优化研究[J]．中国矿业，2020，29(S1)：1-4+11.

[26]李琪．"一带一路"沿线国家与中国矿业产能合作竞争力评价研究[D]．北京：中国地质大学(北京)，2020.

[27]李宪海．基于政策网络理论的我国煤炭地区绿色发展政策研究[D]．北京：中国地质大学(北京)，2014.

[28]李新剑．中国企业海外并购合法性问题的历史演变：身份落差与群体认知的共演[J]．商业研究，2019(3)：133-138.

[29]梁飞，赵汀，王登红，等．中国铍资源供需预测与发展战略[J]．中国矿业，2018，27(11)：6-10+17.

[30]刘伯恩．组织合法性视角下矿业企业社会责任驱动机理研究[D]．北京：中国地质大学(北京)，2014.

[31]刘慧芳．企业对外直接投资的三层次综合分析模型[J]．财贸经济，2006(12)：83-87.

[32]刘慧芳．我国稀土出口贸易中利益相关方博弈分析[J]．财贸经济，2011(9)：85-91+136.

[33]刘先彬．中国煤炭产能过剩成因机理和对策分析[D]．郑州：河南大学，2016.

[34]刘阳．我国煤炭价格形成机制及煤炭价格影响因素研究[D]．广州：广东外语外贸大学，2014.

[35]刘莹．存货会计中税金的会计核算方法改革研究[J]．中国新技术新产品，2011，206(16)：206.

[36]刘颖．石油定价机制存在的问题及其应对策略[J]．价格月刊，2013(4)：23-25.

[37]刘芸．我国矿产资源税费制度探析[J]．法制与社会，2015(35)：30-31+35.

[38]刘泽群．基于资本市场的视角剖析矿产资源储量信息披露的重要性及其特点[J]．中国矿业，2018.

[39]陆诗超．西部非洲矿业投资前景研究[D]．北京：中国地质大学(北京)，2020.

[40]陆颖，史继强，刘宇，等．我国稀土材料领域研发态势分析与发展建议[J]．世界科技研究与发展，2019，41(1)：63-76.

[41]毛景文，杨宗喜，谢桂青，等．关键矿产：国际动向与思考[J]．矿床地质，2019，38(4)：689-698.

[42]孟娜，张艳荣．从“资源诅咒”视角探究河北省威县产业扶贫路径[J]．资源与产业，2020，22(3)：74-80.

[43]宁杰．全球供应链重构下的我国矿业对外直接投资转型[D]．北京：中国地质大学(北京)，2020.

[44]曲俊利，孟刚，苗琦，陈敏，王天元，文雅萍．我国矿产资源储量管理改革进展与建议[J]．能源与环境，2022(2)：2-4+8.

[45]任思达，刘倩，李玫洁．中国矿业经济绿色发展评价研究[J]．中国国土资源经济，2019，32(12)：66-72+80.

[46]任思达．中国矿业经济绿色发展研究[D]．武汉：中国地质大学，2019.

[47]茹存一．中国锂矿资源供需形势评价[D]．中国地质大学(北京)，2022.

[48]申雪，罗玲，高阳，姜航．国外矿产资源管理基本制度及我国借鉴研究[J]．内蒙古煤炭经济，2019(15)：138-139+141.

[49]史登峰，孙婧．矿产资源配置制度探析[J]．中国矿业，2011，20(11)：10-12+16.

[50]树人律师事务所．全面理解国家矿管政策的新变化[N]．中国矿业报，2021-04-22(008).

[51]司春彦，雷涯邻，李宪海．政策网络视角下我国煤炭地区绿色发展政策设计[J]．中国矿业，2016，25(3)：53-57+69.

[52]苏轶娜．我国重要矿产资源供需形势研究[J]．中国国土资源经济，2019，32(7)：46-51.

[53]孙东波．浅析我国矿产资源管理中存在的问题及对策[J]．科技创业家，2014(2)：214.

[54]孙青茹，黄书培，王泽．“21世纪海上丝绸之路”沿线国家海域资源勘探和油气投资环境评价[J]．资源与产业，2020，22(1)：12-23.

[55]汤文豪，陈丽萍，吴初国，等．中国矿业对外直接投资趋势及机遇分析[J]．中国矿业，2019，28(7)：19-25.

[56]唐金荣，张涛，周平，等．“一带一路”矿产资源分布与投资环境[J]．地质通报，2015，34(10)：1918-1928.

[57]唐金荣，周平，施俊法，等．2014年全矿业形势分析与2015年展望[J]．国土资源，2015(4)：42-47.

[58]天工．2019年我国天然气供需量缺口将缩小[J]．天然气工业，2019，39(3)：37.

[59]汪萍，常毓文，唐玮，等．中国石油储量现状及变化特点[J]．特种油气藏，2011，18(1)：12-15+135.

[60]王春晖．中国与南美洲金属矿产矿业合作前景研究[D]．北京：中国地质大

学(北京)，2020.

[61]王党琦，何建平，李玉鹏，等．甘肃省绿色矿山建设现状与绿色矿业发展策略[J]. 现代矿业，2020，36(6)：11-12+101.

[62]王迪．中国煤炭产能综合评价与调控政策研究[D]. 徐州：中国矿业大学，2013.

[63]王俊，刘慧芳，崔祖霞，等．我国矿业投资评估方法探讨[J]. 中国矿业，2021(8)：10-16.

[64]王磊孚．我国地方政府政策执行中的利益博弈研究[D]. 济南：山东师范大学，2012.

[65]王旭冬．采矿权法律制度初探[J]. 河南省政法管理干部学院学报，2004(3)：40-43.

[66]王震，赵林．新形势下中国天然气行业发展与改革思考[J]. 国际石油经济，2016，24(6)：1-6.

[67]文唯，郑明贵，黄珍．矿业跨国投资环境评估模型构建及应用[J]. 财会月刊，2016(29)：114-119.

[68]吴尚昆．中国矿业外资投资环境研究[D]. 长春：吉林大学，2004.

[69]小席．完善矿政管理体系优化矿业竞争环境[N]. 中国自然资源报，2019-09-07(006).

[70]谢明华．绸缪天然气供需安全[J]. 中国投资(中英文)，2019(11)：20-22.

[71]邢佳韵，陈其慎，张艳飞等．我国锂及其下游动力电池产业链发展探讨[J]. 中国工程科学，2022，24(03)：10-19.

[72]徐桂芬，王威，王小菊，等．世界锶矿供需形势分析[J]. 国土资源情报，2016(9)：53-58.

[73]徐曙光，闫卫东，孙春强，等．2016年世界主要国家矿业投资环境评价[J]. 国土资源情报，2016(12)：10-16.

[74]徐曙光．矿业投资环境评价和全球矿业投资形势：贝里多贝尔公司的评价和观点[J]. 国土资源情报，2016(7)：42-47.

[75]许大纯．我国矿产资源税费制度改革与发展的历程与经验[J]. 中国矿业，2010，19(4)：1-3+7.

[76]薛亚洲，王海军，汤家轩，等．中国矿产资源节约与综合利用报告：2015[M]. 北京：地质出版社，2015.

[77]杨程，李夕兵．我国矿业海外直接投资区位分布与空间经济效应研究：以世界主要经济体为例[J]. 矿冶工程，2020，40(2)：147-153.

[78]杨程，李夕兵．我国矿业海外直接投资区位分布与空间经济效应研究：以世界主要经济体为例[J]. 矿冶工程，2020，40(2)：147-153.

[79]杨海恩．基于AHP的中国石油企业海外投资环境评价[J]. 经济问题，2013(3)：26-29.

[80]杨建锋，马腾，王尧，等．全球与中国主要金属矿产资源勘查长期趋势分析[J]. 中国矿业，2020，29(10)：1-7+19.

[81]杨永伟．中国企业海外矿业投资效率评价研究[D]．北京：中国地质大学(北京)，2017.

[82]杨宗喜，唐金荣，周平，等．2013 年全球矿业形势分析与展望[J]．中国矿业，2014，23(4)：1-6.

[83]杨宗喜，周平，李鹏远，等．2017 年全球矿业形势分析与未来展望[J]．中国矿业，2018，27(2)：1-5.

[84]杨宗喜，周平，唐金荣，等．2016 年全球矿业形势分析及展望[J]．中国矿业，2017，26(2)：1-6.

[85]余官胜，杨玲莉，王灿玺．"十四五"时期中国跨国公司对外直接投资竞争力提升对策研究[J]．经济研究参考，2020(10)：43-52.

[86]余良晖，苏铁娜，冯丹丹．2019 年中国矿业市场形势分析与 2020 年展望[J]．中国国土资源经济，2020，33(3)：52-58.

[87]余韵，杨建锋，杨宗喜，等．2019 年全球矿业形势分析与展望[J]．中国矿业，2020，29(2)：1-5.

[88]张庆君，刘川．东道国制度环境、金融开放水平与中国 OFDI：基于"一带一路"沿线 59 个国家的数据[J]．西南民族大学学报(人文社科版)，2020，41(5)：135-144.

[89]张所续，罗晓玲．美国关键矿产政策内涵的演变与启示[J]．中国矿业，2020，29(12)：15-21.

[90]张文．我国煤炭产业竞争力分析[J]．选煤技术，2014(2)：88-91.

[91]张晓通，徐子豪．"一带一路"海外重大项目的地缘政治风险与应对：概念与理论构建[J]．国际展望，2020，12(3)：80-96+156.

[92]张友谊．中国对东盟国家直接投资现状分析[J]．生产力研究，2020(12)：121-126.

[93]张玉梅．中国省域矿业投资环境评价指标体系建立与结果分析[J]．中国矿业，2015(6)：38-41.

[94]张志鹏．美国矿业管理经验对我国的启示[J]．西部资源，2014(4)：126-127+130.

[95]赵琪，张伟萍，李颖．中国对非洲矿业投资现状分析[J]．资源与产业，2016，18(1)：7-12.

[96]郑国栋，邢佳韵，龙涛，等．国外矿业资本市场分析及对中国的启示[J]．中国矿业，2019，28(12)：52-56.

[97]郑明贵，陈艳红，程秋亭．基于云物元模型的海外矿业投资管理风险评价研究[J]．资源与产业，2014，16(6)：104-111.

[98]郑明贵，赖亮光，袁怀雨．基于变权原理的海外矿业投资多目标柔性决策模型[J]．中国矿业，2011，20(2)：30-35.

[99]郑人瑞，杨宗喜，周平，等．2018 年全球矿业形势分析及未来展望[J]．中国矿业，2019，28(2)：1-6.

[100]中国稀土行业协会．2018 年稀土行业整体运行报告[J]．稀土信息，2019

(5)：12-17.

[101]中华人民共和国商务部，中华人民共和国国家统计局，国家外汇管理局．2018年度中国对外直接投资统计公报[M]．北京：中国商务出版社，2019.

[102]中华人民共和国商务部，中华人民共和国国家统计局，国家外汇管理局编．2019年度中国对外直接投资统计公报[M]．北京：中国商务出版社，2020.

[103]中华人民共和国商务部，中华人民共和国国家统计局，国家外汇管理局编．中国对外直接投资统计公报：2010—2017[M]．北京：中国统计出版社，2018.

[104]中华人民共和国自然资源部编．中国矿产资源报告：2011[M]．北京：地质出版社，2011.

[105]中华人民共和国自然资源部编．中国矿产资源报告：2012[M]．北京：地质出版社，2012.

[106]中华人民共和国自然资源部编．中国矿产资源报告：2013[M]．北京：地质出版社，2013.

[107]中华人民共和国自然资源部编．中国矿产资源报告：2014[M]．北京：地质出版社，2014.

[108]中华人民共和国自然资源部编．中国矿产资源报告：2015[M]．北京：地质出版社，2015.

[109]中华人民共和国自然资源部编．中国矿产资源报告：2016[M]．北京：地质出版社，2016.

[110]中华人民共和国自然资源部编．中国矿产资源报告：2017[M]．北京：地质出版社，2017.

[111]中华人民共和国自然资源部编．中国矿产资源报告：2018[M]．北京：地质出版社，2018.

[112]中华人民共和国自然资源部编．中国矿产资源报告：2019[M]．北京：地质出版社，2019.

[113]中华人民共和国自然资源部编．中国矿产资源报告：2020[M]．北京：地质出版社，2020.

[114]周平，杨宗喜，唐金荣，等．2015年全球矿业形势分析与2016年展望[J]．中国矿业，2016，25(2)：1-6.

[115]朱清，罗小利，史瑾瑾．中国矿业权出让方式的路径选择[J]．中国矿业，2018，27(7)：21-25+41.

[116]朱清，杨再兴．矿业权出让制度改革问题研究[J]．矿产保护与利用，2018，214(2)：1-6.

[117]祝彦婷．浅谈我国有色金属矿产资源开发循环经济的发展方向[J]．市场研究，2020(1)：30-31.

[118]Nominzul Tumurjav．中石油蒙古国投资策略研究[D]．兰州：兰州理工大学，2019.